内容简介

本教材是在“十五”“十一五”“十二五”普通高等教育本科国家级规划教材《政府预算理论与实务》的基础上，结合预算理论及实践的改革做了较大的补充和完善后形成的。

此次修订立足于我国政府预算法律法规和制度安排，将课程思政融入教材内容之中，并在借鉴国外先进经验的基础上，比较全面系统地阐述了政府预算的基本理论、基本知识以及管理程序和管理方法，突出地反映了政府预算改革的最新理论与实践成果，既有一定的理论深度和前瞻性，又有较强的实务性和可操作性。

作者简介

李　燕　中央财经大学财税学院教授、博士生导师、政府预算管理研究所所长、人大预算审查监督研究中心主任，北京市教学名师、北京市教书育人先进个人。兼任中国财政学会理事、中国财税法学研究会理事、全国政府预算研究会副会长，还受聘担任北京市人大常委会预算监督顾问以及北京市东城区、西城区、顺义区人大预算监督顾问。

长期从事政府预算相关的教学与科研工作，主持了包括国家社科基金一般项目及重点项目、北京市社科基金项目、世界银行项目、财政部等部委项目、全国人大项目、北京市人大项目等在内的多个国家级、省部级研究课题，如“建设现代预算制度研究”“预算公开透明的环境基础研究”“预算公开的衡量标准研究”“政府公共服务提供机制研究”“中期财政规划国别研究”“全口径、多维度的预算管理机制构建研究”“预算绩效管理的中国化问题研究”“盘活存量资金、调整财政支出结构研究”等。主编了《典型国家和地区政府预算制度研究丛书》，发表了学术论文多篇。

前言

政府预算是一国财政框架体系中的核心内容，规范、透明、高效的预算制度是保证公共产品及服务有效供给的重要制度安排，是人们向政府表达其偏好并借以监督和制约政府收支行为的最佳平台和渠道，预算过程为保证政府的决策与实施行为真正对广大民众和纳税人负责提供了一种有效机制。政府预算的一般表现形式是国家的年度财政收支计划，其实质是一种在合理划分政府与市场边界的基础上对公共资源进行有效配置的活动。由于其分配对象——公共资金——的性质具有特殊性，在现代预算制度下，这种分配活动就需要被纳入政治和法律的程序。因此，政府预算的形成与实施过程实际上反映了复杂的经济学、政治学、法学和管理学以及社会学等方面的问题，这也是目前学术界从多学科视角研究政府预算问题的原因。近年来，伴随着党的十八届三中全会对财政的总体定位，即“财政是国家治理的基础和重要支柱”，以及《中华人民共和国预算法》、《中华人民共和国预算法实施条例》的修订，我国提出了建设现代预算制度的目标要求，因此，政府预算进行了从理论到实践、从法律到制度的全方位深入改革，特别是党的二十大提出“健全现代预算制度”，应该说我国政府预算制度从决策机制到编制审批、执行调整、决算绩效等全过程的法律及制度优化保障以及民主监督等方面的深化改革正在稳步推进，并且已经取得了较为显著的成效。

本教材编写的指导思想是：第一，中外结合，突出特色。党的二十大报告指出：“中国式现代化，是中国共产党领导的社会主义现代化，既有各国现代化的共同特征，更有基于自己国情的中国特色。”因此，中国教材建设的目的应该是让学生在掌握中国的政治和预算管理制度的基础上去了解国外先进的理论与实践，为深化改革提供经验借鉴，而不是简单拷贝国外的预算过程与做法。第二，基于实践，创新理论。党的二十大报告提出：“实践没有止境，理论创新也没有止境。……继续推进实践基础上的理论创新，首先要把握好新时代中国特色社会主义思想的世界观和方法论，坚持好、运用好贯穿其中的立场观点方法。”政府预算问题从来就不是纯理论问题，而是应用性、操作性很强的实践问题。因此，不能把理论研究与制度诠释割裂开来，否则理论就成为空中楼阁。预算制度设计要以一国的政治经济体制及相应的理论为依据，而政府预算过程中的政治主张和理念也必须依托相应的制度设计才能得以实现，二者相辅相成。基于此，本教材立足于我国的政府预算法律法规和制度安排，将课程思政融入教材内容之中，并在借鉴国外先进经验的基础上，比较全面系统地阐述了政府预算的基本理论、基本知识及管理程序和管理方法，突出地反映了政府预算改革的最新理论与实践成果，既有一定的理论深度和前瞻性，又有较强的实务性和可操作性。

本教材是在“十五”“十一五”“十二五”普通高等教育本科国家级规划教材《政府预算理论与实务》的基础上，结合预算理论及实践的改革做了较大的补充和完善后形成的。教材的内容框架按照政府预算管理的基本逻辑与流程共分为八章，第一章为“政府预算的基本理论”，第二章为“政府预算的起源与发展”，第三章为“政府预算管理与分类”，第四章为“政府预算的规划与编制”，第五章为“政府预算审批”，第六章为“政府预算执行与调整”，第七章为“政府决算、财务报告与绩效评价”，第八章为“政府预算监督与问责”。

本教材的特点在于：政治与经济紧密结合；理论与实践紧密结合；国内与国外紧密结合；法律与制度紧密结合。在帮助学生了解预算管理的基本理论以及现代预算起源的基础上，通过分析预算的编制和审批管理帮助读者理解预算决策机制；通过分析预算的执行管理帮助读者理解预算组织、协调和处理各种预算收支的过程；通过分析决算、财务报告、绩效管理及监督问责帮助读者理解落实政府责任、控制公共预算支出和预算风险的过程。其间融合了经济学、政治学、法学等研究视角交叉分析预算问题。

本教材第四版对第三版做出了如下调整与完善：一是将原第七章“政府决算与绩效评价”与第八章“政府会计与财务报告”两章的内容进行了合并，改为现第七章“政府决算、财务报告与绩效评价”，以使教材内容更加紧凑。二是结合有关预算的最新法律法规、制度和规范性文件，以及预算管理实践对各章内容进行了补充和完善，如加入了2020年修订的《中华人民共和国预算法实施条例》、预算管理一体化规范、新时代人大预算审查批准、项目库与预算支出标准建设、将绩效管理融入预算过程等内容，以使学生能够了解最新的预算理论与实践。三是将原教材后所附预算表格融入教材相关内容之中，以使教材内容更加容易理解。

在体例上，本教材每章前均有本章学习目的与要求以及学习要点，每章后都附有本章小结以及练习与思考题，以及结合本章内容的案例与评析，有利于促进学生创新思维的培养，提高学生的综合分析能力和运用知识的能力。

政府预算管理是经济、财税及公共管理等专业的重要专业课程之一，为了让学生们通过本课程的学习掌握政府预算的基本理论与实务，在本教材的编写过程中，我们力图在阐述政府预算管理基本原理的同时，注意介绍预算的具体操作实务。如果在授课过程中再辅之以预算管理流程各环节的模拟实验课程，将能够为学生今后进一步研究和探讨政府预算理论打下良好的基础，并帮助学生深入理解政府及部门预算工作的一般操作规程，使学生的知识结构能够适应市场对人才的多方位需要。

参加本教材的编写与修订工作的有中央财经大学财税学院李燕教授（第一、三、四、六章，第八章第一节和第四节）、肖鹏教授（第七章第一节和第二节，第八章第三节）、王淑杰副教授（第五章和第八章第二节）、卢真副教授（第二章和第七章第三节）。全书由李燕教授设计框架并对各章节内容进行了修改与补充，并总纂完善至最终定稿。

在本教材的编写过程中，我们参阅和吸收了国内外专家学者的一些研究成果，在此表示真诚的谢意。

本教材的编写是在进一步深化预算改革、建设具有中国特色的现代预算制度的背景下完成的，我们尽可能采纳了当前理论界的最新研究成果，吸收了预算管理的最新法律法规及制度安排和当前实际部门最新的改革实践，努力使本教材能够较全面地反映当前理论与实践的研究成果与改革方向。但由于我国的预算改革是一项系统工程，正在不断地深入和完善，还有许多未解的理论与实践问题，因此，本教材肯定会有疏漏与不妥之处，在此恳请各位读者批评指正。

李 燕

2021 年 8 月于北京

目录

第四章
政府预算的规划与编制

第五章
政府预算审批

第六章
政府预算执行与调整

第七章
政府决算、财务报告与绩效评价

第八章
政府预算监督与问责

第一章
政府预算的基本理论

学习目的与要求

通过本章的学习，能够掌握政府预算的基本理论内涵，为更好地学习和理解政府预算管理的内容打好基础。具体要求为：掌握政府预算的概念及内涵，以及政府预算的基本特征；掌握国家选择预算形式和体系应遵循的原则，以及政府预算作为政策工具在宏观调控中发挥的作用；掌握政府预算的不同模式。

学习要点

知识要点：

政府预算的概念、政府预算的内涵、政府预算的基本特征、政府预算的原则、政府预算的政策与模式

能力要点：

1. 通过现代预算的产生过程理解其内涵与特征，掌握与传统预算的本质不同及属性差异。

2. 能够运用本章所学知识分析政府应如何运用不同的预算政策及预算模式助力宏观调控与管理。

第一节　政府预算的内涵

“预算”的英文词是“budget”，历史上曾意指皮质的钱袋、皮夹或手提包。在英国，该词曾用来描述财政大臣装有向议会提交的有关政府开支需求和收入来源的报告的皮包，当时人们就用“open the budget”（打开皮包拿出预算材料）来表示“提出预算”。后该词的含义逐渐演变为政府提交立法机关审批的财政收支计划。在现代社会，随着政府职能的扩张，预算规模也日渐庞大，可以说，政府预算已经与我们的生活息息相关。

一、政府预算概念的一般表述

什么是政府预算？从形式上看，政府预算是有关政府财务收支计划的报告或报告汇编，里面记录了有关政府收入与支出、活动与目的等的信息。政府预算作为一种政府施

政工具，是任何国家政府进行财政管理所必需的。

（一）政府预算的主要内容

一国政府预算的主要内容包括以下方面：

一是收入和支出的种类、数量及其性质。即一国预算收支的种类和数量及所表现出来的收支的性质和作用，也就是政府预算的规模与结构问题。例如，从我国政府一般公共预算支出的种类及数额变化可以看出预算的性质从建设预算转向民生预算的轨迹。

二是预算管理过程及法定要求。即在政府收入和支出的实现上所必须经过的预算规划与编制、预算审查与批准、预算执行与调整、预算决算与审计、预算绩效与监督等过程（见图1-1）。在公共财政的框架下，现代政府预算制度特别强调预算过程的法定性和规范性。

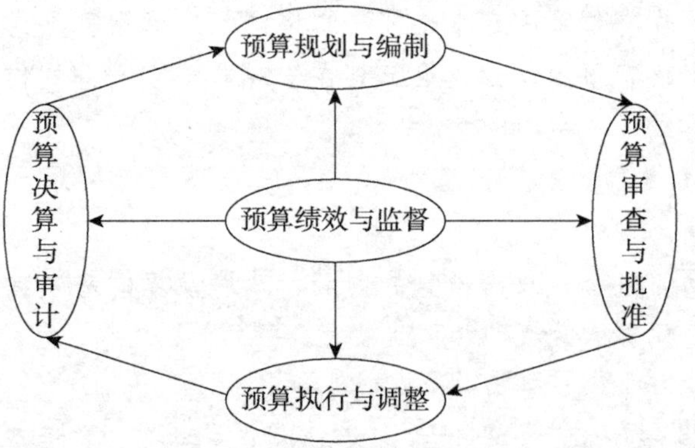

图1-1　政府预算管理流程图

三是预算收支过程中的各种关系处理。政府预算是在总体资源有限的前提下对政府可支配资源在各种需求间的安排、配置和调整，因此，在预算收支过程中有众多的参与者，如立法机关、行政部门、政党、审计机构、政治家、公务人员、普通公民、政府退休金及养老金领取者、政府服务供应商、政府债券购买者等利益集团、新闻媒体，都以某种方式参与到预算过程中。[①] 他们会围绕预算资金的收支发生各种分配关系，并且围绕分配决定各自所处的地位和所承担的责任。预算收支过程中的各种关系主要包括立法机关与政府之间、各级政府之间、政府与各部门之间、政府与纳税人及社会公众之间的关系等。

由于这些利益主体有着不同的目标取向和行为特征，因此预算过程充满了竞争与博弈。就其行为特征来说，预算资金的需求者，如政府部门、财政拨款的事业单位和部分享受政府垄断管制或财政补贴的企业等，在没有供给约束条件的情况下，会有不断追求预算规模最大化的内在冲动；而现实中，资金供给方一般是能够掌握预算分配权的政府及部门，如果缺乏监督制衡机制予以约束，那么在有限资金的分配过程中就会出现设租与寻租行为。因此，通过建立监督制衡机制，加强立法机关的监督以及法律法规及制度

① 王雍君，张拥军．政府施政与预算改革．北京：经济科学出版社，2006.

约束，就可以使这种可能在一定程度上得到抑制。[①]

对政府预算概念的表述因理解不同而存在一定的差异，本教材从现代预算的角度将其概念表述为：政府预算是经法定程序审查批准的具有法律效力的政府财政收支计划，是政府筹集、分配和管理财政资金及进行宏观调控的重要工具。一般来说，狭义的预算指预算文件或预算书，是静态的预算；广义的预算指决策、编制、审查、批准、执行、调整、决算、绩效评价与审计等预算过程，是动态的预算。

（二）政府预算的内涵分析

从上述表述来看，政府预算是一个复杂的“多面体”，涉及政治、经济、法律、管理等问题。即从不同的研究视角分析，政府预算具有丰富的内涵：政府预算是政府的年度财政收支计划，是承载着一国政府方针政策的公共资源配置方案，是连接政府与公民的财政纽带，是民众了解政府活动的窗口，是评估政府受托责任和促进公共管理的工具。

1. 从形式来看，政府预算是一国政府施政的财政收支计划

政府预算的典型形式是政府为保证其施政需要在对年度财政收支规模进行预计、测算的基础上进行的计划安排，其依据是一国相应的法律法规及一定时期的政策意图和制度规范，因此，预算能够反映一定时期政府财政收支的具体来源和使用方向。

2. 从内容来看，政府预算反映着政府分配活动的范围和方向

从预算收支计划的内容来看，各项收入来源和支出去向体现了政府的职能范围，全面反映了公共财政的分配活动。从预算收入来看，政府依法采用税收、收费、国有资本收益、公债等分配工具，把各地区、各部门、各企业及个人创造的一部分财富集中起来，形成政府财政收入；从预算支出来看，政府通过预算安排，把集中的财政资源在全社会范围内进行合理分配，以满足国家机构、公共安全、内政外交、教科文卫等的公共需要。在一国存在多级政府的情况下，还要处理各级政府间的预算权利与预算责任问题。因此，政府预算收支体现了政府掌握的财政资金的来源、去向及规模和结构；预算的规模和结构又直接反映了公共财政参与国民收入分配及再分配的规模和结构；同时，预算收支的过程也反映和协调着各级政府之间、政府与部门之间、企业与公民个人之间的分配关系。

3. 从程序来看，政府预算是通过政治程序决定的

从政府参与收支分配的预算成立机制来说，政府预算的实质是纳税人及其代议机构（立法机关）控制政府财政活动的机制。通过预算构造这一控制机制的深刻原因在于：具有独立财产权的纳税人担负着政府的财政供应，这就必然要求对政府的财政活动拥有控制权，即以法律程序来保证政府收支活动不偏离纳税人的利益，保障公民的财产权利不受政府权力扩张的侵犯。其本质原因在于，政府财政的实质是政府花众人（纳税人）的钱为众人办事，其成本和效用都是外在的。如果没有预算约束，或预算没有法律约束效力，就存在政府对公共资金的使用及效果不承担责任的可能，公共资金就不会基于公众的利益而得到合理、有效和正当使用，就不可避免地会出现效率低下、贪污腐败、挥霍

---

① 马蔡琛．政府预算．沈阳：东北财经大学出版社，2007.

滥用的情况。总之，政府通过对公共资源的分配，为社会提供公共产品和服务，其活动必须受到控制，而这种控制系统有别于由市场控制的经济活动，体现在通过政治程序决定的预算或预算制度上，必须坚持“天下为公、民为邦本”，“必须坚持人民至上”①。《中华人民共和国宪法》（下称《宪法》）第二条规定：“中华人民共和国的一切权力属于人民。人民行使国家权力的机关是全国人民代表大会和地方各级人民代表大会。人民依照法律规定，通过各种途径和形式，管理国家事务，管理经济和文化事业，管理社会事务。”由此，各级政府预算必须经过各级人民代表大会（以下简称人大）的审议和批准才能成立并实施。

4. 从决策过程来看，政府预算是公共选择机制

通过政治程序控制的预算过程由决策编制、审议批准、执行调整、决算审计、绩效评价等一系列环节组成，这一过程的实质是公共选择机制。表现在：（1）预算决策编制是公共利益的发现过程。预算的提出首先要对国内外的经济、政治和社会形势进行分析、评估和预测，发现社会需求，并在公众参与的基础上，通过一定的政治程序提出政府的任务和目标；财政部门据此提出预算指导方针和技术要求；政府各职能部门据此提出预算请求，并排列出先后次序；财政部门在各部门预算请求的基础上根据所掌控的财政资源进行充分的协调，按重要性或紧迫性排序，形成预算草案提交给立法机关讨论。（2）预算在立法机关的审批过程是公共利益的确认过程。立法机关在对政府提交的预算草案进行审查批准的过程中，对预算草案所进行的讨论、询问、质询、修改、投票批准等程序，是公共利益的继续发现和确认过程。公众的代表在讨论中表述意愿，反映各自所代表的阶层或利益集团的要求，最后在充分讨论达成利益共识的基础上批准通过预算，使得公众利益被最后确认。（3）预算的执行和决算是公共利益的实现过程。预算执行要依据严格的程序：财政部门按照批准的政府各部门预算对其用款请求进行审核后批准拨款，各部门根据预算遵循政府采购、国库集中支付、定期报告、绩效评价等制度对资金的使用负责，预算的执行结果要经过审计部门的审计，审计结果要报立法机关确认，最后以决算的形式向社会公布政府预算的执行结果，从而实现政府提供公共产品及服务的过程。

5. 从性质来看，政府预算是具有法律效力的文件

通过公共选择机制及政治程序构建起的现代预算制度，其实质是立法机关代表公众意志对政府做出的授权和委托，也是公众（纳税人）通过立法机关对政府行政权力的约束和限制。在这种委托关系下，政府行政机构对立法机关及其代表的社会公众负有法律责任，即政府活动内容和过程要受到立法机关依法进行的严格监督和制约。表现在，政府预算的形成过程实际上是国家立法机关审定预算内容和赋予政府预算执行权的过程。政府的预算收支计划必须经过立法机关审查批准后才能生效，并且具有法律约束效力，不允许有任何不受预算约束的财政行为。政府预算经立法机关审查批准后便具有法律效力，表明政府必须不折不扣地贯彻执行，实现先有预算后有收支，没有预算不能收支。在预算执行过程中因特殊情况需要调整预算，必须经过法定的调整程序，紧急情况的处理要补报审批手续。因此，相对于其他主体的预算，如企业、家庭等的预算，政府预算

---

① 习近平. 高举中国特色社会主义伟大旗帜 为全面建设社会主义现代化国家而团结奋斗——在中国共产党第二十次全国代表大会上的报告（2022年10月16日）. 人民日报，2022-10-26.

一旦通过政治程序确定后就具有法律效力。

二、现代预算的基本特征

政府预算作为一个独立的财政范畴，是财政发展到一定历史阶段的产物。从萌芽到发展为现代预算制度，政府预算形成了区别于其他政治经济范畴和财政范畴的特征，且这些特征随着其内涵的不断丰富而得到完善和充实。传统的政府预算特征一般概括为：统一性、年度性、明确性、公开性、实务性。其中，统一性体现为要求包括政府的一切事务；年度性体现为基于立法目的，政府每年都要向立法机关呈递预算；明确性体现为应让公众及其代表理解并审查其内容；公开性体现为要求预算成为公开文件，其内容能被社会了解；实务性体现为要求预算适合作为政府内部的管理工具。[①] 随着预算的政治经济环境的发展变化，现代政府预算呈现的基本特征有所深化及拓展。

（一）法治性

法治性是指政府预算的形成和执行以及结果等全过程都要在相关预算法律法规及制度框架范围内进行。

预算法制属于制度构建的范畴，而预算法治是一种治国理政的原则和方法，两者的关系是：预算法制是实现预算法治的基础和前提条件，要实现预算法治必须具有完备的法制体系；而实现预算法治是法制建设的立足点和终极归宿，即法制建设的目标必然是要实现法治，使预算各方都能够严格遵守法律和依法办事。

党的二十大报告指出，“必须更好发挥法治固根本、稳预期、利长远的保障作用，在法治轨道上全面建设社会主义现代化国家”，“法治政府建设是全面依法治国的重点任务和主体工程”。

政府预算的法治性具体体现在：（1）预算的编制、执行、调整和决算等预算程序是在法律规范下进行的；（2）有关预算级次划分、收支内容、管理职权划分等也都是根据预算法等法律法规确定的；（3）在预算法制的基础上实现预算法治，即预算要具有约束效力。现代预算的法治性是区别于封建专制预算的一个重要特征，包括建立立法、守法、执法的动态法制体系。（1）要有健全的法律体系。健全的法律体系一般应包括四个层次：一是宪法，主要对预算行为进行规范。党的二十大报告指出，“坚持依法治国首先要坚持依宪治国，坚持依法执政首先要坚持依宪执政”。二是财政基本法，主要对预算级次、预算管理权限及预算管理体制等做出法律安排。三是预算法，主要对预算程序做出技术规定，涉及具体的预算活动。四是与预算收支有关的法律以及预算会计等辅助性法律的完善。（2）政府预算的决策及分配等必须依法而行，以此将政府的预算权力关进法律及制度的笼子里。（3）各项预算收支行为在具体的操作中都有对应的法律规范及责任界定，任何违规预算行为都会受到行政问责及被追究法律责任。

要坚持预算法定；增强法治观念，强化纪律意识，严肃财经纪律，更加注重强化约束，着力提升制度执行力，维护法律的权威性和制度的刚性约束力；明确地方和部门的

---

① A. 普雷姆詹德．预算经济学．北京：中国财政经济出版社，1989：42.

主体责任，切实强化预算约束，加强对权力运行的制约和监督。①

（二）约束性

约束性是指政府预算作为一个通过立法程序确定对公共资源进行分配的具有法律效力的文本，对在预算过程中的各利益主体都具有约束作用。

约束性是预算法制性的延伸和法治性的具体体现，这种约束性应置于国家治理前提下进行理解。因为预算的实质是在政府和公众（纳税人）之间形成的一种委托—代理关系，即纳税人作为委托人，通过纳税获取其生产生活所需而市场又不能提供或不能充分提供的公共产品和服务；政府则作为代理人，接受公众委托提供他们所需公共产品和服务，并受纳税人或代表纳税人利益的立法机关的监督。这种转变使计划经济和传统财政学影响下的人们对政府预算从形式特征上的理解——“政府的基本财政收支计划”——远远不能全面、准确地揭示政府预算的本质特征，因为从现代预算的诞生及其发展历程看，预算存在的目的并不仅仅止于计划本身，而是要经由预算计划及其实施到实施结果的全过程监督来规范、控制政府及其他预算主体的收支行为，实现资源配置的合理与公平，提高财政资金使用的效率和效益，以促进经济、社会长期稳定发展。

现代预算的约束性具体表现在：

（1）决策民主。在现代预算制度框架下的预算决策管理中，政府在编制预算时，对预算资金在相互竞争的各项需求之间进行分配的先后次序及着力点就体现了国家公共政策的实质含义和决策重点，体现了国家职责的范围和内容，体现了国家介入经济社会生活的范围和深度，体现了国家对国民经济的预期和干预，体现了政府与社会、公民之间的财产关系。所以，预算是国家公共决策的政策工具和管理工具，会对政府的施政产生深远的影响。党的二十大报告指出：“坚持科学决策、民主决策、依法决策，全面落实重大决策程序制度。”在预算公开透明及公众参与预算决策的现代预算制度要求下，政府的相关预算决策会以更加民主的方式出现，从而更加有利于政府决策的公共性和科学性。这种决策民主在实践中更多是体现为：政府预算需由各方利益代表组成的立法机关审查批准方可成立。

（2）事前决定。在政府行政权当中，最重要的是预算的收支权力，控制了预算就约束了政府最核心的权力。所以对预算权力的约束对约束以行政权为代表的公权力，实现法治和民主，具有根本性的意义。因此，在现代预算制度下，政府的一切财政活动都必须以预算为中心。从预算的产生过程来说，是先有财政收支活动，后有预算，而对于现代预算而言，应是先有预算，后有财政收支活动，预算规范到哪里，财政收支活动才能到哪里，不允许有任何无预算或超预算的财政收支活动。

（3）严格执行。预算不仅明确规定了政府提供公共产品和服务的内容、方式和方法，而且通过预算成本的控制，对政府提供公共产品和服务的成本和效益规定了明确的标准。所以，预算一经做出就必须严格执行，并能有效约束各级政府、各部门的财政活动。在定性层面上，预算拨款只能用于预先规定的用途；在定量层面上，只有在预算中决定提供某笔资金后才允许进行相应支出；如遇必需的预算调整，也需要按照法定的程序进行。只有

① 参见《国务院关于进一步深化预算管理制度改革的意见》（国发〔2021〕5号）。

依法约束政府的预算自由裁量权以及随意调整权，才能真正体现预算法律效力的严肃性。

（4）预算监督。预算作为一种政治工具，在实现不同政治派别的政治主张和政治诉求方面具有重要的作用，因此，对预算的审批和监督作为关乎公共利益的表达、协调、决策和实现的机制，就成为代议民主的主要内容，需要由人民代表通过对预算的讨论、辩论、询问、质询、听证、表决等程序，广泛表达公众意愿，充分交涉各自的诉求，从而保证预算项目能够得到民意的认可，并经过预算监督实现公众的监督。所以，政府预算必须经过国家立法机关的审批才能生效。这样，预算活动就被置于公众和国家权力机关的双重监督和制约之下，成为控制政府财政收支进而控制政府行政管理活动的有效手段，由此，对预算活动的管理与监督必然成为公共治理的重点和主要内容。在经过立法机关审查批准的预算约束下，预算的监督就成为制约和评价检验预算执行是否规范的重要方式。党的二十大报告指出，“发展全过程人民民主，保障人民当家作主”，“坚持党的领导、人民当家作主、依法治国有机统一，坚持人民主体地位，充分体现人民意志、保障人民权益、激发人民创造活力”，“健全人民当家作主制度体系，扩大人民有序政治参与，保证人民依法实行民主选举、民主协商、民主决策、民主管理、民主监督”。

因此，由传统预算向现代预算制度的转变，实际上也就彰显着国家治理重心由治理纳税人转变为治理用税人。这种国家治理重心的转变不仅符合现代国家治理发展的需要和发展的实际趋势，而且是现代国家政治制度和经济制度发展的主要方向。

（三）公共性

公共性是指通过预算分配的内容要满足社会公共需要，预算的运行方式要公开、透明、规范，预算运行的过程要接受立法及公众的监督，预算运行的结果要对公众负责。因此，相对于其他预算主体和传统的国家预算来说，政府预算具有很鲜明的公共性。

1. 从预算分配理念来看

从现代预算的公共性特征产生的过程看，政府预算既是政府管理公共事务的工具和手段，又是政治民主化前提下公私分离的产物。在现代社会当中，人们对时间、金钱的分配都要做预算，即做计划和预计，个人、企业、政府均不例外。个人、企业预算（下称私人预算）与政府预算的最大不同在于预算决策背后的动机不同，即一般来说，私人预算是用自己的钱为自己办事，而政府是在用公众的钱为公众办事。因此，私人预算的目的是如何在获取资源的能力范围内及各种私人需要之间更合理、有效地分配，私人预算决策往往建立在能否给自己带来预期效益的基础上，其主要特征是受利益的驱动，追求利润的最大化；而政府职能的作用范围主要是提供公共产品和服务，弥补市场缺陷带来的不足，这就决定了政府在为提供这类产品和服务进行预算决策时更多地是考虑其为全社会带来的利益而不是利润。当然，这并不否定在政府预算决策时借鉴企业预算决策中的成本—效益分析及绩效管理的思路和方法。

我国政府预算的公共性特征是伴随着我国经济社会的发展逐渐变得清晰的。党的二十大报告指出：“分配制度是促进共同富裕的基础性制度。”因此，这种转变还需置于我国经济社会转型、政府转型、财政转型以及政府和纳税人的关系改变的大背景之下。

改革开放以后，我国经济由计划经济向市场经济转轨，资源配置主体由政府单一主体向政府、市场两个资源配置主体转变，在厘清政府与市场边界的要求下，按照解决政府"越位与缺位"的改革思路，政府的职能由无所不包的无限责任向有限责任转型。按照上述市场经济发展和政府转型的要求，财政改革的目标定位于建立公共财政框架体系，由此国家预算也要向公共预算转型，即在满足社会公共需要的市场失灵领域要"尽力而为"，而在市场竞争领域要"无为而治"。

2. 从预算支出结构来看

伴随着市场经济起决定作用的前提下政府职能的转变，政府预算的支出结构发生了重大的变化，生产性和营利性的投资支出所占比重在逐步缩小，而公共性及民生性的支出所占比重在迅速上升。依据《中华人民共和国预算法》（下称《预算法》）第六条的规定，我国以税收为收入主体的一般公共预算，其支出的重点主要集中在四大公共领域：安排用于保障和改善民生、推动经济社会发展、维护国家安全、维持国家机构正常运转。

3. 从预算编制和运行方式来看

政府预算的公共性必然要求其预算决策民主，预算运行规范、公开、透明和接受监督。因此，原有财政集中和集权体制机制下的预算制度正被充分体现预算公共性理念的现代预算制度取代。

（四）综合性

综合性是指政府预算是各项财政收支的汇集点和枢纽，综合反映了国家财政收支活动的全貌，即预算内容应包含政府的一切事务所形成的收支，全面体现政府年度整体工作安排和打算。具体包含两层含义：

1. 全面反映政府各种性质的收支

政府预算应反映政府的所有收支活动的内容和范围，以综合反映政府收支活动的全貌。由于政府预算全面地反映了政府施政的方针和战略部署，因而通过预算就可以了解到政府在预算计划期内的整体工作安排和打算。

2. 集中反映政府收支的规模与结构

预算资金作为集中性的政府财政资金，它的规模、来源、去向、收支结构比例和平衡状况，由政府按照社会公共需要，从国家全局整体利益出发进行统筹安排，集中分配。

要保证实现政府基本职能，满足全社会的共同需要，就必须建立集中性的财政资金，在全社会范围内进行集中分配。预算收入的来源是按照国家法定征收对象和标准在全社会范围内进行筹集，任何部门、单位或个人不能截留、坐支、挪用，以保证预算收入能及时、足额地缴入国库；预算资金是政府履行其职能所必需的财力，各地区、各部门、各单位必须按国家统一制定的预算支出用途、支出标准、支出比例等指标执行，不得各行其是。

第二节　政府预算的原则

政府预算的原则是国家选择预算形式和体系的指导思想，是一国预算立法、编制及执行所必须遵循的。现代预算原则是伴随着现代预算制度的产生而产生的，预算制度的建立和完善又需要遵循一定的原则，并且随着社会经济和预算制度的发展变化而不断变化。早期的预算原则比较注重控制性，即立法机构将预算作为监督和控制政府的工具；而后随着财政收支内容的日趋复杂，开始强调预算的周密性，即注重研究预算技术的改进；自功能预算理论发展后，政府预算的功能趋于多样化，由此，预算原则又更注重发挥预算的功能性作用，即正确合理地运用预算功能来实现国家的整体利益。

一、西方的政府预算原则介绍

（一）带有立法控制性的预算原则

现代预算制度产生后，各国预算学者对预算原则进行了一系列的探索，较具代表性的有：意大利财政学家尼琪（F. Nitti）提出的传统预算的六原则，即公开性、确实性、统一性、总括性、分类性和年度性；德国财政学者诺马克（F. Neumark）提出的预算八原则，即公开性、明确性、事前决定性、严密性、限定性、单一性、完全性、不相属性。德国经济学家瓦格纳（Adolf Wagner）提出的预算六原则：完整性、统一性、年度性、可靠性、公开性和分类性。这些预算原则对预算实践产生了较大的影响，西方财政预算理论界对这些原则加以归纳和总结，形成了一套为多数国家所接受的一般性预算原则，主要包括：

（1）预算必须具有完整性。即要求政府的预算包括政府全年的全部预算收支项目，完整地反映政府全部的财政收支活动。

（2）预算必须具有统一性。即要求预算收支按照统一的程序来编制。

（3）预算必须具有年度性。即要求政府预算的编制、执行、决算这一完整的工作流程周期性地进行，周期通常为一年。要求政府预算按年度编制，预算中要列明全年的预算收支，并进行对比。一般不容许预算收支上有跨年度的规定。这里的一年是指预算年度。预算年度指预算收支的起讫时间，它是各国政府编制和执行预算所依据的法定期限。

（4）预算必须具有可靠性。即要求编制预算时，科学地估计各项预算收支的数字，并明确地区分各项收支的性质。

（5）预算必须具有公开性。即要求预算是公开的法律文件，其内容必须明确，以便于社会公众了解、审查和监督政府如何支配公共资金。

（6）预算必须具有分类性。即要求各项财政收支必须依据其性质明确地分门别类，在预算中清楚列示。

（二）带有行政主动性的预算原则

一种预算原则的确立，不仅要以预算本身的属性为依据，而且要与本国的经济实践相结合，要充分体现国家的政治经济政策。随着资本主义发展到垄断阶段，西方国家政府开始加强其对经济的干预，在预算上则明显地表现出主动性。

最具代表性的就是美国联邦政府预算局局长史密斯（H. D. Smith）为了适应联邦政府加强对经济干预的需要，于1945年提出的旨在加强政府行政部门预算权限的八条预算原则。

（1）预算必须有利于行政部门的计划。美国联邦预算必须反映总统的计划，在国会通过后，就成为施政的纲领。

（2）预算必须加强行政部门的责任。国会只能行使批准预算的权力，至于预算中已经核准的资金如何具体使用，则是总统的责任。

（3）预算必须加强行政部门的主动性。国会只能对资金使用的大致方向和目标做原则性的规定。至于如何达到目标，要由总统及其所属各个部门来决定。

（4）预算收支在时间上要保证灵活性。国会通过的预算收支法案必须赋予总统在一定范围内进行调整，如把本年度预算中的拨款在以后年度的适当时机随时支用的权力。

（5）预算应以行政部门的报告为依据。当总统向国会提出预算草案及执行情况报告时，应当提供国内外的情况作为国会立法的依据。

（6）预算的“工具”必须充分。在总统领导下必须有预算编制和执行的专职机构和众多的成员，总统有权规定季度和月度的拨款额，有权建立准备金并在必要时使用。

（7）预算程序必须多样化。在财政上应当对政府的各种活动采取不同的管理方式，对财政收支数字也应当采用不同的预算形式。

（8）预算必须“上下结合”。无论在编制还是执行预算时，总统都必须充分利用他所领导的各种机构和成员的力量。

可以看出，上述八项原则总的精神是加强总统的财政权，缩小国会的控制权。这一方面反映了政府加强对财政的控制的倾向；另一方面也反映了西方国家充分运用财政作为政府调节经济的手段的倾向。

二、我国的政府预算原则

按照我国《预算法》的要求，吸收上述各国预算原则的精华并结合我国的预算实践，我国的政府预算遵循以下几项原则。

（一）全面完整原则

全面完整原则是指政府的预算应包括政府的全部预算收支项目，完整地反映以政府为主体的全部财政收支活动，全面体现政府活动的范围和方向，不允许在预算规定范围之外还有任何以政府为主体的资金收支活动。

预算的全面完整有利于政府控制、调节各类财政性资金的流向和流量，完善财政的分配、调节和监督职能；同时也有利于立法机关的审议批准和公众的了解，是对政府预算收支进行监督和控制的基础。

要保证预算的全面完整，重要的是保证预算报告的全面完整。一是各级政府预算应包括本级和所属下级政府的财政信息；二是政府预算应是各级政府各类预算内与预算外财政收支的集合；三是宏观经济分析、财政政策目标、预算的政策基础和可确认的主要财政风险等财政决策依据。总之，预算报告在对经济、政治、社会环境进行分析的基础上，通过量化了的收入来源和支出需要等预算信息，反映政府对资源的分配、职责的履行以及对外部的影响，从而为社会公众提供一幅完整具体的财政分配全景图。

目前，许多国家都在致力于扩展预算的范围，加强预算报告的全面完整性。如在预算报告的内容中，除正常收支外，还对税式支出、或有负债及贷款担保等加以反映；在预算报告的构成上，要求包括预算前声明、行政机构的预算提案、出台的预算、公民预算、年内报告、年中报告、年终报告、审计报告。我们一般以预算报告的全面完整性衡量各个国家的预算透明度。①

近年来，随着预算管理改革的不断深化，我国取消了预算外资金，将所有财政收支全部纳入预算管理，接受立法机关人大审查监督。这一实践符合现代预算的全面完整原则的要求，体现了建立全口径预算的改革方向。《预算法》第四条明确规定：政府的全部收入和支出都应当纳入预算。第五条明确规定：预算包括一般公共预算、政府性基金预算、国有资本经营预算、社会保险基金预算。同时《中华人民共和国预算法实施条例》（下称《预算法实施条例》）对这四种预算的功能定位、编制原则及相互关系做出了规范，从而实现了政府预算的全面完整性，解决了部分收支游离于预算管理的范围而造成的财政资源配置效率低甚至腐败等问题，以消除立法机关监督和预算监管财政性资金的死角，提高预算约束的刚性。

（二）公开透明原则

公开透明原则是指政府预算应该是对全社会公开的文件，其内容应为全社会所了解，并且预算资金的运行过程要公开透明，易于监督。

政府预算的本质内涵表明它始终都承担着公开政府财政的职责，除涉及国家秘密的内容外，所有财政资金的安排及使用情况都要公开，包括财税政策、预决算管理制度、预算收支安排、预算执行调整情况、决算情况、绩效评价等。

预算作为政府财政行动的重要载体，表明了政府财政活动的责任，是政府政绩与政治职责的体现。预算过程本身就是政府向立法机关说明并辩护其决策与行动的过程。通过预算将政府财政决策公之于众，可以加强政府与公众的沟通，使公众了解政府的部署，从而更好地配合政府落实有关决策。不仅如此，通过预算向公众公布政府决策的过程，也体现了民主化、科学化的决策方法，这种决策程序的公开透明反过来能更好地促进决策程序的民主化，更充分地发挥预算的监督约束作用。政府预算的公开透明还为公众提供了一条相对开放的渠道，公众可以确信他们的纳税没有被用于私人目标，也没有被乱用和浪费，而是用在了政府向他们承诺的公共事务上。

专栏 1-1

我国现行《预算法》及《预算法实施条例》中有关预算公开的法律规定

《预算法》第一条：“为了规范政府收支行为，强化预算约束，加强对预算的管理和监督，建立健全全面规范、公开透明的预算制度，保障经济社会的健康发展，根据宪法，制定本法。”

第十四条：“经本级人民代表大会或者本级人民代表大会常务委员会批准的预算、预算调整、决算、预算执行情况的报告及报表，应当在批准后二十日内由本级政府财政部门向社会公开，并对本级政府财政转移支付安排、执行的情况以及举借债务的情况等重要事项作出说明。

① 参见国际预算项目合作组织（International Budget Partnership，IBP）评价各国预算透明度的“开放预算调查”（Open Budget Survey）要求。

经本级政府财政部门批复的部门预算、决算及报表，应当在批复后二十日内由各部门向社会公开，并对部门预算、决算中机关运行经费的安排、使用情况等重要事项作出说明。

各级政府、各部门、各单位应当将政府采购的情况及时向社会公开。

本条前三款规定的公开事项，涉及国家秘密的除外。”

第八十九条：“县级以上政府审计部门依法对预算执行、决算实行审计监督。对预算执行和其他财政收支的审计工作报告应当向社会公开。”

《预算法实施条例》第六条：“一般性转移支付向社会公开应当细化到地区。专项转移支付向社会公开应当细化到地区和项目。

政府债务、机关运行经费、政府采购、财政专户资金等情况，按照有关规定向社会公开。

部门预算、决算应当公开基本支出和项目支出。部门预算、决算支出按其功能分类应当公开到项；按其经济性质分类，基本支出应当公开到款。

各部门所属单位的预算、决算及报表，应当在部门批复后 20 日内由单位向社会公开。单位预算、决算应当公开基本支出和项目支出。单位预算、决算支出按其功能分类应当公开到项；按其经济性质分类，基本支出应当公开到款。”

资料来源：中华人民共和国预算法（2018 修正）；李燕．新《预算法》释解及实务指导．北京：中国财政经济出版社，2015；中华人民共和国预算法实施条例（2020 修订）.

上述规定表明，我国通过法律明确了预算公开的范围、时间节点、责任主体以及细化的程度。

（1）预算公开的范围。一是经本级人民代表大会或者本级人民代表大会常务委员会（简称常委会）批准的预算、预算调整、决算，预算执行情况的报告及报表；二是本级政府财政转移支付安排、执行的情况；三是经本级政府财政部门批复的部门预算、决算及报表；四是各部门所属单位的预算、决算及报表；五是政府债务、机关运行经费、政府采购、财政专户资金的情况；六是预算执行和其他财政收支的审计工作报告。也就是说，预算公开，是全面的公开，既包括中央预算，也包括地方预算，还包括政府间的转移支付；既包括预算，也包括预算调整和决算；既包括政府总预算，也包括部门和单位预算。除了依照国家保密法规定属于国家秘密的事项外，预算活动的全部内容都要向社会公开。

（2）预算公开的重点内容。《预算法》在全面公开的原则下，特别强调对一些重要事项的说明。如公开政府预算、决算时，应当对本级政府财政转移支付安排执行情况、举借债务、财政专户的情况等重要事项做出说明；公开部门单位预算、决算时，应当对预算、决算中包括“三公”经费在内的机关运行经费、政府采购等涉公经费的安排、使用情况做出说明。

（3）公开的时间节点。一是预算、预算调整、决算、预算执行情况的报告及报表应当在人大批准后 20 日内由本级政府财政部门向社会公开；二是部门预算、决算及报表应当在财政部门批复后 20 日内由各部门向社会公开；三是各部门所属单位的预算、决算及报表，应当在部门批复后 20 日内由单位向社会公开。

（4）公开的细化程度。一般性转移支付向社会公开应当细化到地区。专项转移支付向社会公开应当细化到地区和项目。部门以及部门所属预算单位的预算、决算应当公开基本支出和项目支出。部门及单位预算、决算支出按其功能分类应当公开到项；按其经济性质分类，基本支出应当公开到款。

（5）明确负责公开的部门。一是经批准的预算、预算调整、决算、预算执行情况的报告及报表由本级政府财政部门负责公开；二是经批复的部门和单位的预算、决算及报表由各部门和单位向社会公开。

预算信息公开只是一种形式，公开的程度表明透明的状态，即公开的目的是要让"内行说得清，外行看得懂"，所以预算公开就有一个透明度问题。这不仅是保证公众的知情权，而且是行使预算监督权的前提，要据此判断政府决策程序是否规范，决策结论是否正确，执行是否合规有效等。

专栏 1-2

IMF关于财政透明度的国际标准

一、作用和责任澄清原则

作用和责任澄清原则要求明确说明政府的范围和财政管理的框架。

（一）关于政府的范围

财政透明度的要求是要公开政府所有的财政活动，包括由非政府公共部门执行的准财政活动，因此在政府及政府与其他公共部门之间清晰地划分作用和责任是财政透明度的主要内容，它涉及财政政策的设计和实施的责任基础。因此，在划清政府范围时要求明确政府的结构和职能、政府内部的责任划分、政府活动的协调和管理、政府与其他公共部门的关系以及政府对私人部门的参与等内容。

（二）关于财政管理的框架

预算的有效性取决于其法律地位以及相关法律及行政法规的做法。因此，在建立财政管理的框架时要求具备明确的关于财政管理的法律和行政管理框架，内容具体包括预算及预算外活动、税收、行为的道德标准等。

二、公众获得信息的方便程度原则

公众获得信息的方便程度原则涉及提供有关财政活动的全面信息和公布信息的相关义务。

（一）提供有关财政活动的全面信息

应向公众提供关于过去、现在和预测的政府活动的充分信息，包括年度预算的范围、预算结果和预算信息的提供，或有负债、税收支出和准财政活动信息的提供，政府债务和金融资产信息的提供等。

（二）公布信息的相关义务

强调应就及时公布财政信息做出承诺。

三、预算编制、执行和报告的公开原则

预算编制和执行的公开性涉及预算文件的公开、预算执行程序和预算报告的公开等。

（一）预算文件

预算文件应包括财政政策的目标、宏观经济的框架、预算的政策基础和可识别的主要财政风险、预算的表述方式等。

（二）预算执行程序

应说明执行和监督经批准的支出以及征收收入的依据，包括会计制度、采购和就业、内部审计和税收征管等。

（三）预算报告

应向立法机关和公众定期进行预算报告，包括预算和预算外执行结果、决算账户、主要预算项目执行结果等。在预算和预算外执行结果方面强调定期性和及时性，即要提供预算发展情况的年中和季度报告。

四、对真实性的保证原则

对财政透明度来说，至关重要的是政府报告的财政数据符合能证明其质量的基本标准，并且具备向立法机关和公众确保数据真实性的机制。这里涉及财政数据应达到公认的质量标准和财政信息应受到公开和独立的监督这两点要求。

资料来源：国际货币基金组织．财政透明度．北京：人民出版社，2001.

可以看出，提高透明度即要求：在制度上使预算形成的依据科学合理，在技术上要求预算收支的分类翔实具体，如采用按部门分类、按功能分类和按经济性质分类的逐步细化的方法将财政收支分类；采用预算附件的形式对基本预算文件进行详细说明等。

预算公开透明的目标就在于要把“看不见的政府”变为“看得见的政府”，实行阳光财政，确保政府预算的民主性、公开性，从而有效地约束政府的权力。表 1－1 列出了近些年来我国有关预算公开的主要制度的演进。

表 1－1　我国有关预算公开的主要制度的演进

发布时间	制度	内容及意义
2007 年 4 月	国务院《中华人民共和国政府信息公开条例》（中华人民共和国国务院令第 492 号）	预算不公开、不透明状况开始得到改变。
2008 年 9 月	《财政部关于进一步推进财政预算信息公开的指导意见》（财预〔2008〕390 号）	明确了中央各部门和地方各级财政部门要重点公开政府预算、部门预算、预算执行以及财政转移支付等内容。
2010 年 3 月	《财政部关于进一步做好预算信息公开工作的指导意见》（财预〔2010〕31 号）	要求进一步做好预算信息主动公开工作。
2011 年 1 月	《财政部关于深入推进基层财政专项支出预算公开的意见》（财预〔2011〕27 号）	要求省、市级财政部门制定本地区财政专项资金公开目录，指导推进县、乡级财政专项支出预算公开。
2011 年 5 月	《国务院办公厅关于进一步做好部门预算公开工作的通知》（国办发〔2011〕27 号）	明确要求报送全国人大审查部门预算的国务院部门和单位，2011 年要主动公开经全国人大审查批准的部门收支预算总表和财政拨款支出预算表。同时，要求积极创造条件增加公开表格的数量，细化公开的内容。

续表

发布时间	制度	内容及意义
2013年8月	《财政部关于推进省以下预决算公开工作的通知》（财预〔2013〕309号）	提出在全年公开省级预决算及“三公”经费的基础上，2013年将进一步指导地方推动省以下预决算公开工作，并将预决算公开工作开展情况纳入地方预决算管理工作考核。
2013年11月	《中共中央关于全面深化改革若干重大问题的决定》	提出了实施全面规范、公开透明的预算制度。
2014年3月	《财政部关于深入推进地方预决算公开工作的通知》（财预〔2014〕36号）	要求高度重视，切实做好地方预决算公开工作。
2014年8月	《中华人民共和国预算法（2014修正）》(中华人民共和国主席令第12号)	首次以法律的形式对政府预算信息公开的主体、范围、内容、时限等进行了规范。
2014年9月	《国务院关于深化预算管理制度改革的决定》（国发〔2014〕45号）	对预算公开提出了明确要求：扩大部门预决算公开范围，细化预算公开内容，加大“三公”经费公开力度，对预决算公开过程中社会关切的问题，要规范整改、完善制度。
2016年2月	《中共中央办公厅 国务院办公厅关于进一步推进预算公开工作的意见》（中办发〔2016〕13号）	要求各地区、各部门强化公开意识，坚持以公开为常态、以不公开为例外的原则，进一步扩大预算公开范围，细化公开内容，加快公开进度，规范公开方式。
2016年9月	《财政部关于切实做好地方预决算公开工作的通知》（财预〔2016〕123号）	进一步要求各地方增强主动公开意识，履行公开主体责任，对公开的范围、细化程度、时间以及公开渠道等提出要求。
2016年10月	财政部《地方预决算公开操作规程》（财预〔2016〕143号）	对地方预决算公开的原则、公开的基本要求、公开的职责、公开的内容、公开的方式、涉密事项管理、保密措施等进行了明确规定。
2018年12月	《中华人民共和国预算法》（2018修正）（中华人民共和国主席令第22号）	将第八十八条中的“监督检查本级各部门及其所属各单位预算的编制、执行”修改为“监督本级各部门及其所属各单位预算管理有关工作”。
2019年4月	《中华人民共和国政府信息公开条例》（2019年修订版）（中华人民共和国国务院令第711号）	加大了政府信息的公开力度，积极回应了公众对政府信息公开的要求。

续表

发布时间	制度	内容及意义
2019年8月	《财政部办公厅关于印发财政预决算领域基层政务公开标准指引的通知》（财办发〔2019〕77号）	一是规定了财政预决算领域基层政务公开事项，如分为四大类，包括政府预算、政府决算、部门预算（含政府采购事项）、部门决算（含政府采购事项）；二是规定了标准目录，如规定了各公开事项的公开内容（要素）及要求、公开依据、公开时限、公开主体、公开渠道和载体、公开对象、公开方式和公开层级。
2020年8月	国务院《中华人民共和国预算法实施条例》（1995年11月22日中华人民共和国国务院令第186号发布，2020年8月3日中华人民共和国国务院令第729号修订，2020年10月1日起施行）	细化了《预算法》有关规定，将近年来财税体制改革和预算管理实践成果以法规形式固定下来，共8章97条，细化了预算公开的范围和公开的程度，如规定财政专户要公开，除部门预算外，所属单位的预决算及报表也要公开。部门及所属单位预算、决算应当公开基本支出和项目支出。部门及所属单位预算、决算支出按其功能分类应当公开到项；按其经济性质分类，基本支出应当公开到款。

资料来源：依据相关制度归纳整理。

（三）规范执行原则

规范执行原则是指预算一经立法机关批准，就成为具有法律效力的文件，必须严格按照预算执行，无预算或超预算的一律不得收支，并且要严格遵守有关预算管理的法律及相关规章制度。现代预算管理的灵魂在于通过预算约束，规范政府收支行为。而硬化预算约束的关键就是不能随意开财政收支的口子。各级政府、各预算部门和单位就应该按照批准的预算执行，即：按照预算确定的收入任务，依法积极组织预算收入；按预算支出计划，及时合理拨付预算资金；执行中必需的预算调整也要经过立法机关的批准。

严格按预算支出，是国际通行的预算基本原则，也是依法理财的重要基础。在我国预算执行的规范实践中，这重点体现在预算的收入与支出、预算调整与调剂、政府债务管理、转移支付、账户管理、结转结余等方面。例如：

一是规范预算收支。例如：先有预算后有支出、收入法定、支出按预算不得虚假列支等。

二是规范预算调整。经立法机关批准的法定预算，非经法定程序不得调整。

三是规范政府债务管理。例如：地方各级预算要按照量入为出、收支平衡的原则编制，一般不列赤字，省级政府预算中必需的建设投资的部分资金可以通过发行地方政府债券举借债务的方式筹措，但需在国务院确定的限额内。举借债务的规模由国务院报全国人民代表大会或者全国人民代表大会常务委员会批准。

四是规范转移支付。例如：我国财政转移支付要以均衡地区间基本财力、由下级政府统筹安排使用的一般性转移支付为主，设立专项转移支付应依法依规并设立定期评估和退出机制，对市场能够有效调节的事项不得设立专项转移支付、上级对下级安排的专项转移支付，除共同承担的事项外不得要求下级政府承担配套资金等。

我们在推进预算监督的过程中，必须不断硬化预算约束，使预算成为“带电”的高压线，并增强执法刚性，使预算真正成为约束政府的制度笼子。

（四）绩效管理原则

绩效管理原则是指在预算过程中要更加关注使用公共资金的产出和结果。

与传统预算相比，现代预算的一个重要特征就是强调预算支出的责任和绩效。所谓“绩”是指成绩，“效”是指效率、效益。因此，绩效的内涵比效率、效益更广泛、更综合，包括了“经济”“效率”“效果”“有效”等。就政府财政管理来说，绩效指财政效率（效益），早期称为“3E”标准［“Economic”（经济）、“Efficient”（效率）、“Effective”（效果）］，来自企业管理，其中，“经济”指输入成本的降低程度，“效率”指一种活动或一个组织的产出及它与投入之间的关系，“效果（有效）”指产出对最终目标所做贡献的大小。20 世纪 80 年代，绩效替代了“3E”，成为公认的词汇。

从 20 世纪中叶开始，伴随着经济压力和财政收支矛盾加剧、政府信任出现危机以及新公共管理运动的兴起，西方主要国家纷纷寻求以提高效率为中心的政府改革，在财政政策上更加关注资金使用效益。在这种背景下，推进政府和财政改革，强化绩效理念，改进预算管理方式，就成为政府预算管理转型的必然选择，许多国家探索将企业的绩效管理理念融入政府的预算管理之中。例如 1949 年，美国第一届胡佛委员会的报告就建议消除机构臃肿的现象，提出政府办公用品的供给必须依据商业原则，并要求在基本目标和工作实际的基础上对政府进行考核，重点是寻求衡量手段，以确定政府是否按照事先预定的标准开展工作。这一报告的许多内容后来被纳入美国《1950 年预算和会计程序法》中，该法吸收了绩效预算的一些要素，吸收了能使会计和采购活动更加商业化的一些原则要求。英国在 1980 年率先进行了公共支出评价（雷纳评估），1982 年起将该评价列为财政部的经常性工作。澳大利亚和新西兰分别于 1984 年、1985 年引入该制度。

政府预算的绩效管理是一种以支出结果为导向的预算管理模式，它强化了政府预算为公众服务的理念，强调预算支出的责任、效率和效果。在我国实践中，预算绩效管理是一个由绩效目标管理、绩效运行跟踪监控管理、绩效评价实施管理、绩效评价结果反馈和应用管理共同组成的综合系统，其中，绩效目标管理是核心内容。这就要求政府的预算决策必须建立在认真考察政府的政策设计上，从而力求把政府的不当干预引起的资源配置的无效和低效降到最低程度。相对于私人部门绩效管理来说，公共部门的“绩效”更重视外部关系，即政府与社会、政府与公众的关系，更重视公众利益和公民的反馈，更看重效果（有效）。

预算绩效管理具有以下特征：

（1）预算绩效管理是一种先进的预算理念。它强调绩效思想，强化支出责任和效率意识，树立产出和结果的导向，注重提高资金的使用效益，要求提高公共产品和服务的数量与质量。

（2）预算绩效管理是一种有效的技术工具。它是借鉴绩效管理的手段和方法，用于改进和完善预算管理的一种工具，主要侧重于将基于绩效的技术方法应用到现行预算管理中去。

（3）预算绩效管理是一种完善的全过程机制。它是在结果导向的基础上实现对预算过程的管理，将预算作为一个管理的闭环，贯穿于预算编制、预算执行、预算监督之中，侧重于机制上的控制与改善，每一个环节是下一个环节的续接，体现了全过程的特征。

（4）预算绩效管理是一种创新的预算管理模式。它在本质上仍是预算管理，其服务服从于预算管理，是对现有预算管理模式的改革和完善，并不是与预算管理割裂、并行的一个单独的体系，而是利用绩效管理理念、绩效管理方法等对现有的预算管理模式的创新与提升，形成了一个有机融合、全面衔接的全新的预算管理模式，以强调资金使用效益，增强预算支出效率，实现资源的优化配置，提高财政管理水平。

专栏1-3

我国全面实施预算绩效管理的主要内容

党的十九大报告提出，要深化预算改革，全面实施预算绩效管理，将我国预算绩效管理提到了一个新的高度。全面实施预算绩效管理的核心特征可从以下几个维度体现出来：构建全方位的预算绩效管理体系、将预算绩效管理融入预算管理全过程、预算绩效管理覆盖各级政府和所有财政资金、加强预算绩效管理制度建设、硬化预算绩效责任约束。

一、构建全方位的预算绩效管理体系

将预算绩效管理的实施对象从以项目为主向政策、部门整体拓展，从以转移支付为主向政府财政运行拓展，形成囊括政府预算、部门预算、政策和项目预算等的全方位的绩效管理格局。各级政府预算收支全面实施绩效管理，预算收入应当讲求质量，预算支出应当符合统筹兼顾、勤俭节约、量力而行、讲求绩效、收支平衡的原则。加强部门和单位预算绩效管理，赋予部门和资金使用单位更多的管理自主权，推动提高整体绩效水平。深化政策和项目预算绩效管理，对中长期重大政策和项目实行全周期跟踪问效，建立动态调整、清理和退出机制。

二、将预算绩效管理深度融入预算管理全过程

即，要将绩效理念和方法深度融入预算编制、执行、决算、监督全过程，构建事前、事中、事后“三位一体”的绩效管理闭环系统。一是建立事前绩效评估机制。对新增重大政策、项目及转移支付开展事前绩效评估，重点论证与党中央决策部署的关联性及立项必要性、投入经济性、绩效目标合理性、实施方案可行性和筹资合规性等。二是强化绩效目标管理。提高绩效目标编制质量，加强绩效目标审核，绩效目标与预算同步批复下达，并逐步公开。三是做好绩效运行监控。对绩效目标实现程度和预算执行进度实行“双监控”，发现问题及时纠正，确保绩效目标按期保质实现。四是开展多维度绩效评价。提高绩效自评质量，完善重点民生政策和重大专项绩效评价常态机制，健全绩效评价结果反馈制度和绩效问题整改责任制，加强绩效评价结果应用。

三、预算绩效管理覆盖各级政府和所有财政资金

要推动各级政府、各部门、各单位全面实施预算绩效管理，将绩效管理责任层层传导和落实到基层政府及部门，延伸至资金使用终端；将一般公共预算、政府性基金预算、国有资本经营预算、社会保险基金预算全部纳入绩效管理范围，积极开展政府投资基金、政府和社会资本合作（PPP）、政府采购、政府购买服务、政府债务项目绩效管理。

四、加强预算绩效管理制度建设

要完善预算绩效管理制度，建立健全各环节管理办法，制定预算绩效管理工作流程和实施细则，增强实用性和可操作性；建立专家咨询机制，引导并规范第三方机构参与预算绩效管理，严格执业质量监督管理；健全绩效指标和标准体系，实现细化量化、科学合理、可比可测、动态调整、共建共享；创新绩效评估评价方法，提高绩效评价结果的客观性和准确性。

五、硬化预算绩效责任约束

要压实绩效管理责任，强化各部门、各单位的预算绩效管理主体责任，实现“谁使用、谁负责”；实施绩效激励约束，建立绩效结果与预算安排政策调整的挂钩机制，鼓励高绩效行为；推进绩效信息公开，建立预算绩效信息向同级政府和人大报告制度，并与预算草案、决算草案一同向社会公开，促使部门和单位从“要我有绩效”转变为“我要有绩效”。加强绩效监督问责，充分发挥人大、审计等机关的职能作用，对预算绩效目标的实现程度及绩效管理情况进行监督，建立“花钱必问效、无效必问责”的机制。

资料来源：财政部预算司．中央部门预算编制指南（2019 年）．北京：中国财政经济出版社，2018.

（五）平衡稳健原则

平衡稳健原则即要求预算的结余或赤字在可控的范围之内，以保持政府预算的稳健及可持续。

1. 如何理解平衡稳健

预算的基本问题实际上是预算收支之间的对比关系问题。从理论上说，预算收支之间的对比关系不外乎三种情况：收支相等、收大于支、支大于收，即平衡、结余和赤字。收支数字绝对平衡的情况只会出现在预算报表的编制中，在实际执行中一般出现的只是两种情况，即结余或赤字，因此我们通常所说的平衡一般是指预算的基本平衡。

因此，收支平衡一般是指在预算年度内，预算收入和支出在总量上的基本平衡，在结构上的合理协调。坚持预算收支平衡原则，并不是说不能有赤字，而是指要严格控制预算赤字，这是保证国民经济供求总量平衡的内在要求，是保证国民经济持续、协调、稳定发展的主要条件。因为政府预算资金结余过多或长期大量的赤字会对私人资本产生挤出效应，对国民经济发展不利，因此预算平衡问题一直是预算理论中的重要问题。

1997 年问世的欧盟《稳定与增长公约》（Stability and Growth Pact）对于预算的平衡稳健设置了三条原则：（1）公共赤字占国内生产总值（GDP）的比重不得突破 3%的上限；（2）公共债务占 GDP 的比例不能超过 60%；（3）中期预算应实现平衡。如果违规，成员国将受到警告、限期改正甚至罚款等处罚。

2. 如何保持平衡稳健

要做到预算平衡稳健，首先要“量入为出”，这里对“入”的理解有两种：一是狭义的，即在既定的正常预算收入范围内安排支出；二是广义的，即在可能的预算收入范围内安排支出，将债务、收入等因素考虑进去。

从预算规则来看，收支应保持基本平衡，这是任何国家都必须遵循的铁律，也是对国家预算决策最关键的约束之一。在我国古代财政管理中就有“量入为出”之说。在西方国家1929—1933年大危机以前，以亚当·斯密（Adam Smith）为代表的古典经济学家都主张政府预算收支平衡，反对政府发行公债扩大支出，其目的在于维护自由竞争的市场经济，通过市场机制“看不见的手”自动调节经济运行，实现资源的合理配置。

但是在现代经济条件下，特别是当预算成为政府调控经济的手段，政府债务收支成为常态后，这种预算收支平衡往往突破以往的简单年度平衡，转而视平衡条件建立起预算周期平衡机制。因此，保持预算的平衡稳健尤其要注意政府财政开支的扩大引起的赤字增加，及由此引发的债务危机和财政危机。实际上，平衡预算既是一种预算政策选择，也是一种理财思想，反映了不同历史时期人们对政府财政职能的理解、认识。

我国《预算法》在预算原则、债务管理、预算调整、限制预算执行中随意出台收支政策等多个方面都体现了收支平衡理念。

预算的周期平衡将年度预算纳入一个带有“瞻前顾后”特点的中长期财政计划中，并根据经济和财政情况的变化不断进行修订。其突出的优点就是有利于政策的长期可持续性，使决策者能够尽早发现问题，鉴别风险，采取措施，防患于未然。因为单纯的年度预算存在一些缺陷：一是年度预算容易忽略潜在的财政风险。一些预算决策在年度间的实施不易做到瞻前顾后，容易在决策的合理性和资金保证上出现偏差。二是在年度预算中，各项收支已由预算确定好了，具有法律性，这样，在一个预算年度内进行收支结构的调整就受到限制，与年度内的不确定因素产生了矛盾。三是年度预算限制了政府对未来的更长远的考虑。鉴于此，许多国家已采用了3～5年的中期财政规划甚至更长期的多年财政规划，以弥补年度预算的不足。

（六）监督问责原则

监督问责原则是指在法律赋予政府获取与使用公共资源权力的同时，政府在行使权力的过程中也应当受到监督、制约与问责。

追溯现代预算的源头，政府预算是在新兴资产阶级限制国王滥用财权的斗争中诞生的，议会（立法机关）取代国王掌握财政税收决定权，是现代预算制度最基本的标志和活的灵魂，实质就是以“法治”代替“人治”，以“公权”代替“私权”。只有让权力受到监督，滥用权力的行为受到责罚，才能保证权力公正、公平地运行。预算作为现代国家治理体系的重要工具，势必要发挥其对权力的监督问责作用。

监督是立法机关对财政部门的预算编制、执行情况的监督，在我国主要包括从各级人民代表大会对政府财政部门编制的预算草案进行审查和批准，到各级人大常务委员会对财政预算执行过程进行不定期的监督，对财政收支预算的调整或变更情况进行审查与批准，再到人民代表大会对财政预算执行情况及其结果进行审查和批准这一全过程的监督。问责就是对违法、违规行为追究其相应的法律责任的过程。现代公共预算制度最重要、最本质的核心功能是法定授权，明确相关政府部门及其人员在政府预算收支活动中的法律责任就成为预算管理的重要内容之一。

第三节　政府预算政策

一、政府预算政策手段

财政政策是一国宏观经济政策体系的重要组成部分，就是通过主动运用政府预算、税收和公共支出等手段来实现一定的经济、社会发展等宏观经济目标的长期及短期财政策略。财政政策目标的实现离不开一些政策手段，一定的财政政策手段是发挥财政政策效果的传导机制。

财政政策手段一般包括预算、税收、公债、公共支出、政府投资、财政补贴、政府采购等。

预算作为一种控制政府财政收支及其差额的机制，在各种财政政策手段中居于核心地位，它能系统地和明显地反映政府财政政策的意图和目标。预算政策作为一种财政政策工具，主要通过预算的预先制定和在执行过程中的收支依法调整变动来实现其调节功能。从预算的不同级次来看，中央预算比地方预算担负着更为重要的宏观调节任务。

预算政策手段的调节功能主要体现在财政收支规模、收支差额和收支结构上。一是收支规模，即预算通过集中性分配与再分配，可以决定民间部门的可支配收入规模，可以决定政府的投资和消费规模，可以影响经济中的货币流通量，从而对整个社会的总需求以及总需求和总供给的关系产生重要影响。二是收支差额，包括三种情况：赤字预算、盈余预算和平衡预算。赤字预算对总需求产生的影响是扩张性的，在有效需求不足时可以对总需求的增长起到刺激作用；盈余预算对总需求产生的影响是收缩性的，在总需求膨胀时可以对总需求膨胀起到有效的抑制作用；平衡预算对总需求的影响是中性的，在总需求和总供给相适应时可以维持总需求的稳定增长。三是收支结构，即在各部门及各种收支项目间进行预算资源的配置。其中最典型的预算调控手段是采用预算收支差额。

二、政府预算政策类型及分析

预算是否保持平衡，会对宏观经济产生扩张或紧缩作用。因此，政府可以根据宏观经济形势运用预算政策，有计划地使政府预算产生赤字、盈余或实现平衡，来达到有效调节国家宏观经济的政策目标。预算政策的主要类型包括以下几种。

（一）年度平衡预算政策

年度平衡预算是指每一预算年度的收支结果都应是平衡的。这一理财思想基于政府预算行为应“量入为出”的观念，这里指政府预算应根据年度正常收入能力（如税收）安排支出，不能出现赤字。

年度预算平衡政策是古典学派经济学家的一贯主张，是健全财政政策理论的具体反映。在资本主义自由竞争时期，经济学家主张尽量节减政府支出，力求保持年度预算收支的平衡，并以此作为衡量财政是否健全的标志。上述观点一直延续到 20 世纪初期。在此期间内，虽然有些国家的预算存在赤字，但舆论认为这是财政不健全的表现，财政健全的标志是保持预算平衡，预算平衡表明政府是具有责任感和高效率的。

古典经济学家将年度预算平衡作为政府预算行为准则的主要理由是：第一，政府通过发行公债弥补赤字，使得私人部门能够用来取得资本品的资金转移到了公共部门，会造成公共部门相对扩张，从而阻碍了私人部门的经济发展，即认为公共部门的发展是以牺牲私人部门为代价的；第二，政府施行赤字预算会导致国家债务累积额增加，进而引发通货膨胀和财政危机。

从经济资源合理配置的角度看，古典经济学家关于政府预算年度平衡的理论有其合理性，因为在以市场为导向进行资源配置的社会里，年度预算平衡政策具有控制政府超额支出、防止公共部门过度扩张而造成社会发展不平衡的作用。但到了 20 世纪中叶，由于社会的高度工业化、市场失灵和宏观经济的失衡，以及公众要求公共部门所应提供的服务范围的不断扩大，政府支出呈现不断增长的趋势。这些情况与年度预算平衡的政策发生了较大的冲突，各国政府发现年度预算平衡政策对经济波动的调节作用十分有限。所以，尽管年度预算平衡政策在相当长的时期在约束政府财政行为方面发挥了重要作用，但随着市场经济的发展，它也受到了与之相反的观点的冲击。

（二）功能财政预算政策

功能财政预算是指应以财政政策措施实施的后果，以及对宏观经济所产生的作用为依据来安排政府的预算收支。

功能财政预算政策是与年度平衡预算政策观点相左的预算政策。年度平衡预算政策强调的是对政府财政活动实施“控制”和“管理”的重要性，功能财政预算政策则强调的是实现宏观经济“目标”，从而保持国民经济整体平衡的重要性，而不单纯强调政府预算收支之间的对比关系。即前者关心的是分配和配置问题，后者则注重总体经济运行和经济增长目标。

功能财政概念创建于凯恩斯时代之初，以凯恩斯经济理论为基础。该政策的早期表述主要考虑的是稳定经济，强调的是消除 20 世纪 30 年代经济危机带来的失业，并没有强调经济增长的功能。著名经济学家勒纳（Lerner）于 20 世纪 40 年代提出了较为完整的功能预算政策观点，勒纳认为政府不应只保持健全财政的观点，而是应当运用公共支出、税收、债务等作为调节经济的重要工具。即当整个社会的需求不足以致失业率过高时，政府就应当增加支出和减少税收；当社会上需求过多导致通货膨胀时，政府就应当减少财政支出和增加税收；当社会上借贷资本过剩时，就应当出售政府债券；当社会上现金不足时，就应当收回政府债券。

按照功能财政预算政策的要求，立法机关和政府行政部门应当根据经济周期的不同状况，采取恰当的预算收支策略：（1）为消除失业和通货膨胀，政府可以采取赤字预算或盈余预算，以实现政府政策目标。即当经济萧条时，采取赤字预算方式主动刺激经济的复苏；当经济繁荣时，采取盈余预算方式主动削减过度的需求，以抑制通货膨胀的发生。（2）为达到社会最佳的投资水平和利率水平，政府可以利用公债的发行和清偿，来调整社会货币或公债的持有水平。即当市场利率水平偏低或投资压力过大以致可能发生通货膨胀时，需要减少私人部门的货币支出而增加公共部门支出，政府则应发行债务；反之，政府则应偿还一定数量的债务。（3）当政府的公共支出大于税收收入和债务收入时，其差额应采取向中央银行借款或增发货币的方式弥补，反之，当政府税收收入超过公共支出时，其预算盈余应用于偿还以往政府借款、买入公债等，使超额收入以货币形式重新流入社会。以上措施的选择应以价格稳定和充分就业的政策目标为依据，采用相机抉择方式来实现政策目标。

所以，功能财政预算政策是把政府的课税、支出、举债等行为作为一种具有调节经济功能的工具加以采用。

（三）周期平衡预算政策

周期平衡预算是指在预算收支的对比关系上，应在一个完整的经济周期内保持收支平衡，而不是在某一个特定的预算年度内保持平衡。

周期预算平衡政策是美国经济学家阿尔文·汉森（Alvin Hansen）于 20 世纪 40 年代提出的。他主张预算平衡不应局限于年度预算平衡，而应从经济波动的整个周期来考察。政府应以繁荣年份的预算盈余补偿萧条年份的预算赤字。在经济下行的阶段，政府应当扩大支出（包括购买支出和转移支出）和减少税收，以增加消费和促进投资，恢复经济的活力。这时从预算收支的对比关系来看，表现为支大于收，在年度预算上必然会产生赤字；当经济复苏时，在投资增加和失业减少的情况下，政府可以适当减少支出，或酌量提高税率增加税收，以减轻通货膨胀的压力，这时在年度预算上就会出现盈余。这样就可以用繁荣年份的盈余补偿萧条年份的赤字，预算盈余和预算赤字会在一个周期内相互抵消。因此，从各个年度来看，预算不一定是平衡的，但从一个完整的经济周期来看，则是平衡的，从而可以达到维持和稳定经济的目的。

周期预算平衡政策的突出优点表现在以下两个方面：（1）接受了功能财政预算政策的合理要素，即肯定调整预算收支会对宏观经济产生积极的影响，有助于宏观经济目标的实现；（2）仍然保持了有效配置经济资源的预算控制机制，继承了年度平衡预算政策的主要优点。

（四）充分就业预算平衡政策

充分就业预算平衡政策是指按充分就业①条件下估计的国民收入规模来安排预算收

① 凯恩斯学派的经济学家提出了充分就业的假定。所谓充分就业是指在一定的货币工资水平下，所有愿意工作的人都实现了就业。实际上由于种种原因（如结构性失业等），充分就业并不是失业率等于零。

支，这样达到的预算平衡，就是所谓的充分就业预算平衡。即，设想在现有的经济资源能够得到充分利用的条件下，国民生产总值可以达到最大值，税收收入也随着国民生产总值的增长而增长。此时，政府在安排预算时，为了达到充分就业水平，就必须增加财政支出以刺激生产和增加就业。但如果当年的实际国民生产总值低于希望达到的充分就业水平，在预算上就会出现赤字。安排这样的赤字有利于实现充分就业预算平衡，也是达到充分就业水平所必需的。

充分就业预算平衡政策的突出特点是以财政自动稳定器理论为基础。由于政府的主要税种都与国民收入水平有密切联系，所以税收收入与国民收入的升降呈正相关关系。与周期平衡预算政策不同的是，其预算收支的调整是自动发生的，并不取决于对税率的人为变动，即随着国民收入的不断提高税收收入将增加，同时，由于失业人数的减少，失业保险等转移性支付也将随之减少；相反，国民收入的下降将伴随着税收收入的减少，而失业保险支付将增加。所以无论是在经济繁荣时期还是在经济衰退时期，税收与政府转移性支出都具有自动调整预算收支的内在机制，进而可以起到熨平经济周期的波动、促进经济增长的作用。

可以看出，充分就业预算平衡政策正是依靠财政自动稳定器，以合理的反周期调节方式起作用，即在经济扩张时期，总需求会自动受到“抑制”，在经济衰退时期，总需求会自动得到“激励”，从而在达到充分就业和价格稳定的目标的条件下，仍可以保持预算平衡并有一定的盈余。

充分就业预算平衡政策与功能财政预算政策及周期平衡预算政策有所不同，在实现预算政策目标及达到一定经济周期内预算收支平衡的方式上，充分就业预算平衡政策主张主要利用自动稳定机制，而功能财政预算政策及周期平衡预算政策主张充分利用人为的财政措施。

（五）综合性预算政策

可以看出，以上各种预算政策都存在各自的优点及缺陷。（1）年度平衡预算政策的目标在于限制或控制预算或财政，这对于主要通过市场配置资源的社会尤为重要。但是，这种过分强调财政纪律的预算政策，很可能导致经济稳定和增长的巨大牺牲。（2）功能财政预算政策的出发点是在市场经济中实现充分就业、稳定物价、经济增长以及国际收支平衡等宏观经济目标。但是，这个政策的最大缺陷是忽视了财政纪律，也就是它把部门间的资源配置问题放在了次要位置上，财政支出不受预算控制。一些经济学家认为，上述两个政策都走向了极端。合理的财政政策应包括“控制”和“宏观经济目标”两方面的因素。（3）周期平衡预算政策和充分就业预算平衡政策都包括有关实现资源配置的预算控制和改善总体经济运行的预算行为这两方面的内容。

因此，为了实现“稳定”和“增长”的宏观经济目标以及“配置”和“分配”的微观经济目标，一种有效而合理的经济政策应包括各项预算政策的合理因素。所以，设计一种兼具上述各种预算政策优点的综合性预算政策，除采用包括上述各种预算政策的特点的政策外，还应合理运用自动稳定器和相机抉择的政策措施，并协调运用财政政策与货币政策。

总之，为实现充分就业、物价稳定、经济增长及国际收支平衡等综合的国民经济发展目标，应建立一种综合且富有弹性的、灵活的预算政策，从而促进资源的合理配置，实现宏观经济的健康运行。

专栏 1-4

罗斯福新政中的充分就业预算平衡政策

1933 年，罗斯福就任美国总统后，面对严重的经济失衡和社会问题，采取了一系列“反危机”的经济措施（史称“罗斯福新政”），开启了典型资本主义国家政府干预经济的先河。罗斯福执政初期，全国 1 700 多万庞大的失业大军全靠州政府、市政府及私人慈善事业的帮助和施舍维持生计，生活物资高度紧缺，财产与暴力犯罪加剧。他认为，只有联邦政府才能解决这一复杂、高危的社会问题。1933 年 5 月，罗斯福政府通过《联邦紧急救济法》，成立联邦紧急救济署，专门规划、筹集、经营与管理救济物资，合理划分联邦政府和各州之间的使用比例，将各种救济款物迅速拨往各州，制定优惠政策鼓励地方政府用于直接赈济贫民和失业者。为了给失业者自力更生的机会和自尊心，第二年又将单纯赈济改为“以工代赈”，全国设有名目繁多的工赈机关，综合起来大致分为两大系统：公共工程署（政府先后拨款 40 多亿美元，以建设长期工程为主）和民用工程署（投资近 10 亿美元，以民用工程为主），给失业者提供从事社会工作的机会。到二战前夕，总计雇用人数达 2 300 万，占全国劳动力人口总数的 1/2 以上。此举不仅为技师、非熟练工人和建筑工人创造了就业机会，还为成千上万名失业的工艺艺术家提供了形形色色的工作。联邦政府支出的种种工程费用及数目较小的直接救济费用达 180 亿美元，也借此修筑了近 1 000 座飞机场、12 000 多个运动场、800 多座校舍与医院。

在新政的第二个阶段，罗斯福政府在经济全面复兴的基础上进行了一系列涉及各个层面的改革，为建立福利社会和民主政体打下了坚实的基础。1935 年伊始，罗斯福政府在新政第一阶段的基础上，通过了《社会保险法案》、《全国劳工关系法案》与《公用事业法案》等专门法律；1938 年 6 月 14 日又通过了《公平劳动标准法》，旨在保护工人的权益。为了解决社会保险制度的联邦经费来源问题，罗斯福政府破天荒地实行了一种按收入和资产的多少来计征的累进税。罗斯福新政的实施取得了巨大成功。从 1935 年开始，美国几乎所有的经济指标都稳步回升；1936 年年底，美国工业总产量超过危机前的年平均数，农业生产也有较大恢复。到 1939 年，GNP 增至 2 049 亿美元，失业人口减至 800 万，恢复了国民对资本主义国家制度的信心。

资料来源：根据相关资料整理而成。

第四节 政府预算模式

一、政府预算模式概述

（一）政府预算模式的含义

模式（pattern）是指从经验中经过抽象和升华提炼出来的核心知识体系，即把解决某类问题的方法总结归纳到理论高度，是解决某一类问题的方法论。一个良好的模式有助于决策者做出一个优良的设计方案，得出解决问题的最佳办法。

政府预算模式是指将资金有效地分配和最终落实到政府的各项事业以及预算部门和单位的模式。即，政府预算模式是要解决如何分配和管理公共资金，并将它有效地转化为公共产品和公共服务，以完成公众委托的事项这一问题。因此，政府预算模式是一个既有一定理论作为指导，又有相应的实施制度作为保障的体系。在这一体系中，不同的预算模式有其实施的背景及理论依据，使得资金配置的规则和管理方法都是不同的。

（二）政府预算模式的变革依据

从世界范围来看，政府预算模式在不同历史时期经历过多次变革，而每一次变革又都是伴随着政府改革进行的。

1. 为了应对政府职能范围变化的要求

20 世纪 30 年代的经济危机爆发前，主要资本主义国家以市场为主配置资源，政府的职能范围较窄，常被称为“夜警政府”，预算支出主要集中于行政、国防、社会保障等经常性开支，通过税收予以保障，其预算模式属于经常性预算。但伴随着周期性经济危机爆发的常态化，在凯恩斯理论的影响下，政府开始干预经济，增加支出、增加赤字并开始借债。在预算模式上，需要通过设置资本性预算，以反映通过债务筹集的资金的来源及去向，便于立法机关的批准及公众的了解。复式预算即应运而生。

2. 为了应对渐进式预算理论的变化要求

渐进式预算理论指出，公共预算的配置应在现有预算基数的基础上主要对增量预算部分进行立法决策，以降低预算决策中政治层面的讨价还价所带来的决策成本。在这一理论下，主要的预算模式为“基数加增长”的基数预算。但由于基数预算的模式存在经济上承认预算基数的不合理因素，政治上会影响多元政治下预算决策的合理性的缺陷，因此，在企业中实行的、不考虑以前既定预算的零基预算模式被引入政府预算决策当中。

3. 为了应对预算平衡理论变化的要求

在年度平衡预算理论下，预算主要以年度预算为主要模式，要求保持年度预算的平衡；而在周期平衡预算理论下，预算就可能采取多年（中期）预算的模式，赤字预算成为常态，预算的平衡也可以是跨年度的平衡。

4. 为了应对预算实施绩效理论的要求

传统预算主要是以控制为取向的，属于投入预算，其关注点在于预算投入是否存在滥用权力，支出是否符合预算并遵守政府的各种规章制度，而不是预算投入使用后的结果，更不是生产和提供的产品及服务是否符合社会需要。而世界范围的政府改革目标主要是围绕着建立“效率政府”进行的，即通过改革政府的管理机制，强化公共管理，克服官僚主义，提高政府效率。

提高政府效率，意味着在同等服务量条件下人员和经费的节约，或者在同等的公共资金下提供更多、质量更好的服务。因此，效率是政府建设的核心。由于政府效率与预算资金效率存在高度的相关性，因而人们可以通过预算资金的效率测定来检验政府机构的效率。因此，在建设“效率政府”方面，几乎所有国家都通过政府预算改革来进行。这表明，政府预算改革是政府改革的核心，而预算模式的改革又是政府预算制度优化的轴心，这种改革包含了公共经济理论、委托—代理理论、以产出为导向的新公共管理理论的科学内涵，由此，零基预算、绩效预算管理等预算模式开始深入人心。

在以“养人”“办事”为主要目的的预算模式下，预算编制只是向公众报告钱用到哪儿去了；在以“办事效果”为基础的预算模式下，预算编制则不仅需要向公众报告钱用到哪儿了，而且需要向公众报告花钱取得了什么效果等。

二、政府预算模式的主要类型

随着经济的发展与社会的进步，政府职能相应拓展，需要政府提供的公共产品与服务的规模不断增大、质量要求不断提高、结构日趋复杂，政府预算的模式也经历了由简单到复杂、由低级向高级发展的过程，特别是在现代信息技术的推动下，预算模式得到了拓展。

（一）按预算编制结构划分

按预算编制结构，政府预算可分为单式预算与复式预算。

1. 单式预算

单式预算，是指将所有财政收入和支出汇编在一个预算内，形成一个收支项目安排对照表，而不区分各项收支性质的预算组织形式。

单式预算的优点是：有利于反映预算的整体性、统一性；可以明确体现政府财政收支规模和基本结构。在国家基本不干预经济运行的条件下，政府收支规模较小，收支结构较为简单，其内容主要是消耗性（经常性）支出。单式预算便于立法机关审议和公众监督，可满足政府预算管理的需要。单式预算的不足是：随着政府职能的扩大和收支类别的增加，不能清晰反映各项预算收支的性质［如资本（投资）性支出与消耗性（经常性）支出的区别］，不利于分类进行预算管理和监督，也不利于体现政府在不同领域活动的性质与特点。

2. 复式预算

复式预算是根据政府预算收支的不同性质，将全部收支在两个或两个以上的预算中反映。复式预算是伴随政府职能扩大，预算收支规模增大，收支性质趋于复杂，收入由无偿的税收收入扩展到有偿的债务收入，支出由消耗性支出扩展到资本（投资）性支出，从而需要分类加强预算管理和监督而产生的。复式预算最早出现在丹麦、瑞典，后被英国、法国、印度等国家陆续采用。

常见的复式预算是将政府预算分为经常预算和资本预算。(1) 经常预算主要反映政府日常收支，收入以税收为主要来源；支出主要用于国防外交、行政管理、科教文卫、社会保障等。经常预算收支在性质上体现了政府为履行内外职责、提供公共产品和服务所发生的消耗，这部分支出虽然不形成资本，却是政府实现其职能必不可少的。(2) 资本预算反映了政府在干预经济的过程中的投资等活动，这部分支出可形成一定量的资产和资本，在较长时间内为社会提供公共服务。资本预算的收入包括国有资本经营收益、资产处置收入、债务收入、经常预算结余转入等；支出主要包括各类投资、贷款等。在性质上，资本预算收支体现了政府对经济活动进行干预的广度和深度，所发生的支出不是社会财富的消耗，而是可以形成一定量的资产和资本，可以在较长时间内发挥作用。

复式预算的优点是：体现了不同预算收支的性质和特点。政府按收支性质编制两个或两个以上的预算，分别进行管理，既能反映财政预算资金的流向和流量，又能全面反映资金性质和收支结构，有利于提高预算编制质量，有利于分类进行预算资金监督与管理，满足不同类型的社会公共需要。复式预算的主要不足是：由于全部政府收支分别在不同的预算中反映，因此在反映政府预算的整体性、统一性方面不如单式预算，为有效的管理和监督增加了一些难度。

专栏 1-5

各国实施复式预算编制模式的背景

一、美国

政府预算改革在美国政府改革中具有举足轻重的地位。美国是最早探索政府预算改革的国家，而且它广泛地影响着其他国家的改革进程。

美国的预算改革主要是围绕着如何提高预算资金效率进行的。1933 年，为配合罗斯福总统上台实行新政的需要，美国联邦政府实行复式预算制度，将预算分为“正常”与“非正常”两部分。第二次世界大战后，新政告终，联邦政府也不再采用复式预算，只是在预算咨文中对投资支出做专门的分析。但美国的一些州至今还采用复式预算的方法编制经常预算和资本预算，原因是美国大部分的公共工程及公营事业支出是由州和地方政府承担的。另外，由于当时经济复苏后的持续高涨，加上凯恩斯主义赤字财政政策，财政处于扩张阶段。这一阶段的预算改革还以新的预算理念为依据，从编制方法入手，经历了零基预算、规划—项目预算、绩效预算等阶段。特别是 20 世纪 80 年代以后，经济滞胀使美国经济长期陷入低增长，凯恩斯主义的赤字财政政策受到怀疑。政府既要控制赤字，又要维持国家庞大机器的运转，唯一的途径就是提高支出效益，即寻求在总量控制下的合理预算分配方法，于是，绩效预算又重新为人们所重视。

二、英国

现代政府预算最初产生于英国。在优化政府预算体系的全球性预算改革中，英国也做了有益的尝试。20世纪30年代的经济危机使英国的经济状况恶化，为寻求解决问题的新的预算管理方式，1939年起英国实行复式预算。英国复式预算的传统做法是没有正式的资本预算，只是将预算分为“线上”和“线下”两部分。“线上”预算相当于一般预算，主要包括经常支出；“线下”预算是账外预算，主要包括财政部有权用借款来满足的支出。1966年，英国修改了传统的“线上”和“线下”预算，将预算分为统一国库基金预算和国家借贷基金预算，前者相当于经常预算，后者相当于资本预算。另外，20世纪60年代中期英国首先在国防部实施规划—项目—预算制，并制定了功能成本系统。功能成本按照时间分类法分为即期成本和未来成本，运用计量分析的技术。由于种种原因，这些成本及分析的应用仅限于内部管理。

英国政府预算改革的政策依据是《资源会计与预算的制度》，“资源会计”就是符合“绩效原则”要求的权责发生制政府会计，即在政府核算中引进权责发生制会计，并以此为基础计算出公共服务的全部成本，并在可能的情况下将其与各部门的产出挂钩，加强了对效果的审计，从而形成新的支出分析框架。

1997年后，英国政府加快了以产出与成果计量编制国有资产登记簿建设等方面的工作，因而英国政府的预算模式正在向绩效化或者部分绩效化过渡。

英国政府制定支出预算的现行标准主要有三条：(1) 支出上限标准。财政部每年都要确定地方和各部门支出的最高限额，这是地方和各部门都必须严格遵守的硬指标。支出上限的确定过程是：先由各部门提出分部门的预算方案，地方支出预算计划由环境部协调后提出，财政部汇总平衡并与地方和各部门进行磋商后，报送内阁讨论。按内阁讨论所提意见，由财政部调整修改后，经下院讨论并以法案形式通过。在具体执行过程中，一般不能突破已经以法律形式确立的这个标准。如发生特殊情况，也只能在预备费中开支。(2) 效率标准。财政部对地方和各部门每年支出增长部分的使用效率，要提出具体的要求，即要求地方及各部门提出增加开支的具体理由，并做详细测算，且对地方和各部门的工作提出具体的要求。若经过考核没有达到这一要求，则该预算单位今后继续增加开支的要求将会受到影响。(3) 减少标准。财政部认为，某一年度增加开支的因素，极有可能成为下一年度减少支出的因素，并且可以通过具体测算加以量化。这个量化指标一经确定，将从该预算单位下一年度的开支中扣除。

三、法国

法国的政府预算在采用复式形式时分为经常业务与临时业务两部分。经常业务又叫固定项目，此类收支是无偿的，它由总预算、国库专项账户、附属预算组成。总预算反映国家年度收支的主要部分，包括经常支出、投资支出和军费支出，从中扣除国家投资支出及军费中的军事工程支出后就相当于经常预算；国库专项账户又称国库特别账户，其中的项目分属于经常业务与临时业务，如属于前者的有反映电视、军事等方面的账户，属于后者的有反映公路投资、贷款等方面的账户；附属预算是对不具备法人资格但进行经营的有关生产和服务事业，如印刷、邮电等设立的预算，其盈亏都转入总预算。附属预算是法国政府预算的一个特点。临时业务也称临时项目，此类收支是有偿的，由专用收支、公债收支和其他收支等项目组成。

法国在20世纪60年代后期实行过改良的规划—项目—预算制。这其中经历了两个过程：首先，将该预算制度应用于国防部门，称为“计划、方案和公共预算准备”，为中央决策的制定及控制提供协调；其次，将该预算制度应用于民用部门，改称为“财政支出的最优化”。其中，重心主要放在投资评估技术的应用上。随后，法国政府将两者合并，统称为“公共预算选择的合理化”。

四、印度

发展中国家的经济发展水平、技术水平以及法治化程度总体上都落后于发达国家。20世纪40年代后期和50年代早期，发展中国家的政府预算结构和财政管理体系陈旧，倾向于实施集中控制，不能很好地适应发展中的政府功能。为了改变这种相对落后状态，发展中国家都在努力学习和借鉴发达国家的财政与政府预算方面的改革经验，开始致力于政府预算方面的改革，设法从传统的政府预算体系转向现代预算体系。20世纪60年代中期以后，受联合国主张实行的有关计划和绩效预算编制条例的影响，一些发展中国家开始引入绩效预算。

印度属于发展中国家，自独立后印度在政府预算的实践中认识到，从英国人那里继承下来的已沿用一个世纪之久的政府预算体系，是不适合本国经济发展和开支控制的。因此，印度也适应形势的需要，借鉴西方国家的一些做法进行了相应的政府预算改革，例如，为适应财政赤字逐年增加的形势，于1946—1947财政年度采用了复式预算，设立了资本预算。其进入资本预算的项目是依据两个因素决定的，即资产的寿命和支出的规模。印度政府从1968—1969财政年度开始采用计划和绩效预算法，到1972—1973财政年度这个新体系全面铺开。印度政府依靠这个新体系来列明各项计划，明确规定计划的目标，并计算出其费用，提供绩效指标。但印度政府还只是将计划和绩效预算作为传统预算的补充，且通常是在政府公布预算之后，将其作为单独的文件发布的。

资料来源：根据相关资料整理而成。

（二）按预算编制方法划分

按预算编制方法，政府预算可分为基数预算与零基预算。

1. 基数预算

基数预算是指在安排预算年度收支时，以上年度或基期的收支为基数，综合考虑预算年度国家政策变化、财力增加额及支出实际需要量等因素，确定一个增减调整比例，以测算预算年度有关收支指标，并据以编制预算的方法。其基本公式可表示为：预算年度某项收支数额＝上年度或基期该项收支的基数×(1±增减率)。

在传统预算模式下，决定公共资源如何配置的预算决策是建立在预算基数基础上的，即基数加增长，预算增量部分的决策主要取决于政治上的讨价还价，如一般是由支出部门提出自己的新增预算请求，财政及立法机关主要对这个增量预算要求进行审查。这一做法在一定程度上可以避免各利益相关方就预算分配进行博弈，降低决策成本。正如艾伦·希克所指出的：“预算是一个分配过程而不是一个再分配的过程。政府内部的冲突很少发生，因为一般都避免在政府范围内此增彼减的权衡发生；胜利者是通过要求增加新的资源而受益，而不是从那些已经获得了预算的人手中夺取资源。相互间的优先顺序是通过对预算的各个部分给予不同的增长比例来重新安排的。”①

基数法的优点在于简便易行，编制效率高。在数据资料有限、预算管理的科学性要求不高的条件下，可满足财政决策和预算编制的需要。基数法的缺点如下：一是收支基数的科学性、合理性难以界定。在实际工作中，往往以上年度实际数或以前若干年度平均数为预算收支基数，实际上是以承认既得利益为前提，使以前年度不合理的收支因素得以继续延续。预算专家刘易斯（Lewis，1952）曾这样批评美国的预算体制：预算审查者只关心增加支出，而很少关心基数中的那些科目是否合理。② 二是编制方法显得简单，主观随意性较大，缺乏准确的科学依据。

2. 零基预算

零基预算（zero-based budgeting，ZBB）是指在编制预算时对预算收支指标的安排，不考虑该指标以前年度收支的状况或基数，而根据当年政府预算政策要求、财力状况和经济与社会事业发展的需要重新核定，即预算决策是建立在对收支目的、手段和资源进行重新评估的基础之上的。

零基预算是一种管理取向的预算模式，最早是一种私人部门用来控制人员成本和边际分析的管理工具。20 世纪 70 年代初，零基预算引起了时任美国佐治亚州州长卡特的兴趣，卡特在 1971 年将零基预算引入该州的预算过程，1976 年卡特任美国总统后，宣布在美国联邦政府全面实行零基预算，以期改进预算决策，取代传统的基数预算下盛行的“基数加增长”带来的问题。零基预算的主要程序是：（1）确定决策单位（可以是支出项目、机构的级次等）及其目标和任务；（2）为各个决策单位建立项目的决策包，即一系列描述项目目标和成本的决策方案；（3）决策单位管理者对决策包中的决策根据重要性和优先程度进行排序；（4）对决策包进行逐级排序；（5）按优先顺序配置资金。

零基预算法的优点如下：一是预算基数不再自动地成为下一年预算决策或者预算拨款的依据和基础，预算收支安排不受以往年度预算收支的约束，现有的支出必须和新的支出一起比较和竞争，各个部门每年必须为它的全部预算申请进行辩护。二是预算决策有较大回旋余地，可突出当年政府经济社会政策重点，充分发挥预算政策的调控功能，防止出现预算收支结构僵化和财政拖累。三是政府内部提高政府首脑和预算机构对各个部门预算申请的管理控制，进而改进资源配置效率。零基预算法的缺点如下：一是决策单位及目标难以确定，即不是所有的预算收支项目都能采用零基预算法，有些收支在一定时期内具有刚性，如国债还本付息支出、公务员的工资福利支出等。二是由于政府支出的特殊性及多元化，如何对众多的决策包进行排序是个决策难点。三是决策成本较高。每年对所有的收支都进行审核，是一项需要消耗大量人力、物力和财力的工作，并会受到利益博弈的干扰，决策成本大幅提高。

---

① 艾伦·希克．现代公共支出管理方法．北京：经济管理出版社，2000.

② 马骏，等．公共预算：比较研究．北京：中央编译出版社，2011；Lewis V. B. Toward a Theory of Budgeting. *Public Administration Review*，Winter，1952：42－54.

（三）按预算编制的导向划分

按预算编制的导向，政府预算可分为投入预算与绩效预算。

1. 投入预算

投入预算主要是指传统的分项列支预算（line-item budget），它的目标是强调严格遵守预算控制规则，对投入进行严格的控制，主要关注政府的支出行为是否恰当，将支出详细地科目化，以监督政府是否将拨款支出到事前规定的用途，是否按照事前规定的方式进行，限制甚至禁止资金在不同预算项目之间转移。投入预算的政策重点在于控制资源的投入和使用，保证预算按预定的规则运行，而不强调是否达到政府的政策目标，投入产出的效率如何。投入预算的优点是：有利于预算管理的规范化、制度化，也便于立法机关审议。其不足之处在于：不重视产出和结果，不能有效控制行政机构和人员膨胀，预算支出效率低下等，会使得预算管理规则的实际意义大打折扣。

2. 绩效预算

根据美国总统预算管理办公室的定义："绩效预算是这样一种预算，它提交所需资金的使用目的和目标，提议用来实现这些目标的项目成本、测量每个项目成绩和已完成工作情况的定量数据。"① 可以看出，绩效预算要求政府每笔支出必须符合绩、预算、效三要素的要求：（1）"绩"是指请求财政拨款为了达到的某一具体目标或计划，即绩效目标。这些目标应当尽量量化或者指标化，以便编制预算并考核效果。（2）"预算"是指完成业绩所需的拨款额，或公共劳务成本，它包括人员工资和各种费用在内的全部成本。凡是能够直接量化的，政府都应当计算并公布标准成本。（3）"效"是指使用财政性资金所带来的产出和结果指标，对绩效的考核指标设计应包括量的考核指标和质的考核指标。

因此，与投入预算相比，绩效预算（program budgeting）强调预算投入与产出及结果的关系，其宗旨在于有效降低政府提供公共产品和服务的成本，提高财政支出的效率和效益，从而约束政府支出的扩张，因此又被称为以结果为导向的预算。它主要涉及以下问题：政府花钱购买和提供的产品、服务是否符合社会需要？以什么价格或成本购买和提供？与花钱相比，购买的公共产品及服务是否值得？这种绩效理念用于预算管理的实践主要是通过绩效预算和预算的绩效评价来实现的。预算的绩效管理更加强调财政支出活动所取得的成绩及产生的效果，它更加重视预算的外部关系，即政府与社会、政府与公众的关系，更加重视公众利益和公民的反馈，即公共支出所提供与获得的有效公共服务。

20 世纪 70 年代末到 80 年代初，英国、澳大利亚、新西兰、加拿大等西方国家率先启动了新绩效预算改革。新绩效预算与 20 世纪 50 年代于美国兴起的绩效预算的相同之处在于，二者都强调预算支出的绩效；区别在于，早期的绩效预算更强调产出（output），新绩效预算则更强调支出的最终结果（outcome）。例如，修一条公路，即使能够按时保质保量完工，完成了产出，但如果没有达到缓解交通拥堵的设计初衷，则这

---

① Axelrod D. *Budgeting for Modern Government*. New York：St. Martins Press，1988：266.

种投入结果也应被视为低效或无效的。并且新绩效预算将绩效管理从预算的决策编制引入预算的执行，更强调总额控制，而把资金使用的一定自由裁量权下放给支出部门和管理者，同时加强对支出结果的评价。由此，基于新绩效预算的绩效管理覆盖了整个预算过程。

（四）按预算作用的时限划分

按预算作用的时限，政府预算可分为年度预算和多年预算。

1. 年度预算

年度预算是指预算收支计划执行期为一年的预算。传统意义上的政府预算，主要是指年度预算。预算的时间跨度称为预算年度或财政年度。由于各国的政治体制和历史文化传统不同，预算年度可以和日历年度一致，也可以不一致，即有历年制和跨年制。

在编制年度预算时，一般是当年开始编制第二年的预算，便于根据当年经济社会发展水平、预算实际执行情况、下年度政府政策变化等因素，较准确地预测预算收支指标，合理配置资源，实现政府政策目标，满足社会公共需要。同时，也便于立法机关审议、批准和监督预算执行。

2. 多年预算

多年预算是指对预算收支安排时间在 2 年期以上的预算。这种预算实际上是一种对年度预算具有指导功能的财政发展规划。从预算收支的特点分析，有些支出项目需要连续跨年度拨款才能完成，如大型公共设施建设、重大科技攻关项目等。而税收等预算收入的增长在经济运行周期内具有一定稳定性，因而预算安排在各年度之间需要保持连续性、稳定性，仅通过编制年度预算则难以达到这一要求。利用编制跨年度的滚动预算，并与年度预算相衔接，使预算收支安排既满足当年执行的需要，便于立法机关审查、批准和监督，又具有前瞻性、连续性，能提高预算编制的质量与科学性、合理性，为经济和社会发展提供优质公共服务。从各国编制多年预算的实践看，主要形式为 3～5 年的中期财政规划或中期预算。

（五）按预算收支平衡状况划分

按预算收支平衡状况，政府预算可分为平衡预算与差额预算。

1. 平衡预算

平衡预算是指在预算编制、执行过程中保持收入与支出基本相等。仅从账面上来说，不论何种形式的预算都是要平衡的。这里的平衡预算通常是指政府支出以来源于正常税收收入为基本保障，而非借债满足支出需要。

政府预算收支平衡，减少财政赤字和公债发行，固然对加强财政管理、防范财政风险等有益，但从根本上讲，还要看预算平衡是否有利于宏观经济的稳定与增长，是否有利于各项社会事业的发展。因此，随着经济社会发展、预算管理理念及管理模式的变化，从平衡方法来看，平衡预算由简单的基于税收与支出比较的年度平衡发展到加入债务因素的平衡，直至发展到基于一个周期的预算平衡。

2. 差额预算

差额预算是指在预算编制过程中，为了实现一定的政策目标，使预算支出大于收入而有赤字，或者收入大于支出而有结余。赤字预算是差额预算的典型形式，一般以政府债务来弥补。

最为典型的是西方国家在1929—1933年大危机以后，奉行凯恩斯主义的赤字财政政策，编制和执行赤字预算，大量发行国债，扩大政府支出，以刺激社会有效需求，缓解生产过剩的经济危机。赤字预算成为政府干预经济运行的重要政策工具。但长期实行赤字预算政策，也产生了政府债台高筑、还本付息支出巨大、财政支出结构僵化、政府宏观调控能力弱化、经济增长受影响等一系列问题，不少国家在20世纪70年代末期陆续放弃了该政策主张的持续性，转而采取将赤字限制在一定范围内的预算模式。

从以上分析可以看出，各种预算模式均有自身的特点及实施背景，因此，不存在一种模式完全替代另一种模式的问题。特别是政府预算是拿别人的钱为别人办事，目标多元而分散，具有非营利性，因此，不可能用一种方法解决所有问题。并且现实中，由于存在多种多样的政府部门和单位，且它们的工作性质相差甚远，因此，期望将一种预算编制方法整齐划一地推广到所有部门和单位，并都取得预想的功效是十分困难的。所以，实践中往往针对不同的问题采取不同的办法，即几种预算模式往往被同一机构混合使用。如美国明尼苏达州的荷尼宾县（Hennepin county），其年度预算文件就曾包括以下一些内容：一是用分项排列预算方法来制订按资源分配职员的计划表；二是用绩效预算衡量产出及结果；三是针对为完成某些项目计划所需的资金做预算制定标准；四是将零基预算用于支持计划表的决策事项；五是与经济、社会趋势（目标管理）相联系，使用制度服务项目说明工程计划；六是利用政策分析研究迅速分析预算决策者提出的问题等。

案例与评析

一、案例与材料

《预算法》第十二条第一款规定："各级预算应当遵循统筹兼顾、勤俭节约、量力而行、讲求绩效和收支平衡的原则。"第二款又规定："各级政府应当建立跨年度预算平衡机制。"

简单的预算收支平衡原则要求预算编制中必须"以收定支"，此处的"收"一般理解为政府正常取得的收入，如税收。这种看似严格的平衡限制在实践中会带来严重的预算软约束，并且容易因为反预算的逆向调节作用而出现预算调节的顺周期问题。

因此，现代预算管理改革的趋向是将预算限额集中在控制支出预算方面，并且将支出预算独立于收入预算，即不简单地与收入预算挂钩。预算支出控制制度作为一种严格的资源"定量配给"机制发挥作用，它不允许支出部门随意提出超过预算的支出需求。

为了解决顺周期问题，就要将管理预算的重点由财政收支平衡状态、赤字规模向支出预算和政策拓展，《预算法》提出了建立跨年度预算平衡机制，与之相联系的制度建设包括预算稳定调节基金和中期财政规划等的建立和完善。

就一级政府来说，如果将目前预算控制的重点转到预算支出政策和重要支出项目上来，只把收入预算作为预期目标，就有可能导致预算收支平衡状态在预算执行过程中因经济波动而被打破，并且还会出现支出增长过快问题，在建设任务很重的发展中国家尤其如此。当前，我国正处在经济与社会变革的关键时期，预算支出及预算赤字呈快速刚性增长态势，地方债务问题严重。要遏制政府债务快速增长的势头，保持经济、财政可持续发展，制度设计之一就是在建立起中长期重大事项科学论证机制的基础上，改年度预算平衡约束机制为跨年度预算平衡约束机制，即将预算收支平衡的评价期限由年度扩展至跨年，与之配套，要将预算支出政策、支出重点及支出规模置于跨年度中期财政规划的基础之上。

结合本章知识及相关材料进行问题分析。

二、问题与分析

（一）什么是顺周期调节？会带来什么结果？

与财政逆周期调节相比，顺周期调节是指在经济不景气时，收入预算原本难以完成，但在平衡限制的情况下，政府面对收支矛盾和政绩考核，为了不突破预算赤字规模又满足支出需要往往“竭泽而渔”，不是通过限制支出，而是不考虑税源实际情况一味强调和固化税收任务意识，通过增加税收甚至出售资产来实现平衡。这种简单而不是动态调整的税收任务意识扭曲了正常的征管行为，容易引发“过头税”“寅吃卯粮”“杀鸡取卵”等税收执法乱象，从而增加了经济实体的负担，进一步加剧了经济的衰退。此外，各地为了争取税源，竞相出台税收优惠政策，制造税收洼地，引发了税基被侵蚀、利润被转移的现象，扰乱了市场经济公平竞争的秩序；而当经济过热时，税源充裕，本可以通过增加税收加以调节，但此时财政部门基于预算平衡目标以及避免抬高收入预算基数，反而对采取这种逆向调节的手段不积极，从而加剧了经济的过热。

为解决顺周期调节问题，《预算法》在规定了各级政府不得向预算收入征收部门和单位下达收入指标的同时，明确指出各级政府应当建立跨年度预算平衡机制。

（二）如何理解跨年度预算平衡机制？

根据我国现行《预算法》、《预算法实施条例》及《国务院关于进一步深化预算管理制度改革的意见》（国发〔2021〕5号）等法律法规及规范性文件的规定，我国目前针对预算有以下几种机制。

（1）预算超收及短收的平衡机制。对于各级一般公共预算年度执行中出现的超收收入，用于冲减赤字或补充预算稳定调节基金，一般公共预算的结余资金，应当补充预算稳定调节基金；省、自治区、直辖市一般公共预算年度执行中出现短收则采取调入预算稳定调节基金、减少支出等方式以实现平衡，若仍不能实现收支平衡，则采用调整预算、增列赤字等方式；设区的市、自治州以下各级一般公共预算年度执行中出现短收的，应当通过调入预算稳定调节基金或者其他预算资金、减少支出等方式实现收支平衡；采取上述措施仍不能实现收支平衡的，可以通过申请上级政府临时救助平衡当年预算，并在下一年度预算中安排资金归还。

（2）预算赤字的弥补机制。跨年度预算平衡机制还必须对不可避免的预算赤字的弥补做出制度安排，即中央预算赤字在经全国人大或其常委会批准的国债余额限额内发债平衡，省级政府报本级人大或其常委会批准后增列的赤字，在报国务院财政部门备案后，在下一年度预算中予以弥补；市、县级政府通过申请上级政府临时救助实现平衡，并在下一年度预算中归还。可以看出，跨年度预算平衡机制对所出现的预算赤字进行弥补时仍要经过法定程序按照规定的弥补方式办理。

（3）实施中期财政规划管理。我国中期财政规划是指财政部门会同政府各部门在分析预测未来三年重大财政收支情况，对规划期内一些重大改革、重要政策和重大项目研究政策目标、运行机制和评价办法的基础上，编制形成的跨年度财政收支方案，并滚动施行。

（4）加强跨年度预算平衡。要加强中期财政规划管理，进一步增强与国家发展规划的衔接，强化中期财政规划对年度预算的约束。对各类合规确定的中长期支出事项和跨年度项目，要根据项目预算管理等要求，将全生命周期内对财政支出的影响纳入中期财政规划。地方政府举借债务应当严格落实偿债资金来源，科学测算评估预期偿债收入，合理制订偿债计划，并在中期财政规划中如实反映。鼓励地方结合项目偿债收入情况，建立政府偿债备付金制度。

本章小结

1. 政府预算是经法定程序审查批准的具有法律效力的政府财政收支计划，是政府筹集、分配和管理财政资金及进行宏观调控的重要工具。一般来说，狭义的预算指预算文件或预算书，是静态的预算；广义的预算指决策、编制、审查、批准、执行、调整、决算、绩效评价与审计等预算过程，是动态的预算。从不同的研究视角分析可知，政府预算有着丰富的内涵。

2. 政府预算的基本特征是法治性、约束性、公共性、综合性。

3. 政府预算的原则是一国预算立法、编制和执行所必须遵循的指导思想，它一般会随着社会经济及预算制度的发展而不断变化。按照《预算法》的要求，我国的预算管理原则应包括全面完整原则、公开透明原则、规范执行原则、绩效管理原则、平衡稳健原则、监督问责原则等。

4. 政府预算政策是一定时期的财政政策得以实现的重要手段和传导机制，它随宏观经济形势的变化而有不同的类型，主要包括年度平衡预算政策、功能财政预算政策、周期平衡预算政策、充分就业预算平衡政策、综合性预算政策等。

5. 政府预算模式是指将资金有效地分配和最终落实到政府的各项事业以及预算部门和单位的模式。即，政府预算模式是要解决如何分配和管理公共资金，并将它有效地转化为公共产品和公共服务，以完成公众委托的事项这一问题。政府预算模式一般包括：单式预算与复式预算、基数预算与零基预算、投入预算与绩效预算、年度预算与多年预算、平衡预算与差额预算等。

练习与思考题

认知题

1. 政府预算的概念
2. 多重视角下的政府预算的内涵
3. 现代政府预算的基本特征
4. 政府预算的各项原则
5. 政府预算政策的类型
6. 政府预算模式的类型

思考与实践题

1. 结合国内外实践，分析在现代社会中如何发挥政府预算的政策功能。

2. 通过查阅我国和国外的政府预算管理实践，理解现代政府预算的内涵和基本特征。

第二章

政府预算的起源与发展

学习目的与要求

通过本章的学习，了解以英国、美国为代表的西方国家以及中国的现代政府预算制度的产生和发展过程，并在此基础上理解中西方现代政府预算制度产生过程的差异及对中国的启示。

学习要点

知识要点：

1. 西方现代政府预算制度成长的驱动因素
2. 我国现代政府预算制度成长的驱动因素
3. 中西方现代政府预算制度产生过程的差异

能力要点：

能够在了解中西方现代政府预算制度发展历程的基础上理解中西方现代政府预算制度的产生差异并思考对中国现代政府预算制度的启示。

第一节　西方现代政府预算制度的产生及影响

一、西方现代政府预算制度的成长脉络

政府预算是财政体系的重要组成部分，但它并不是伴随财政而出现的。随着商品经济和政治民主化的推进，符合法治性、约束性、公共性、综合性等特征的现代预算制度于 19 世纪初产生于英国。

1215 年，英国贵族因不满约翰王为弥补财政缺口无休止地加税并借故没收土地爆发武装冲突，最终迫使约翰王签署限制国王征税权的《大宪章》，标志着英国政府预算制度的早期萌芽。《大宪章》运动后，英国初步建立了议会制度。14 世纪至 15 世纪，随着英国新兴资产阶级力量逐步壮大，他们充分利用议会与封建统治者争夺国家的财政权。他们联合广大农民及城市平民反对封建君主横征暴敛，要求对国王的课税权进行一定的限制，即要求国王在取得财政收入开征新税或增加税负时，必须经代表资产阶级利益的议会同意和批准。他们通过议会审查国家的财政收支，并要求政府各项财政收支必须事先做计划，经议会审查批准后方可执行，财力的动用还要受议会的监督，从而限制了封建

君主的财政权，形成了政府预算的雏形。1640年资产阶级革命后，英国的财政权已受到议会的完全控制，议会核定的国家财政法案，政府必须遵照执行，在收支执行过程中要接受监督，财政收支的决算必须报议会审查。1689年，《权利法案》获得通过并重申议会为最高权力机构，初步确立了政府预算的原则和步骤，使英国政府预算制度得以基本形成。1789年，英国首相威廉·皮特（William Pitt）在议会通过一项《联合王国总基金法案》，要求把全部财政收支统一在一个文件中，至此有了正式的预算文件。1832年，议会又通过法律规定财政大臣每年须向议会提交全部“财政收支计划书”，包括财政计划收支、预期赤字或盈余等，至此政府年度财政报告的雏形已具备。19世纪初，议会确立了按年度编制和审批预算的制度，即政府财政大臣每年提出全部财政收支的一览表，由议会审核批准，并且规定设立国库审计部和审计官员，对议会负责，监督政府按指定用途使用经费。至此，英国具有现代意义的政府预算制度真正建立起来。

英国正式建立政府预算制度后，将这种财政管理制度迅速推广到属于其势力范围的国家和地区。受到两次世界大战和现代社会发展变迁的影响，美国成为西方政府预算制度变迁的主要推动者。美国在早期的宪法中并没有有关预算制度的规定，直到1800年才规定财政部要向国会报告财政收支，但当时的报告仅仅是汇总性的。美国第一任财政部部长亚历山大·汉密尔顿（Alexander Hamilton）强有力的行政领导对美国联邦预算制度的形成贡献了巨大力量。一战后，在美国“进步时代”的历史背景下，国会于1921年通过了《预算与会计法》，其中规定总统每年要向国会提出预算报告，标志着现代政府预算制度在美国产生了。19世纪中后期，西方国家政府预算进入“改革时代”。英国于1852—1866年在财政大臣格莱斯顿的主导下进行了一系列政府预算制度改革，如将所有财政收入都纳入政府预算管理，压缩和控制支出等。美国自1921年“强化预算中总统的行政权”这一轮预算制度改革开始，经历了绩效预算改革、规划项目预算改革、零基预算改革等，其预算理念与制度伴随着预算改革日趋成熟与完善。持续的预算改革不断提高了财政资金的使用效率和透明度，推进着西方预算制度的完善。

专栏2-1

美国南北战争时期的政府预算制度

从殖民地时期到南北战争时期，美国预算基本沿袭了英国的预算制度，属于古典预算。在南北战争前，美国国会完全主导着预算过程。各个行政机构准备年度收支估算并将其提交给财政部部长，财政部部长不可以进行任何修改，只能直接提交给国会。在国会，收入和支出事务由众议院方式与方法委员会来处理；在参议院，这些事务则由财政经济委员会来处理，国会通过限制支出额、规定资金支付时间表和明确资金支出目标直接指挥行政部门。1861—1865年，美国爆发了南北战争，也称为美国内战。这是美国历史上规模最大的一次内战，国会主导的预算制度无法适应战时需要，于是促成了美国政府预算制度的改变。“南北战争成为总统从国会争取一定自由裁量权的催化剂。”①

南北战争爆发前的1857年，美国经历了一次经济萧条，直接导致财政税收减少。

① 阿伦·威尔达夫斯基．预算过程中的新政治学：第4版．上海：上海财经大学出版社，2006：34.

1861年南北战争爆发后，军费开支的增长带动联邦财政支出的迅速增长，使财政状况进一步恶化。北方虽具有良好的经济基础，但囿于财政困境，在战争初期举步维艰。紧迫的战争形势要求政府快速决策，调拨物资、资金以满足军队需要；而在国会主导的预算制度下，财政资金的使用和调拨必须经过一系列申请报告和审批，显然不能适应战时需要。在此背景下，总统作为战争的最高决策者，可以要求对预算资金进行调配，而无须经法律授权或国会许可。这成为美国历史上有关总统行政预算要求权的第一个浪潮。

1863年，在战时预算的情况下，林肯总统运用宪法赋予他的权力，成为暂时的预算主导者，同时财政部也参与了部分军需物资的调配。这种预算制度在战时决策效率更高，执行更为迅速，手续更为便捷，可以更好地适应战场上瞬息万变的情况。在南北战争的催化下，总统在预算上有了一定的自由裁量权，与此同时，国会的预算机构也做出了相应的调整，如参众两院开始逐步形成收入与支出两方面的分割和剥离等。但战时美国预算向行政预算发展的趋势并没有彻底改变国会的主导地位，随着林肯总统遇刺，这个浪潮也渐渐平息。但是，美国政府预计到了行政预算的优势及国会预算的弊端，这对日后美国行政预算的发展起到了极大的推动作用。

资料来源：财政部干部教育中心．现代预算制度研究．北京：经济科学出版社，2017.

二、西方现代政府预算制度发展的驱动因素分析

剖析以英、美为代表的西方现代政府预算制度的发展历程可以发现，其每一个新的发展阶段表面上都是以一个历史事件或一部法律为转折点，但其背后都隐藏着社会生产关系的变化，暗含着议会和行政的力量较量，是一个复杂的过程。具体来说，驱动西方现代政府预算制度成长的因素主要有以下几个。

（一）私有产权意识的发展与完善

以英国为代表的西方现代政府预算制度是在封建贵族对私有财产的捍卫中萌芽的。受重商主义和个人主义文化传统的影响，欧洲人具有较强的民主及私有财产意识，其财产保护意识较强。[①] 中世纪欧洲实行的是封建领主制，在一般情况下，国王不能向封建贵族额外征税，即使在特殊时期，国王向贵族和平民额外征税也需得到两者的同意。英国谚语“风能进，雨能进，国王不能进”就充分说明了私有财产受保护的社会共识。但在约翰王时期，英国爆发了严重的通货膨胀，王室财政陷入困境，而约翰王又为收复失地不断扩军备战，导致财政缺口进一步扩大。约翰王为弥补财政缺口，违反制度惯例，征收过多的协助金、盾牌钱等，并借故没收直接封臣的地产，引起了当时包括封建贵族在内的民众的广泛不满，最终爆发了《大宪章》运动，导致国王征税的权力受到限制。《大宪章》确定了“非赞同毋纳税”的税收原则，同时还赋予了臣民对国王违法所得进行监督和纠正等一系列权利。虽然《大宪章》主要约束王室征税和收税的权力，对公共支出

---

① 郭剑鸣，周佳．规约政府：现代预算制度的本质及其成长的政治基础．学习与探索，2013（2）：55-59.

的数额和方向关注较少，并没有产生完整的预算，但它标志着英国政府预算制度的早期萌芽，《大宪章》运动爆发的1215年也因此被视为“英国预算制度的初始之年”。由此可见，封建贵族的私有财产保护意识驱动了西方现代政府预算制度的萌芽。

（二）生产力与生产关系的变化

新兴资产阶级与原有封建势力之间的斗争促进了西方现代预算制度的产生，其本质是第一次工业革命后，生产力的迅速变化所引起的社会生产关系的变化。在西欧封建社会末期，随着社会生产力的不断发展，出现了资本主义生产方式，并逐渐形成了具有资本主义性质的资产阶级。同时，随着商品经济的发展，以英国为代表的国家出现了中央集权和政治统一的趋势。在此过程中，封建统治者采取了建立常备军、扩大国家机关及其他维持本阶级利益的举措，导致国家财政支出快速增长。为了自身挥霍的需要和国家的运转，封建统治者自己不仅不承担任何税收责任，还不断加大对新兴资产阶级和农民的征税力度，严重损害了他们的利益，从而引发了新兴资产阶级与封建势力之间的激烈斗争。从维护自身利益出发，新兴资产阶级联合纳税大户争夺课税权，以限制封建贵族对新兴资产阶级和工人及农民的剥削，并促使议会逐渐分成由僧侣、大贵族组成的上议院和由下级贵族、新兴资产阶级与市民组成的下议院，同时不断争取扩大下议院在议会中的权力。至15世纪末，下议院已获得提出财政议案和法律议案的权力。新兴资产阶级开始进一步争夺财政资金支配权，要求取消封建统治阶级的财政特权，通过议会控制全部财政收支并要求封建君主报告财政收支使用情况，从而使得国家预算应运而生。由此可见，西方现代预算制度的产生主要是以第一次工业革命后新兴资产阶级为首的公众通过同封建阶级的斗争推动完成的。

（三）权力制衡精神的影响

从欧洲封建社会建立之初，权力制衡精神就烙印在社会、国家的发展进程中，驱动着西方现代预算制度的形成。早期的英国通过“贤人会议”来表达对国王征税的意见，后来又建立了由贵族和教士组成的“大议会”，再后来又将议会逐渐分成由僧侣大贵族组成的上议院和由下级贵族与市民组成的下议院。1640年，英国爆发了资产阶级革命并取得了最终胜利，议会逐渐控制了包括支出在内的所有预算权。1678年，议会确定由代表资产阶级利益的下议院批准王室政府的职能支出。① 1688年，议会进一步规定皇室年俸由议会决定，并区分政府的财政支出和国王的私人支出。1689年，《权利法案》重申财政权永远属于议会，王室政府未经议会批准不得征税或收费；规定征税收入和财政支出必须在年前做出计划并按年度进行分配，并交由议会审批和监督；国家机关和官吏必须按照法令和规章的要求处理财政收支问题。这些规定初步确立了政府预算的原则和步骤，使英国政府预算制度基本形成。可见，现代政府预算制度最早形成于英国，与其民主意识及议会制度的发展是密不可分的。

---

① Einzig P. *The Control of the Purse: Progress and Decline of Parliaments Financial Control*. London: Secker & Warburg, 1959.

美国现代预算制度的发展过程表现为以总统为代表的行政机构与以国会为代表的权力机构对预算权的争夺。美国成立之初，宪法将征税权和借款权赋予国会，要求支出必须经国会批准后才可从财政部支出，国会完全主导着预算过程，总统只有否决权。1861年美国爆发南北战争，程序复杂、耗时较长的国会预算审批不能适应战时资金调度的需要，总统应有干预预算的权力的呼声不断提高。1921年美国颁布《预算与会计法案》(Act of Budget and Accounting)，授权总统向国会递交预算草案，并创立预算局（即日后的总统预算管理办公室，OMB）以协助总统编制预算草案的权力，预算的主导权开始向行政机构倾斜。1950年，《预算和审计程序法》又强化了总统对预算的控制，明确授权总统控制"预算文件的形式和细节"。尽管在1921—1974年预算权不断向总统倾斜，但国会仍然积极争夺预算权。1974年，美国参议院、众议院分别设置下属的预算委员会，形成与行政部门预算职能相近的机构设置，使国会在预算上拥有与总统对等的权力，又通过《国会预算和截留控制法》(Congressional Budget and Impoundment Control Act)来加强国会对预算权的立法。1985年又通过《平衡预算和赤字紧急控制法案》(Balanced Budget and Emergency Deficit Control Act）确立了一系列逐步缩减的年度赤字目标，并建立了一套自动的支出削减程序以保证赤字目标的实现，限制总统的支出权，削弱总统对预算权的作用。1974年至今，总统的权力受到限制，国会和总统对预算权的控制处于相互妥协的状态。由此可见，以总统为代表的行政机关和以国会为代表的权力机关对预算权的争夺，是导致美国预算制度一直变迁和发展的驱动因素之一，同时也促使美国预算制度成为世界预算制度的代表。

专栏2-2

现代预算制度在西方国家产生的主要驱动事件

一、英国预算控制权的转移

19世纪30—80年代是英国议会的"黄金时期"，这一时期议会掌握着真正的实权，政府和内阁只是贯彻议会意志的一个办事机构。如果议会对政府不满，它可以使政府垮台，而不必经过新的大选。从议会对政府预算的控制来看，19世纪下半叶，格莱斯顿(1852—1866年间多次担任英国财政大臣）的改革使议会的预算控制权达到其最高点。

然而，以1867年的第二次议会改革为分界线，包括预算控制权在内的政治权力开始由议会向政府行政部门转移。1867年和1984—1985年的议会改革后，随着选民的增多和政党政治的成熟，任何人要想成为议员必须首先得到政党的支持，而议员进入议会后就必须服从于自己所在党的领袖。这样一来，议会实际上就控制在政党手中。在通常情况下，执政党在议会下院中都拥有多数席位，所以内阁和政府的提案基本上都能获得通过。到20世纪60年代，政府已经完全控制了议会。在预算程序中，政府和议会形成了这样一种权力格局：预算的编制、执行完全由政府负责，议会拥有批准预算的权力。但19世纪末以来，下院往往原封不动地通过政府的预算草案，这是因为一个在议会中拥有明显多数的政府完全能够确保其预算草案按照提交时的形式通过。

二、美国的《国会预算和截留控制法》

为提高国会的预算分析能力、强化国会在预算程序中的角色，美国于1974年通过了

《国会预算和截留控制法》。首先，在现有的筹款委员会、拨款委员会的基础上，国会两院均增设了预算委员会（Budget Committee），负责起草国会年度预算计划、预算决议和与预算相关的法律修改，监控联邦政府在预算方面的行动。其次，整个国会设立了国会预算办公室（Congressional Budget Office，CBO）。国会预算办公室偏重于预算与经济的关系，主要职责是进行年度经济形势预测，审议总统年度预算草案，评估国会已通过的支出立法对经济的影响等。根据该法案规定，国会收到总统提交的预算请求后，两院的预算委员会举行听证会听取各界意见，其他常设委员会按职能划分审议预算请求中的项目，并就其拨款或收入水平给出预测数与意见（view and estimate）。国会预算办公室则应向两院预算委员会提交有关预算和经济展望的报告。随后由两院预算委员会各自综合上述各渠道的信息，起草预算决议案并提交本院审议，审议通过后再提交国会全体会议通过，形成预算共同决议案（concurrent resolution on the budget）。预算共同决议案无法律效力，因此也不对总统和行政机构构成约束，但对国会的预算工作起指导作用。更重要的变化是，1974 年《国会预算和截留控制法》第一次引入了预算决议（budget resolution）。所谓预算决议，是指一系列关于未来年度预算收入、支出、赤字或盈余的总额以及在 20 个功能分类之间的分配的规定。换言之，预算决议是国会在自己对于未来经济、法律等的预测的基础上提出的预算支出方案，这个方案可以与总统提交的预算草案相同、部分不同或者完全不同。与预算决议配套的还有预算协调（budget reconciliation）程序，这是一套极其复杂的涉及国会的授权委员会、拨款委员会、预算委员会、总统、OMB 和各部的预算偏好表达和争论程序。预算决议改变了国会在预算过程中的作用。“自此，国会将自己置于一个历史上从未有过的位置：对预算总额负责”，这与改革前国会深度介入预算详细收支完全不同。以后来的眼光看，基于总额控制发展出的一系列技术方法极大地改变了美国预算管理的实践。

此外，1974 年《国会预算和截留控制法》严格规定了总统撤销预算支出的程序：“如果总统不想使用拨款资金，他可以提议撤销支出授权，如果希望延期，也必须提出申请。在提案送交国会的 45 天以内，国会将进行表决，如果两院没有批准，则总统必须按原来的拨款数额开支。如果总统不这样做，那么审计就会向国会报告，直到诉诸法律，对总统提起民事诉讼。”①

自此，美国进入国会预算与总统预算共同作用的时代，双方的作用大小，在不同时期有所不同。

资料来源：彭健．英国政府预算制度的演进及特征．东北财经大学学报，2008（2）；王熙．美国预算制度变迁及其对中国的启示．中央财经大学学报，2010（2）：16－20.

（四）预算理念和技术的发展

预算理念的转变及技术的发展驱动着以美国为代表的西方现代政府预算制度进入“改革时代”。美国通过《预算与会计法案》后，以总统为代表的行政机关掌握了预算权，在解决预算产生的问题的过程中广泛借鉴管理科学和系统科学的方法及思想，将预算落

① 阿伦·威尔达夫斯基．预算过程中的新政治学：第 4 版．上海：上海财经大学出版社，2006：92.

实为可实际执行的具体操作，并在此基础上形成了以控制为目的的逐项预算制度。1940—1962年，美国预算理念从以控制为目的转变为以管理为目的，相应地促使美国预算制度由逐项预算逐步转变为绩效预算乃至规划项目预算。① 预算理念的转变主要受当时管理学蓬勃发展的影响，美国试图将绩效的理念引入政府预算管理中以更好地反映出政府职能的履行及政府的工作重点。同时，第二次世界大战爆发后，军事行动研究的需要则促进了运筹学等系统科学的发展，成本-效益评估、最优化等技术的发展，为预算理念的转变提供了技术上的可能性。于是，美国的政府预算运用这些技术衡量、比较不同项目的效益，实现财政资金的最优分配，以解决当时新增税收如何运用的问题。1977年，引入零基预算制度以从总体上控制财政支出。1993年，受新公共管理运动的影响，又开始了以结果为目的的新绩效预算改革。此外，20世纪80年代末期以来，以英国和美国为代表的西方国家由于经济增长缓慢，政府赤字和债务规模不断扩大，开始关注财政可持续发展问题，中期支出框架作为预算控制的重要机制被引入。于是，基于强大的预算预测水平和技术，很多西方国家改革年度预算管理制度，建立了中期预算框架。可见，美国政府预算制度的改革与发展也取决于预算理念的转变及预算技术的完善。

三、西方现代政府预算制度产生的原因和条件

（一）现代政府预算制度产生的根本原因——资本主义生产方式的出现

从西方国家看，资本主义生产方式出现后，新兴资产阶级登上历史舞台，资产阶级强大的政治力量使得通过议会控制全部财政收支成为可能，要求封建君主编制财政收支计划。从中国的情况看，也正是由于西方资本主义生产方式的发展，其理财的思潮影响我国，才使我国产生了现代预算制度。

（二）现代政府预算制度发展的决定性原因——加强财政管理和监督的需要

现代政府预算制度随资本主义生产方式产生后，又因财政管理监督的需要而得以进一步发展。在资本主义生产方式下，社会生产力迅速发展，财政分配规模日益扩大，财政收支项目增加，收支之间的关系也日益复杂，财政收支的发展变化客观上要求加强财政的管理和监督，编制统一的财政收支计划。因此，现代政府预算是适应财政管理的需要而发展的。

（三）现代政府预算产生的必备条件——财政分配的货币化

随着商品经济的高度发展，货币关系渗透到整个再生产领域，财政分配有可能充分采取货币形式。只有在财政分配货币化的条件下，才能对全部财政收支事先进行比较详细的计算，并统一反映在平衡表中。这样不仅能完整反映国家的财政分配活动，而且有利于议会对国家预算的审查和监督。

---

① Schick A. The Road to PPB: The Stages of Budget Reform. *Public Administration Review*, 1966, 26 (4): 243-258.

四、现代政府预算制度产生的意义

（一）实现了新兴资本势力代替封建没落势力的社会变革

现代政府预算制度是作为新兴资产阶级与封建统治阶级进行斗争的一种经济手段而产生的。例如，英国现代政府预算制度是以君主为代表的没落封建势力和以议会为代表的新兴资本势力之间长达数百年的政治角逐与较量的结果，体现了新兴资产阶级在其发展壮大的过程中逐步形成的以独立的经济主体维护自身利益的要求。政府预算制度形成的表象是争夺经济利益的产物，但直接结果是国家政治权力格局的变动。

（二）实现了政府财政制度与社会政治制度变革的衔接

从世界范围看，政府预算制度的产生是国家政治权力和财政权力在国王和议会之间争夺的最终结果。这场斗争最初集中于课税权，之后扩大到财政资金支配权，最终发展到取消封建统治阶级对财政的控制和在财政上的特权。政府预算制度的产生实现了国家财政权由封建王权制向有产者议会控制的转变，使国家财政管理与经济结构转变和社会结构转变相适应，实现了政府财政制度与社会政治制度变革的衔接。

（三）确立了现代国家理财的法制管理模式

现代预算制度是政府管理财政资金的一项重要财政制度，它是具有一定的法律形式和制度保证的财政分配关系。从这一制度形成所经历的数百年的发展和演变过程来看，现代预算制度产生后，才将封建统治阶级的皇室收支同国家的财政收支严格划清界限，从而奠定了现代国家财政分配制度的基础，确立了与以法治国相适应的以法治财制度，赋予了财政管理更适应现代社会及经济发展的方法体系。因此，政府预算制度不只是资本力量发展壮大的被动产物，它反过来又积极推动着新兴资本力量和市场经济的发展，奠定了现代国家制度的经济基础。

（四）确立了社会公众与政府的委托-代理关系

政府预算体现的是公众与政府的委托-代理关系：公众将赋税委托给政府代理，以解决市场或个人不能解决或不能有效解决的社会公共事务问题。政府预算经立法机关审议批准，意味着纳税人授权政府按纳税人意愿使用其提供的资源。政府预算制度确保了政府开支向纳税人负责，并为立法机关监督和约束政府财政提供了一种制度安排。

第二节　我国现代政府预算制度的产生及背景

一、我国现代政府预算制度的产生及发展脉络

中国是一个具有悠久历史的国家，中国的预算制度产生于何时？历史学界和经济学

界的看法并不一致，有炎黄时期论①、夏代论②、周代论③、战国论④等，但主流观点较为认同以下说法：中国现代政府预算思想和制度不是从中国社会内部自发产生的，而是伴随着近代西方思想潮流的涌入而进入中国的，是从西方舶来的，立足于我国古代农耕文明和封建专制制度之上的中国古代政府预算思想和制度都只能算是政府预算的萌芽，没有近代民主政体是不可能有严格意义上的现代政府预算思想和制度的。一般认为，中国具有现代政府预算制度特点的政府预算思想萌芽于清朝末年。

清朝末年，当时的中国面临内忧外患，亟须变革救国，一些有识之士提出“西学中用”的口号，郑观应、梁启超等在其著作中介绍了西方国家的财政预算知识并建议学习西方建立中国的政府预算制度。1898 年，光绪帝颁布上谕，即我们通常所说的《明定国是》（亦称《定国是诏》），明令改革财政，编制预决算，但此诏因“戊戌变法”失败而未能实施。20 世纪初，清政府迫于内外压力推行政治体制改革，在财政上也相应地推进和完善政府预算制度。1905 年，清政府派载泽等“五大臣”出洋考察，他们重点考察了美国、德国、俄国、日本、英国、法国等国家，特别是日本和德国的君主立宪政体，并对西方近代财政制度进行了考察，依照西方的经验提供了我国政府预算制度的蓝本。1911 年，清政府颁布了中国历史上第一份全国政府预算案，指出“岁出共二九八四四八三六五两，岁入共三零一九一零二九六两”⑤。但由于清末政局动荡，各省形成割据状态且财政混乱，该预算只是各省情况的简单汇总。中华民国成立后，北洋政府着手梳理、检讨清政府在政府预算制度方面的规定，1914 年编成《国家预算简章》作为办理政府预算的基础，奠定了北洋时期政府预算制度的框架。随后，国民政府为准备实施政府预算制度相继颁布了多部法律。1932 年，国民政府颁布《预算法》，确立了一整套预算、主计及审计制度，标志着近代中国政府预算制度已基本成型。但由于内战爆发，这部《预算法》最终未能得以施行。

1949 年，中华人民共和国成立后就公布了第一个政府预算文件——《1950 年财政收支预算》。同年 12 月，颁布实施《关于 1949 年财政决算及 1950 年财政预算编制的指示》，规定了政府预算编制的具体要求和方法。1951 年，又颁布《预算决算暂行条例》。至此，我国的政府预算制度初步建立起来了。1992 年，我国改革开放进入新阶段，政府预算的改革也随之进入发展的快车道：1992 年颁布《国家预算管理条例》，规定实施复式预算；1993 年进行分税制改革，改进和规范复式预算，决定建立政府公共预算和国有资产经营预算；1998 年调整预算收支分类科目。之后，我国自上而下地进行了诸多改革，如部门预算改革、国库集中收付制度改革、绩效预算改革等，不断推动中国现代政府预算制度的发展。

---

① 陈光焱，边俊杰．中国预算制度的发展与改革．光华财税年刊，2007.

② 刘汉屏．也谈中国预（决）算制度起源问题．江西财经学院学报，1986（2）：87－91.

③ 许毅，陈宝森．财政学．北京：中国财政经济出版社，1984.

④ 孙翊刚．中国财政史．北京：中国社会科学出版社，2003.

⑤ 东方杂志，1910（12）.

专栏 2-3

中国历史上第一份全国预算案

1911年资政院依章程修正后议决通过的总预算案，被视为中国历史上第一个近代意义的国家预算。这是因为：第一，总预算案依照法定程序审批。1911年清政府依据《清理财政章程》公布了《试办全国预算章程》，该章程规定了具体的预算程序，要求自宣统三年起，度支部[a]汇总编制的全国岁入岁出总预算案，在奏交内阁行政会议政务会集议后，送资政院[b]议决，不经过资政院就不能通过，且只有资政院同意才能修改预算。第二，总预算案将皇室和国家支出进行了区分。根据《预算册式及例言》，预算岁出主要包括：行政费、财政费、军政费、交通费、民政费、司法费、教育费、各省应缴赔款、洋款等十九类。在"普天之下，莫非王土；率土之滨，莫非王臣"的封建社会时期，国王和国家的收支虽然很难区分，但从当时的支出分类可以看出，用于国家的公共支出如行政费、军政费、民政费、教育费等都已经区别于皇室支出单独列示。第三，总预算案是统一的综合收支计划。清代普遍使用统一的货币——白银，这为记录综合的财政收支计划提供了计量单位。而财政收支都经由度支部汇总编制，预算的执行有月报、季报；执行机关是大清银行，也为综合反映财政收支提供了组织基础。虽然当时清政府已摇摇欲坠，各省处于割据状态，上报的数据只是凑合的数字，但这起码在形式上是一个财政年度内统一的综合反映国民经济发展的财政收支计划。

说明：a. 光绪三十二年（1906年），适应"新政"的需要，户部改为度支部。

b. 1907年诏令在中央筹设资政院，在地方各省设立谘议局。

资料来源：财政部干部教育中心．现代预算制度研究．北京：经济科学出版社，2017.

二、我国现代政府预算制度成长的驱动因素分析

（一）政府预算思想的西学东渐

中国现代政府预算思想是伴随着近代西方预算思想潮流的涌入而进入中国的。最早是清末时期一些在华传教士和到过西方的中国人借由其著作宣传西方的财政预算知识，后被中国社会的知识分子和政治革新派等社会大众接受。① 如郑观应在《盛世危言》中主张实行度支清账制度（政府预算），认为这是中外各国"通盘理财之法"②。黄遵宪曾在《日本国志》中介绍西方的预算制度："泰西理财之制，有预算决算之法……"③ 在该书中，黄遵宪还将"budget"译为"预算"，这是在汉语中第一次出现"预算"一词，该词也被我们沿用至今。此外，康有为在戊戌变法期间所写的《日本变政考》中也主张仿效西方，实行预算公开制度。尽管1898年光绪帝诏令改革财政，编制预决算因戊戌变法

① 李炜光．难以走向共和：中国近代预算制度的变迁与启示．中国财政史研讨会，2008.

② 郑观应．盛世危言：卷四"度支篇"，1894.

③ 黄遵宪．日本国志：卷17，1895.

失败而未来得及实施，但到20世纪初，流行于西方的预算思想开始为中国社会所接受，公众开始认识到督促政府实施政府预算制度以保护私有财产权的重要性。由此可见，西学东渐驱动了中国政府预算思想的传播。

（二）剧烈社会变动的要求

20世纪初，清政府面临内忧外患，当时带有新政思想的报纸如《南方报》等刊文呼吁政府实行政治体制改革的前提是推行现代政府预算，认为政府在财政方面要取之于民，用之于民，就必须建立政府预算制度取信于民，接受百姓监督。迫于混乱的财政状况，清政府决定清理财政并试办预算，设立度支部作为管理财政事务的中央机构。1908年，清政府颁布《清理财政章程》，决定于1910年起，由清理财政局主持试编政府预算。1910年又拟定《预算册式及例言》，规定预算册内先列岁入，后列岁出，预算年度为每年的正月初一到十二月底，由资政院行使预算审批权。1911年，清政府颁布中国第一个所谓的预算，但仅是简单汇总了各省情况，而且没有进行决算。相比较而言，清末虽然推行政治体制改革，但不同于西方为保障民权而推行的议会制度，其目的是永固皇权，减轻外患和平息内乱。最终，清末政治体制改革未能动摇皇帝的绝对统治权，议会权力未能实现。相应地，政府预算也未真正编制。因君权和民权冲突而开启的清末预算制度改革只是中国走向现代预算制度的被动尝试且以失败告终，其失败表明：当时的中国还缺乏以民权制约君权的文化环境和制度基础，没有稳定的土壤也不可能产生、发展稳定的制度。

（三）政府预算的法制化建设

政府预算的法制化驱动着中国现代政府预算制度在曲折中一步步成长和建立起来。清政府末期颁布了《清理财政章程》和《预算册式及例言》，北洋政府时期编制了《国家预算简章》。国民政府为准备实施预算制度相继颁布了《会计则例》（1927）、《审计法》（1928）、《预算例言及预算书式》（1928）、《训政时期财政设施纲领》（1928）、《民国十八年度预算章程》（1929）、《民国十九年度试办预算章程》（1930）、《民国二十年度预算章程》（1931）及《办理预算收支分类标准》（1931）。1931年4月，国民政府成立主计处负责编制全国总预算。1932年，国民政府正式颁布当时的预算法，确立了一整套预算、主计及审计制度，标志着中国预算制度已基本成型。但预算法实施后，由于处于特殊时期、编审手续烦琐且耗时长，各机关很难按要求执行，于是国民政府先后制定了变通办法。[①] 最终由于内战爆发，该预算法未能得以施行。中华人民共和国成立后，颁布实施了《关于1949年财政决算及1950年财政预算编制的指示》，对预算编制的具体要求和方法进行了规定；1951年，又颁布了《预算决算暂行条例》，对国家预算的组织体系，各级人民政府的预算权，各级预算的编制、审查、核定与执行程序进行了规定；1991年，《国家预算管理条例》实施，规定采取复式预算；1995年，《中华人民共和国预算法》及《中华人民共和国预算法实施条例》实施，我国预算制度的基本框架形成，标志着中国政府预算的法制化建设达到新高度；2015年，《中华人民共和国预算法（2014修正）》颁布

① 马金华.1912—1949预算制度的演进与挫败.新理财（政府理财），2010（3）：96-101.

实施，明确为了规范政府收支行为，强化预算约束，加强对预算的管理和监督，建立健全全面规范、公开透明的预算制度；2018 年，《预算法》又进行了第二次修正；2020 年修订的《预算法实施条例》为建立全面规范透明、标准科学、约束有力的预算制度，全面实施绩效管理奠定了坚实的法规和制度基础。

（四）政府预算理念的转变

政府预算理念的转变驱动着近年来我国政府预算制度的改革和完善。追求以结果为导向的新绩效理念促进了我国政府预算制度的改革。我国 2003 年首次提出进行预算绩效管理，2011 年在全国范围内推行，各级财政部门和预算单位积极探索，开展了初步的绩效评价试点并取得了一定成效。2018 年，中共中央、国务院提出了全面实施预算绩效管理的总体目标与实施路径。随着经济进入新常态，我国开始关注财政可持续发展问题。可持续发展理念推动了我国实施中期财政规划和跨年度预算平衡机制，以此来增强财政政策的前瞻性和财政的可持续性。

第三节　现代政府预算制度产生的比较及启示

一、中西方现代政府预算制度产生的比较

（一）西方国家政府预算制度的产生——自下而上

总结英、美等西方国家政府预算产生的历史背景主要可以得出两点：一是资产阶级在经济上很强大，商品经济发展程度较高；二是战争及皇室挥霍等原因使财政状况严重恶化导致封建统治者大幅增加公众包括资产阶级的税负。由于当时的资产阶级已经具备了保护自身利益及监督财政的意识和能力，所以可以要求统治者通过法定的程序使用并报告财政收支情况，国家预算因此应运而生。可见，西方国家预算的产生路径是自下而上的，是由以资产阶级为首的公众推动完成的，而这个过程正是民主化的过程。

（二）中国政府预算制度的产生——自上而下

由于清政府的腐败，清朝末年出现了严重的财政危机。虽然当时我国的民族资本主义经济有了一定的发展，但商品经济还没有建立起来，仍以自给自足的自然经济为主，资产阶级这一社会阶层也没有完全形成，更谈不上经济上的强大。事实上，戊戌变法的失败就证明了资产阶级的力量还不成熟。变法也试图“改革财政，编制国家预算”，而且还设计了具体的预算内容，但由于变法失败，预算并未真正编制。因此，资产阶级力量的缺失或不足是制约当时中国政府预算民主化的重要原因。清政府编制政府预算的重要动因是当时财政状况混乱，试图通过引入西方的政府预算制度以改变局面。清末政府预算的产生是由政府推动的，是自上而下的过程，并未包含公众参与的因素，没有经历民主化的过程。

（三）回顾中国政府预算制度得出的启示

作为现代公共预算，民主性是其必要内容之一，不具备民主性的预算不能称为真正意义的公共预算。从逻辑上讲，在预算产生之初，就应该体现民主。但是正如上述分析所指出的，政府预算的产生过程是自上而下还是自下而上，直接影响着政府预算是否具有民主性。西方国家政府预算的产生是自下而上进行的，使预算一开始就伴随着民主化进程，符合预算民主性的要求。中国政府预算的产生由于资产阶级力量的不足，不具备关键的“推动力”条件，只能自上而下地进行。因此，清末的预算虽然形式上具备了现代政府预算的特点，但本质上存在先天不足。

从清朝末期现代政府预算出现后，历经北洋军阀时期、国民党统治时期，至中华人民共和国成立之前，预算制度在民主性方面没有明显的改进。中华人民共和国成立后，人民当家做主的社会主义制度为预算制度的民主建设提供了良好的发展空间，尤其是人民代表大会制度的建立使预算在民主性方面有了质的飞跃。20 世纪 90 年代以来，我国推行了一系列力度较大的预算改革，如部门预算编制、国库集中收付、收支两条线、规范化的政府采购等。实践证明，这些预算改革在加强预算完整性、公共性、透明性等方面都发挥了重要作用。

纵观我国政府预算的产生和发展过程，在推进民主性方面仍有待加强。因此，在深化部门预算等改革的同时，还应当注重提高预算透明度、加强公众参与性及相关利益主体的监督等方面的预算改革，以满足公共预算民主性的要求。

二、完善中国现代政府预算制度的启示

分析中国及以英国和美国为代表的西方国家现代预算制度的成长路径可以发现，尽管早期中西方现代政府预算制度发展的驱动力及路径不一致，但随着现代政府预算制度的基本建立，其进一步改革和完善的动力及方向是趋同的。这可以给我国政府预算改革带来如下启示。

（一）重视社会公众在政府预算过程中的作用

政府预算的最终受益者是社会公众，社会公众应该是政府预算的决策者和监督者，也应该积极参与到政府预算制度的演进过程中来。西方国家政府预算的产生是由以资产阶级为首的公众推动完成的，体现了自下而上的民主化过程。我国现代政府预算制度的发展主要是自上而下由政府推动的，独具特色的成长过程导致我国政府预算主要是服务于政府管理国家的需要，社会公众参与预算的热情及预算本身的民主化程度不高。因此，一方面，政府部门应通过宣传教育使更多的社会公众认识到参与政府预算决策及监督是其应拥有的权利及应尽的义务。另一方面，政府预算部门应主动创造条件或制度让社会公众参与到预算中来，如引入参与式预算，在预算编制的全过程中吸纳社会公众参与，共同讨论、决定和监督预算资金的使用，以使财政支出的方向和结构更加符合社会公众的偏好，提高财政资金分配的民主性。此外，在拟进行重大的政府预算制度改革时，举

行社会公众听证会等，听取社会公众的改革意见和建议，让社会公众参与到预算制度改革中来，从而建立社会公众对政府预算制度的参与和监督机制。

（二）推进政府预算渐进式改革

任何改革都不是一蹴而就的，也不可能存在放之四海而皆准的改革思想与方法。特别是政府预算改革涉及各方利益的重新调整和分配，更需要综合考虑各种因素和多方面的影响。有些预算制度虽然在西方国家适用，但可能不符合中国的实际情况。此外，一国政府预算制度的变迁除了受该国正式规则（如宪法、法律和产权）的影响外，也受该国非正式规则的制约（如制裁、禁忌、习惯、传统和行为准则）。从英国现代政府预算制度的成长历程来看，预算制度整体上是渐进式发展的，正式规则可能短期内发生变化，而非正式规则的变化则需要相当长一段时间。从我国实际情况来看，新一轮预算制度建设才进行了十几年，以民主和私有财产保护意识为代表的人文和社会环境有待加强，预算法治建设也在进行中。虽然自改革开放后，我国相继制定或修订了《预算法》《政府采购法》《政府信息公开条例》等财政预算立法，但规范预算监督主体自身行为的法律法规还有待完善，规范预算监督客体行为的财税法规还需提高立法层次等。因此，对我国的预算改革，应该做好长期的准备，因为它还取决于我国民主意识的提高和预算法治的完善。

（三）提升政府预算技术及水平

近年来，驱动着现代政府预算制度不断改革及完善的主要因素是预算理念的转变和发展。但预算理念转变为现实的预算制度改革依赖于相匹配的预算技术及水平。英、美等发达国家成功实施了以结果为导向的绩效预算改革，这部分得益于其采用的科学的评价指标体系及有效的信息分析方法，如平衡计分卡等。[①] 20世纪80年代末期以来，以英国和美国为代表的西方国家由于经济增长缓慢，政府赤字和债务规模不断扩大，开始关注财政可持续性发展问题，中期支出框架作为预算控制的重要机制被引入。目前，我国受可持续性理念的影响也开始积极探索并实施中期财政规划。为此，我国应切实提升预算技术及水平，为中期财政规划的实施提供必备的技术基础，促进财政的可持续发展。在现代信息社会建设数字政府的背景下，运用互联网、大数据构建起预算管理与监督的联网系统，如财政的核心业务一体化系统、人大预算联网监督系统等，从而提高我国预算管理的效率及水平。

案例与评析

一、案例与材料

从字义看，“预算”一词源于英文“budget”，原意是“皮包、皮袋或布袋”，因为在

① Ellis K., Mitchell S. Outcome-focused Management in the United Kingdom. *OECD Journal on Budgeting*, 2002, 1 (4): 111-128.

早期的英国，财政大臣到议会提请审批财政法案时，总是携带一个装有财政收支账目的大皮包。时间长了，人们习惯于用“皮包”代指“预算”，于是将该词译为“预算”。

现代政府预算产生于资本主义社会时期，是在资产阶级与封建统治阶级的斗争中逐渐确立的。从世界范围看，现代政府预算制度最早起源于英国。英国也是资本主义发展最早、议会制度形成最早的国家。现代议会制度的形成与预算制度的演进密不可分。英国被称为现代议会之母，而预算制度又是议会形成的主要推动力。预算从萌芽、产生到发展、成熟无不伴随着议会机构及制度相应的萌芽、形成和发展。从历史的角度看，预算与议会有着天然的不解之缘。

英国预算制度产生的过程，反映了包括税收权力、预算权力在内的财政权控制的变化过程。这个过程由税收开始。由于“非同意不纳税”原则或理念的存在，国王需要增加税收时，必须征得纳税人（当时主要是封建贵族）的同意，纳税人不允许国王单方面变更契约，增加税收或者征收新税，因而必须借助会议协商机制，国王通过变更契约增加税收的代价是让渡部分公共权力。随着税收的增加，纳税人的范围扩大，纳税人的增加导致了政治资源分配制度的变化，享有民主权利的个体数量和阶层在增加，纳税能力的差异导致了政治资源分配的变化。从议会发展的视角来看，此时的议会以确立其职责为目的，最先要求对国王的课税权进行一定的限制，即要求国王在取得财政收入、开征新税或者增加税负时，必须征得议会的同意和批准。经过长期斗争，议会终于取得了课税、修改税法和批准税收提案的权力，控制了税收权。

议会控制税收权之后，将重点转到了控制财政支出上，要求政府各项财政收支必须先做计划，经过议会审查后才能执行，财力的动用还要受议会的监督，从而限制了封建君主的财政权。1640 年资产阶级革命后，英国的财政权已经受到议会的完全控制。议会核定的国家财政法案，政府必须遵照执行；财政收支执行过程要接受监督；财政收支的结果必须报议会审查。1689 年通过的《权利法案》重申，财政权永远属于议会；君主、王室和政府机关的开支都有一定的数额，不得随意使用。政府机关和官员在处理国家的财政收支方面都有其责任和权限，必须遵守一定的法令和规章。之后，议会采取了一系列措施来改善和加强对政府支出的控制，这些措施主要包括：逐步形成系统的拨款制度、逐步取消“非拨款支出”以及实施支出责任制度等。

由此可见，现代政府预算制度能够首先在英国产生，有一定的历史必然性。那么，是哪些因素的共同作用，导致了英国议会的形成和现代政府预算制度的产生呢？而议会又是如何促进英国现代政府预算制度的萌芽、产生与发展的呢？

学习相关材料并结合本章知识分析问题。

二、问题与分析

（一）哪些因素的共同作用导致了英国议会的形成和预算制度的产生？

一是对“法在王上，权在法下”的习惯法传统的信仰。在当时的欧洲（包括英国），习惯法是法律的重要组成部分。王低于法律，受法律的限制是习惯法的重要原则。这为限制王权奠定了坚实的基础，也为民主的萌发提供了土壤。

二是英国封建制度下特有的契约精神。封君与封臣间的关系，不是一种单向的支配与服从关系，而是一种契约关系。正是对契约精神的坚持，决定了无论是英王直接征税，还是通过议会征税，都是通过谈判，以英王答应封臣一定条件为代价实现的。

三是原始的协商民主机制的发展。英国在盎格鲁-撒克逊时期就存在“贤人会议”的组织，由国王、领主和教会贵族组成，决定一些重大事情，后来随着阶层的不断扩大，该组织发展演变为议会。

四是英国社会控制国王税收权的传统。这一传统集中体现在“非同意不纳税”这一原则性理念中。最初这种传统只是习俗、惯例，依靠斗争来维持。经过封建贵族与国王的斗争，《大宪章》第一次以法律的形式确认了“非同意不纳税”的原则。正是这一原则的维持和扩大推动了英国现代政府预算制度的形成。

（二）议会是如何促进英国现代政府预算制度的萌芽、产生与发展的？

英国议会对财政权的控制是以控制部分税收权为切入点开始的，经历了由部分税收—军费支出—全部税收—拨款—支出责任制度—王室年俸—王室收入制度—年度收支计划报告—审计制度这样一个过程，逐步推进并最终完成。以国王和王国财政压力的释放和纳税群体财产权利的维护为诱导，纳税群体通过民主机制建立维护自身权利的长效机制。这样就形成了公共权力的代理人和委托人之间长久的契约关系。代理人通过公共财政机制取得公共资金为委托人提供公共服务，委托人通过民主机制控制代理人的行为，确保代理人服务于自身的利益。这也是英国财政预算制度产生的原因和本质。英国政府预算制度的形成历史，就是议会产生和发展并控制君主“钱袋”，取得预算控制权的斗争史。因此，议会就是为控制财政权或者预算权而产生的，并在与国王争夺控制权的过程中最终取得了胜利，控制预算成为议会重要的、基本的职能。

本章小结

1. 从世界范围看，现代政府预算制度最早起源于英国，这与英国当时所处的封建时期及其国家特定的法律习惯和文化传统有关。英国政府预算制度数百年的演变正是君主财权逐步被议会以法律形式剥夺与控制的过程。与英国相似，美国现代政府预算制度的形成与发展也纠缠着各方权力的制衡与协调，经历了国会主导预算和行政主导预算，最终形成了现今国会和行政共同影响、相互制衡的政府预算格局。

2. 西方现代政府预算制度成长的驱动因素主要有：私有产权意识的发展与完善、生产力与生产关系的变化、权力制衡精神的影响、预算理念和技术的发展。

3. 我国现代政府预算制度成长的驱动因素主要有：政府预算思想的西学东渐、剧烈社会变动的要求、政府预算的法制化建设及政府预算理念的转变。

4. 就现代政府预算制度来说，它并不是伴随财政的产生而产生的，而是在新兴的资产阶级与封建专制统治阶级的斗争中产生的，对经济社会的发展具有重要的意义和深远的影响。比较中西方现代政府预算制度的产生过程可知，我国政府预算改革应重视加强民主性。

练习与思考题

认知题

1. 驱动西方现代政府预算制度产生与发展的因素
2. 西方现代政府预算制度产生的意义
3. 驱动我国现代政府预算制度产生与发展的因素
4. 中西方现代政府预算制度的产生过程的差异

思考与实践题

1. 分析我国政府预算的产生和西方国家有何不同，以及从中可以得到什么启示。

第三章

政府预算管理与分类

学习目的与要求

通过本章的学习掌握政府预算管理的相关基础问题。具体要求为：掌握预算管理的内涵及管理要素、预算管理流程，掌握预算年度和预算标准周期的含义、理解政府预算管理的组织系统和各管理主体的职责，掌握政府事权及支出责任划分、政府间转移支付的类型，了解政府收支分类及其意义、政府预算信息化管理。

学习要点

知识要点：

预算管理要素、预算管理流程、预算的期限与时效、政府预算管理的组织系统及职责、政府间转移支付、政府收支分类、预算管理一体化

能力要点：

1. 能够将预算管理相关基础知识的掌握和理解运用于预算管理活动。
2. 能够分析政府收支分类方法对预算管理及监督的作用。
3. 能够利用预算管理一体化系统进行管理及分析。

第一节　政府预算管理的要素及流程

一、政府预算管理

（一）预算管理

预算管理是指政府依据法律法规对预算过程中的预算决策、资金筹集、分配、使用及绩效等进行的组织、协调和监督等活动，是财政管理的核心组成部分，也是政府对经济实施宏观调控的重要手段。预算管理的手段包括计划、组织、协调、控制、评价、监督等，预算管理的目标是使预算过程规范、预算资金有序高效运行。

（二）预算管理的要素

预算管理的要素主要包括预算管理主体、预算管理客体、预算管理范围、预算管理

目标、预算管理手段等，各要素构成一个有机的管理系统。

1. 预算管理主体

预算管理是一个复杂的管理系统，管理主体是多层次的，主要包括财政预算法律法规的立法主体、财政预算政策的决策主体、政府预算的执行主体等。不同主体的地位和责任不同。

（1）立法主体。现代预算制度的确立与立法机关对政府收支的控制与管理密切相关。我国预算立法主体可以分为全国人民代表大会和地方各级人民代表大会及其常务委员会，它们负责制定具有重要地位、用以明确基本法律责任和义务、具有全局性和长期性的财政预算法律，以及审查批准年度预算和决算、预算调整等。

（2）决策主体。由于预算的决策涉及各方的利益关系，因此，在预算案的决策过程中，立法机关、政党机关、行政部门、事业单位、审计机构、公务人员、政府退休金及养老金领取者、政府服务供应商、政府债券购买者、普通公民、新闻媒体等各利益集团都会以某种方式参与到预算过程中，因此，预算管理必须建立在良好的公共治理基础之上。

（3）执行主体。预算不仅是政府的财政收支计划，而且是将体现公众意愿的政府政策转化为现实的工具。在我国，国务院和地方各级人民政府负责组织预算执行；财政部和地方各级财政部门，是财政预算的具体执行主体，负责制定财政预算规章制度，全面、具体地实施财政预算收支计划，对财政预算活动进行日常管理；政府部门负责执行财政批复的本部门预算、部门所属预算单位负责执行主管部门批复的本单位预算。

2. 预算管理客体

预算管理的对象涉及国民经济与社会发展的各个方面，涵盖政府宏观调控与微观主体活动的全过程：从预算本身讲，既包括预算法律制度的制定、预算政策的制定、预算收支体系的构建、预算收支形式和结构的选择以及预算管理体制的确定，又包括预算机构设置、人员配备、预算信息的传导、预算收入的具体征纳、预算支出的资金拨付和具体运用、预算资金使用的结果和绩效等，它贯穿于预算活动的全过程。

3. 预算管理范围

从管理过程来看，我国《预算法》第二条规定：“预算、决算的编制、审查、批准、监督，以及预算的执行和调整，依照本法规定执行。”从管理范围来看，我国《预算法》第四条规定：“预算由预算收入和预算支出组成。政府的全部收入和支出都应当纳入预算。”

4. 预算管理目标

预算管理的目标是预算管理活动的基本方向，也是检验和考核管理成效的标准。一是通过对预算分配活动的决策、计划、组织、协调和监督，优化财政资源配置，促进国民经济健康发展和社会各项事业全面进步。在市场经济体制下，公共财政通常担负着资源配置、收入分配和稳定经济的职能。与财政职能相对应，预算管理要围绕实现这三大目标进行。二是通过预算管理活动，使财政资金运行在规范、透明、严格、高效的轨道之上，这也是政府通过预算承担公共受托责任使然。

5. 预算管理手段

预算管理手段是指预算管理主体为了实现管理目标所选择的各种方法和工具。它一般分为法律手段、经济手段和行政手段三大类。在互联网、大数据的时代背景下，预算管理还应充分利用好技术手段。其中，法律手段是现代预算制度下预算管理的核心工具。

(1) 法律手段。法律手段是指为了保证政府职能的实现而进行的财政预算立法、执法、监督等一系列管理活动。预算立法是运用法律手段强化预算管理的基础与前提，而执法和监督机制则是依法管理政府预算的核心内容。

(2) 经济手段。经济手段是指预算管理主体为了达到管理目标，按照客观经济规律的要求，利用财政预算方面的各种经济杠杆，对被管理对象经济利益的调整、控制、约束和对其预算行为的引导。预算管理对经济手段的运用，是在不损害各经济主体经营权利和市场运行机制的前提下进行的。

(3) 行政手段。行政手段是指政府预算机关依靠行政力量，采用命令、指示、规定、指令性计划等方式，对财政预算分配活动实施的各种管理，它应建立在预算法制基础之上。

(4) 技术手段。它是指以互联网为平台，以财政大数据为基础，将财政大数据与预算管理业务流程紧密结合，为预算管理的决策科学、业务流程规范赋能。

二、预算管理流程与标准预算周期

(一) 预算管理流程

预算管理流程是指一个相对完整的预算管理运行过程，按照各个运行阶段的管理内容主要分为：预算规划与编制、预算审查与批准、预算执行与调整、政府决算与审计、预算绩效与监督等阶段。

政府施政行为的开展必须有相应的预算资金作为保障，因此，控制了政府预算的资金流，也就对政府的行政权力形成了有效的监督和制约。上述预算活动完整过程的核心内容是预算的编制、审批、执行、调整与决算。在我国建设现代预算制度的条件下，这一过程更需要强化绩效管理的全过程嵌入以及预算全过程的监督（如图 1-1 所示）。

1. 预算规划与编制

如前所述，政府预算问题并不单纯是管理问题，还有其深刻的政治、经济和社会背景，因此预算方案即政府收支计划的安排要受到一国的法律法规、政策制度、公众意愿的制约，而这一切要通过政府预算的中长期规划和短期计划来体现。政府的年度预算属于短期计划，它的安排应建立在中长期财政规划的基础上，在通过分析国内外的政治经济形势，结合本国国民经济运行和社会发展情况以及财政收支状况，按轻重缓急将有关预算问题纳入政府的议事日程后，就进入对预算方案的设计、预测、制定阶段。此阶段财政部门要根据法律法规要求、国民经济和社会发展计划指标等测算主要财政收支指标，各部门和单位要按照财政部门经过决策下达的收支控制指标以及部门预算的编制要求、基本支出的编制原则和定员定额标准、项目支出的编制原则和排序规定，经过“两上两下”的编制程序编制完成预算草案。

2. 预算审查与批准

预算草案编制完成后要按照法定的程序进入审查批准阶段（这也是公众及代议机构参与决策的重要步骤），进而使政府的预算方案合法化。这一过程在我国表现为各级人民代表大会对政府预算的审查与批准。

3. 预算执行与调整

政府预算经过审批后即进入执行阶段，预算的执行既是实现预算安排的收支计划指标的过程，又是决定各项预算决策是否能够落实到位的关键环节。这一阶段财政部门要通过合理组织收入和有序安排支出实现既定目标。如需改变经批准的预算，则需要经过法定的调整程序。

4. 政府决算与审计

每个执行周期完成后还要对预算的执行情况进行总结，即进入决算过程。政府的决算草案在提请立法机关批准前，需要经过审计机关的审计。

对政府预算执行情况的审计是指按照预算法律法规、财务会计制度规范等对政府预算实施的结果进行检查与评价的过程。其目的是通过对比预算结果与预算目标的差异、预算执行成本与效益（包括社会效益）的分析、收支的实现是否合法合规等的审查，及时发现问题，调整和矫正预算执行中的偏差，揭示和制止资金使用中的违法违规等问题。

良好的预算管理需要通过强化财政责任增进公共利益的实现，提高公众对公共产品及服务的满意度，因此，需要通过政府财务报告全面真实地反映政府收支状况及公共受托责任，回应立法机关和公众的需求。

5. 预算绩效与监督

在公共预算的前提下，作为承担公共受托责任的政府，不仅要依法合规花钱，而且要将如何花好钱作为预算管理的重要内容，即在预算的全过程中引入绩效管理，建立起以绩效目标为导向、以绩效执行为保障、以绩效评价为手段、以评价结果应用为核心的绩效管理制度。

（二）预算期限与时效

1. 预算年度

（1）预算年度。预算年度，也称为财政年度，是指编制和执行预算所应依据的法定时限，也就是一国预算收支起止的有效期限。这里包含政府预算编制和执行所必须确定的预算期限和时效。预算期限是指按预算计划组织收支实际经历的时间，预算时效是指经法定程序认可而具有法律效力的预算收支起讫时间，即该预算发生效力的时间。就多数国家而言，预算期限和时效是一致的，即预算中所列收支预计的发生时间和这一计划付诸实施发生效力的时间是一个统一的过程，这一过程通常被确定为一年，称为预算年度。

（2）预算年度类型。在实践中，世界各国采用的预算年度类型主要有两种：一种是历年制，即预算年度按日历年度计算，从每年 1 月 1 日起至 12 月 31 日止；另一种是跨年制，即一个预算年度跨越两个日历年度，具体起讫时间又有若干不同的情况。

专栏 3-1

预算年度类型

实行历年制的国家主要有中国、俄罗斯、法国、德国、意大利、西班牙、葡萄牙、墨西哥、巴西等；跨年制预算年度具体有：(1) 4 月制，即预算年度从每年 4 月 1 日起至次年的 3 月 31 日止，实行此制度的有加拿大、英国、日本、印度、新加坡、新西兰、南非等国。(2) 7 月制，即预算年度从每年的 7 月 1 日起至次年的 6 月 30 日止，实行此制度的有澳大利亚、巴基斯坦、孟加拉国、埃及、科威特、坦桑尼亚、肯尼亚等国。(3) 10月制，即预算年度从每年的 10 月 1 日起至次年的 9 月 30 日止，实行此制度的有美国联邦政府①、泰国等。

我国的预算年度采用历年制。《预算法》第十八条规定："预算年度自公历一月一日起，至十二月三十一日止。"

资料来源：根据相关资料自行整理。

---

(3) 决定一国预算年度类型的主要因素。一是每年立法机关召开会议审议政府预算的时间，一般审议批准后即进入预算的执行，以保证预算的执行具有法律效力。二是收入入库的时间，一般以收入集中入库比较多、库款比较充裕的时候开始一个预算年度，以利于预算的执行。如一些农业国，其财政收入状况与农业丰歉直接相关。三是历史原因，主要是原殖民地国家，沿用其原宗主国预算年度。四是宗教风俗的影响，一些国家将最高权力机构开会审议预算的时间与重要宗教活动错开，并据此确定预算年度。

2. 标准预算周期

标准预算周期就是从时间序列上将预算管理划分为预算编制、预算执行、决算三个标准阶段，并对各个阶段的实施时限、工作任务、工作要求及工作程序、步骤等做出统一的制度规范。

政府预算管理是一个周而复始的循环过程，所谓预算周期指从预算编制、审议批准到预算执行，再到决算的完整过程，其中，上述每一个环节又包括若干具体内容。预算编制环节包括预算编制准备、收支预测、具体编制等内容；预算执行包括事中审计、评估分析和财政报告等内容；决算包括年终清理、编制决算表格、事后审计、评估分析和财政报告等内容。一个预算周期结束后进入下一个预算周期，不断重复实施，具有鲜明的周期性特征。

标准预算周期是在我国预算管理改革中，借鉴国外先进经验引入的新的预算管理程序，它涵盖了预算管理的全过程，将预算管理的编制、执行、决算三个标准阶段有机衔接起来，并加以制度化、规范化管理，各个阶段彼此关联、相互影响和相互约束，形成

① 美国的一些州政府有其自己的预算年度。

了一个完整的预算管理链条。

3. 标准预算周期与预算年度的关系

标准预算周期与预算年度是一个既相互联系又有区别的概念。首先，标准预算周期与预算年度密切关联。预算年度是标准预算周期的基础，标准预算周期是围绕某一年度的预算管理确定并展开的，预算年度作为一个阶段（预算执行阶段）存在于一个标准预算周期之中。其次，标准预算周期与预算年度有很大区别。预算年度是静态的，具有明显的时段性，标准预算周期是动态和滚动发展的；预算年度与标准预算周期存在时间上的交叉重叠，标准预算周期跨越了预算年度，同一标准预算周期存在于不同预算年度中，而在每一个预算年度内不同标准预算周期的三个阶段并存。

三、政府预算周期

（一）美国联邦政府标准预算周期

美国联邦政府的预算年度是从每年的 10 月 1 日到次年的 9 月 30 日。从联邦政府各机构编制预算开始，到联邦预算执行后的审计，每个预算周期长达 33 个月。在一个预算年度内，联邦政府要在执行本年度预算的同时，审核上一预算年度的预算，并编制下一预算年度的预算。

1. 预算编制阶段

美国联邦政府在每个预算年度前 18 个月就开始准备预算方案，其间大致经历了以下程序：

（1）每年 4—6 月，总统在 OMB（预算管理办公室）和“经济三角”（国民经济委员会、经济建议委员会和财政部）的协助下，确定预算年度的政策目标。

（2）每年 7—8 月，总统制定年度预算的指导方针和联邦政府各部门的预算规划指标，并通过 OMB 下达给各部门。

（3）每年 9 月，联邦政府各部门将本部门年度预算的建议提交 OMB 汇总。最后，由 OMB 将联邦政府各部门提交的预算汇总成联邦政府预算草案，交总统审查。总统则要在每年 2 月第一个星期一之前向国会提交年度联邦预算草案。

2. 预算审批阶段

国会收到总统提出的联邦预算草案后，将其交给对支出有管辖权的委员会以及两院筹款委员会审议。

（1）每年 2 月，国会预算局向两院预算委员会提出预算报告。两院的各专门委员会则在收到总统预算案的 6 周内，提出关于预算收支的意见和评估。

（2）每年 4 月，两院预算委员会提出国会预算决议案，提交众、参两院讨论，并通知总统。

（3）每年 4—6 月，总统对这一预算决议案提出修改意见，并报告国会。在第一个预算决议案通过后，两院拨款委员会和筹款委员会即按照决议规定的指标，起草拨款和征税法案。

（4）国会应在6月30日完成所有拨款方案的立法工作，并在9月15日前通过规定预算收支总指标的具有约束力的第二个预算决议案，并将其提交给总统。

3. 预算执行阶段

预算由国会审批通过并经总统签署后以法律的形式规定下来。

行政部门在执行预算的过程中，在某些特殊情况下可以推迟或取消某些项目的支出，但必须向国会报告。

财政部负责执行收入预算，负责各种国内赋税的征收和国内税收法律的执行。OMB负责控制预算执行，检查各部门开支是超支还是节余。国会会计总署负责监督联邦预算是否按照国会通过的法案执行。

4. 预算审计阶段

预算年度结束后，由财政部与OMB共同编制反映预算年度内的预算收支执行情况的决算报告，经审计机构审核、国会批准后即成为正式决算。

国会会计总署负责审查联邦预算的执行结果与国会通过的法案是否相符，并对各部门的预算执行情况进行审计。此阶段一般需要3个月时间。

（二）我国政府预算周期的构成

我国的预算年度实行历年制，自每年的1月1日起至12月31日止。预算周期从政府各部门编制预算开始，到预算执行后的审计直至决算报各级人大常委会审批为止，每个预算周期长达近30个月。同样，在一个预算年度内，要在审批、执行本预算年度预算的同时，审核上一预算年度的预算执行情况，并编制下一预算年度的预算。

我国预算周期的构成环节具体来说包括以下几个阶段。①

1. 预算编制准备（每年年中）

我国在每年的年中就开始了对下年预算的编制工作。《预算法》第三十一条规定："国务院应当及时下达关于编制下一年预算草案的通知。编制预算草案的具体事项由国务院财政部门部署。各级政府、各部门、各单位应当按照国务院规定的时间编制预算草案。"《预算法实施条例》第二十二条规定："财政部于每年6月15日前部署编制下一年度预算草案的具体事项，规定报表格式、编报方法、报送期限等。"《预算法实施条例》第二十五条规定："省、自治区、直辖市政府按照国务院的要求和财政部的部署，结合本地区的具体情况，提出本行政区域编制预算草案的要求。县级以上地方各级政府财政部门应当于每年6月30日前部署本行政区域编制下一年度预算草案的具体事项，规定有关报表格式、编报方法、报送期限等。"

2. 编制预算草案（每年6月左右至12月底）

《预算法》第三十一条规定："国务院应当及时下达关于编制下一年预算草案的通知。编制预算草案的具体事项由国务院财政部门部署。各级政府、各部门、各单位应当按照

---

① 由于我国全国人大与各地方人大开会时间不统一，因此此处主要以中央预算为例。

国务院规定的时间编制预算草案。”一般的时间节点是：

在每年年中，各中央部门根据财政部的具体部署开始编制本部门的部门预算。

在每年9月底以前，中央各部门需按统一的部门预算编报格式，编制本部门预算报送财政部，项目支出要同时报送《中央部门项目申报文本》和项目排序建议，其中涉及有预算分配职能的部门的，还要提前报送这些相关部门。

财政部要在10月底以前，依据中央各部门上报的预算报表及项目排序建议进行审核，会同有预算分配职能的部门提出分配意见，将综合平衡汇总后的预算方案上报国务院审定。

在11月底以前，财政部根据国务院审定的按功能分类的中央支出预算（草案）确定分部门的预算分配方案，并向各部门下达预算控制数。

中央各部门根据财政部下达的预算控制数编制正式部门预算，并于12月上中旬报送财政部。财政部审核汇总后编制中央预算（草案），于年底前报国务院审批。拟提请全国人大审议的中央有关部门的预算也一并上报。

3. 审查批准及批复预算（每年1月至5月左右）

每年1月中上旬，财政部将当年中央预算（草案）送全国人大常委会预算工作委员会，预算工作委员会从工作层面进行预先审查，为初审和审批做准备。

每年2月上中旬，财政部将当年中央预算（草案）提交全国人大财政经济委员会，由财政经济委员会进行初步审查。

每年3月上中旬，全国人民代表大会审查批准中央预算草案，法定预算正式产生。

按照《预算法》第五十二条的规定，各级预算经本级人民代表大会批准后，本级政府财政部门应当在20日内向本级各部门批复预算。各部门应当在接到本级政府财政部门批复的本部门预算后15日内向所属各单位批复预算。

4. 执行收支预算（每年1月1日至12月31日）

经过各级人民代表大会批准的预算具有法律效力，进入预算的执行阶段。在实践中，我国的预算执行期实际覆盖了整个预算年度，即从1月1日至12月31日。

专栏3-2

预算的先期执行

预算的先期执行是指在预算年度开始后，各级预算草案经本级人民代表大会批准前可以安排支出的规定。由于我国预算年度从每年1月1日开始，而中央和地方人民代表大会审查批准预算的时间一般在预算年度开始之后，为了既保证政府机构正常运转，又使预算支出具有法定性，在预算批准之前，有必要允许安排部分必需的支出，但要做出严格的限制。根据我国《预算法》第五十四条的规定，允许先期执行的支出包括：

一是上一年度结转的支出。结转支出是指上一年度项目支出预算已执行但尚未完成，或因故未执行，下一年度需按原用途继续使用的财政拨款资金。由于这部分资金已在上一年度列入经本级人大或其常委会批准的预算或预算调整方案，因此可以按规定继续安排支出。

二是参照上一年同期的预算支出数额安排必须支付的本年度部门基本支出、项目支出，以及对下级政府的转移性支出。一般来说，部门和单位行政工作、事业发展有其规律性，相应的支出也有一定的规律性，因此在上下年度的同一时期支出水平差距不大，一些必需的基本支出、项目支出，以及对下级政府的转移性支出，可以参照上一年同期的预算支出数额，在预算批准前进行支付，以保障各级政府正常运转和经济社会等各项事业顺利开展。

三是法律规定必须履行支付义务的支出，以及用于自然灾害等突发事件处理的支出。前者主要包括按照相关法律规定、合同约定需要按时支付的债务还本付息支出、国际组织会费等支出。后者主要包括发生自然灾害、事故灾难等突发事件时的应急救援、安置、医疗及善后处理等相关支出。

经本级人民代表大会批准后，预算支出要按照批准后的预算执行。如果已经执行的支出项目与批准的预算有差异，应按照批准的预算进行相应调整。

资料来源：中华人民共和国预算法（2018 修正）.

---

5. 决算与审计（每年 1 月 1 日至 8 月）

（1）编制决算草案。每一预算年度终了后，各级政府、各部门、各单位按照国务院规定的时间和财政部的具体部署编制决算草案。

（2）进行决算草案审计。按照我国《预算法》的规定，县级以上各级政府决算草案在报送本级人民代表大会常务委员会审查批准之前，需要经过本级政府审计部门审计。政府决算审计，是指对政府年度预算执行总结果及所编制的决算草案的合法性、合规性、真实性实施的审计鉴定。决算草案接受审计以及决算草案的审查和批准都属于法定事项，要根据实际工作流程明确次序，相互衔接。

（3）决算草案初步审查。按照我国《预算法》的规定，各级政府财政部门应在本级人民代表大会常务委员会举行会议审查批准本级决算草案的 30 日前，将上一年度本级决算草案提交本级人民代表大会有关专门委员会或工作机构进行初步审查或征求意见。

（4）决算草案审查批准。《中华人民共和国各级人民代表大会常务委员会监督法》（下称《监督法》）第十五条的规定："国务院应当在每年六月，将上一年度的中央决算草案提请全国人民代表大会常务委员会审查和批准。县级以上地方各级人民政府应当在每年六月至九月期间，将上一年度的本级决算草案提请本级人民代表大会常务委员会审查和批准。"

（5）决算的批复。我国《预算法》第八十条规定："各级决算经批准后，财政部门应当在二十日内向本级各部门批复决算。各部门应当在接到本级政府财政部门批复的本部门决算后十五日内向所属单位批复决算。"

至此，完成一个完整的预算周期，耗时将近 30 个月（地方预算周期可能更长）。

第二节　政府预算管理的组织体系

政府预算管理的组织体系是指为政府预算服务的各种组织、机构、程序、活动等构成要素的总称，它们共同构成一个完整的体系，以保证政府预算的实现。政府预算的管理要按照一定的组织层次和职责分工来进行。

我国政府预算管理按照国家政权级次、行政区划和行政管理体制，实行“统一领导，分级管理，分工负责”，因而政府预算的管理涉及中央和地方、各地区、各部门、各单位。其组织体系的构成是纵横交错的，既包括由中央和地方各级政府预算组成的预算管理体系，又包括各级政府预算中国家立法机关、行政领导机关、财政职能部门及各类专门机构，还包括各预算部门及单位的预算管理级次。

一、立法层面的预算管理体系及职权

（一）组织管理体系

各国的立法机关（其他国家的议会、国会，我国的人民代表大会）一般均具有对政府预算的方案制订、预算收支落实、预算结果评价的审查批准和监督管理权限。

按照我国《预算法》的规定，我国立法机关具有审查预算草案、预算执行情况报告，批准预算执行情况报告，改变或者撤销关于预算、决算的不适当的决议，监督预算的执行，审查和批准预算的调整方案，审查和批准决算等权限。

1. 各级人民代表大会

实施预算管理是《宪法》和《预算法》等法律赋予各级人民代表大会（包括全国人大和地方各级人大）的一项基本权利。每年全国及省、市、县、乡地方各级人民代表，都要举行一次由全体代表出席的人民代表大会。各级人民代表大会的常设机关是各级人民代表大会常务委员会和专门委员会。

2. 各级人民代表大会常务委员会

各级人民代表大会常务委员会是人民代表大会的常设机关，在人民代表大会闭会期间依法行使相关预算管理权利。

3. 各级人民代表大会专门委员会

各级人民代表大会专门委员会是各级人大的常设工作机构，由各级人民代表大会产生，受各级人民代表大会领导，对各级人民代表大会负责。在人民代表大会闭会期间协助各级人大及其常委会开展经常性工作。

专门委员会工作的最大特点是专业化和经常化。专门委员会的组成人员一般都是相关领域里的专家、学者和实际工作者，他们对有关问题比较熟悉，且人员较少，便于分门别类地研究、讨论问题，可以考虑得更深入、周到。同时，他们不会因人民代表大会闭会而停止工作，可以协助人大及其常委会进行经常性工作。因此，各级人大专门委员会的工作，对各级人大及其常委会有效地行使立法、监督、决定、任免等各项职权，更好地履行国家权力机关的职能，从而规范政府预算行为，起着不可替代的作用。

4. 人大预算工作委员会

人大预算工作委员会是人大常委会的工作机构，在当前预算监督工作日益重要的情况下，地方人大已经成立专门的预算工作委员会。人大提前介入预算编制工作，有利于充分发挥人大及其常委会的作用，实现决策的民主化和科学化。全国人大及其常委会的构成如图3－1所示。

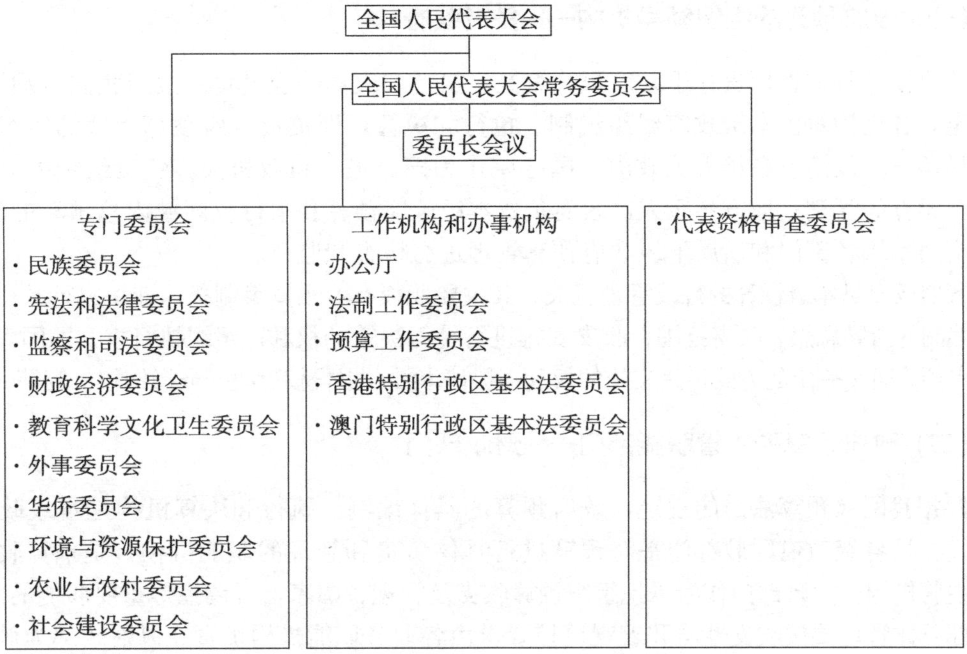

图3－1　全国人大及其常委会构成图

（二）预算管理职责权限划分

预算管理权是国家政治权力的重要组成部分。立法机关预算管理职权的依据是国家宪法和法律的规定。我国《宪法》、地方各级人民代表大会和各级人民政府组织法、《监督法》、《预算法》等法律制度，对我国各级人大及其常委会在预算过程中的职权做了规定。这是各级人民代表大会依法监督、政府依法理财的依据。

立法机关的预算管理职权即各级人民代表大会及其常委会，以及各级人大专门机构的预算管理职权。主要包括：（1）审查、批准权。即各级人大及其常委会，以及各级人大专门机构享有审查、批准、监督其他预算主体的经济行为，并赋予其法律效力的权力。（2）改变、撤销权。即各级人大及其常委会享有依法对某种法律行为做出修正、补充或撤销的权利。（3）监督权。即各级人大及其常委会享有依法对预算行使监督、检查和督导的权利。

二、政府、财政与部门间的预算管理体系及职责

《预算法》第三条规定："国家实行一级政府一级预算，设立中央，省、自治区、直辖市，设区的市、自治州，县、自治县、不设区的市、市辖区，乡、民族乡、镇五级预算。"第六条规定："中央一般公共预算包括中央各部门（含直属单位，下同）的预算和

中央对地方的税收返还、转移支付预算。”第七条规定：“地方各级一般公共预算包括本级各部门（含直属单位，下同）的预算和税收返还、转移支付预算。”

由此，我国政府预算实际上由一级政府财政预算以及所属部门预算构成。

（一）政府预算的组织领导机构——各级政府

政府预算日常管理贯穿于政府预算编制、执行和决算的全过程。按照我国《预算法》的规定，各级预算由本级政府组织编制、执行和决算，即负责政府预算管理的组织领导机关是国务院及地方各级人民政府。国务院作为国家最高行政机关，负责组织中央预算和全国预算的管理；地方各级人民政府负责本级政府预算和本行政区域内总预算的管理，并负责对本级各部门和所属下级政府预算管理进行检查和监督。

各级政府是本级预算的行政管理机关，其主要职权有：预算编制权，即国家行政机构对预算编制的指导思想、收支范围、收支安排进行统筹决策的权利；组织执行权，即国家行政机构将预算通过一定的方式付诸实施的权利；提请审批、报告权；改变或撤销权；等等。

（二）政府预算的主管职能部门——财政部门

根据我国《预算法》的规定，政府预算的具体编制、执行和决算机构是本级政府财政部门。即各级政府财政部门是对预算进行具体负责和管理的职能机构，是预算收支管理的主管机构。财政部门作为承担组织预算收支及管理、国家宏观调控等重要职能的部门，其内部具体管理要按收支性质和宏观调控要求由各业务职能机构负责。以财政部为例，目前其内部主要业务司局构成为：综合、条法、税政、关税、预算、国库、国防、行政政法、科教和文化、经济建设、农业农村、社会保障、自然资源和生态环境、资产管理、金融、国际经济关系、国际财金合作、会计、监督评价等司局。地方各级财政与上级对口，根据需要设置内部职能部门，一般不设置条法、关税、国防、国际经济关系等机构。

各级政府财政部门具体负责预算编制、执行和决算的各项业务工作。财政部对国务院负责，在国务院的领导下，具体编制中央预算、决算草案；具体组织中央和地方预算的执行；提出中央预算预备费动用方案；具体编制中央预算的调整方案；定期向国务院报告中央和地方预算的执行情况。地方各级财政部门对地方各级政府负责，并在其领导下，具体编制本级预算、决算草案；具体组织本级总预算的执行；提出本级预算预备费动用方案；具体编制本级预算的调整方案；定期向本级政府和上一级政府财政部门报告本级总预算的执行情况。

（三）政府预算收支的具体管理机构

政府预算收支的具体管理工作，由财政部门统一负责组织，并按各项预算收支的性质和不同的管理办法，分别由财政部门和各主管收支的专职机构负责组织管理。即除财政部门外，国家还根据预算收支的不同性质和不同的管理办法，设立或指定了专门的管理机构，负责参与组织政府预算的有关管理工作。

（1）组织预算收入执行的机关主要有税务机关和海关；参与组织预算支出执行的机关主要有中央银行、有关商业银行和有关政策性银行。国家金库担负着政府预算执行的重要任务，具体负责办理预算收入的收纳、划分和留解，办理预算资金的拨付，办理现金余额的管理等。

（2）各部门、各单位是预算管理中部门预算和单位预算的执行主体。中央和地方各级主管部门负责执行本部门的部门预算和财务收支计划、提出本部门预算调整方案，定期向同级财政部门报告预算执行情况；各行政事业单位、国有企业负责本单位预算和企业财务收支计划的执行，编制本单位预算、决算草案；按照国家规定上缴预算收入，安排预算支出，并接受国家有关部门的监督。

除上述机构外，我国预算管理机构还包括审计部门及有关社会中介组织，参与对政府预算的审计与评价。

三、财政、各部门与各单位间的预算管理体系

（一）按预算编制主体划分

1. 总预算

总预算是各级政府的基本财政计划，由各级财政部门编制。

我国《预算法》第三条规定："全国预算由中央预算和地方预算组成。地方预算由各省、自治区、直辖市总预算组成。地方各级总预算由本级预算和汇总的下一级总预算组成；下一级只有本级预算的，下一级总预算即指下一级的本级预算。没有下一级预算的，总预算即指本级预算。"

2. 本级预算

本级预算指经法定程序批准的本级政府的财政收支计划，它由本级各部门（含直属单位）的预算组成，同时包括下级政府向上级政府上解的收入和上级政府对下级政府的返还或补助。

3. 部门预算

部门预算是反映本级各部门（含直属单位）所属所有单位全部收支的预算，由部门机关及所属各单位预算组成。本级各部门是指与本级政府财政部门直接发生预算缴款、拨款关系的国家机关、政党组织和社会团体（中央部门含军队），直属单位是指与本级政府财政部门直接发生缴款、拨款关系的企业和事业单位。

4. 单位预算

单位预算是指列入部门预算的国家机关、社会团体和其他单位的收支计划。

（二）按照行政隶属关系和经费领拨关系划分

（1）一级预算单位。一级预算单位是指与同级政府财政部门发生预算领拨关系的单位，如果一级预算单位还有下级单位，则该单位又称主管预算单位。

（2）二级预算单位。二级预算单位是指与一级预算单位发生经费领拨关系，下面还有所属预算单位的单位。

（3）基层预算单位。基层预算单位是指与二级或一级预算单位发生经费领拨关系，下面没有所属预算单位的单位。

第三节　政府预算管理体制

一、政府预算管理体制构成及职责权限划分的影响因素

在存在多层级政府的国家政权结构下，政府预算管理体制[①]主要是处理中央政府和地方政府及地方政府间事权和支出责任划分问题的制度框架。

（一）预算管理体制的基本含义及构成

预算管理体制是国家经济体制、财税管理体制的重要组成部分，是确定中央政府和地方政府以及地方各级政府之间的事权和支出责任划分以及财力配置的一项根本制度。

由于政府预算是政府的基本收支计划，为政府履行职责、提供公共产品与服务给予财力保障，因而预算管理体制必然与行政管理体制一致。在存在多层级政府的国家政权结构下，一般来说，有一级政府就有其相应的职责，也就有相应的财政收支活动及其一级预算。从世界范围看，不论是联邦制国家还是单一制国家，一般都由多级政府构成，因而大多实行多级预算。联邦制国家一般实行联邦预算、州预算及地方预算，如美国、俄罗斯、德国等；单一制国家一般实行中央预算、省级预算、地方预算等，即一级政府，一级财政，一级预算，如英国、法国等。

根据《宪法》的规定，我国目前行政区域划分如下：全国分为省、自治区、直辖市；省、自治区分为自治州、县、自治县、市；县、自治县分为乡、民族乡、镇。与之相适应，《预算法》第三条规定："国家实行一级政府一级预算，设立中央，省、自治区、直辖市，设区的市、自治州，县、自治县、不设区的市、市辖区，乡、民族乡、镇五级预算。"其基本关系如图 3－2 所示。

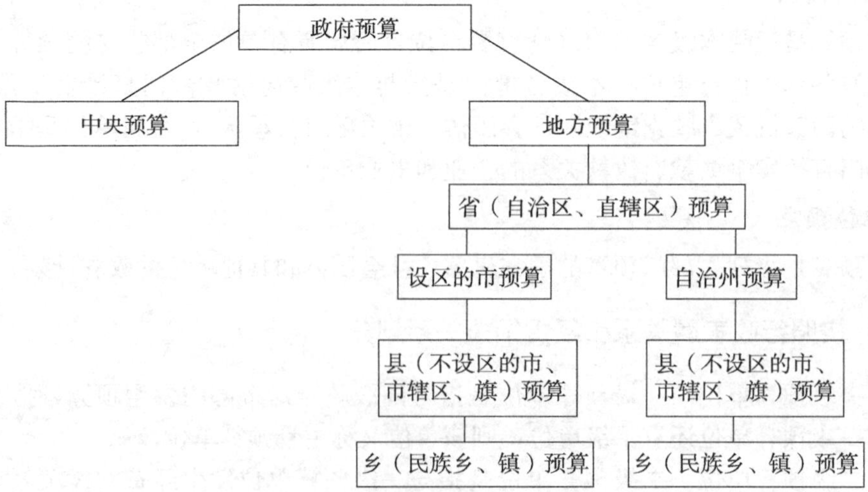

图 3－2　各级政府预算管理级次图

① 后称预算管理体制。

（二）预算资金管理范围及职责权限划分的影响因素

预算管理体制的核心是处理政府间预算资金管理范围及职责权限划分，以及相应的责任与利益。预算资金管理范围及职责权限划分的影响要素有：（1）中央政府与各级地方政府各自应承担的职责，也称事权，具体包括政府提供公共产品及公共服务的范围、规模等；（2）与事权相适应的支出责任，即相应的成本费用在各级政府之间进行合理界定、划分和分摊的依据及标准；（3）履行政府职能及相应的支出责任所需要的财政收入在各级政府间进行分配的制度及办法；（4）中央政府或上级地方政府对地区间的财政能力与财政支出需要之间的纵向不均衡和横向不均衡的协调制度和措施等，也称政府转移支付制度。

二、事权及支出责任划分原则及一般规定

（一）政府事权、财政事权与支出责任

1. 相关概念

政府事权是指一级政府在公共事务和服务中应承担的任务和职责。财政事权是指一级政府应承担的运用财政资金提供基本公共服务的任务和职责。支出责任是指政府履行财政事权的支出义务和保障。

2. 政府事权与财政事权的关系

政府事权不仅涉及行政权，还涉及立法、司法等广义公共服务部门的管理职责，是"大事权"的概念，因此，政府事权范围要大于财政事权。

（二）划分原则

政府事权划分是分级预算体制的逻辑起点，依据政府事权划分的支出责任又是合理划分财权的出发点。市场经济国家公共财政的职能主要包括经济稳定、收入分配和资源配置等，这些职能如何在各级政府间进行合理划分应遵循一定的原则，主要包括：

（1）中央宏观调控和地方自主相结合的原则，即在处理政府间预算收支范围划分时，既要保证中央政府的适度集权与宏观调控能力，又要兼顾地方政府的分权和自主管理能力，实现二者之间的平衡与协调。

（2）外部性原则，即在多层级政府条件下，必须合理划分各级政府职能，尽量避免局部利益和整体利益的冲突，既让不同层级的政府各司其职，高效提供相应的公共产品和服务，又有效避免相互之间恶性竞争和扯皮推诿。因此，外部性原则是划分各级政府事权的一项基本原则。

（3）效率性原则，即由于信息不对称，再加上地方政府与本地居民更为接近，因而地方政府比中央政府更关心和了解本区域内居民的偏好，在获取和处理信息方面要比中央政府更加有效，因此，地方政府在提供更符合居民偏好的区域性公共产品及服务上就具有比较优势。

（4）激励相容原则，即在政府间事权划分上，要设计一种体制，使所有的参与人

（中央政府和地方政府）即使按照自己的利益去运作，也能实现整体利益最大化，这种体制设计就是激励相容原则的体现。①

（三）事权的划分

1. 稳定职能主要由中央政府履行

要实现经济稳定目标，政府运用财政货币政策，包括内在稳定器和相机抉择政策进行调控是必不可少的。稳定职能应由中央政府承担的理由是：地方政府谋求各自辖区的局部稳定，极易导致其他地区乃至全国的不稳定，如竞争性的税收优惠政策等。因此，正如美国财政学家哈维·S. 罗森（Harvey S. Rosen）所说："实际上，人们普遍同意，旨在影响就业水平和通货膨胀率的收支政策，应由联邦政府进行。没有一个州或地方政府大到可以影响整个经济活动的程度。例如，让每个地方政府各自发行货币和执行独立的货币政策，是没有道理的。"

2. 分配职能主要由中央政府履行

分配职能是财政最基本的职能，包括收入的再分配和地区间资源要素的再分配。收入分配职能是指通过财政分配活动实现收入在全社会范围内的公平分配，将收入差距保持在社会可以接受的范围内。社会公平的基本表现是全国公众享受基本同等的公共产品和公共服务待遇，需要制定完整的税收制度和公共支出方案。这种分配和再分配方案的制定和实施权必须由中央政府来掌握，如果由地方政府行使再分配的权力，则会在全国范围内出现地方间的差别税收、差别转移支付等制度，从而导致人口、资源等要素不合理流动，进而降低经济效率。地区间资源要素的再分配是指通过财政分配活动实现资源在地区间的公平分配，将地区经济发展差距保持在社会可以接受的范围内。中央政府通过转移支付，解决地区间由经济发展水平差距造成的公共服务水平的不公平，使各个地方提供公共服务的能力趋向均等化。

3. 资源配置职能由中央与地方政府共同履行

财政配置资源的内容是多方面的，其中主要包括：提供基础设施，资助基础性科学研究；对过度竞争的行业进行适当的限制或调节；反垄断；制定和实施国家的产业政策，保证社会资源的配置符合国家的发展战略。由于中央政府和地方政府都要在不同的受益范围内提供公共产品，所以配置功能一般由中央、地方共同承担。其中，提供地方性公共基础设施和公共服务、城市维护与建设、地方交通运输、就业培训等，是地方政府配置资源职能的主要内容。但是，对位于地方但具有外部效应的项目，则需要中央政府参与解决。

（四）支出责任的划分

1. 全国性公共产品应由中央政府提供

全国性公共产品主要包括：国防、外交、全国性的立法和司法、中央银行、中央税的征管等。宏观经济稳定（包括财政、金融政策）是一种特殊的全国性公共产品，其责任也应由中央政府承担。

---

① 楼继伟．中国政府间财政关系再思考．北京：中国财政经济出版社，2013：24.

2. 地方性公共产品应由地方政府来承担

地方性公共产品主要包括：区域内交通、警察、消防、教育、环保、供水、下水道、垃圾处理、公园、对地区经济发展的支持、地方性法律的制定和实施等。

3. 中央政府应参与具有跨地区“外部效应”的公共产品

具有跨地区外部效应的公共产品包括跨地区的公路、铁路、水陆运输、邮电通信等项目。另外，有些项目虽然位于某个地区，但受益者却不仅限于本地居民，如航空港、环保等项目。从理论上讲，这些项目在多大程度上使外地居民受益，应成为中央政府在多大程度上参与及分摊成本的主要依据。

4. 调节收入分配的职责多由中央政府承担

调节收入分配的职责包括：收入分配政策、就业政策、养老保险政策等的制定和实施；中央对地方政府的转移支付；等等。当然，中央政府在这方面承担较大职责并不意味着由它承担全部成本，可能只需提供某种补贴。中央政府与地方政府事权划分的基本框架如表 3-1 所示。部分国家基本公共服务职责划分情况如表 3-2 所示。

表 3-1 中央政府与地方政府事权划分的基本框架

内容	事权归属	理由
国防	中央	全国性公共产品或服务
外交	中央	全国性公共产品或服务
国际贸易	中央	全国性公共产品或服务
金融与银行政策	中央	全国性公共产品或服务
管理地区间贸易	中央	全国性公共产品或服务
对个人的福利补贴	中央、地方（省、州）	收入重新分配
失业保险	中央、地方（省、州）	收入重新分配
全国性交通	中央、地方	全国性公共服务、外部效应
地区性交通	地方	地区性公共服务
环境保护	省、州级地方，中央	地区性服务、外部效应
对工业、农业、科研的支持	地方、中央	地区性外部效应
教育	地方、中央	地区性福利
卫生	地方、中央	地区性福利
公共住宅	地方、中央	地区性福利
供水、下水道、垃圾处理	地方	地区性公共服务
警察	地方	地区性公共服务
消防	地方	地区性公共服务
公园、娱乐设施	地方	地区性公共服务

资料来源：马骏．论转移支付．北京：中国财政经济出版社，1998.

表 3-2　部分国家基本公共服务职责划分情况

政体	国别	公共服务项目			法律依据
		教育	公共卫生	社会保障	
联邦制	澳大利亚	联邦、州	联邦、州	联邦、州	宪法
	美国	州、地方	州、地方	联邦、州	宪法及其修正案
	德国	州	州、地方	联邦	基本法
单一制	英国	中央、郡县	中央、郡县	中央	宪法
	日本	中央、都道府县、市町村	中央、都道府县、市町村	中央	宪法、地方自治法

资料来源：楼继伟．中国政府间财政关系再思考．北京：中国财政经济出版社，2013：167-182.

专栏 3-3

我国 1994 年分税制下中央与地方支出划分

我国分税制财政体制改革确定的中央与地方支出划分的基本原则是：中央财政主要承担国家安全、外交和中央国家机关运转所需经费，调整国民经济结构、协调地区发展、实施宏观调控所必需的支出，涉及由中央直接管理的事业发展支出。地方财政主要承担本地区政权机关运转所需支出以及本地区经济、事业发展所需支出。中央财政和地方财政各自的支出范围如表 3-3 所示。

表 3-3　我国 1994 年分税制下中央与地方支出划分表

中央财政支出	地方财政支出
1. 国防费	1. 地方行政管理费
2. 武警经费	2. 公检法支出
3. 外交和援外支出	3. 部分武警经费
4. 中央级行政管理费	4. 民兵事业费
5. 中央统管的基本建设投资	5. 地方统筹的基本建设投资
6. 中央直属企业技改和新产品试制费	6. 地方企业技改和新产品试制费
7. 地质勘探费	7. 支农支出
8. 由中央财政安排的支农支出	8. 城市维护建设支出
9. 由中央财政安排的还本付息支出	9. 地方文化支出
10. 中央本级负担的公检法支出	10. 地方教育支出
11. 中央本级负担的文化支出	11. 地方卫生支出
12. 中央本级负担的教育支出	12. 价格补贴支出
13. 中央本级负担的卫生支出	13. 其他支出
14. 中央本级负担的科学支出	

资料来源：谢旭人．中国财政 60 年．北京：经济科学出版社，2009.

三、分税制及收入划分

（一）分税制的内涵

在明确各级政府事权及支出责任的基础上，需要通过预算体制的规定对收入在各级政府间进行划分，以保证履职的需要。就我国来说，根据体制的变革采取过统收统支、分类分成、总额分成、大包干、分税制等方法。其中分税制是市场经济国家普遍推行的一种预算管理体制模式，是一种比较规范的做法。我国自 1994 年起全面实行分税制。

《预算法实施条例》第七条规定："预算法第十五条所称中央和地方分税制，是指在划分中央与地方事权的基础上，确定中央与地方财政支出范围，并按税种划分中央与地方预算收入的财政管理体制。"

分税制的要点体现在以下四个方面：（1）一级政府、一级预算，各级预算相对独立、自求平衡；（2）在明确划分各级政府事权基础上划分各级财政支出范围；（3）收入划分实行分税制，主要按税种划分，也可对同一税种按不同税率分配或实行共享制；（4）对预算收入水平的差异通过政府间转移支付制度加以调节。

专栏 3-4

我国 1949 年以来预算管理体制沿革

1949 年以来，随着政治经济环境的变化，我国的预算管理体制经历了若干次调整。总体来看，可以分为三个阶段，分别是：统收统支阶段、"分灶吃饭"（财政包干）阶段和分税制阶段（如表 3-4 所示）。

表 3-4 我国 1949 年以来预算管理体制经历的阶段

阶段	实行时间	预算管理体制简述
统收统支阶段	1950	高度集中，统收统支
	1951—1957	划分收支，分级管理
	1958	以收定支，五年不变
	1959—1970	收支下放，计划包干，地区调剂，总额分成，一年一变
	1971—1973	定支定收，收支包干，保证上缴（或差额补贴），结余留用，一年一定
	1974—1975	收入按固定比例留成，超收另定分成比例，支出按指标包干
	1976—1979	定收定支，收支挂钩，总额分成，一年一变，部分省（市）试行"收支挂钩，增收分成"
"分灶吃饭"阶段	1980—1985	划分收支，分级包干
	1986—1988	划分税种，核定收支，分级包干
	1989—1993	财政包干
分税制阶段	1994 年至今	按照统一规范的基本原则，划分中央与地方收支范围，建立并逐步完善中央对地方财政转移支付制度

资料来源：根据财政部网站及相关资料整理。

财政包干制度是预算管理体制中处理中央与地方关系的一种制度，指地方的年度预算收支指标经中央核定后，由地方包干负责完成，超支不补，结余留用，地方自求平衡，对少数民族地区，中央予以特殊照顾，这种制度是中国20世纪80年代末到90年代初的财政模式。

财政包干的方法在1971年开始实行，在当时的情况下，它被证明是一种传统有效的方法，扩大了地方的财政收支范围和管理权限，调动了地方筹集财政资金的积极性，有利于国家财政的综合平衡。从1980年起，我国财政部门又采用“划分收支，分级包干”的新体制。这一体制的特点是：明确划分中央和地方的收支范围，以1979年各地方的财政收支数为基础，核定地方收支包干的基数，对收入大于支出的地区，规定收入按一定比例上缴，对支出大于收入的地区，将工商税按一定比例留给地方，作为调集收入；工商税全部留给地方后仍收不抵支的，再由中央给予定额补助。收入分成比例或补助支出数额确定后，五年不变。地方多收可以多支，少收可以少支，中央不再增加补助，地方财政必须自求平衡。这种办法把地方类权力结合起来，改变了吃“大锅饭”的现象，所以又被称为“分灶吃饭”的财政体制。从1986年起，又调整基数，实行“划分税种，核定收支，分级包干”的体制，使财政包干制度更加完善。

但随着市场在资源配置中的作用不断扩大，其弊端也日益明显，主要表现在：税收的调节功能弱化，影响统一市场的形成和产业结构优化；国家财力较分散，制约财政收入合理增长，特别是中央财政收入比重不断下降，弱化了中央政府的宏观调控能力，在此背景下，我国于1994年开始实施分税制预算管理体制改革。

（二）分税制类型

分税制基本上可划分为完全分税制与不完全分税制两种形式。（1）完全分税制是指各级政府都有独立的税种，独立征税，不设共享税；各级财政在法定收支范围内自求平衡，各级财政之间不存在转移支付或转移支付的规模很小；中央财政立法权和地方财政立法权划分明确，地方财政权独立。采取这种分税制的大多是联邦制国家，如美国等。（2）不完全分税制是指税收管理权限交叉，设置中央税、地方税以及中央和地方共享税的一种分税制。它既具有固定性又具有灵活性。采用这种分税制的大多是管理权限比较集中的国家，如英国、日本等。

（三）我国分税制关于收入的划分

我国自1994年实行分税制管理体制以来，中央与地方之间的收入划分经过了多次调整，具体如表3-5所示。

表3-5　1994年我国中央与地方税收划分及主要调整

中央固定收入	地方固定收入	中央与地方共享收入
1. 关税	1. 营业税（不含铁道部门、各银行总行、各保险公司集中缴纳的营业税）	1. 增值税 中央分享75% 地方分享25%

续表

中央固定收入	地方固定收入	中央与地方共享收入
2. 海关代征的消费税和增值税	2. 地方企业所得税（不含地方银行和外资银行及非银行金融企业的所得税）	2. 资源税 （海洋石油资源税归中央，其他资源税归地方）
3. 消费税	3. 地方企业上缴的利润	3. 证券交易税 （1994 年，中央分享 50%，地方分享 50%；从 2002 年起，中央分享 97%，地方分享 3%）
4. 中央企业所得税	4. 个人所得税	
5. 地方银行和外资银行及非银行金融企业所得税	5. 城镇土地使用税	
6. 铁道部门、各银行总行、各保险总公司等集中缴纳的营业税、所得税、利润和城市维护建设税	6. 固定资产投资方向调节税	
7. 中央企业上缴的利润	7. 城市维护建设税（不含铁道部门、各银行总行、各保险总公司集中缴纳的部分）	
	8. 房产税	
	9. 车船使用税	
	10. 印花税	
	11. 屠宰税	
	12. 农牧业税	
	13. 农业特产税	
	14. 耕地占用税	
	15. 契税	
	16. 遗产和赠与税	
	17. 土地增值税	
	18. 国有土地有偿使用收入	

说明：①从 2002 年 1 月 1 日起，国务院决定除少数特殊行业或企业外，对其他企业所得税和个人所得税收入实行中央与地方按比例分享。

②从 2016 年 1 月 1 日起，证券交易印花税由中央与地方按 97%与 3%的比例分享全部调整为中央收入。

③从 2016 年 5 月 1 日起，营业税改为增值税，增值税中央与地方分享比例改为各 50%。

④随着税制改革，有些税种已经停征或取消。

资料来源：谢旭人．中国财政 60 年．北京：经济科学出版社，2009.

四、政府间转移支付制度

（一）政府间转移支付的内涵及目标

1. 政府间转移支付的内涵

政府间转移支付，是指在一定的预算管理体制下，在各级政府间或同级政府间通过财政资金的无偿拨付来调节各预算主体收支水平的一项制度。主要形式是中央政府与地方政府之间或上级政府与下级政府之间的财政资金转移（包括下拨和上缴）。政府间的转移支付实质上是政府间的一种补助。

在分级预算管理体制下，收支的划分不可能使各级预算主体的收支完全对应，并且同级预算主体之间在收支的对应程度上也存在差别，从而出现所谓财政收支的纵向不均衡和横向不均衡。前者是指各预算级次之间，上级预算收大于支有剩余，下级预算支大于收有缺口；后者是指同级地方预算之间，由客观因素决定的支出需求和收入能力不对称。因此，需要运用转移支付方式来实现财政体系内各级次和各地方预算收支的最终均衡。在分税制的框架下，由于政府之间既定的职责、支出责任和税收划分，在上下级政府之间、同级政府之间普遍存在财政收入能力与支出责任不对称的情况。因此，为平衡各级政府之间的财政能力差异，实现各地公共服务水平的均等化，就必须实行政府间的转移支付制度。

2. 政府间转移支付的目标

（1）实现公共资金的公平分配。无论财政收支纵向不均衡还是横向不均衡，都会影响相应级次和地方政府对公共产品或服务的合理供给，从而造成社会成员之间在获得公共产品或服务上的差异性，因此，必须通过政府间转移支付对公共资金的分配进行调节，以保证各地财政能力的大体均等。

（2）保持中央政府对地方政府的必要控制力。一般来说，在分税制体制下，为保证国家的集中统一管理，有效实施中央的政策，赋予中央政府的财权通常会大于其事权，因而从整体上看，政府间财政转移支付是分级预算体制中中央政府控制和诱导地方政府行为的重要手段，它从利益机制上确定了中央政府的主导地位和权威性。

（3）解决区域性公共产品的外溢问题。区域性公共产品的外溢是由地方政府管理的区域性和部分由地方政府提供的公共产品的效益不完全局限在其辖区内所决定的。如防洪设施，其受益范围并不局限于设施所在的行政区域，还包括流域内的其他地区。在区域性公共产品存在外部效应，但其成本完全由所在地的地方政府承担的情况下，所在地的地方政府提供此类公共产品和服务的积极性会受到影响。在这种情况下，实行政府间转移支付，由上级政府给予下级政府一定的财政补助，对具有外部效应的公共产品的提供进行适当的调节，便是一种较为有效的干预方式。

（4）促进落后地区的资源开发和经济发展。对于具有一定规模的国家而言，由于各地地理条件、人口素质、资源状况以及其他要素禀赋的差异，一定时期内地区间在经济发展水平上存在某种差距是必然的。但如果放任这种差距发展，会引起资金、人才、劳动力的非规则流动，造成地区间的利益矛盾。因此，国家应采取一定的政策措施促进落后地区的资源开发和经济发展，逐步缩小地区间的经济差距。政府间转移支付的运用就是落实政策意图的重要手段。

（二）政府间转移支付的类型

1. 国际通行做法

政府间转移支付一般可以归结为两类：一般性转移支付与专项转移支付。

（1）一般性转移支付。

一般性转移支付又称为无条件转移支付，是指上级政府向下级政府拨发的不附加任何条件，也不指定用途，下级政府可以按照自己的意愿自主决定如何使用的资金。一般性转移支付的目的是均衡地区间财力并推进地区间基本公共服务均等化，应当按照客观、公正的原则，根据客观因素，设计统一公式进行分配。

(2) 专项转移支付。

专项转移支付又称为有条件转移支付，是指上级政府为了实现特定的经济和社会发展目标而给予下级政府，并由下级政府按照上级政府规定的用途安排使用的预算资金。专项转移支付的资金必须专款专用，有特定的支出目的，因此能够有效地贯彻上级政府的政策意图，但会在一定程度上干预下级政府的自主权。

专项转移支付主要是为配合实现上级宏观政策目标而设立的。它具有明确的支出方向和目标，有对应的项目，因此应当分项目、分地区来编制，增强资金分配的规范性与合理性，提高资金配置与使用的效率，实现公开透明。

总体上看，各国转移支付制度和转移支付类型的选择与本国历史、经济、政治、文化等具体国情紧密关联，既有共同遵循的原则，也有个体差异。

2. 我国现行转移支付的类型

2019 年，为了与财政事权和支出责任划分改革相衔接，我国在一般性转移支付和专项转移支付的基础上，新设共同财政事权转移支付，暂列一般性转移支付项下，待今后修订《预算法》时再做调整。

(1) 一般性转移支付。

一般性转移支付是指中央政府对有财力缺口的地方政府（主要是中西部地区），按照规范的办法给予的补助，主要用于均衡地区间财力配置，保障地方日常运转和加快区域协调发展，包括均衡性转移支付，对革命老区、民族地区、边疆地区、贫困地区的财力补助，其他一般性转移支付等。其中，均衡性转移支付不规定具体用途，由接受补助的省（自治区、直辖市）政府根据本地区实际情况统筹安排。

(2) 共同财政事权转移支付。

共同财政事权转移支付主要是为配合财政事权和支出责任划分改革，履行中央承担的共同财政事权的支出责任，保障地方落实相关政策所需财力，提高地方履行共同财政事权的能力而给予的补助，包括城乡义务教育补助经费、学生资助补助经费、就业补助资金、困难群众救助补助资金、基本公共卫生服务补助资金、城镇保障性安居工程资金等。

(3) 专项转移支付。

专项转移支付主要用于保障中央决策部署的有效落实，引导地方干事创业，包括文化产业发展专项资金、可再生能源发展专项资金、城市管网及污水治理补助资金、农村环境整治资金等。专项转移支付在实现上级政府意图、引导下级政府行为等方面发挥了重要作用，但也要防止设置不规范引起的对地方政府的侵权。考虑到这一点，我国《预算法》对专项转移支付及地方配套资金的设置做出了限制性规定。

专栏 3-5

《预算法》及《预算法实施条例》中规范转移支付的法律条款

《预算法》第十六条规定："国家实行财政转移支付制度。财政转移支付应当规范、公平、公开，以推进地区间基本公共服务均等化为主要目标。

财政转移支付包括中央对地方的转移支付和地方上级政府对下级政府的转移支付，以为均衡地区间基本财力、由下级政府统筹安排使用的一般性转移支付为主体。

按照法律、行政法规和国务院的规定可以设立专项转移支付，用于办理特定事项。建立健全专项转移支付定期评估和退出机制。市场竞争机制能够有效调节的事项不得设立专项转移支付。

上级政府在安排专项转移支付时，不得要求下级政府承担配套资金。但是，按照国务院的规定应当由上下级政府共同承担的事项除外。”

《预算法实施条例》第十条规定：“县级以上各级政府财政部门应当会同有关部门建立健全专项转移支付定期评估和退出机制。对评估后的专项转移支付，按照下列情形分别予以处理：

（一）符合法律、行政法规和国务院规定，有必要继续执行的，可以继续执行；

（二）设立的有关要求变更，或者实际绩效与目标差距较大、管理不够完善的，应当予以调整；

（三）设立依据失效或者废止的，应当予以取消。”

五、政府财政事权与支出责任的调整

（一）财政事权和支出责任划分改革的必要性

财政事权是一级政府应承担的运用财政资金提供基本公共服务的任务和职责。支出责任是政府履行财政事权的支出义务和保障。

改革开放以来，中央与地方的财政关系经历了从高度集中的统收统支到“分灶吃饭”，再到分税制的变化，财政事权和支出责任划分逐渐明确，为我国建立现代财政制度奠定了良好的基础。但在新的形势下，现行的中央与地方财政事权和支出责任划分还存在不同程度的不清晰、不合理、不规范等问题。

按照现代财政制度的功能定位，作为政府间事权、财权、财力划分的制度规范的财政预算体制以及改革，不仅需要突破传统上宏观经济调控的政策工具价值，而且承担着促进社会公平、保障民生发展、提高公共服务水平等社会功能，尤其要履行优化政府治理结构，为实现国家长治久安奠定制度基础的使命。根据党的十八大和十八届三中、四中、五中全会提出的建立事权和支出责任相适应的制度，适度加强中央事权和支出责任，推进各级政府事权规范化、法律化的要求，国务院发布了《国务院关于推进中央与地方财政事权和支出责任划分改革的指导意见》（国发〔2016〕49号）（下称《意见》），党的十九大报告又提出加快建立现代财政制度，建立权责清晰、财力协调、区域均衡的中央和地方财政关系，为深化改革指明了方向。

专栏3-6

为何我国政府间财政关系调整由“事权”改为“财政事权”？

政府间事权划分不仅涉及行政权划分，还涉及立法、司法等广义公共服务部门的职权划分。由于我国完善社会主义市场经济制度、加快政府职能转变、推进法治化还需要一个过程，短期内全面推进事权和支出责任划分改革的条件尚不成熟，因此选择了从财政事权入手。

一是从财政事权划分入手推进改革具备一定的基础。随着我国经济社会发展和财政收入规模扩大，政府提供基本公共服务的能力和保障水平也不断提高，加上政府职能的加快转变，划分中央与地方财政事权的条件已经初步具备。新《预算法》的颁布实施，也为推进中央与地方财政事权和支出责任划分改革奠定了法律基础。

二是从财政事权划分入手推进改革可以从根本上破解改革发展面临的诸多紧迫难题。当前，中央与地方收入划分需要进一步理顺、中央对地方专项转移支付需要进一步清理整合、地区间基本公共服务均等化需要大力推进、财政资金的使用效益需要进一步提高，这些都需要以明确政府的财政事权划分并相应界定各级政府的支出责任为前提，从财政事权划分入手推进改革可以起到“牵一发而动全身”的效果。

三是从财政事权划分入手推进改革可以为全面推进事权划分改革奠定基础和创造条件。事权划分改革涉及面广、难度大，不可能一蹴而就，一些成熟市场国家的事权划分经历了数百年的逐步演进。财政事权是政府事权的重要组成部分，从合理划分财政事权入手破冰中央与地方事权划分改革，先局部后整体，既抓住了提供基本公共服务这一政府核心职责，又能够为全面推进事权划分改革积累经验、趟出路子。

资料来源：财政部有关负责人就推进中央与地方财政事权和支出责任划分改革答记者问．财新网，2016-08-25.

（二）推进财政事权和支出责任划分改革的原则

1. 体现基本公共服务受益范围

体现国家主权、维护统一市场以及受益范围覆盖全国的基本公共服务由中央负责，地区性基本公共服务由地方负责，跨省（区、市）的基本公共服务由中央与地方共同负责。

2. 兼顾政府职能和行政效率

结合我国现有中央与地方政府职能配置和机构设置，更多、更好地发挥地方政府尤其是县级政府组织能力强、贴近基层、获取信息便利的优势，将所需信息量大、信息复杂且获取困难的基本公共服务优先作为地方的财政事权，提高行政效率，降低行政成本。信息比较容易获取和甄别的全国性基本公共服务宜列入中央的财政事权。

3. 实现权、责、利相统一

在中央统一领导下，适宜由中央承担的财政事权执行权要上划，以加强中央的财政事权执行能力；适宜由地方承担的财政事权决策权要下放，以减少中央部门代地方决策事项，保证地方有效管理区域内事务。要明确共同财政事权中央与地方各自承担的职责，将财政事权履行涉及的战略规划、政策决定、执行实施、监督评价等各环节在中央与地方间做出合理安排，做到财政事权履行权责明确和全过程覆盖。

4. 激励地方政府主动作为

通过有效授权，合理确定地方财政事权，使基本公共服务受益范围与政府管辖区域保持一致，激励地方各级政府尽力做好辖区范围内的基本公共服务提供和保障，避免出现地方政府不作为或因追求局部利益而损害其他地区利益或整体利益的行为。

5. 做到支出责任与财政事权相适应

按照“谁的财政事权谁承担支出责任”的原则，确定各级政府支出责任。对属于中央并由中央组织实施的财政事权，原则上由中央承担支出责任；对属于地方并由地方组织实施的财政事权，原则上由地方承担支出责任；对属于中央与地方共同财政事权的，根据基本公共服务的受益范围、影响程度，分情况确定中央和地方各自的支出责任以及承担方式。

（三）改革的主要内容

1. 推进中央与地方财政事权划分

（1）适度加强中央的财政事权。坚持基本公共服务的普惠性、保基本、均等化方向，加强中央在保障国家安全、维护全国统一市场、体现社会公平正义、推动区域协调发展等方面的财政事权。强化中央的财政事权履行责任，中央的财政事权原则上由中央直接行使。要逐步将国防、外交、国家安全、出入境管理、国防公路、国界河湖治理、全国性重大传染病防治、全国性大通道、全国性战略性自然资源使用和保护等基本公共服务确定或上划为中央的财政事权。

（2）保障地方履行财政事权。加强地方政府公共服务、社会管理等职责。将直接面向基层、量大面广、与当地居民密切相关、由地方提供更方便有效的基本公共服务确定为地方的财政事权，赋予地方政府充分的自主权，依法保障地方的财政事权履行，更好地满足地方基本公共服务需求。要逐步将社会治安、市政交通、农村公路、城乡社区事务等受益范围地域性强、信息较为复杂且主要与当地居民密切相关的基本公共服务确定为地方的财政事权。

（3）减少并规范中央与地方共同财政事权。考虑到我国人口和民族众多、幅员辽阔、发展不平衡的国情和经济社会发展的阶段性要求，需要更多发挥中央在保障公民基本权利、提供基本公共服务方面的作用，因此应保有比成熟市场经济国家相对多一些的中央与地方共同财政事权。但在现阶段，针对中央与地方共同财政事权过多且不规范的情况，必须逐步减少并规范中央与地方共同财政事权，并根据基本公共服务的受益范围、影响程度，按事权构成要素、实施环节，分解细化各级政府承担的职责。

要逐步将义务教育、高等教育、科技研发、公共文化、基本养老保险、基本医疗和公共卫生、城乡居民基本医疗保险、就业、粮食安全、跨省（区、市）重大基础设施项目建设以及环境保护与治理等体现中央战略意图、跨省（区、市）且具有地域管理信息优势的基本公共服务确定为中央与地方共同财政事权，并明确各承担主体的职责。

（4）建立财政事权划分动态调整机制。财政事权划分要根据客观条件变化进行动态调整。在条件成熟时，将全国范围内环境质量监测和对全国生态具有基础性、战略性作用的生态环境保护等基本公共服务，逐步上划为中央的财政事权。对新增及尚未明确划分的基本公共服务，要根据社会主义市场经济体制改革进展、经济社会发展需求以及各级政府财力增长情况，将应由市场或社会承担的事务交由市场主体或社会力量承担，将应由政府提供的基本公共服务统筹研究划分为中央财政事权、地方财政事权或中央与地方共同财政事权。

2. 完善中央与地方支出责任划分

（1）中央的财政事权由中央承担支出责任。属于中央的财政事权，应当由中央财政安排经费，中央各职能部门和直属机构不得要求地方安排配套资金。中央的财政事权如委托地方行使，要通过中央专项转移支付安排相应经费。

（2）地方的财政事权由地方承担支出责任。属于地方的财政事权原则上由地方通过自有财力安排。对地方政府履行财政事权、落实支出责任存在的收支缺口，除部分资本性支出通过依法发行政府性债券等方式安排外，主要通过上级政府给予的一般性转移支付弥补。地方的财政事权如委托中央机构行使，地方政府应负担相应经费。

（3）中央与地方共同财政事权分情况划分支出责任。根据基本公共服务的属性，体现国民待遇和公民权利、涉及全国统一市场和要素自由流动的财政事权，如基本养老保险、基本公共卫生服务、义务教育等，可以研究制定全国统一标准，并由中央与地方按比例或以中央为主承担支出责任；对受益范围较广、信息相对复杂的财政事权，如跨省（区、市）重大基础设施项目建设、环境保护与治理、公共文化等，根据财政事权外溢程度，由中央和地方按比例或中央给予适当补助的方式承担支出责任；对中央和地方由各自机构承担相应职责的财政事权，如科技研发、高等教育等，由中央和地方各自承担相应支出责任；对中央承担监督管理、出台规划、制定标准等职责，地方承担具体执行等职责的财政事权，由中央与地方各自承担相应支出责任。

3. 加快省以下财政事权和支出责任划分

省级政府要参照中央做法，结合当地实际，按照财政事权划分原则合理确定省以下政府间财政事权。将部分适宜由更高一级政府承担的基本公共服务职能上移，明确省级政府在保持区域内经济社会稳定、促进经济协调发展、推进区域内基本公共服务均等化等方面的职责。将有关居民生活、社会治安、城乡建设、公共设施管理等适宜由基层政府发挥信息、管理优势的基本公共服务职能下移，强化基层政府贯彻执行国家政策和上级政府政策的责任。

省级政府要根据省以下财政事权划分、财政体制及基层政府财力状况，合理确定省以下各级政府的支出责任，避免将过多支出责任交给基层政府承担。

自2018年起，截至2020年，国务院已经印发了《基本公共服务领域中央与地方共同财政事权和支出责任划分改革方案》（国办发〔2018〕6号）、《医疗卫生领域中央与地方财政事权和支出责任划分改革方案》（国办发〔2018〕67号）、《科技领域中央与地方财政事权和支出责任划分改革方案》（国办发〔2019〕26号）、《教育领域中央与地方财政事权和支出责任划分改革方案》（国办发〔2019〕27号）、《交通运输领域中央与地方财政事权和支出责任划分改革方案》（国办发〔2019〕33号）、《生态环境领域中央与地方财政事权和支出责任划分改革方案》（国办发〔2020〕13号）、《公共文化领域中央与地方财政事权和支出责任划分改革方案》（国办发〔2020〕14号）、《应急救援领域中央与地方财政事权和支出责任划分改革方案》（国办发〔2020〕22号）等文件。

专栏3-7

《基本公共服务领域中央与地方共同财政事权和支出责任划分改革方案》

2018年2月，国务院办公厅印发了《基本公共服务领域中央与地方共同财政事权和支出责任划分改革方案》（下称《方案》），自2019年1月1日起实施。

一、基本原则

（1）坚持以人民为中心。从解决人民最关心、最直接、最现实的利益问题入手，首先将教育、医疗卫生、社会保障等领域中与人直接相关的主要基本公共服务事项明确为中央与地方共同财政事权，并合理划分支出责任，同时完善相关转移支付制度，确保更好地为人民群众提供基本公共服务。

（2）坚持财政事权划分由中央决定。完善中央决策、地方落实的机制。基本公共服务领域共同财政事权范围、支出责任分担方式、国家基础标准由中央确定；明确地方政府职责，充分发挥地方政府区域管理优势和积极性，保障政策落实。

（3）坚持保障标准合理适度。既要尽力而为，加快推进基本公共服务均等化，适时调整国家基础标准，逐步提高保障水平；又要量力而行，兼顾各级财政承受能力，不超越经济社会发展阶段，兜牢基本民生保障底线。

（4）坚持差别化分担。充分考虑我国各地经济社会发展不平衡、基本公共服务成本和财力差异较大的国情，中央承担的支出责任要有所区别，体现向困难地区倾斜，并逐步规范、适当简化基本公共服务领域共同财政事权支出责任的分担方式。

（5）坚持积极稳妥推进。基本公共服务领域中央与地方共同财政事权和支出责任划分是一个动态调整、不断完善的过程，既要加强顶层设计，明确改革路径和方式，又要加强与各领域管理体制改革的衔接，在管理体制和相关政策比较明确、支出责任分担机制相对稳定的民生领域首先实现突破。

二、主要内容

（一）明确基本公共服务领域中央与地方共同财政事权范围

根据《国务院关于推进中央与地方财政事权和支出责任划分改革的指导意见》（国发〔2016〕49号），结合《国务院关于印发“十三五”推进基本公共服务均等化规划的通知》（国发〔2017〕9号），将涉及人民群众基本生活和发展需要、现有管理体制和政策比较清晰、由中央与地方共同承担支出责任、以人员或家庭为补助对象或分配依据、需要优先和重点保障的主要基本公共服务事项，首先纳入中央与地方共同财政事权范围，目前暂定为八大类18项：一是义务教育，包括公用经费保障、免费提供教科书、家庭经济困难学生生活补助、贫困地区学生营养膳食补助4项；二是学生资助，包括中等职业教育国家助学金、中等职业教育免学费补助、普通高中教育国家助学金、普通高中教育免学杂费补助4项；三是基本就业服务，包括基本公共就业服务1项；四是基本养老保险，包括城乡居民基本养老保险补助1项；五是基本医疗保障，包括城乡居民基本医疗保险补助、医疗救助2项；六是基本卫生计生，包括基本公共卫生服务、计划生育扶助保障2项；七是基本生活救助，包括困难群众救助、受灾人员救助、残疾人服务3项；八是基本住房保障，包括城乡保障性安居工程1项（见表3-6）。

（二）制定基本公共服务保障国家基础标准

国家基础标准由中央制定和调整，要保障人民群众基本生活和发展需要，兼顾财力可能，并根据经济社会发展逐步提高，所需资金按中央确定的支出责任分担方式负担。参照现行财政保障或中央补助标准，制定义务教育公用经费保障、免费提供教科书、家庭经济困难学生生活补助、贫困地区学生营养膳食补助、中等职业教育国家助学金、城乡居民基本养老保险补助、城乡居民基本医疗保险补助、基本公共卫生服务、计划生育扶助保障9项基本公共服务保障的国家基础标准。地方在确保国家基础标准落实到位的前提下，因地制宜制定高于国家基础标准的地区标准，应事先按程序报上级备案后执行，高出部分所需资金自行负担。对困难群众救助等其余9项不易或暂不具备条件制定国家基础标准的事项，地方可结合实际制定地区标准，待具备条件后，由中央制定国家基础标准。法律法规或党中央、国务院另有规定的，从其规定。

（三）规范基本公共服务领域中央与地方共同财政事权的支出责任分担方式

根据地区经济社会发展总体格局、各项基本公共服务的不同属性以及财力实际状况，基本公共服务领域中央与地方共同财政事权的支出责任主要实行中央与地方按比例分担，并保持基本稳定。具体明确和规范如下：

一是中等职业教育国家助学金、中等职业教育免学费补助、普通高中教育国家助学金、普通高中教育免学杂费补助、城乡居民基本医疗保险补助、基本公共卫生服务、计划生育扶助保障7个事项，实行中央分档分担办法：第一档包括内蒙古、广西、重庆、四川、贵州、云南、西藏、陕西、甘肃、青海、宁夏、新疆12个省（区、市），中央分担80%；第二档包括河北、山西、吉林、黑龙江、安徽、江西、河南、湖北、湖南、海南10个省，中央分担60%；第三档包括辽宁、福建、山东3个省，中央分担50%；第四档包括天津、江苏、浙江、广东4个省（市）和大连、宁波、厦门、青岛、深圳5个计划单列市，中央分担30%；第五档包括北京、上海2个直辖市，中央分担10%。按照保持现有中央与地方财力格局总体稳定的原则，上述分担比例调整涉及的中央与地方支出基数划转，按预算管理有关规定办理。

二是义务教育公用经费保障等6个按比例分担、按项目分担或按标准定额补助的事项，暂按现行政策执行，具体如下：义务教育公用经费保障，中央与地方按比例分担支出责任，第一档为8∶2，第二档为6∶4，其他为5∶5。家庭经济困难学生生活补助，中央与地方按比例分担支出责任，各地区均为5∶5，对人口较少民族寄宿生增加安排生活补助所需经费，由中央财政承担。城乡居民基本养老保险补助，中央确定的基础养老金标准部分，中央与地方按比例分担支出责任，中央对第一档和第二档承担全部支出责任，其他为5∶5。免费提供教科书，免费提供国家规定课程教科书和免费为小学一年级新生提供正版学生字典所需经费，由中央财政承担；免费提供地方课程教科书所需经费，由地方财政承担。贫困地区学生营养膳食补助，国家试点所需经费，由中央财政承担；地方试点所需经费，由地方财政统筹安排，中央财政给予生均定额奖补。受灾人员救助，对遭受重特大自然灾害的省份，中央财政按规定的补助标准给予适当补助，灾害救助所需其余资金由地方财政承担。

三是基本公共就业服务、医疗救助、困难群众救助、残疾人服务、城乡保障性安居工程5个事项，中央分担比例主要依据地方财力状况、保障对象数量等因素确定。

对上述共同财政事权支出责任地方承担部分，由地方通过自有财力和中央转移支付统筹安排。中央加大均衡性转移支付力度，促进地区间财力均衡。党中央、国务院明确规定比照享受相关区域政策的地区继续按相关规定执行。中央与新疆生产建设兵团财政事权和支出责任划分，参照中央与地方划分原则执行；财政支持政策原则上参照新疆维吾尔自治区执行，并适当考虑兵团的特殊因素。

（四）调整完善转移支付制度

在一般性转移支付下设立共同财政事权分类分档转移支付，原则上将改革前一般性转移支付和专项转移支付安排的基本公共服务领域共同财政事权事项，统一纳入共同财政事权分类分档转移支付，完整反映和切实履行中央承担的基本公共服务领域共同财政事权的支出责任。

（五）推进省以下支出责任划分改革

中央财政要加强对省以下共同财政事权和支出责任划分改革的指导。对地方承担的基本公共服务领域共同财政事权的支出责任，省级政府要考虑本地区实际，根据各项基本公共服务事项的重要性、受益范围和均等化程度等因素，结合省以下财政体制，合理划分省以下各级政府的支出责任，加强省级统筹，适当增加和上移省级支出责任。县级政府要将自有财力和上级转移支付优先用于基本公共服务，承担提供基本公共服务的组织落实责任；上级政府要通过调整收入划分、加大转移支付力度，增强县级政府基本公共服务保障能力。

表 3-6　基本公共服务领域中央与地方共同财政事权清单及基础标准、支出责任划分情况表

共同财政事权事项		基础标准	支出责任及分担方式
义务教育	1. 公用经费保障	中央统一制定基准定额。在此基础上，继续按规定提高寄宿制学校等公用经费水平，并单独核定义务教育阶段特殊教育学校和随班就读残疾学生公用经费等。	中央与地方按比例分担。第一档为8∶2，第二档为6∶4，其他为5∶5。
	2. 免费提供教科书	中央制定免费提供国家规定课程教科书和免费为小学一年级新生提供正版学生字典补助标准，地方制定免费提供地方课程教科书补助标准。	免费提供国家规定课程教科书和免费为小学一年级新生提供正版学生字典所需经费，由中央财政承担；免费提供地方课程教科书所需经费，由地方财政承担。
	3. 家庭经济困难学生生活补助	中央制定家庭经济困难寄宿生和人口较少民族寄宿生生活补助国家基础标准。中央按国家基础标准的一定比例核定家庭经济困难非寄宿生生活补助标准，各地可以结合实际分档确定非寄宿生具体生活补助标准。	中央与地方按比例分担，各地区均为5∶5，对人口较少民族寄宿生增加安排生活补助所需经费，由中央财政承担。
	4. 贫困地区学生营养膳食补助	中央统一制定膳食补助国家基础标准。	国家试点所需经费，由中央财政承担；地方试点所需经费，由地方财政统筹安排，中央财政给予生均定额奖补。

续表

共同财政事权事项		基础标准	支出责任及分担方式
学生资助	5. 中等职业教育国家助学金	中央制定资助标准。	中央与地方分档按比例分担。第一档分担比例统一为8∶2；第二档，生源地为第一档地区的，分担比例为8∶2，生源地为其他地区的，分担比例为6∶4；第三档、第四档、第五档，生源地为第一档地区的，分担比例为8∶2，生源地为第二档地区的，分担比例为6∶4，生源地为其他地区的，与就读地区分担比例一致，分别为5∶5、3∶7、1∶9。
	6. 中等职业教育免学费补助	中央制定测算补助标准，地方可以结合实际确定具体补助标准。	中央统一实施的免学费补助所需经费，由中央与地方分档按比例分担。第一档分担比例统一为8∶2；第二档，生源地为第一档地区的，分担比例为8∶2，生源地为其他地区的，分担比例为6∶4；第三档、第四档、第五档，生源地为第一档地区的，分担比例为8∶2，生源地为第二档地区的，分担比例为6∶4，生源地为其他地区的，与就读地区分担比例一致，分别为5∶5、3∶7、1∶9。
	7. 普通高中教育国家助学金	中央制定平均资助标准，地方可以按规定结合实际确定分档资助标准。	所需经费由中央与地方分档按比例分担。第一档为8∶2，第二档为6∶4，第三档为5∶5，第四档为3∶7，第五档为1∶9。
	8. 普通高中教育免学杂费补助	中央逐省核定补助标准，地方可以结合实际确定具体补助标准。	中央统一实施的免学杂费补助所需经费，由中央与地方分档按比例分担。第一档为8∶2，第二档为6∶4，第三档为5∶5，第四档为3∶7，第五档为1∶9。
基本就业服务	9. 基本公共就业服务	由地方结合实际制定标准。	主要依据地方财力状况、保障对象数量等因素确定。
基本养老保险	10. 城乡居民基本养老保险补助	由中央制定基础标准。	中央确定的基础养老金标准部分，中央与地方按比例分担。中央对第一档和第二档承担全部支出责任，其他为5∶5。
基本医疗保障	11. 城乡居民基本医疗保险补助	由中央制定指导性补助标准，地方结合实际确定具体补助标准。	中央与地方分档按比例分担。第一档为8∶2，第二档为6∶4，第三档为5∶5，第四档为3∶7，第五档为1∶9。
	12. 医疗救助	由地方结合实际制定标准。	主要依据地方财力状况、保障对象数量等因素确定。

续表

共同财政事权事项		基础标准	支出责任及分担方式
基本卫生计生	13. 基本公共卫生服务	由中央制定基础标准。	中央与地方分档按比例分担。第一档为8∶2，第二档为6∶4，第三档为5∶5，第四档为3∶7，第五档为1∶9。
	14. 计划生育扶助保障	由中央制定基础标准。	中央与地方分档按比例分担。第一档为8∶2，第二档为6∶4，第三档为5∶5，第四档为3∶7，第五档为1∶9。
基本生活救助	15. 困难群众救助	由地方结合实际制定标准。	主要依据地方财政困难程度、保障对象数量等因素确定。
	16. 受灾人员救助	中央制定补助标准，地方可以结合实际确定具体救助标准。	对遭受重特大自然灾害的省份，中央财政按规定的补助标准给予适当补助，灾害救助所需其余资金由地方财政承担。
	17. 残疾人服务	由地方结合实际制定标准。	主要依据地方财力状况、保障对象数量等因素确定。
基本住房保障	18. 城乡保障性安居工程（包括城镇保障性安居工程和农村危房改造等）	由地方结合实际制定标准。	主要依据地方财力状况、年度任务量等因素确定。

第四节　政府收支分类

一、政府收支分类与预算管理

（一）政府收支分类与科目

政府收支分类，是指在政府预算管理中，按照一定的标准，将庞杂的政府收支项目进行划分和归类，以准确体现各类收支的性质、运行规律，反映国家一定时期内的公共政策取向，为政府预算的编制、执行和决算服务。如何对政府收支进行科学分类，涉及政府预算管理的各个环节、层次，关系预算管理的水平与质量。

政府收支的具体分类通过政府收支分类科目反映。政府收支分类科目是反映政府收支活动的分类体系，它是各级政府预算和部门预算编制、执行、决算的基础和重要工具，是政府反映和说明自己的公共受托责任的基础性制度，也是反映政府预算透明度、便于立法机关和社会公众了解政府具体收支活动和内容的重要窗口。预算收支科目按层次一般分为类、款、项、目等，其关系是：前者是后者的概括和汇总；后者是前者的具体化和补充。

（二）政府收支分类与管理

按照不同标准，从不同角度，对各项预算收支进行科学、系统的分类，是政府预算管理的客观需要。政府收支分类在一定程度上体现了人们对政府预算的认知水平、管理水平，也反映了一个国家的政治、经济制度与国情。

1. 体现政府职能，反映国家一定时期的公共政策取向

政府收支分类体现了政府职能，它在不同时期的类别、规模的变化反映了一定时期政府活动的范围和方向的变化，可以准确地体现一个国家一定时期内所承担的内外职能的具体情况，如我国的经济建设、民生支出所占比重的变化等。

2. 研究各项政府收支的规律，为预算管理服务

从政府公共资金运行角度看，各项政府收支反映了国民经济和社会发展中各种错综复杂的关系。对政府收支按不同标准，从不同角度，如按照政府职能、资金性质、经费用途、部门结构、管理要求等进行分类，可以充分认识和掌握各项政府收支的规律，更科学、合理、有效地编制政府预算及部门预算，并付诸实施，为政府履行职责、满足社会公共需要提供财力保证。

3. 直接为政府预算的编制、执行和决算服务

利用预算收支分类，设置科学、合理、规范的预算收支科目，将整个政府收支项目系统化、具体化，可以为编制、执行和总结政府预算服务。在预算编制环节，可以通过收支科目，将财政资金在各预算收支项目之间进行安排，并利用收支科目的层次性，对每类收支进行详细计划，满足总预算和部门单位预算管理的要求。在具体运行中，收支科目还被广泛应用于编制和汇总预决算，办理预算缴、拨款，组织会计核算，报告预算执行情况，进行财务考核绩效分析，进行财政收支统计，编制预决算报告等预算管理全过程。

4. 全面反映政府预算运行状况，加强预算监督

政府收支反映了一定时期内国民经济和社会发展的有关情况，涉及社会各阶层的利益，历来是社会关注的焦点。通过政府收支分类，从不同角度、不同侧面，反映政府运行状况，便于加强预算监督。对社会公众而言，通过政府收支分类，可了解和掌握政府运行及施政资金的来源和运用，行使纳税人的监督权；对国家立法机关而言，通过政府收支分类，可掌握具有法律效力的政府预算的具体执行情况，监督政府依法理财，保护社会公共利益；对新闻媒体而言，通过政府收支分类，以及收支科目设置，可以提升预算透明度，有利于揭露、分析预算管理中的各种问题，发挥舆论的监督功能。

专栏 3-8

国际货币基金组织关于收支分类的一般方法

一、收入分类

国际货币基金组织在《2001 年政府财政统计手册》中，将政府收入划分为税收、社会缴款、赠与、其他收入四类。

(1) 税收。包括：对所得、利润和资本收益征收的税收，对工资和劳动力征收的税收，对财产征收的税收，对商品和服务征收的税收，对国际贸易和交易征收的税收，其他税收等。

(2) 社会缴款。包括：社会保障缴款和其他社会缴款。其中社会保障缴款又按缴款人细分为雇员缴款、雇主缴款、自由职业者或无业人员缴款、不可分配的缴款。

(3) 赠与。包括：来自外国政府的赠与、来自国际组织的赠与和来自其他广义政府单位的赠与。

(4) 其他收入。包括：财产收入，出售商品和服务的收入，罚金、罚款和罚没收入，除赠与外的其他自愿转移，杂项和未列明的收入等。

二、支出分类

国际货币基金组织的支出分类方法分为功能分类和经济分类两套既相互独立又相互联系的分类体系。

1. 支出的功能分类

(1) 一般公共服务。包括：行政和立法机关事务、金融和财政事务、对外事务、对外经济援助、一般服务、基础研究、一般公共服务“研究和发展”、未另分类的一般公共服务、公共债务操作、各级政府间的一般公共服务等。

(2) 国防。包括：军事防御、民防、对外军事援助、国防“研究和发展”、未另分类的国防等。

(3) 公共秩序和安全。包括：警察服务、消防服务、法庭、监狱、公共秩序和安全“研究和发展”、未另分类的公共秩序和安全等。

(4) 经济事务。包括：一般经济、商业和劳工事务，农业、林业、渔业和狩猎业，燃料和能源，采矿业、制造业和建筑业，运输，通信，其他行业，经济事务“研究和发展”，未另分类的经济事务等。

(5) 环境保护。包括：废物管理、废水管理、减轻污染、保护生物多样性和自然景观、环境保护“研究和发展”、未另分类的环境保护等。

(6) 住房和社会福利设施。包括：住房开发、社区发展、供水、街道照明、住房和社会福利设施“研究和发展”、未另分类的住房和社会福利设施等。

(7) 医疗保障。包括：医疗产品、器械和设备，门诊服务，医院服务，公共医疗保障服务，医疗保障“研究和发展”，未另分类的医疗保障等。

(8) 娱乐、文化和宗教。包括：娱乐和体育服务，文化服务，广播和出版服务，宗教和其他社区服务，娱乐、文化和宗教“研究和发展”，未另分类的娱乐、文化和宗教等。

(9) 教育。包括：学前和初等教育、中等教育、中等教育后的非高等教育、高等教育、无法定级的教育、教育的辅助服务、教育“研究和发展”、未另分类的教育等。

(10) 社会保护。包括：伤病和残疾、老龄、遗属、家庭和儿童、失业、住房、未另分类的社会排斥、社会保护“研究和发展”、未另分类的社会保护等。

2. 支出的经济分类

(1) 雇员补偿。包括：工资和薪金（分为现金形式的工资和薪金、实物形式的工资和薪金）以及社会缴款（分为实际的社会缴款和估算的社会缴款）。

（2）商品和服务的使用。

（3）固定资产的消耗。

（4）利息。包括：向非居民支付的利息、向除广义政府外的居民支付的利息和向其他广义政府单位支付的利息。

（5）补贴。包括：向公共公司提供的补贴（分为向金融公共公司提供的补贴和向非金融公共公司提供的补贴）和向私人企业提供的补贴（分为向金融私人企业提供的补贴和向非金融私人企业提供的补贴）。

（6）赠与。包括：向外国政府提供的赠与（分为经常性赠与和资本性赠与两种）、向国际组织提供的赠与（分为经常性赠与和资本性赠与两种）和向其他广义政府单位提供的赠与（分为经常性赠与和资本性赠与两种）。

（7）社会福利。包括：社会保障福利（分为现金形式的社会保障福利和实物形式的社会保障福利）、社会救济福利（分为现金形式的社会救济福利和实物形式的社会救济福利）、雇主社会福利（分为现金形式的雇主社会福利和实物形式的雇主社会福利）。

（8）其他开支。包括：除利息外的财产开支和其他杂项开支（分为经常性开支和资本性开支）。

资料来源：根据国际货币基金组织的《2001 年政府财政统计手册》整理而得。

二、我国政府收支分类

（一）政府收支分类的一般原则

我国现行政府收支分类的方法是借鉴国际经验，结合我国国情，实行包括收入经济分类、支出功能分类和支出经济分类在内的政府收支分类体系，它是财政编制政府预决算、组织预算执行以及预算部门和单位进行会计明细核算的重要依据。政府收支分类由财政部统一制定，全国统一执行。

（1）全面完整原则。政府收支分类应包含政府所有收支，要完整反映政府收支的来源和性质，不仅包括一般公共预算收支，而且包括政府性基金收支、国有资本经营收支、社会保险基金相关收支等应属于政府收支范畴的各项收支。

（2）科学规范原则。政府收支分类要按照科学标准和国际通行做法进行分类，将政府收支按收入经济分类、支出功能分类和支出经济分类进行划分，为进一步加强收支管理和数据统计分析创造有利条件，有利于按照国际通行做法分类，还有利于在全球化视野下对各国的政府收支进行同口径的比较与分析。

（3）细致透明原则。从分类结构来看，目前我国收入经济分类分设类、款、项、目四级；支出功能分类分为类、款、项三级，反映政府职能层面的支出类别及规模；支出经济分类又分为类、款两级，反映资金用途层面的去向及规模。收支科目逐级细化，以满足不同层次的管理和公开透明的要求。

（二）我国现行政府收支分类的主要内容①

1. 收入分类

收入分类指对收入按经济性质进行统一分类，完整反映政府收入的来源和性质，全面、规范、细致地反映政府各项收入，说明政府的钱都是从哪里来的。目前收入按大类划分为税收收入、非税收入、债务收入以及转移性收入等。类下的款级科目主要有：

（1）税收收入。按照税种设款级科目，如增值税、消费税、企业所得税、个人所得税等。

（2）非税收入。主要包括专项收入、行政事业性收费收入、罚没收入、国有资本经营收入、国有资源（资产）有偿使用收入等。

（3）债务收入。包括中央政府债务收入、地方政府债务收入。

（4）转移性收入。主要包括返还性收入、一般性转移支付收入、专项转移支付收入、上解收入、调入资金、债务转贷收入、接受其他地区援助收入等。

2. 支出分类

现行支出分类体系将政府支出按职能和经济性质分设了两层既相互独立又紧密联系的支出分类体系。这种设置的理论依据与财政资金使用去向细化透明的要求有关，现实依据则是财政资金的分配和使用分为两个阶段：第一阶段，财政部门将资金分配到部门和单位；第二阶段，部门和单位使用财政资金购买相应的商品和服务。

（1）支出功能分类。支出功能分类属财政资金分配的第一阶段，目的是完整地反映政府各项职能活动，说明政府做了什么。财政支出按支出功能一般可分为四类：

1）一般公共服务支出。此类支出一般没有具体的受益对象或群体，主要包括：一般公共管理支出、国防支出、公共秩序与安全支出等。

2）社会服务支出。此类支出具有明确的受益对象或群体，主要包括：教育支出、卫生支出、社会保障支出等。

3）经济服务支出。此类支出着重于提高经济运行效率，主要包括：交通支出、电力支出、工业支出、农业支出等。

4）其他支出，如利息支出、转移支付等。

按照这一要求并充分考虑到我国国情，我国现行政府支出分类根据公共财政建设、政府管理和部门预算编制的要求，统一按支出功能设置逐步细化的类、款、项三级科目。就一般公共预算收支科目来说：一是类级科目。类级科目综合反映了政府的职能活动，主要分为：一般公共服务、外交、国防、公共安全、教育、科学技术、文化旅游体育与传媒、社会保障和就业、卫生健康、节能环保、城乡社区、农林水、交通运输、资源勘探工业信息、商业服务业、金融、援助其他地区、自然资源海洋气象、住房保障、粮油物资储备、灾害防治及应急管理等支出，以及预备费、其他支出、转移性支出、债务还本支出、债务付息支出、债务发行费用支出等。

二是款级科目。款级科目反映的是为完成某项政府职能而进行的某一方面的工作，

---

① 这部分是按照财政部编制的 2021 年政府收支分类科目进行介绍的，其具体内容每年会有一些调整。

如“教育”类下的“普通教育”“职业教育”等。

三是项级科目。项级科目反映的是为完成某一方面的工作而发生的具体支出事项，如“普通教育”款下的“学前教育”“小学教育”“初中教育”“高中教育”“高等教育”等。

现行支出功能分类更加凸显了现阶段我国政府支出的方向，其科目能够比较清晰地反映政府各项职能活动支出的总量、结构和方向，便于根据建立公共财政体制的要求和宏观调控的需要，有效进行总量控制和结构调整。

（2）支出经济分类。支出经济分类属财政资金分配的第二阶段，反映政府支出的经济性质和具体用途，即多少用于支付人员工资福利，多少用于公用开支，多少用于购买办公设备和进行基本建设等。因此，支出经济分类是对政府支出活动更为明细的反映，也是进行政府预算管理、部门财务管理以及政府统计分析的重要手段。

现行支出经济分类科目分为政府预算支出经济分类和部门预算支出经济分类，设类、款两级。

一是政府预算经济分类①。类级科目主要包括：机关工资福利支出、机关商品和服务支出、机关资本性支出、对事业单位的经常性补助、对事业单位的资本性补助、对企业的补助、对个人和家庭的补助、对社会保障基金的补助、债务利息及费用支出、债务还本支出、转移性支出、预备费及预留、其他支出等。

二是部门预算支出经济分类。类级科目一般分为工资福利、商品和服务支出、对个人和家庭的补助、债务利息及费用支出、资本性支出、对企业补助、对社会保障基金补助等。款级科目是对类级科目的细化，主要体现部门预算编制和预算单位财务管理等有关方面的具体要求。例如，商品和服务支出下的款级科目又分为办公费、差旅费、因公出国（境）费用、会议费、公务接待费、工会经费、福利费等。

专栏 3-9

实施支出经济分类改革　夯实现代预算制度基础

一、为什么要对支出经济分类科目进行改革？

支出经济分类科目是各级政府、各部门（单位）编制预决算的重要工具，按经济分类科目编制预算是细化预算编制、规范预算执行、保障预算监督、提升政府效能的重要举措，也是世界主要发达国家的通行做法。

2007 年我国政府收支分类科目改革后，已初步建立了与当时预算管理要求相适应的较为完善的支出经济分类科目。2015 年新《预算法》实施前，各级政府和各部门（单位）主要按功能分类编制预算，没有全面系统地按支出经济分类编制预算。支出经济分类科目主要用于部门（单位）的决算编制和会计核算。因此，在支出经济分类科目的设置上更多地体现了部门（单位）会计核算特点和决算管理要求。

2015 年新修订的《预算法》实施后，法律要求各级政府和各部门（单位）在按功能分类编制预算的基础上，按支出经济分类编制预算。因此，现行支出经济分类科目的局限性也逐渐显现出来，主要体现为：政府预算和部门（单位）预算共用一套支出

① 反映机关和参照《中华人民共和国公务员法》管理的事业单位有关支出。

经济分类科目，没有完整体现政府预算管理的特点和核算要求。实施支出经济分类科目改革，可以从支出经济属性的维度清晰、完整、细致地反映政府用于工资、机构运转、对事业单位补助、对企业投入以及对个人和家庭补助支出等方面的情况，从而有利于合理确定各级政府和各部门的支出预算，进一步规范各级政府和各部门（单位）的支出行为；有利于进一步提升预算编制的科学化、精细化水平，提高预算透明度；有利于更好地发挥人大监督、审计监督和社会监督效能，实现依法理财、民主理财、科学理财。

二、支出经济分类科目改革的主要内容是什么？

改革后的支出经济分类科目，与当前预算管理改革与发展的实际紧密结合，坚持问题导向，力求做到政府管到哪里，科目的设置就延伸到哪里，初步建立起政府预算经济分类和部门预算经济分类相互独立、各有侧重、统分结合的经济分类体系。改革的主要内容包括：

一是充分考虑政府预算和部门预算的特点和管理要求，分设政府预算经济分类和部门预算经济分类两套科目。政府预算经济分类突出政府预算管理重点，主要用于政府预算的编制、执行、决算、公开和总预算会计核算；部门预算经济分类着重体现部门预算管理要求，主要用于部门预算编制、执行、决算、公开和部门（单位）会计核算。

二是根据《预算法》的有关要求，两套科目均设置类、款两个层级。政府预算经济分类增设反映机关和参照《中华人民共和国公务员法》管理的事业单位的工资、商品和服务支出、资本性支出、对个人和家庭的补助、对事业单位的补助、对企业的补助、债务还本付息支出和转移性支出等科目；部门预算经济分类在现有经济分类的基础上，取消政府预算专用科目，同时增设体现部门预算特点的科目。

三是两套经济分类之间保持一定的对应关系，以利于部门预算与政府预算的衔接。

资料来源：实施支出经济分类改革 夯实现代预算制度基础——财政部预算司有关负责人就《支出经济分类科目改革试行方案》答记者问．财政部网站，2016-11-16。

第五节　政府预算信息化管理

一、数字财政与预算信息化管理

在互联网、大数据快速发展的社会背景下，数字财政建设提上日程。数字财政是以财政大数据价值为基础、以财政大数据应用为支撑，通过优化财政收支，促进效率与公平统一的政府收支活动。而预算管理信息化是数字财政建设的核心，预算信息化以数字化为预算管理赋能。预算管理信息化的任务是双重的。从生产系统看，预算管理信息化有利于汇聚形成财政大数据；从应用看，将财政大数据应用与预算管理业务有机融合在一起，才能凸显预算管理信息化对财政业务和政府决策的支撑作用。未来，数字财政可以继续拓展数据聚合领域，在保障多方信息安全的前提下，实现宏观、中观、微观数据的共享，不断夯实财政大数据基础，充分发挥财政对公共资源优化配置的引导作用。一是数字财政可以促进政府公共产品或公共服务的提供更好地匹配服务对象需求，减少财政资源浪费或无效配置；二是数字财政可以实现政策—项目—资金—服务对象的四位一体，既可以发挥财政精准调控的结构性政策目标，又可以实现对财政资金的穿透式监管，保障了稀缺财政资金的安全、高效、规范运用，提高了资金使用效益。

二、“制度＋技术”的预算管理一体化机制

根据中央关于预算制度建设以及关于以信息化推进国家治理体系和治理能力现代化的新要求，其重要举措就是在现代信息技术条件下构建“制度＋技术”的预算管理一体化机制，通过预算管理信息系统统一规范各级财政预算管理，将制度规范与信息系统建设紧密结合，用系统化思维全流程整合预算管理各环节业务规范，通过将规则嵌入系统强化制度执行力，以全面提高各级预算管理规范化、标准化和自动化水平，实现各级财政部门对预算管理的动态反映和有效控制，为深化预算制度改革提供基础保障，推动预算管理迈上新台阶。

（一）实现中央和地方财政系统信息贯通

要用信息化手段支撑中央和地方预算管理，规范各级预算管理工作流程等，统一数据标准，推动数据共享；以省级财政为主体加快建设覆盖本地区的预算管理一体化系统并与中央财政对接，动态反映各级预算安排和执行情况，力争 2022 年底全面运行。中央部门应根据国家政务信息化建设进展同步推进相关信息系统建设，建立并完善全覆盖、全链条的转移支付资金监控机制，实时记录和动态反映转移支付资金分配、拨付、使用情况，实现资金从预算安排源头到使用末端全过程来源清晰、流向明确、账目可查、账实相符。

（二）推进部门间预算信息互联共享

预算管理一体化系统可以集中反映单位基础信息和会计核算、资产管理、账户管理等预算信息，实现财政部门与主管部门共享共用；积极推动财政与组织、人力资源和社会保障、税务、人民银行、审计、公安、市场监管等部门实现基础信息按规定共享共用；落实部门和单位财务管理主体责任，强化部门对所属单位预算执行的监控管理职责。

三、预算管理一体化的主要内容

（一）全国政府预算管理的一体化

统一全国各级财政预算管理规则和管理要素，建立健全上下级预算的衔接机制，实现逐级汇总编制真实完整的全国预算，动态实时反映全国预算资源的分配、拨付、使用情况，并对非财力性转移支付项目跟踪问效，及时掌握各级预算落实党中央、国务院决策部署情况，增强政府宏观调控能力。

（二）各部门预算管理的一体化

各部门及所属单位依法依规将取得的各类收入纳入部门和单位预算，执行统一的预

算管理制度。各部门统筹使用好本部门非财政拨款收入等各项收入和各类存量资金资产，突出保障重点支出需求，提高资金使用效益和资产配置效率。

（三）预算全过程管理的一体化

整合预算编制、预算执行、决算和报告、政府采购、资产管理等预算管理环节，强化顺向环环相扣的控制机制和逆向动态可溯的反馈机制，预算执行结果及形成资产情况作用于以后年度预算编制，同时推进绩效管理与预算管理各环节深度融合，形成预算全过程的管理闭环。

（四）预算项目全生命周期管理的一体化

预算管理各环节以预算项目为基本单元，依托项目库对预算项目全生命周期实施管理。预算支出以预算项目形式全部纳入项目库，加强跨年度项目支出、政府偿债支出、政府承诺或做出的各类中长期支出事项等与各年度预算的衔接，更好地统筹未来财政收支，增强中期财政规划对年度预算的约束，加强跨年度预算平衡。

（五）全国预算数据管理的一体化

实现各级财政预算数据生产和对接传输的标准化。在坚持部门和单位财务管理主体责任的基础上，集中单位会计核算、资产管理、账户余额等预算数据，实现财政部门与单位主管部门共享共用。各省预算管理一体化系统集中地方各级财政预算数据，并与中央财政系统对接，实现全国预算数据的集中管理。

四、预算管理一体化的主要管理机制

在财政部组织制定的全国统一的《预算管理一体化规范（试行）》（以下简称《规范（试行）》）中，将预算管理主要环节按一个整体进行综合与规范，并依据《规范（试行）》制定了全国统一的《预算管理一体化系统技术要求》（以下简称《技术要求》）。为了实现上述五个“一体化”，《规范（试行）》建立健全了一系列预算管理机制。这些管理机制是在系统梳理当前预算制度的基础上，针对当前预算管理存在的主要问题，应用系统化思维提出的解决方案，也是《规范（试行）》制度机制创新的集中体现，主要包括十个方面。

（一）建立健全预算项目全生命周期管理机制

《规范（试行）》提出，将预算项目作为预算管理的基本单元，对预算项目前期谋划、项目储备、预算编制、项目实施、项目结束和终止等各阶段的预算管理流程和规则做出明确规定，加强预算项目全生命周期与预算管理的衔接。一是完善以项目库为源头的预算管理机制；二是完善项目预算分年度安排机制；三是实时记录和动态反映项目全生命周期的预算管理信息。

（二）建立健全统一的财政预算管理要素管理机制

预算管理要素反映了预算管理中涉及的业务主体和对象（例如：单位、项目、资金等）和管理活动（例如：项目库管理、预算编制、预算执行等）的特征、行为、状态等内容（例如：项目类别、资金性质等），是各级财政预算管理业务协同和数据共享的基础。当前，各级财政预算管理要素的含义和适用范围不一致，分类标准不统一，不利于统一规范各级预算管理。《规范（试行）》根据现行制度规定和一体化的管理流程及规则，对现行管理要素进行筛选、整合与补充，统一设置了400个业务管理要素，并且对要素进行了精准设置，明确了相关要素的含义、适用范围和分类标准，保证了预算管理要素是该业务场景中最小的数据单元，避免了要素间的交叉重复。

（三）建立健全上下级财政间预算管理衔接机制

为保证上下级预算衔接，实现自动汇总全国预算、动态掌握各级预算编制和执行情况，《规范（试行）》健全了转移支付预算控制规则和动态追踪机制。一是实现上下级转移支付预算的严丝合缝；二是实现对转移支付项目的动态追踪。

（四）建立健全政府预算、部门预算、单位预算衔接机制

为明确政府预算、部门预算、单位预算的预算管理职责和衔接控制关系，《规范（试行）》厘清了政府预算、部门预算、单位预算的概念和相互关系，突出了政府预算在收支总额控制中的地位和作用。一是明确了政府预算的测算规则和政府预算对部门和单位预算的控制规则；二是明确了政府预算项目与部门和单位预算项目的衔接规则。

（五）建立健全预算指标账管理机制

目前各级财政预算指标管理方式无法全面、准确反映预算指标的增减、来源及状态，《规范（试行）》引入管理会计理念，采用会计复式记账法核算预算指标管理业务或事项，强化了财政部门对预算指标管理全流程的追踪和控制，可以实时掌握预算分配和执行进度，从而加强了对预算执行的监督。一是全面覆盖预算指标管理各业务环节；二是强化预算对执行的控制；三是强化对预算执行全过程的完整反映。

（六）建立健全国库集中支付管理机制

《规范（试行）》根据预算管理一体化对项目预算执行控制的细化要求，以及现代信息技术发展情况，进一步优化了国库集中支付制度的运行机制。一是优化国库集中支付业务流程；二是通过项目预算指标直接控制资金支付。

（七）建立健全结转结余资金预算管理机制

为严格执行《预算法》关于“连续两年未用完的结转资金，应当作为结余资金管理”的要求，加强结转结余资金回收效率和统筹使用，《规范（试行）》依据《预算法》明确了有关结转结余资金计算和管理的规定，建立了结余资金自动收回的机制。一是严格按规定计算结转结余资金；二是建立结余资金自动收回机制；三是规范国库集中支付结余权责发生制列支。

（八）建立健全单位资金管理机制

为严格落实《预算法》的规定，依法加强单位财政拨款收入以外的事业收入、事业单位经营收入、其他收入等各类单位资金的预算管理，《规范》从预算编制、支出控制、

核算管理等方面，对单位资金管理做出了明确要求。一是明确了单位资金收支全部列入预算；二是硬化了单位资金预算对支出的约束；三是强化了对单位资金核算的监督管理。

（九）建立健全预算管理与资产管理的衔接机制

《规范（试行）》将资产管理嵌入预算编制、预算执行、会计核算、决算和报告等业务环节进行一体化设计，建立了财政资金形成实物资产的全链条管理机制，可以准确核算和动态反映资产配置、价值变动、存量等情况，为强化资产预算约束、摸清政府的资产家底提供基础支撑。一是加强资产基础信息管理。二是将新增资产配置管理嵌入预算管理全流程。三是逐步完整反映存量资产并加强存量资产信息在预算编制管理中的应用。

（十）建立健全预算管理与债务管理的衔接机制

《规范（试行）》将债务管理涉及预算管理的流程和规则按照一体化的要求进行了整合规范，加强了债务管理与预算管理的衔接，有利于加强对地方政府举债融资的预算约束和风险防范。一是地方政府债券收入安排的项目全部纳入项目库管理；二是新增债务限额提前下达；三是明确债务收入及专项债券对应项目专项收入的管理规则。

五、预算管理一体化系统的组成

预算管理一体化系统主要分为基础信息管理、项目库管理、预算编制、预算批复、预算调整和调剂、预算执行、会计核算、决算和财务报告、债务管理、监督审查、统计分析、辅助决策，涵盖预算管理的主要环节。

其中，前八个部分的主要内容是：

（1）基础信息管理。主要规范单位信息、人员信息、资产信息、支出标准、政府收支分类科目、会计科目、政府非税收入项目信息、政府采购基础信息、账户信息、财政区划等基础信息的具体内容、管理流程和规则等。

（2）项目库管理。主要明确项目库管理框架，规范预算项目的分类，以及各类项目的管理流程、管理规则和管理要素等。

（3）预算编制。主要规范政府预算、部门预算、单位预算的编制原则、编制内容、管理流程和规则。

（4）预算批复。主要规范政府预算批准、转移支付预算批复下达、部门预算批复、政府和部门预算公开的管理流程和规则。

（5）预算调整和调剂。主要规范预算执行中预算调整和调剂的管理流程和规则。

（6）预算执行。主要规范政府和部门收支预算执行的管理流程和规则。

（7）会计核算。主要规范总预算会计核算、单位会计核算、预算指标会计核算的管理流程和规则。

（8）决算和财务报告。主要规范财政总决算、部门决算、部门财务报告、政府综合财务报告的管理流程和规则，决算和财务报告的相关数据由系统自动从预算指标账、总预算会计账和单位会计账获取，保证账表一致，提高决算和财务报告编制效率及数据准确性。

预算管理一体化系统的组成如图 3－3 所示。

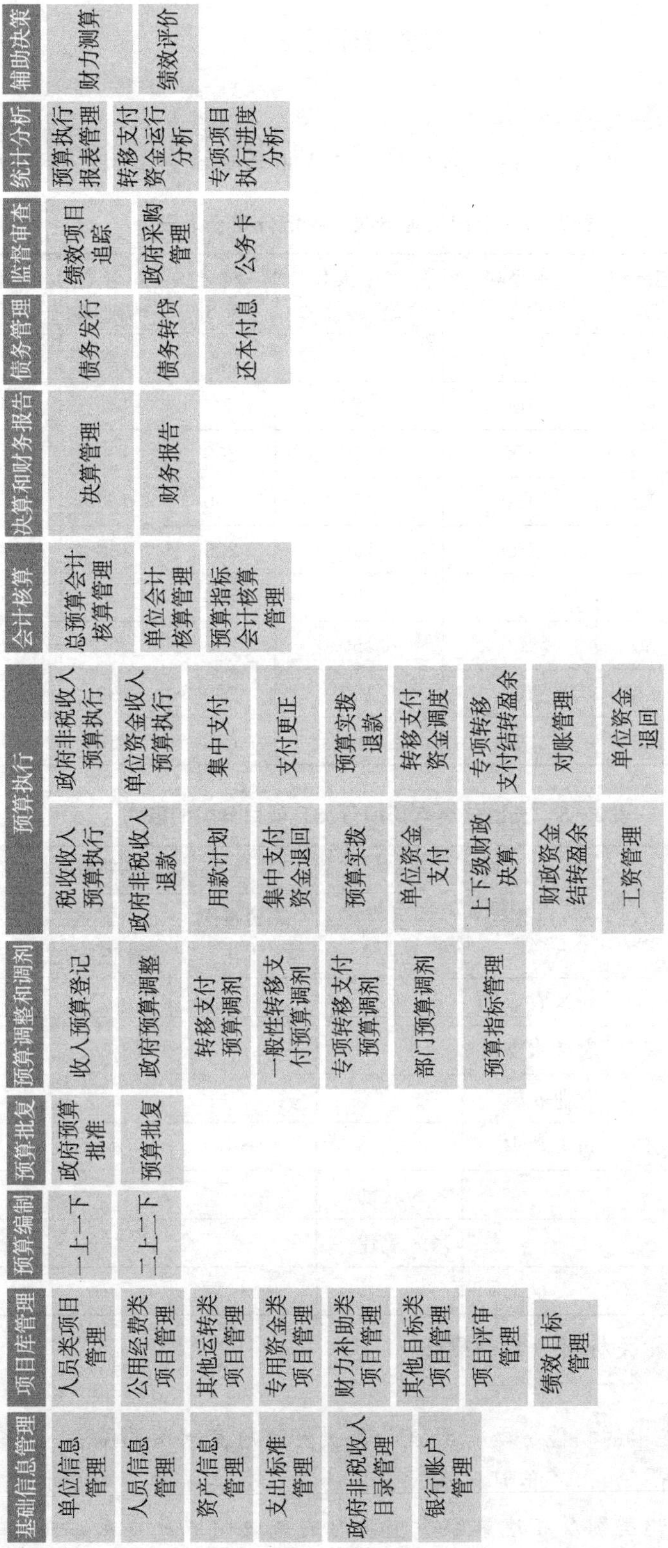

图3-3　预算管理一体化系统组成图

案例与评析

一、案例与材料

表 3-7、表 3-8 和图 3-4 结合实际列出了支出的功能分类与经济分类相关内容。

表 3-7　支出功能分类、经济分类交叉表

经济分类 功能分类	工资福利	商品和服务支出	对个人和家庭的补助	资本性支出	对企业的补助	其他支出	合计
一般公共服务	50	100	150	200	150	100	750
外交	50	100	150	200	150	100	750
国防	50	100	150	200	150	100	750
公共安全	50	100	150	200	150	100	750
教育	50	100	150	200	150	100	750
科学技术	50	100	150	200	150	100	750
医疗卫生	50	100	150	200	150	100	750
其他	50	100	150	200	150	100	750
合计	400	800	1 200	1 600	1 200	800	6 000

表 3-8　支出分类与部门分类、项目分类的联用

单位编码	功能分类			科目名称	项目分类	经济分类			合计
	类	款	项			工资福利支出	基本建设支出	…	
331				××农业局					
	213			农林水支出					
		01		农业农村					
			19	防灾救灾		…	…	…	…
					××救助	…	…	…	…
					××重建	…	…	…	…
					…	…	…	…	…

结合本章知识及相关材料分析问题。

二、问题与分析

（一）如何通过支出的功能分类与经济分类提升政府支出透明度？

由表 3-7 的分析可知，不但可以通过支出的功能分类中的一般公共服务、国防、教育、科学技术等的支出类别及相应数字看出政府的施政领域及重点，而且可以通过支出的经济分类了解资金在政府各支出功能项目上的分布，即资金的用途。

通过表 3-8、图 3-4 的分析，我们可以通过支出分类与部门分类、项目分类的联

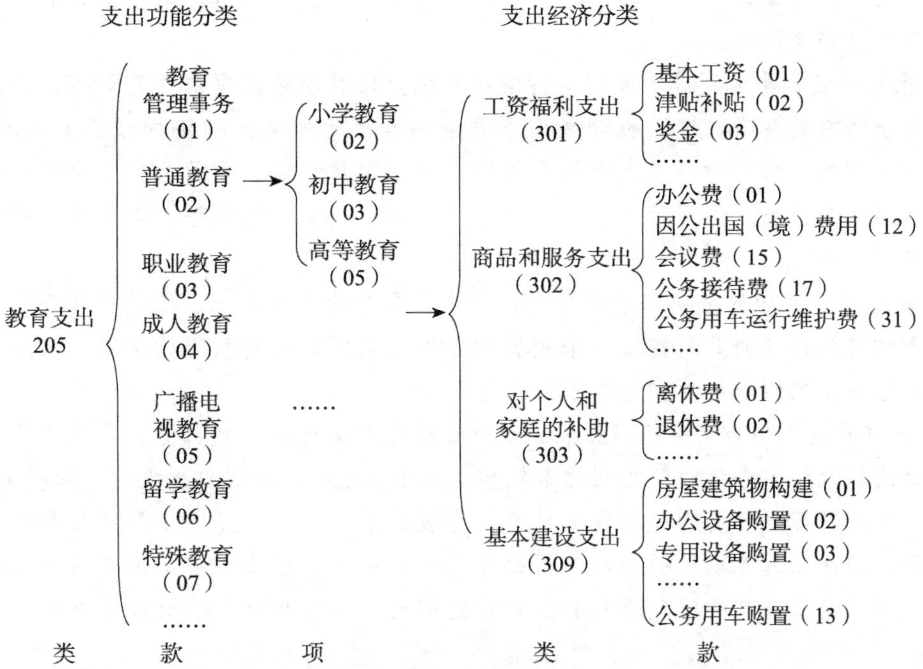

图 3-4　支出分类细化示意图

用，以及政府各项功能支出类、款、项的分类了解具体支出的流向和流量，既可以看出在各部门，如教育、农业等（类级科目）上的分布，又可以看出资金在不同的支出类别，如普通教育、职业教育等（款级科目）上的分布；还可以进一步了解普通教育支出在学前、小学、初中、高中、高等教育（项级科目）上的分布。通过支出的经济分类的类、款级科目可以看出支出的具体用途，如不仅可以了解教育支出在人员经费和公用经费中的分布（类级科目），而且可以了解支出的最终用途，如商品和服务支出中的办公费、会议费、因公出国（境）费、公务接待费等费用。

（二）如何促进预算的约束与监督作用的发挥？

支出功能分类与支出经济分类相配合，能够对每一项支出进行“多维定位”，可以形成一个相对稳定的，既反映政府职能活动又反映支出性质，既有总括反映又有明细反映的支出分类框架，从而为进行全方位的政府支出分析，提升政府预算透明度和加强预算的约束与监督作用创造有利条件。

本章小结

1. 预算管理是政府依据法律法规对预算资金的筹集、分配、使用进行的组织、协调和监督等活动，是财政管理的核心组成部分，也是政府对经济实施宏观调控的重要手段。预算管理的要素主要包括预算管理主体、预算管理客体、预算管理范围、预算管理目标、预算管理手段等，各要素构成一个有机的管理系统。

2. 政府预算管理流程是指一个相对完整的预算管理运行过程，按照各个运行阶段的管理内容主要分为预算规划与编制、预算审查与批准、预算执行与调整、政府决算与审计、绩效与监督等阶段。

3. 预算年度也称为财政年度，是指编制和执行预算所应依据的法定时限，也就是预算收支起止的有效期限。这里包含政府预算编制和执行所必须确定的预算期限和时效。标准预算周期就是从时间序列上将预算管理划分为预算编制、预算执行、决算三个标准阶段，并对各个阶段的实施时限、工作任务、工作要求及工作程序、步骤等做出统一的制度规范。

4. 政府预算管理的组织体系是指为政府预算服务的各种组织、机构、程序、活动等构成要素的总称，它们共同构成一个完整的体系，以保证政府预算的实现。政府预算的管理要按照一定的组织层次和职责分工进行。

5. 预算管理体制是国家经济体制、财税管理体制的重要组成部分，是确定中央政府和地方政府以及地方各级政府之间的事权和支出责任划分以及财力配置的一项根本制度。

由于政府预算是政府的基本收支计划，为政府履行职责、提供公共产品与服务给予财力保障，因而预算管理体制必然与行政管理体制一致。在存在多层级政府的国家政权结构下，一般来说，有一级政府就有其相应的职责，也就有相应的财政收支活动及其一级预算。

预算管理体制的核心是处理政府间预算资金管理范围及职责权限划分，以及相应的责任与利益。预算资金管理范围及职责权限划分的影响要素有：(1) 中央政府与各级地方政府各自应承担的职责，也称事权，具体包括政府提供公共产品及公共服务的范围、规模等；(2) 与事权相适应的支出责任，即相应的成本费用在各级政府之间进行合理界定、划分和分摊的依据及标准；(3) 履行政府职能及相应的支出责任所需要的财政收入在各级政府间进行分配的制度及办法；(4) 中央政府或上级地方政府对地区间的财政能力与财政支出需要之间的纵向不均衡和横向不均衡的协调制度和措施等，也称政府转移支付制度。

6. 政府收支分类，是指在政府预算管理中，按照一定的标准，将庞杂的政府收支项目进行划分和归类，以准确体现各类收支的性质、运行规律，反映国家一定时期内的公共政策取向，为政府预算的编制、执行和决算服务。政府预算的具体分类通过预算收支科目反映，政府预算收支科目是政府收支的总分类，由财政部统一制定，全国统一执行。如何对政府收支进行科学分类，涉及政府预算管理的各个环节、层次，关系预算管理的水平与质量。

7. 在现代信息技术条件下构建"制度+技术"的预算管理一体化机制，通过预算管理信息系统统一规范各级财政预算管理，将制度规范与信息系统建设紧密结合，用系统化思维全流程整合预算管理各环节业务规范，通过将规则嵌入系统强化制度执行力，以全面提高各级预算管理规范化、标准化和自动化水平，实现各级财政部门对预算管理的动态反映和有效控制。

练习与思考题

认知题

1. 预算管理及预算管理的要素
2. 预算管理流程及相互关系
3. 预算年度和预算标准周期
4. 我国预算管理的组织体系和职责划分
5. 政府事权、财政事权、支出责任
6. 政府间转移支付的类型及方式
7. 我国政府收支分类
8. 预算管理一体化

思考与实践题

1. 结合实际思考我国政府间财政事权及支出责任的合理划分。
2. 归纳我国预算管理一体化系统的内容与管理流程。

第四章

政府预算的规划与编制

学习目的与要求

通过本章的学习掌握政府预算编制的理论与实务。具体要求为：掌握预算编制的依据、现代预算体系的构建、事前绩效评估与绩效目标管理的内容、部门预算的特征及编制原则和方法，熟悉政府总预算的内容及编制方法。

学习要点

知识要点：

预算编制依据、预算的限额管理、政府预算体系及内容、项目库及预算支出标准化、部门预算的内涵及预算编制内容、政府预算编制的内容及方法

能力要点：

1. 通过本章学习能够掌握涉及预算编制的各种要素。
2. 通过本章学习能够了解预算的编制内容及基本方法。

第一节　政府预算编制的依据及规范要求

编制预算是预算计划管理的起点，正确编制预算必须以有关法律法规为准绳，以国家一定时期发展规划和财政经济方针政策为指导，以国民经济和社会发展计划的主要指标为依据，参考上一年预算执行情况和收支预测进行编制。编制完成的政府预算草案要经过法定的程序经立法机关审查批准后方可执行。

政府预算的规划与编制即政府预算收支计划的预测及确定，具体说就是制定预算资金筹集和分配的计划，即政府预算资金从哪里筹集，筹集多少，又分配到哪里去等，通过预算的规划与编制反映政府促进社会政治经济及社会发展的政策目标。

政府预算规划与编制既涉及收支总量的控制，又涉及公共资源的结构性分配，这一过程意味着要考察公共资源过去的使用情况，分析已经实现的目标及其成本，并为将来的预算期分配新的资源，这一过程被称为编制预算，预算的编制是建立在一定的决策基础之上的。从各国情况来看，这一预算过程不论是对宏观政策及战略性规划进行缜密思考的结果，还是建立在多年重复性预算工作的惯性基础上，或者是预算组织机构内各利

益集团对资源分配相互竞争的结果，一旦资源通过预算过程进行分配，这种战略性计划就被确定了，而且具有法律效力。因此，预算的决策与编制必须符合国家一定时期的有关法律、法规、政策、制度的规定，必须反映国家一定时期的宏观规划及国民经济和社会发展的战略要求，必须满足预算管理的需要，它也体现了一国财政治理体系和治理能力的现代化水平。

一、法律法规和宏观政策规划

政府预算的性质决定了每一项预算收支的安排都要有法律依据及其宏观政策和制度依据。一般来讲，国家制定的有关法律法规及根据各个历史时期政治经济形势制定的政策制度从根本上代表着公众的共同利益，体现了国家政治经济发展的客观要求。

（一）法律依据

政府预算的法律性决定了政府收支分配的决策必须符合法律规范。就我国来说，政府预算决策与编制的直接法律依据主要是《宪法》《预算法》《预算法实施条例》以及涉及收支的其他相关法律法规。如在我国《预算法》中，对预算编制的原则、内容、形式、举债的要求、财政后备资金的建立、结转结余资金的处理、编制及批复的时间和程序等都做了明确的规定。特别是政府收入的取得要严格遵循税收法定的原则，依法征收；政府的每一笔开支都要事先列入预算，并经法定程序批准。

专栏 4-1

《预算法》及《预算法实施条例》对预算编制的主要规范

1. 规定预算编制的范围

根据《预算法》的有关规定，我国的全国预算由中央预算和地方预算组成。地方预算由各省、自治区、直辖市总预算组成。地方各级总预算由本级预算和汇总的下一级总预算组成。

中央一般公共预算包括中央各部门（含直属单位）的预算和中央对地方的税收返还、转移支付预算。地方各级一般公共预算包括本级各部门（含直属单位）的预算和税收返还、转移支付预算。

因此，政府预算的编制包括部门预算和政府总预算的编制。

2. 下达关于编制下年预算草案的通知

国务院应当及时下达关于编制下年预算草案的通知。编制预算草案的具体事项由国务院财政部门部署。各级政府、各部门、各单位应当按照国务院规定的时间编制预算草案。省、自治区、直辖市政府按照国务院的要求和财政部的部署，结合本地区的具体情况，提出本行政区域编制预算草案的要求。

3. 明确相关部署时间节点和具体事项

财政部于每年 6 月 15 日前部署编制下一年度预算草案的具体事项，规定报表格式、编报方法、报送期限等。县级以上地方各级政府财政部门应当于每年 6 月 30 日前部署本行政区域编制下一年度预算草案的具体事项，规定有关报表格式、编报方法、报送期限等。

4. 强调预算编制的基本要求

各级预算应当根据年度经济社会发展目标、国家宏观调控总体要求和跨年度预算平衡的需要，参考上一年预算执行情况、有关支出绩效评价结果和本年度收支预测，按照规定程序征求各方面意见后，进行编制。各部门、各单位应当按照国务院财政部门制定的政府收支分类科目、预算支出标准和要求，以及绩效目标管理等预算编制规定，根据其依法履行职能和事业发展的需要以及存量资产情况，编制本部门、本单位预算草案。

（二）政策依据

一国一定时期的政策取向是政府预算决策与编制的政策依据，特别是预算当年国家配合经济社会发展的财税政策是编制年度预算的基本依据。因此，在编制年度预算的决策过程中，提供一份清晰的关于经济社会发展和财政政策的报告是十分必要的，这一报告应是以对中长期宏观经济与社会发展的预测和财政预测为基础的。例如，在许多国家的年度预算文件中，除了列示未来一年中政府财政收支和债务方面的信息外，还有一份清晰的政策报告书，也称预算前报告，它一般以对财政总额（预算总量）的预测为基础，分为对当前政策的预算承诺和新政策所能产生的财政效应，从而阐明政府所关注的财政政策目标及其优先性、当前财政政策对未来年份的影响等。

政府预算决策与编制贯彻国家的公共政策与财政政策、体现政府的调控意图，主要是通过收支范围的调整和结构的变动来实现的。收支范围的变化直接体现了政府对经济和社会发展管理范围的变化；收支结构的变动反映了政府执行的产业和社会发展政策及更具体的部门和地区发展政策的调整。作为年度财政计划的政府预算必须紧密围绕当年的基本政策要求进行安排，只有这样才能使国家的各项公共政策通过预算安排落到实处。

（三）制度依据

政府预算决策与编制的制度依据包括预算管理体制及涉及预算编制的有关制度规定，通常以政府或部门文件的形式颁发。例如，我国预算的决策与编制应以预算管理体制所规定的管理权限和收支范围为依据，属于哪一级政府的收入和开支，就列入哪一级预算，并按照预算体制规定的方法和比例确定预算资金的上缴或补助数额。

专栏 4-2

《国务院关于进一步深化预算管理制度改革的意见》（国发〔2021〕5号）

（节选）

（七）加强重大决策部署财力保障。各级预算安排要将落实党中央、国务院重大决策部署作为首要任务，贯彻党的路线方针政策，增强对国家重大战略任务、国家发展规划的财力保障。完善预算决策机制和程序，各级预算、决算草案提请本级人大或其常委会审查批准前，应当按程序报本级党委和政府审议；各部门预算草案应当报本部门党组（党委）审议。

（八）合理安排支出预算规模。坚持量入为出原则，积极运用零基预算理念，打破支出固化僵化格局，合理确定支出预算规模，调整完善相关重点支出的预算编制程序，不再与财政收支增幅或生产总值层层挂钩。充分发挥财政政策逆周期调节作用，安排财政赤字和举借债务要与经济逆周期调节相适应，将政府杠杆率控制在合理水平，并预留应对经济周期变化的政策空间。

（九）大力优化财政支出结构。各级预算安排要突出重点，坚持"三保"（保基本民生、保工资、保运转）支出在财政支出中的优先顺序，坚决兜住"三保"底线，不留硬缺口。严格控制竞争性领域财政投入，强化对具有正外部性创新发展的支持。不折不扣落实过紧日子要求，厉行节约办一切事业，建立节约型财政保障机制，精打细算，严控一般性支出。严禁违反规定乱开口子、随意追加预算。严格控制政府性楼堂馆所建设，严格控制和执行资产配置标准，暂时没有标准的要从严控制、避免浪费。清理压缩各种福利性、普惠性、基数化奖励。优化国有资本经营预算支出结构，强化资本金注入，推动国有经济布局优化和结构调整。

二、经济及社会发展规划（计划）与财政预算规划

（一）经济及社会发展规划（计划）

政府的预算是实现国家经济及社会发展规划（计划）的基本保障，包括中长期规划（计划）与年度规划（计划）。在现代预算制度下，一国的经济与社会发展规划（计划）是需要立法机关审议并与预算高度相关及有效联结的。

我国的国民经济和社会发展规划（计划）及相应的年度计划是政府有计划地组织和管理国民经济与社会发展的重要手段，是国家进行国民经济宏观管理的重要工具，它框定了国民经济的发展速度、建设规模以及各部门之间的比例关系。政府预算与国民经济和社会发展规划（计划）的关系，实质上是财政同经济与社会发展的关系，即经济发展决定着财政状况，财政影响着经济与社会发展。

我国国民经济和社会发展规划（计划）中的主要指标是测算预算收支指标的基本依据。预算收入主要来源于各经济主体及有关部门，预算支出又主要用于满足经济社会发展的需要。表现在规划（计划）上，政府预算的决策与编制要以国民经济和社会发展规划（计划）为基础，国民经济和社会发展指标是预算收入和支出编制的重要依据；同时，政府预算又是国民经济和社会发展规划（计划）在财力上的重要保证。具体表现在：第一，政府预算的编制要以国民经济和社会发展规划（计划）主要预期指标为重要依据，这是因为国民经济规划（计划）所规定的国民经济的发展规模和发展速度在一定程度上决定着政府预算收支的规模和速度；而预算支出指标，如教育科学卫生支出、社会保障支出等，则主要依据国民经济和社会发展规划（计划）涉及民生福祉的相关指标来确定。

第二，政府预算并不只是国民经济和社会发展规划（计划）的简单反映，而是通过对财力的集中和分配对国民经济和社会发展规划（计划）起促进、制约和调节的作用。这种作用主要表现在两个方面：一是政府预算是国民经济和社会发展规划（计划）在财源和财力上的主要反映，它可以通过货币形式综合反映国民经济和社会发展规划（计划）的发展规模、速度与效益，以及国民经济中各部门的比例关系；二是政府预算还是实现国民经济和社会发展规划（计划）的主要财力保证。由此可见，政府预算收支指标并不是机械地根据国民经济和社会发展规划（计划）指标进行测算，还要根据政府预算本身的收支规律和中期财政规划，在分析各种主客观因素后进行测算。因此，政府预算的决策编制过程也是政府预算与国民经济和社会发展规划（计划）相互协调和相互平衡的过程。

（二）多年期财政（预算）规划

根据财政预算与经济社会发展规划（计划）的关系，一国的政府预算决策与编制通常还需要依据多年期财政（预算）规划。多年期财政（预算）规划的典型形式是中期财政（预算）规划，通常是一个为期 3～5 年（有些国家更长）的滚动的财政（预算）规划，它为政府和政府各部门提供每个未来预算年度中必须遵守的预算限额，并以年度预算限额作为预算编制的重要依据。其核心是确立支出限额，据以对支出、赤字和债务总量实施控制。

多年期财政（预算）规划落实到年度预算中就可以清楚地反映出继续执行现行政府规划的成本，以及新引入的政府规划的成本。以此为决策依据有利于政府编制年度预算并研究开支重点，更强有力地约束各支出部门的支出需求，约束政府的财政行为，增强预算管理的可预见性，保持预算的可持续性，从而更好地确保政府政策的连续性，减弱政府领导人的更替对预算和政策造成的负面影响等，确保政府对公众的受托责任的实现。

中期预算规划的主要作用是确定未来各年度的预算限额。我国要求“加强中期财政规划管理，进一步增强与国家发展规划的衔接，强化中期财政规划对年度预算的约束。对各类合规确定的中长期支出事项和跨年度项目，要根据项目预算管理等要求，将全生命周期内对财政支出的影响纳入中期财政规划”①。

三、预算限额控制

（一）预算限额控制制度概述

1. 预算限额控制

预算限额控制是指在预算编制前通过确定财政收支限额，包括总量限额和部门限额，实现严格约束政府预算编制的要求，从而确保财政能够平稳、健康运行，确保财政在中长期的可持续性。

公共预算最基本的规则就是对财政收支总额进行控制。建立预算限额控制制度的必

---

① 参见《国务院关于进一步深化预算管理制度改革的意见》（国发〔2021〕5 号）。

要性主要源于可供预算分配的资源是稀缺的，而一些利益相关者都希望在预算中最大化自己的利益追求，所以，如果不进行限额控制，对资源的需求就会超过可用的资源，支出预算将会因为各种支出要求而不断膨胀，预算支出就会失去控制，税收和支出在国内生产总值中的比重就会不断上升，高额的赤字和债务就会不可避免地累积起来。因此，正如希克所说："控制支出总额是每一个预算体系的基本目的。"

19 世纪至 20 世纪 30 年代，预算平衡原则一直被各国政府遵守，但之后随着凯恩斯主义盛行以及一些国家实行高福利财政政策，许多国家放弃了预算平衡原则，支出不断膨胀，导致了债务与赤字规模持续增大。为解决这一问题，从 20 世纪 80 年代开始，许多国家又开始重建预算限额控制制度，因为预算限额控制制度可以倒逼政府及支出部门在预算限额内进行预算再分配，从而将有限的资金投入到更有价值的预算项目上去，提高预算的配置效率。

2. 预算限额的类型

预算限额分为总量限额和部门限额。（1）总量限额是指政府整体预算限额，通常在对宏观经济政策、国民经济走势、多年期预算规划进行预测的基础上确定。多年期预算规划应该对年度的预算决策与编制具有较强的约束力，但并不是不可调整的。事实上，在一些国家，该规划中每年的支出估计数都要依据政府的政策、经济状况的改变以及各项规划的修正而做出相应的调整，然而一旦调整完毕，支出限额便成为编制年度预算时必须遵守的界限。（2）部门限额。总量限额确定后，还必须分解为政府支出部门的预算限额，作为编制部门预算的依据。部门限额同样应该是具有强约束性的，否则，来自各部门的支出需求压力将迫使政府全部开支最终突破预算总额。所以，各部门必须确保总量限额得到遵守，正常情况下各部门只能在部门限额内配置财政资源。

例如，按照我国政府预算的测算规则和政府预算对部门和单位预算的控制规则，从财力安排的角度看，要先测算政府收入规模，再根据政府预算安排本级部门预算支出规模和转移性支出规模，然后确定各具体部门预算支出规模，最后确定单位预算支出规模，这反映了自上而下的控制规则，即本级政府预算规模决定了部门预算中的财政拨款收支规模，部门预算规模决定了单位预算规模。

3. 预算限额的内容

预算限额包括财政支出限额、收入限额、预算盈余或赤字，以及政府债务限额等，其中主要内容是支出限额，并且实践中支出限额一般应独立于收入限额，而不是与收入限额挂钩。不难理解，如果不对支出进行有效控制，收入将无法满足膨胀的支出需求；而如果收入得不到有效控制，政府就可以随意通过增加财政收入（包括出售资产）来满足支出需要，这将会逐渐耗尽政府的财政收入以及借贷能力，同时会加大支出控制和赤字控制的难度；如果不对债务加以限制，就会导致政府债务规模的膨胀并加重未来纳税人的负担，从而严重破坏预算效率，陷入一种由预算控制不当带来的恶性循环。

4. 预算限额的形式

预算限额的形式包括平衡限制和比例限制。平衡限制的形式是要求预算编制和执行必须遵守收支平衡的原则，但实践中如果恪守年度预算平衡原则，则会出现政府在经济不景气时为完成收入目标增加税收，而不是通过限制支出来实现平衡的现象，也即“顺周期调节”。因此，实践中采用比例限制的较多。比例限制的做法主要包括：一是将支出总额限定为国内生产总值的一定比例，如欧盟规定各成员的预算赤字不得超过本国国内生产总值的3%；二是规定本年支出相对于上年或基准水平的变动幅度。

（二）我国预算限额的制定

1. 预算限额的类型

（1）平衡限制。平衡限制在我国《预算法》对预算编制的要求中体现，如《预算法》第十二条规定：“各级预算应当遵循统筹兼顾、勤俭节约、量力而行、讲求绩效和收支平衡的原则。各级政府应当建立跨年度预算平衡机制。”第三十四条规定：“对中央一般公共预算中举借的债务实行余额管理，余额的规模不得超过全国人民代表大会批准的限额。”第三十五条规定：“地方各级预算按照量入为出、收支平衡的原则编制，除本法另有规定外，不列赤字。经国务院批准的省、自治区、直辖市的预算中必需的建设投资的部分资金，可以在国务院确定的限额内，通过发行地方政府债券举借债务的方式筹措。”应该注意的是，在我国建立跨年度预算平衡机制的法律规定下，这一平衡限制是编制预算的前提，但并不应被机械采用，在实践中由预测及经济波动的差异所带来的预算收支差异，可以按照超收及短收的弥补机制解决。

（2）比例限制。比例限制的形式之一是通过财政部门下达主要预算收支控制指标实现。即按照预算编制程序，各级财政部门要在各支出部门上报的预算收支建议数的基础上，根据国家一定时期的公共政策着力点及财政收入可能进行综合平衡，拟定主要预算收支控制指标，作为各预算部门与单位编制预算草案的重要依据。下达预算收支控制指标的目的主要是要保证一些特定的收支满足特定的法律要求，如《预算法》第三十六条规定：“各级预算收入的编制，应当与经济社会发展水平相适应，与财政政策相衔接。”第三十七条规定：“各级预算支出的编制，应当贯彻勤俭节约的原则，严格控制各部门、各单位的机关运行经费和楼堂馆所等基本建设支出。”各级一般公共预算支出的编制，应当统筹兼顾，在保证基本公共服务合理需要的前提下，优先安排国家确定的重点支出。这些法律规定在实践中将会以各种财政制度规范的形式体现在预算管理中，如对“三公”经费的比例限制等。

在支出矛盾占主要方面的情况下，预算支出控制指标就尤为重要。例如，在我国，各支出项目在国家事务管理与国民经济运行中所处的地位不同，预算安排的顺序和数额也不相同，因此，在编制预算时，就必须从全局出发，区别轻重缓急，正确处理不同支出项目之间的比例关系，保证重点，兼顾一般，以促进国民经济和各项事业的健康发展。而这一切都需要通过确定预算控制指标来实现。

比例限制的形式之二就是对一些特定的支出设定支出上限。如《预算法》第四十条规定：“各级一般公共预算应当按照本级一般公共预算支出额的百分之一至百分之三设置预备费。”

2. 债务余额限额管理

债务余额限额管理是指立法机关限定年末不得突破的债务余额的上限，以达到科学管理债务规模的方式。我国政府债务余额限额管理包括两个方面：

（1）中央国债余额限额管理。我国《预算法》第三十四条规定："对中央一般公共预算中举借的债务实行余额管理，余额的规模不得超过全国人民代表大会批准的限额。"《预算法实施条例》第四十二条规定："预算法第三十四条第二款所称余额管理，是指国务院在全国人民代表大会批准的中央一般公共预算债务的余额限额内，决定发债规模、品种、期限和时点的管理方式；所称余额，是指中央一般公共预算中举借债务未偿还的本金。"即中央国债余额限额管理，是指全国人大不具体限定中央政府当年国债发行额度，而是通过限定一个年末不得突破的国债余额上限，从而控制国债规模的方式。目前，中央国债余额包括中央政府历年预算赤字和盈余相互冲抵后的赤字累积额、向国际经济组织和外国政府借款统借统还部分（含统借自还转统借统还部分）以及经全国人大批准发行的特别国债累计额，是中央政府以后年度必须偿还的国债总额，反映了国债负担的总体情况。

（2）地方债余额限额管理。《预算法》第三十五条规定："经国务院批准的省、自治区、直辖市的预算中必需的建设投资的部分资金，可以在国务院确定的限额内，通过发行地方政府债券举借债务的方式筹措。"地方政府债务余额实行限额管理。各省、自治区、直辖市的政府债务限额，由财政部在全国人民代表大会或者其常务委员会批准的总限额内，根据各地区债务风险、财力状况等因素，并考虑国家宏观调控政策等需要，提出方案报国务院批准。各省、自治区、直辖市的政府债务余额不得突破国务院批准的限额。表 4－1 和表 4－2 分别列出了 2020 年和 2021 年地方政府一般债务余额与专项债务余额有关情况。

表 4－1　2020 年和 2021 年地方政府一般债务余额情况表　　单位：亿元

项　目	预算数	执行数
一、2019 年末地方政府一般债务余额实际数		118 670.79
二、2020 年末地方政府一般债务余额限额	142 889.22	
三、2020 年地方政府一般债务发行额		23 238.58
中央转贷地方的国际金融组织和外国政府贷款		204.92
2020 年地方政府一般债券发行额		23 033.66
四、2020 年地方政府一般债务还本额		14 514.37
五、2020 年末地方政府一般债务余额执行数		127 395.00
六、2021 年地方财政赤字	8 200.00	
七、2021 年末地方政府一般债务余额限额	151 089.22	

说明：（1）2020 年末地方政府一般债务余额实际数小于 2020 年限额，主要是因为：一些地区通过安排财政预算资金、企事业单位等原债务人资金偿还了部分存量政府债务，以及部分工程款结算后，根据实际情况相应核减了债务余额。

（2）截至 2020 年末，全国地方政府债务余额为 256 614.65 亿元，包括一般债务余额 127 395 亿元、专项债务余额 129 219.65 亿元，控制在全国人大批准的债务余额限额 288 074.3 亿元之内。2020 年末全国地方政府债务余额限额为 288 074.3 亿元，包括一般债务余额限额 142 889.22 亿元、专项债务余额限额 145 185.08 亿元。

资料来源：财政部网站。

表 4－2　2020 年和 2021 年地方政府专项债务余额情况表　　单位：亿元

项　目	预算数	执行数
一、2019 年末地方政府专项债务余额实际数		94 426.99
二、2020 年末地方政府专项债务余额限额	145 185.08	
三、2020 年地方政府专项债务发行额		41 404.47
四、2020 年地方政府专项债务还本额		6 611.81
五、2020 年末地方政府专项债务余额执行数		129 219.65
六、2021 年地方政府专项债务新增限额	36 500.00	
七、2021 年末地方政府专项债务余额限额	181 685.08	

说明：（1）2020 年末地方政府专项债务余额实际数小于 2020 年限额，主要原因是：一些地区通过安排财政预算资金、企事业单位等原债务人资金偿还、推广运用政府与社会资本合作（PPP）模式等方式消化了部分存量政府债务，以及部分工程款结算后，根据实际情况相应核减了债务余额。

（2）截至 2020 年末，地方政府专项债务余额为 129 219.65 亿元，按照专项债券剩余平均期限 7.5 年测算，年均到期还本规模为 17 229 亿元。根据 2020 年地方政府性基金预算收入 90 752 亿元测算，专项债务到期还本保障倍数（＝地方政府性基金预算收入/年均到期还本规模）为 5.27，偿债保障能力较好。

（3）经全国人大批准，2020 年新增地方政府专项债务限额 37 500 亿元，各地发行新增专项债券 36 019 亿元。其中，用于建设项目的 35 500 亿元全部发行、新疆维吾尔自治区安排 2019 年未使用限额结转发行 13 亿元，用于中小银行风险化解的 2 000 亿元发行 506 亿元，剩余 1 494 亿元额度结转至 2021 年按规定发行使用。

资料来源：财政部网站。

专栏 4－3

我国债务余额限额管理历程及影响因素

自 1981 年恢复发行国债（指中央政府债）以来，我国一直采取逐年审批年度发行额的方式管理国债。这种方式存在五大问题：不能全面反映国债规模及其变化情况，不利于合理安排国债期限结构，不利于促进国债市场平稳发展，不利于财政与货币政策协调配合，不利于提高国债管理效率。债务余额限额管理制度是国际通行做法，与年度审批制相比，它具有以下优点：增强立法机关对国债规模的控制能力；降低财政筹资成本；降低国库运行成本，提高国库运行效率；使债务作为宏观调控的工具更加灵活；等等。2005 年 12 月，十届全国人大常委会第四十次委员长会议通过了常委会预算工作委员会关于实行国债余额管理的意见，同意了国务院提出的五条建议：一是在每年向全国人民代表大会做预算报告时，报告当年预算赤字和年末国债余额限额，由全国人民代表大会予以审批；一般情况下，年度预算赤字即当年新增国债限额。二是在年度预算执行中，如出现特殊情况需要增加年度预算赤字或发行特别国债，由国务院提请全国人大常委会审议批准，相应追加年末国债余额限额。三是当年期末国债余额不得突破年末国债余额限额。四是国债借新还旧部分由国务院授权财政部自行运作。财政部每半年向全国人大有关专门委员会书面报告一次国债发行和兑付等情况。五是每年第一季度在中央预算批准前，由财政部在该季度到期国债还本数额以内合理安排国债发行数额。据此，自 2006 年起，我国开始参照国际通行做法，采取国债余额管理方式管理国债发行活动。全国人大及其常委会对国债总体负担实行总额控制，财政部在余额限额内自主安排国债的发行额度和期限。

在债务余额限额管理制度下，财政部在一个预算年度内可以自行安排发行债务的规模，只要保证年末债务余额不超过人民代表大会审批的限额即可，因此财政部拥有了更大的利用债务筹集预算收入的空间。即便如此，财政部在发行债务时也要慎重考虑，合理确定发行债务的数量，主要应考虑以下因素：(1) 当年预算赤字。发行债务是弥补赤字最为普遍的方式之一，因此在确定债务规模时首先要考虑当年的预算赤字。根据全国人大常委会预算工作委员会的要求，一般情况下，年度预算赤字即当年新增债务限额。(2) 对企业债券的挤出效应。伴随着地方债的开闸，目前中国债券市场中政府债务比例比较大，而政府债券本身比企业债券更加具有吸引力，如果政府债务余额过大，则债券发行增量也会相对过大，这将对企业债券的发行产生较大的冲击。(3) 应债能力。债务余额管理调节的是政府债务供给，但需求的变化也会对债务发行产生重要影响。目前，商业银行是中国债券市场中主要的交易者，但随着居民收入水平的日益提高，个人开始成为重要的政府债券购买者。因此，在发行政府债券时也要考虑居民对债券规模和种类的需求。(4) 与货币政策的协调。政府债务余额管理的实施将使财政部更倾向于发行中短期国债，而这些具备高流动性、高安全性的债券品种在某种程度上是央行票据的一种替代物，是央行实行公开市场操作的重要金融工具。因此，除考虑财政融资需要外，还应考虑执行货币政策的需要。

资料来源：根据相关资料整理而成。

四、预算绩效管理

（一）预算绩效管理理念

预算绩效管理要求预算过程充分利用关于政府活动产出与成果的各种信息，把财政资金分配和政府及部门的绩效更紧密地结合起来，是“为结果而预算”。

现实中，政府是通过非市场机制提供公共产品及服务，进行资源配置，如何将有限的资源在不同产品和服务之间分配反映了资源分配者的偏好，它实际上是公共资源分配者在经过复杂的决策过程后形成的集体偏好。要使社会资源能够得到有效配置，就要使政府提供的公共产品及服务符合消费者整体的偏好，而政府预算正是对基于公众整体偏好的政府决策的表达。在现代预算实践中，预算也是一种基于绩效的活动：(1) 要以政府预算决策的社会成本作为评价预算决策绩效的重要依据，即只有当一笔资金交由公共部门使用能够创造出比由私人部门使用更大的效益时，这笔资金的预算决策才是具有效率的；(2) 政府预算客观上存在效率和效益问题，要求政府在预算决策过程中要考虑各个施政方案的绩效并做出理性的抉择，以对有限的资源做出最有效的配置。

（二）预算绩效管理的阶段

从管理流程来看，全过程预算绩效管理一般可分为五个阶段：第一阶段，政府确定预期要实现的施政目标，并将其分解为部门绩效目标和具体工作计划；第二阶段，为实现各部门的绩效目标和工作计划配置资源；第三阶段，各部门分别围绕绩效目标实施工作计划并报告预算绩效目标完成情况；第四阶段，由评价机构按照确定的标准和方法对绩效目标的实现情况进行评价，并向社会公布评价结果；第五阶段，应用评价结果，调整政府及部门的施政目标和计划，并据以确定以后年度的预算。可以看出，预算绩效管理是一个由绩效目标管理、预算绩效运行跟踪监控管理、预算绩效评价实施管理、预算绩效评价结果反馈和应用管理共同组成的综合系统。要将绩效理念与方法融入预算管理全过程，使之与预算编制、预算执行、预算监督一起成为预算管理的有机组成部分。这一过程的起点是绩效目标管理，也是预算决策与编制阶段的重要工作内容。

我国全面实施预算绩效管理改革，要求在预算决策与编制阶段：（1）要建立重大政策和项目事前绩效评估机制。即，各级政府、各部门、各单位结合预算评审、立项可行性研究和项目审批，对新增重大政策、项目及转移支付开展事前绩效评估，重点论证立项必要性、投入经济性、预算绩效目标合理性、实施方案可行性和筹资合规性等。评估结果作为申请预算的必备条件。财政部门加强重大政策和项目预算审核，必要时可以组织第三方机构独立开展预算绩效评估，审核和评估结果作为预算决策的依据。（2）强化预算绩效目标管理。即，各级政府、各部门、各单位编制预算时，全面设置政策、项目、专项转移支付及部门整体绩效目标，体现产出、结果、成本、效益等绩效信息，并合理匹配预算资金。财政部门将绩效目标设置作为预算安排的前置条件，进一步加强审核。绩效目标与预算同步批复、同步下达、同步公开。

在预算决策及编制实践中，要由各方利益代表对预算资金申请者提出的绩效目标进行评估，根据评估结果考虑是否以及如何分配资金。同时，以往预算项目的绩效评价结果也作为预算资金分配的重要参考依据。由此，资金的申请者要想在新的预算年度中获得预算支持，就要对拟选择项目或规划进行优先性权衡，从而必须在部门内部的各个计划或项目之间实施基于绩效的资金再分配，促使资金从低效益的项目转入更具有价值的项目。

第二节　政府预算体系构成

一、预算体系的全口径

（一）预算体系全口径的理解

关于预算体系全口径，通俗的解释是，将凭借政府权力取得的收入与基于政府行为所发生的支出都纳入预算体系中进行系统、有效的管理。

通常，政府预算收支包括各种税收、收费与罚没、国有资本收益等以及相应安排的支出，并且均需纳入预算体系之中进行管理。但是伴随着现代国家政府职能的扩张及管理范式的调整，政府履行公共责任的方式已不只限于传统意义上财政资金的收支，而是出现了包括政府债务、政府购买、政府贷款和担保、税式支出、接受捐赠、社会保障基金、对企业的补贴等在内的政府性收支，并且在履行公共职能、落实财政政策方面也发挥了越来越大的作用。因此政府性收支不仅限于政府机构自身的收支，还应包括政府履行公共职责直接或间接控制和管理的各种形式的资金收支和相应的责任，即以公权力取得的全部收入及相应的支出。按照预算全面完整的原则，政府的各种收支都应该以恰当的形式纳入预算，并接受监督。

国际上并无预算全口径的说法，但预算的全面完整性原则也体现在国际组织对预算范围做出的要求之中，如 OECD① 在《预算透明度最佳实践》中指出，预算报告是政府的关键政策文件，它必须是全面的，包含所有政府收入和支出，以便对不同的政策选择进行评估。IMF 则要求政府预算文件包括最终账户和其他财务报告，应该涵盖中央政府预算内和预算外的所有活动；预算文件应该报告下级政府和国有公司的财政状况；政府应向公众提供有关过去、现在和计划的财政活动和主要的财政风险的全面信息。因此，政府收支的全口径预算管理，也一直是 OECD、IMF 等国际组织推荐的政府收支预算管理中重点强调的问题，但主要体现在对预算外资金的管理上。按照相关国际组织的意见，对政府的预算外收支并不要求在预算程序上与法定预算完全一致，但是应当在预算过程中得以体现。

除此之外，预算的全口径还包括政府为达到一定的政策目标而对一些特定纳税人或课税对象的税收优惠等税式支出、中央银行和金融类公共企业以及非金融类公共企业②进行的政府性活动（也称为准财政活动），以及或有负债等。但目前还很少有国家能够完全遵循上文所讨论的全口径预算的标准，对于预算的全面完整性各国关注的焦点还主要在于预算外资金以及税式支出等方面。

（二）完整的预算体系构成

要保证预算的完整性，其重要的标准是预算体系的全面完整，理想的状态应该是：

（1）从横向来看，将政府全部收支纳入预算中。即，在建立一个包括政府一般公共预算、政府性基金预算、国有资本经营预算、社会保障预算和政府债务预算在内的预算体系的基础上，将税式支出等政府活动按照立法机关的要求在预算报告体系中进行专门的列示和说明。

（2）从纵向来看，政府预算应该反映过去、现在及未来的相关数据。即，要引入中期预算框架，使政府部门在进行决策时能够“瞻前顾后”，从而保证预算信息的连续性，提高预算透明度，加强年度预算的约束性，促进财政的可持续发展。同时，要完善财政各类总预算与部门预算的关系，使部门预算与总预算能够有机结合，充分反映各政府部门及政府总体的收支情况。

我国对于全口径预算的研究源于预算外、制度外资金的存在。就我国现实来说，全口径预算管理是财政管理与监督的一场革命，其发生既有发展阶段的原因，也有制度基

---

① 经济合作与发展组织（Organization for Economic Cooperation and Development，OECD），简称经合组织，是全球 30 多个市场经济国家组成的政府间国际经济合作组织。

② IMF《2001 年政府财政统计手册》把公共部门界定为广义的政府部门和公共企业，其中，公共企业又分为金融类公共企业和非金融类公共企业。

础的原因；既对管理能力提出了更高的要求，也对管理效率提出了更高的要求；既涉及观念的转变，也涉及各方面关系的衔接及技术。例如，政府预算的全口径首先应建立在政府范围边界的口径及政府职能边界的口径比较清晰明确的基础之上，而这又将伴随体制改革的深化，要求政府转型、机构调整、事权厘清、监督能力提升、立法保障等逐步实现。因此，标准意义上的全口径预算应是一个逐步改善的过程，既有整体的目标顶层设计，又有具体的实现路径，同时还应根据实际管理需要及管理效率动态确定。

专栏 4-4

预算外资金与预算的全口径

预算外资金，是与政府预算内资金相对应的一个概念，是中国预算制度在特定阶段的特定内容。一般来说，预算外资金是指按国家法律法规及财政制度规定，由各地方、各部门、各单位收取、提取和安排使用的未纳入国家预算管理的各种财政性资金。预算外资金一般包括三层含义：第一，预算外资金的性质是财政性资金，但不纳入政府预算管理，其所有权属于国家，分配权归政府，管理权在财政。财政部门作为政府理财的职能部门，负责制定具体的分配政策和管理制度。国家可以根据宏观经济管理需要，对预算内外收支范围进行调整。第二，预算外资金由有关行政事业单位根据国家规定的项目和标准组织收入。第三，收取、提取和使用预算外资金，是为了履行政府职能，其支出用途和范围只能用于被指定的政府职能范围内的事务，不能挪作他用，也不能在预算内外进行任意调节。

我国预算外资金的产生可追溯到中华人民共和国成立初期。当时由于生产停滞，物价飞涨，收入萎缩，支出庞大，财政十分困难，新政权面临严峻的考验。为了解决上述问题，我国逐步建立起了高度集中的预算管理体制，以加强中央的统筹力度。随着国民经济的恢复和发展，为了调动地方政府的积极性，照顾各地区、各部门、各单位的特殊需要，财政将一小部分财政收支放在预算外，由各地区、各部门、各单位自收自支、自行安排，从而形成了预算外资金制度。之后，伴随着经济政治体制的调整，预算外资金的规模范围也随之变化，总的趋势是逐渐扩大。

在特定时期，预算外资金的存在对于弥补预算内资金不足、保障专项事业的发展、对社会财力的综合平衡以及调动地区、部门、单位的积极性发挥了其积极的作用。但是，由于在预算外资金的管理使用上各预算部门单位有着较大的自主权，实践中衍生出了与地区、部门、单位利益相关的种种问题，对此，国务院、财政部出台了相应的管理制度加以规范。从现代预算制度来说，预算外资金的存在违背了预算的全面完整性，使一部分预算资金脱离了监管，为各种违法违规行为提供了经济基础，同时妨碍了预算的宏观调控作用的发挥。

政府的收入和支出全部纳入预算，实行全口径预算，是建立现代预算制度的基本要求之一。2003 年，党的十六届三中全会提出了全口径预算管理的概念。2010 年，财政部《关于将按预算外资金管理的收入纳入预算管理的通知》（财预〔2010〕88 号）规定，自 2011 年 1 月 1 日起，将按预算外资金管理的收入全部纳入预算管理。党的十八大进一步提出加强对政府全口径预算决算的审查和监督。2014 年修订的《预算法》以及 2021 年修订的《全国人民代表大会常务委员会关于加强中央预算审查监督的决定》都删除了有关预算外资金的内容，意味着从法律层面，预算外资金的概念被正式取消。这一系列规定和实践顺应了现代预算制度关于预算的全面完整性的要求，体现了建立全口径预算的改革方向。

资料来源：根据公开资料整理而成。

二、目前我国政府预算体系的构成

在现代预算制度下，所有政府收支都应纳入预算管理，即实行全口径预算管理。我国全口径预算管理的目标可以概括为通过全面完整意义上的政府预算体系的建立和健全，将政府全部收支按性质分门别类纳入不同的预算之中，加强政府预算管理、提高财政资金效益、增强财政预算透明度。

我国《预算法》赋予了政府预算体系及各预算之间的相互关系以法律地位，以全面完整地反映我国政府预算的全貌，接受各方的监督。我国《预算法》第四条规定："预算由预算收入和预算支出组成。政府的全部收入和支出都应当纳入预算。"第五条第一款规定："预算包括一般公共预算、政府性基金预算、国有资本经营预算、社会保险基金预算。"即，我国预算体系由这四本预算构成。

（一）一般公共预算

一般公共预算是对以税收为主体的财政收入，安排用于保障和改善民生、推动经济社会发展、维护国家安全、维持国家机构正常运转等方面的收支预算。即，一般公共预算是政府以税收为主体，兼有行政事业性收费等形式取得的收入，主要用于提供一般公共产品和满足一般公共服务需求的预算。

1. 一般公共预算收入

一般公共预算收入主要包括：一是按税种构成的税收收入；二是非税收入，具体包括专项收入、行政事业性收费、罚没收入、国有资源（资产）有偿使用收入等。

2. 一般公共预算支出

一般公共预算支出主要涵盖四个方面：保障和改善民生、推动经济社会发展、维护国家安全、维持国家机构正常运转。具体包括：一是保证科学、文化、教育、卫生、社保等基本民生支出；二是满足大型公共工程设施、公益性基础设施等非营利性工程项目的支出，如能源、交通、水利、气象、环保等方面的支出；三是保证国防以及公检法等维护国家公共安全的支出；四是保证国家机构及执行社会管理职能的政府部门运转的支出，如立法、行政、外交等。

应该说所有政府收支预算都属于公共预算的范畴，但是在预算体系中，各个预算又都因各自的收支性质不同而保持各自的完整性、独立性。在预算体系中，一般公共预算的收支内容相对于其他预算来说是最基本的预算，居于本源的、核心的地位，因而被称为一般公共预算。

（二）政府性基金预算

政府性基金预算是对依照法律、行政法规的规定在一定期限内向特定对象征收、收取或者以其他方式筹集的资金，专项用于特定公共事业发展的收支预算，包括参照政府性基金管理或列入基金预算、具有特定用途的专项债券等财政资金。

政府性基金是为实现特定经济社会领域的政策目的，各级人民政府及其所属部门按照规定程序批准，依法向特定群体征收的具有专项用途的收入。政府性基金的种类繁多，与一般税、特殊类型税、规费、受益费等有着明显区别，政府性基金一般具有设定程序规范、来源特定、专款专用等特点，具有强烈的筹资特性，是政府运用政治权力快速、集中筹集资金的一种形式。

1. 政府性基金预算的主要特征

（1）政府性基金预算的收入来源只能是依照法律、行政法规规定纳入政府性基金预算管理的政府性基金，必须由全国人大及其常委会颁布法律或国务院颁布行政法规才能设立，不能以地方性法规、地方政府规章或者部门规章等规范性文件的形式设立。

（2）政府性基金预算的收入来源包括向特定对象征收或收取或者以其他方式筹集的资金。例如，国家电影事业发展专项资金是从电影票房收入中收取的，属于向特定对象征收或者收取的资金；彩票公益金属于以其他方式筹集的资金。

（3）政府性基金预算支出必须专项用于特定公共事业发展，因此具有专款专用的特征。

（4）政府性基金一般应有一定的存续期限。政府性基金来源专款、使用专项，属于特定资金用于办理特定事项，根据基金性质的不同应当设定或明确一定的期限，通常不能无限期地存在。

2. 政府性基金预算的主要内容

（1）政府性基金预算收入。主要包括：农网还贷资金、铁路建设基金、民航发展基金、旅游发展基金、国家电影事业发展专项资金、国有土地使用权出让金、国家重大水利工程建设基金、彩票公益金、城市基础设施配套费、车辆通行费、污水处理费等。

（2）政府性基金预算支出。政府性基金支出内容与收入相对应，按照支出功能主要用于科学技术、文化旅游体育与传媒、社会保障与就业、节能环保、城乡社区、农林水、交通运输、资源勘探信息、金融等方面。

（三）国有资本经营预算

国有资本经营预算是对国有资本收益做出支出安排的收支预算。即，国有资本经营预算是国家以所有者身份依法取得国有资本收益，并对所得收益进行分配而发生的各项收支预算，是对政府在一个财政年度内国有资产经营性收支活动进行的价值管理和分配，是政府预算的重要组成部分。

1. 国有资本经营预算的性质

国有资本经营预算与政府一般公共预算不同，一般公共预算的分配主体是作为社会管理者的政府，其分配目的是满足社会公共需要；分配手段主要是凭借国家政治权力进行分配，具有强制性和无偿性；分配形式是以税收为主，并安排各项具有社会公共需要性质的支出，因而一般公共预算从性质上看是供给型预算。国有资本经营预算的分配主体是作为生产资料所有者代表的政府，它以国有资本经营取得的收益为分配对象，以资产所有权为分配依据，其收支内容基本上是围绕着对经营性国有资产进行价值管理和分配而形成的，因而目前国有资本预算主要属于经营型预算。其范围可概括为自然垄断行业和一般竞争性领域经营性企业的国有资本收益，而非整个国有资产。党的二十大报告指出："深化国资国企改革，加快国有经济布局优化和结构调整，推动国有资本和国有企业做强做优做大，提升企业核心竞争力。"《国务院关于进一步完善国有资本经营预算制度的意见》（国发〔2024〕2号）也为进一步完善国有资本经营预算制度，更好发挥国有资本经营预算的功能作用，在完善国有资本收益上交机制、提升国有资本经营预算支出效能、完善国有资本经营预算管理工作等方面提出了具体要求。

国有资产监督管理委员会（简称国资委）根据政府授权，代表国家履行出资人职责。财政部门为国有资本经营预算的主管部门，负责审核部门单位预算支出建议草案，并编制国有资本经营预算草案。

2. 国有资本经营预算的主要内容

（1）国有资本经营预算收入。国有资本经营预算收入是指依照法律、行政法规和国务院规定应当纳入国有资本经营预算的国有独资企业和国有独资公司按照规定上缴国家的收入，主要包括：利润收入、从国有资本控股和参股公司获得的股息红利收入、国有产权转让收入、清算收入和其他收入。应合理确定国有资本收益上缴比例。

（2）国有资本经营预算支出。国有资本经营预算支出根据国家宏观经济政策需要以及不同时期国有企业改革发展任务，主要服务于国家战略目标。主要包括：资本性支出、费用性支出、向一般公共预算调出资金等转移性支出和其他支出。具体来说，一是国有企业资本金注入，主要采取向国有企业和产业投资基金注资的方式，引导国有企业更好地服务于国家战略，将国有资本更多地投向关系国家安全和国民经济命脉的重要行业和关键领域。二是解决历史遗留问题及相关改革成本支出，主要支持剥离国有企业办社会职能、解决国有企业存在的体制性机制性问题和弥补国有企业改革成本等方面。三是调入一般公共预算和补充全国社会保障基金，即"划转部分国有资本充实社会保障基金。完善国有资本经营预算制度，提高国有资本收益上缴公共财政比例，二〇二〇年提高到百分之三十，更多用于保障和改善民生"①。四是其他支出。

（四）社会保险基金预算

社会保险基金预算是对社会保险缴款、一般公共预算安排和通过其他方式筹集的资金，专项用于社会保险的收支预算。

1. 社会保险基金预算的性质

党的二十大报告指出："社会保障体系是人民生活的安全网和社会运行的稳定器。健全覆盖全民、统筹城乡、公平统一、安全规范、可持续的多层次社会保障体系。"

① 中共中央关于全面深化改革若干重大问题的决定．北京：人民出版社，2013：9.

社会保险基金虽然属于社会共济性质，但是由于它关系到重大民生事业，实际由政府受托管理，并由政府给予制度化、机制化的补贴，各项待遇标准由政府制定，因此应当将其纳入政府预算体系。我国目前编制的社会保险基金预算属于一种窄口径的社会保障预算，即不包括社会福利与社会救济，待条件成熟时再向社会保障预算过渡。

2. 社会保险基金预算的主要内容

（1）社会保险基金预算收入。社会保险基金预算收入来源包括三条渠道：社会保险缴款、一般公共预算安排资金以及通过其他方式筹集的资金。其中，社会保险缴款是个人和机关、企事业单位缴纳的社会保险费收入；一般公共预算安排资金是通过一般公共预算安排的财政补贴；通过其他方式筹集的资金包括社会保险基金预算的投资收益、利息收入以及捐赠收入等。社会保险基金预算收入具体包括：各项社会保险费收入、利息收入、投资收益、一般公共预算补助收入、集体补助收入、转移收入、上级补助收入、下级上解收入和其他收入。

（2）社会保险基金预算支出。社会保险基金预算支出是专项用于社会保险支出，专款专用，不得用作其他用途，具体包括：各项社会保险待遇支出、转移支出、补助下级支出、上解上级支出和其他支出。

专栏 4-5

社会保障预算的国际模式

从国际上看，社会保障预算编制的模式大致有四种：一是基金预算，二是政府公共预算，三是一揽子社会保障预算，四是政府公共预算下的二级预算，即半独立性质预算。

（1）基金预算。即，社会保障事业的财务状况不包括在政府公共预算之内，而是以基金的形式反映。社会保险基金是其最大的信托基金，包括养老保险基金、医疗保险基金、失业保险基金等。社会保障预算的收入来源主要是社会保障税、捐款和联邦基金的拨款，社会保障预算支出绝大部分用于福利，一小部分用于管理费，并反映基金结余及其投资情况。美国、新加坡等国采用此种形式。

这种模式的优点是：独立于政府预算，接受社会公众的监督，其运营均依法进行，透明度高，政府参与的程度低，有利于财政运行。其缺点是：政府有可能失去对社会保障事业的控制，使其成为独立性很强的单纯的社会福利事业。

（2）政府公共预算。即，将社会保障资金全部纳入政府公共预算内，同政府其他收支混为一体，国家全面担负起社会保障事业的财政责任。英国、瑞典等福利国家实行的是这种模式。

这种模式的优点是：可以切实保障每一位公民的基本生活，体现了较高的福利水平；社会保障支出体现了政府的政策，政府能够控制社会保障事业的进程，直接参与其具体的管理工作。其缺点是：政府参与过多，在福利支出刚性的影响下，易给财政造成较大的负担。

（3）一揽子社会保障预算。即，将政府一般性税收收入安排的社会保障性支出、各项社会保障基金收支、社会筹集的其他社会保障资金收支、社会保障事业单位的收入等作为一个有机的整体，编制内容全面的一揽子社会保障资金预算。

这种模式的优点是：能够全面反映社会保障资金收支情况和资金规模以及结余投资及调剂基金的使用情况，体现了国家整体的社会保障水平，可以对社会保障的资金需求做出全面、统一的安排，有利于社会保障事业的协调发展，有利于减轻财政负担。其缺点是：涉及部门利益的重新调整，实施难度很大；具体编制方法比较复杂。

（4）政府公共预算下的二级预算。这是指在编制政府公共预算时，将社会保障资金收支单独划出来，编制一个子预算。

这种预算模式较政府公共预算模式有了一定的独立性，能够相对完整地反映社会保障资金收支情况。其缺点是：由于没有完全独立，社会保障预算管理权限不明，未根本触动原有社会保障基金管理体制的弊端，容易使社会保障预算的编制流于形式。

资料来源：李燕．政府预算理论与实务．2版．北京：中国财政经济出版社，2010.

（五）政府债务的预算处理

目前，我国对于政府债务没有编制单独的预算，而是按照政府债务的性质，分别列入一般公共预算和政府性基金预算。

1. 中央政府债务预算的处理

根据《预算法》的规定：一是中央一般公共预算必需的部分资金，可以通过举借国内和国外债务等方式筹措，但举借债务应当将规模控制在适当水平，保持合理的结构，即中央政府债务不仅可以用于建设投资，也可以用于弥补一般公共预算支出。[①] 二是明确对中央一般公共预算中举借的债务实行余额管理，余额的规模不得超过全国人民代表大会批准的限额。这一规定和国际上的通行做法一致。三是明确财政部具体负责对中央债务进行统一管理。

2. 地方政府债务的预算处理

（1）地方政府债务的预算管理要求。

《预算法》在允许地方政府举借债务[②]的前提下，做了严格的限制性规定：一是限制主体。明确举债主体为经国务院批准的省、自治区、直辖市。二是限制范围。明确经国务院批准的省级政府“预算中”必需的建设投资的部分资金，可以通过举债的方式筹措。这里讲的“预算”并不仅限于一般公共预算，还包括政府性基金预算。三是限制方式。明确举债方式只限于发行地方政府债券（包括一般公共预算中举借的一般债务和政府性基金预算中举借的专项债务），除此之外，地方政府不得以其他任何方式举债。这主要是因为，以发行债券的方式举借债务，发行成本较低，信息公开透明，市场化程度较高。同时，明确除

---

① 我国《预算法》第三十四条规定：“中央一般公共预算中必需的部分资金，可以通过举借国内和国外债务等方式筹措，举借债务应当控制适当的规模，保持合理的结构。

对中央一般公共预算中举借的债务实行余额管理，余额的规模不得超过全国人民代表大会批准的限额。

国务院财政部门具体负责对中央政府债务的统一管理。”

② 我国《预算法》第三十五条规定：“地方各级预算按照量入为出、收支平衡的原则编制，除本法另有规定外，不列赤字。经国务院批准的省、自治区、直辖市的预算中必需的建设投资的部分资金，可以在国务院确定的限额内，通过发行地方政府债券举借债务的方式筹措。举借债务的规模，由国务院报全国人民代表大会或者全国人民代表大会常务委员会批准。省、自治区、直辖市依照国务院下达的限额举借的债务，列入本级预算调整方案，报本级人民代表大会常务委员会批准。举借的债务应当有偿还计划和稳定的偿还资金来源，只能用于公益性资本支出，不得用于经常性支出。除前款规定外，地方政府及其所属部门不得以任何方式举借债务。除法律另有规定外，地方政府及其所属部门不得为任何单位和个人的债务以任何方式提供担保。”

法律规定外，各级地方政府及其所属部门不得为他人债务以任何方式提供担保。四是限制用途。明确经国务院批准的省级地方政府举债，应限于预算中“必需的建设投资的部分资金”，举借的债务只能用于“公益性资本支出”（即用于公益性事业发展且能够形成资本的支出），不得用于经常性支出。五是规范管理和监督。经国务院批准的地方政府举借的债务应当纳入预算。地方政府债务的规模由国务院报全国人大及其常委会批准。地方政府依照国务院下达的限额举借的债务，列入本级预算调整方案，报本级人大常委会批准，从而保证地方政府举借一般债务和专项债务都在国务院确定并经全国人大或者其常委会批准的“盘子”里。六是控制风险。举借的债务应当有偿还计划和稳定的偿还资金来源。国务院建立了地方政府债务风险评估和预警机制、应急处置机制以及责任追究制度。《预算法》第九十四条规定：“各级政府、各部门、各单位违反本法规定举借债务或者为他人债务提供担保，或者挪用重点支出资金，或者在预算之外及超预算标准建设楼堂馆所的，责令改正，对负有直接责任的主管人员和其他直接责任人员给予撤职、开除的处分。”

（2）地方政府债务的预算管理办法。①

1）地方政府债务的分类。包括：地方政府一般债务，主要有地方政府一般债券（简称一般债券）、地方政府负有偿还责任的国际金融组织和外国政府贷款转贷债务（简称外债转贷）等；地方政府专项债务，主要有地方政府专项债券（简称专项债券）；等等。

2）地方政府债务的预算管理。地方政府一般债务收入、安排的支出、还本付息、发行费用纳入一般公共预算管理。地方政府专项债务收入、安排的支出、还本付息、发行费用纳入政府性基金预算管理。

3）地方政府债务发行主体。省、自治区、直辖市政府为一般债券、专项债券的发行主体，具体发行工作由省级财政部门负责。市县级政府确需发行一般债券、专项债券的，应纳入本省、自治区、直辖市一般债券、专项债券规模内管理，由省级财政部门代办发行，并统一办理还本付息。经省级政府批准，计划单列市政府可以自行发行一般债券和专项债券。

4）地方政府债务的使用。地方政府一般债务收入应当用于公益性资本支出，不得用于经常性支出。地方政府专项债务收入应当用于公益性资本支出，不得用于经常性支出。

5）地方政府债务的偿还。一般债务应当有偿还计划和稳定的偿还资金来源。一般债务本金通过一般公共预算收入（包含调入预算稳定调节基金和其他预算资金）、发行一般债券等偿还。一般债务利息通过一般公共预算收入（包含调入预算稳定调节基金和其他预算资金）等偿还，不得通过发行一般债券偿还。专项债务应当有偿还计划和稳定的偿还资金来源。专项债务本金通过对应的政府性基金收入、专项收入、发行专项债券等偿还。专项债务利息通过对应的政府性基金收入、专项收入偿还，不得通过发行专项债券偿还。专项债务收支应当按照对应的政府性基金收入、专项收入实现项目收支平衡，不同政府性基金科目之间不得调剂。执行中专项债务对应的政府性基金收入不足以偿还本金和利息的，可以从相应的公益性项目单位调入专项收入弥补。

地方政府举借债务应当严格落实偿债资金来源，科学测算评估预期偿债收入，合理制订偿债计划，并在中期财政规划中如实反映。鼓励地方结合项目偿债收入情况，建立政府偿债备付金制度。

---

① 参见《财政部关于印发〈地方政府一般债务预算管理办法〉的通知》（财预〔2016〕154号）、《财政部关于印发〈地方政府专项债务预算管理办法〉的通知》（财预〔2016〕155号）。

三、各预算之间的相互关系

《预算法》第五条第二款规定："一般公共预算、政府性基金预算、国有资本经营预算、社会保险基金预算应当保持完整、独立。政府性基金预算、国有资本经营预算、社会保险基金预算应当与一般公共预算相衔接。"这表明各预算自身应当按照有关法律法规的要求保持预算内容完整、独立，同时也要保持与一般公共预算的衔接，既反映了在公共财政下一般公共预算的主体地位，又要求在这一预算报告体系内的各项预算之间建立起规范、明确、透明的资金界限及往来渠道。预算体系间的具体衔接表现在以下四个方面。①

（一）政府性基金预算与一般公共预算的统筹

政府性基金预算中用于提供基本公共服务以及主要用于人员和机构运转等方面的项目收支转列一般公共预算。对继续纳入政府性基金预算管理的支出，加大与一般公共预算支出的统筹安排使用。结合政府性基金预算安排情况，统筹安排一般公共预算相关支出项目。政府性基金预算安排支出的项目，一般公共预算可不再安排或减少安排。对一些一般公共预算和政府性基金预算都安排支出的项目，应制定统一的资金管理办法，实行统一的资金分配方式，避免交叉重复。对政府性基金预算中结转多年的资金要统筹使用。

（二）国有资本经营预算与一般公共预算的统筹

国有资本属全民所有，为体现国有资本经营收益更多地由全民共享的要求，除用于解决国有企业历史遗留问题及相关改革成本支出、对国有企业的资本金注入及国有企业政策性补贴等方面外，还应合理地调入一般公共预算，用于保障和改善民生。一般公共预算安排的用于国有企业上述方面的资金应逐步退出。同时，应完善国有资本经营预算制度，提高国有资本收益上缴公共财政的比例。②

（三）一般公共预算各项资金的统筹使用

结合税费制度改革，完善相关法律法规，逐步取消城市维护建设税、排污费、探矿权和采矿权价款、矿产资源补偿费等专款专用的规定，统筹安排这些领域的经费。

（四）与社会保险基金预算的统筹关系

《预算法实施条例》第三条规定："社会保险基金预算应当在精算平衡的基础上实现可持续运行，一般公共预算可以根据需要和财力适当安排资金补充社会保险基金预算。"社会保险基金预算，属于"只进不出"，基于社会保险缴费资金的特殊性质以及我国社会保险基金的支出趋势，社会保险基金预算的资金不能用于平衡其他三本预算。

---

① 参见《国务院关于深化预算管理制度改革的决定》（国发〔2014〕45号）、《财政部关于完善政府预算体系有关问题的通知》（财预〔2014〕368号）。

② 党的十八届三中全会通过的《中共中央关于全面深化改革若干重大问题的决定》强调，到2020年这一比例要提高到30%。

第三节 预算编制的前置基础要素

一、预算编制事前绩效评估与绩效目标管理

（一）事前绩效评估

1. 事前绩效评估的内涵

事前绩效评估，是指财政部门及各部门、单位根据部门战略规划、事业发展规划、项目申报理由等内容，运用科学、合理的评估方法，对重大政策、项目实施的必要性、投入的经济性、投入的可行性、绩效目标的合理性、筹资的合规性等方面进行客观、公正的评估。事前绩效评估结果作为申请预算的必备条件。各级财政部门要加强新增重大政策和项目预算审核，必要时可以组织第三方机构独立开展绩效评估，审核和评估结果作为预算安排的重要参考依据。

事前绩效评估与预算评审的关系是：事前绩效评估解决“是否支持”的问题，即这个政策或项目是否纳入下一年财政预算支持的范围，有哪些部分纳入下一年预算支持的范围；而预算评审，从时间顺序而言，处于事前绩效评估之后，解决的是“支持多少”的问题，即根据每一项预算内容的标准、数量等进行评审，控制预算支持规模。

2. 事前绩效评估的内容

（1）重大政策、项目实施的必要性评估。

主要评估重大政策、项目的立项依据是否充分，政策、项目的内容与国家、地方的宏观政策、行业政策、主管部门职能和规划、当年重点工作是否相关；重大政策、项目的立项依据是否具有可持续性，项目所在行业环境是否具有可持续性；重大政策、项目是否具有现实需求，需求是否迫切，是否有可替代性，是否有确定的服务对象或受益对象；重大政策、项目是否有明显的经济、社会、环境或可持续性效益，预期效益的可实现程度如何。

（2）重大政策、项目投入的经济性评估。

主要是运用成本效益分析法，对重大政策、项目投入的成本进行评估，通过对重大政策、项目实施过程中不同方案的成本进行测算，选择成本最低的实施方案。

（3）重大政策、项目投入的可行性评估。

主要评估重大政策、项目的组织机构是否健全，职责分工是否明确，组织管理机构是否能够持续运转；政策内容、项目内容是否明确具体，是否与绩效目标匹配；政策实施方案、项目技术方案是否完整、可行，与重大政策、项目有关的基础设施条件是否能够得到有效保障；政府、项目单位及项目的各项业务和财务管理制度是否健全，技术规程、标准是否完善，是否得到有效执行；针对财政资金支持方式和各级财政配套资金可能存在的风险，是否有相应的保障措施。

（4）重大政策、项目绩效目标的合理性评估。

主要评估重大政策、项目是否有明确的绩效目标，绩效目标是否与部门的长期规划目标、

年度工作目标一致，重大政策、项目的产出和效果是否相关联，受益群体的定位是否准确，绩效目标与重大政策、项目要解决的问题是否匹配、与现实需求是否匹配，是否具有一定的前瞻性和挑战性；绩效指标设置是否与重大政策、项目高度相关，是否细化、量化。

（5）重大政策、项目筹资的合规性评估。

主要评估重大政策、项目预算中不同性质和来源的资金是否符合国家有关法律法规的要求，重大政策、项目预算的编制依据是否充分，重大政策、项目预算是否与绩效目标匹配，投入产出比是否合理等；重大政策、项目的资金来源渠道是否明确，各渠道资金到位时间、条件是否能够落实；财政资金支持方式是否科学合理，重大政策、项目实施中来源于不同级别的财政资金的配套方式和承受能力是否科学合理；等等。

（二）绩效目标管理

1. 绩效目标管理的内涵

绩效目标是指财政预算资金计划在一定期限内达到的产出和效果，是建设项目库、编制部门预算、编制和分配专项转移支付预算、实施绩效监控、开展绩效评价等的重要基础和依据。绩效目标的设定是编制预算的起点。

绩效目标管理是指财政部门、各部门及其所属单位以绩效目标为对象，以绩效目标的设定、审核、批复等为主要内容所开展的预算管理活动。财政部门和各部门及其所属单位是绩效目标管理的主体。绩效目标管理的对象是纳入各部门预算管理的全部资金，而不仅仅是财政性资金。

2. 绩效目标的分类

（1）按照支出的范围和内容划分。

按照预算支出的范围和内容，绩效目标包括基本支出绩效目标、项目支出绩效目标和部门（单位）整体支出绩效目标。1）基本支出绩效目标是指部门预算中安排的基本支出在一定期限内对本部门（单位）正常运转的预期保障程度。一般不单独设定，而是纳入部门（单位）整体支出绩效目标统筹考虑。2）项目支出绩效目标是指部门依据部门职责和事业发展要求，设立并通过预算安排的项目支出在一定期限内预期达到的产出和效果。3）部门（单位）整体支出绩效目标是指部门及其所属单位按照确定的职责，利用全部部门预算资金在一定期限内预期达到的总体产出和效果。

（2）按照支出的性质划分。

专项转移支付的绩效目标是指中央财政设立的专项转移支付资金在一定期限内预期达到的产出和效果，按照支出的性质可分为整体绩效目标、区域绩效目标和项目绩效目标。1）整体绩效目标是指某项专项转移支付的全部资金在一定期限内预期达到的总体产出和效果。2）区域绩效目标是指在省级行政区域内，某项专项转移支付的全部资金在一定期限内预期达到的产出和效果。3）项目绩效目标是指通过专项转移支付预算安排的某个具体项目资金在一定期限内预期达到的产出和效果。

（3）按照预算资金的时效性划分。

按照预算资金的时效性，绩效目标包括中长期（或实施期）绩效目标和年度绩效目标。

1）中长期绩效目标是指部门预算资金在跨越多年的计划期内预期达到的产出和效果；实施期绩效目标是指某项专项转移支付资金在确定的实施期限内预期达到的总体产出和效果。2）年度绩效目标是指部门预算资金或某项专项转移支付资金在一个预算年度内预期达到的产出和效果。

3. 绩效目标的设定

绩效目标的设定，是指各部门或其所属单位按照部门预算管理和绩效目标管理的要求，编制绩效目标并向财政部门或各部门报送绩效目标的过程。按照“谁申请资金，谁设定目标”的原则，绩效目标由各部门及其所属单位设定。

（1）绩效目标的设定要求和依据。

绩效目标的设定要求：要能清晰反映预算资金的预期产出和效果，并借助相应的绩效指标予以细化、量化描述。主要包括：1）预期产出。它是指预算资金在一定期限内预期提供的公共产品和服务情况。2）预期效果。它是指上述产出可能对经济、社会、环境等造成的影响，以及服务对象或项目受益人对该项产出和影响的满意程度等。

各部门设定绩效目标的依据：1）国家相关法律、法规和规章制度，国民经济和社会发展规划；2）部门职能、中长期发展规划、年度工作计划或项目规划；3）部门中期财政规划；4）财政部门中期和年度预算管理要求；5）相关历史数据、行业标准、计划标准等；6）符合财政部门要求的其他依据。

（2）绩效目标的设定方法。

项目支出绩效目标的主要设定方法：1）对项目功能进行梳理，包括资金性质、预期投入、支出范围、实施内容、工作任务、受益对象等，明确项目的功能特性。2）依据项目功能特性，预计项目实施在一定时期内所要达到的总体产出和效果，确定项目所要实现的总体目标，并以定量和定性相结合的方式进行表述。3）对项目支出的总体目标进行细化分解，从中概括、提炼出最能反映总体目标预期实现程度的关键性指标，并将其确定为相应的绩效指标。4）通过收集相关基准数据，确定绩效标准，并结合项目预期进展、预计投入等情况，确定绩效指标的具体数值。

部门（单位）整体支出绩效目标的主要设定方法：1）对部门（单位）的职能进行梳理，确定部门（单位）的各项具体工作职责。2）结合部门（单位）中长期规划和年度工作计划，明确年度主要工作任务，预计部门（单位）在本年度内履职所要达到的总体产出和效果，将其确定为部门（单位）总体目标，并以定量和定性相结合的方式进行表述。3）依据部门（单位）总体目标，结合部门（单位）的各项具体工作职责和工作任务，确定每项工作任务预计要达到的产出和效果，从中概括、提炼出最能反映工作任务预期实现程度的关键性指标，并将其确定为相应的绩效指标。4）通过收集相关基准数据，确定绩效标准，并结合年度预算安排等情况，确定绩效指标的具体数值。

（3）绩效指标的设定。

绩效指标是绩效目标的细化和量化描述，主要包括产出指标、效益指标和满意度指标等。1）产出指标。它是对预期产出的描述，包括数量指标、质量指标、时效指标、成本指标等。2）效益指标。它是对预期效果的描述，包括经济效益指标、社会效益指标、生态效益指标、可持续影响指标等。3）满意度指标。它是反映服务对象或项目受益人的认可程度的指标。

（4）绩效标准的设定。

绩效标准是设定绩效指标时所依据或参考的标准。一般包括：1）历史标准，是指同类指标的历史数据等；2）行业标准，是指国家公布的行业指标数据等；3）计划标准，是指预先制定的目标、计划、预算、定额等数据；4）财政部和行业主管部门认可的其他标准。

表 4－3 和表 4－4 分别给出了项目支出绩效目标申报表和部门（单位）整体支出绩效目标申报表的示例。

表 4－3　项目支出绩效目标申报表

（20××年度）

<table>
<tr><td colspan="3">项目名称</td><td colspan="6"></td></tr>
<tr><td colspan="3">主管部门及代码</td><td colspan="2"></td><td colspan="2">实施单位</td><td colspan="2"></td></tr>
<tr><td colspan="3">项目属性</td><td colspan="2"></td><td colspan="2">项目期</td><td colspan="2"></td></tr>
<tr><td colspan="3" rowspan="3">项目资金（万元）</td><td>中期资金总额：</td><td></td><td colspan="2">年度资金总额：</td><td colspan="2"></td></tr>
<tr><td>其中：财政拨款</td><td></td><td colspan="2">其中：财政拨款</td><td colspan="2"></td></tr>
<tr><td>其他资金</td><td></td><td colspan="2">其他资金</td><td colspan="2"></td></tr>
<tr><td rowspan="2">总体目标</td><td colspan="4">中期目标（20××年—20××＋n 年）</td><td colspan="4">年度目标</td></tr>
<tr><td colspan="4">目标 1：
目标 2：
目标 3：
……</td><td colspan="4">目标 1：
目标 2：
目标 3：
……</td></tr>
<tr><td rowspan="14">绩效指标</td><td>一级指标</td><td>二级指标</td><td>三级指标</td><td>指标值</td><td>二级指标</td><td colspan="2">三级指标</td><td>指标值</td></tr>
<tr><td rowspan="13">产出指标</td><td rowspan="3">数量指标</td><td>指标 1：</td><td></td><td rowspan="3">数量指标</td><td colspan="2">指标 1：</td><td></td></tr>
<tr><td>指标 2：</td><td></td><td colspan="2">指标 2：</td><td></td></tr>
<tr><td>……</td><td></td><td colspan="2">……</td><td></td></tr>
<tr><td rowspan="3">质量指标</td><td>指标 1：</td><td></td><td rowspan="3">质量指标</td><td colspan="2">指标 1：</td><td></td></tr>
<tr><td>指标 2：</td><td></td><td colspan="2">指标 2：</td><td></td></tr>
<tr><td>……</td><td></td><td colspan="2">……</td><td></td></tr>
<tr><td rowspan="3">时效指标</td><td>指标 1：</td><td></td><td rowspan="3">时效指标</td><td colspan="2">指标 1：</td><td></td></tr>
<tr><td>指标 2：</td><td></td><td colspan="2">指标 2：</td><td></td></tr>
<tr><td>……</td><td></td><td colspan="2">……</td><td></td></tr>
<tr><td rowspan="3">成本指标</td><td>指标 1：</td><td></td><td rowspan="3">成本指标</td><td colspan="2">指标 1：</td><td></td></tr>
<tr><td>指标 2：</td><td></td><td colspan="2">指标 2：</td><td></td></tr>
<tr><td>……</td><td></td><td colspan="2">……</td><td></td></tr>
<tr><td>……</td><td></td><td></td><td>……</td><td colspan="2"></td><td></td></tr>
</table>

续表

绩效指标	效益指标	经济效益指标	指标1：		经济效益指标	指标1：	
			指标2：			指标2：	
			……			……	
		社会效益指标	指标1：		社会效益指标	指标1：	
			指标2：			指标2：	
			……			……	
		生态效益指标	指标1：		生态效益指标	指标1：	
			指标2：			指标2：	
			……			……	
		可持续影响指标	指标1：		可持续影响指标	指标1：	
			指标2：			指标2：	
			……			……	
		……			……		
	满意度指标	服务对象满意度指标	指标1：		服务对象满意度指标	指标1：	
			指标2：			指标2：	
			……			……	
		……			……		

表4-4 部门（单位）整体支出绩效目标申报表

（20××年度）

部门（单位）名称					
年度主要任务	任务名称	主要内容	预算金额（万元）		
			总额	财政拨款	其他资金
	任务1				
	任务2				
	任务3				
	……				
	金额合计				
年度总体目标	目标1： 目标2： 目标3： ……				

续表

	一级指标	二级指标	三级指标	指标值
年度绩效指标	产出指标	数量指标	指标 1：	
			指标 2：	
			……	
		质量指标	指标 1：	
			指标 2：	
			……	
		时效指标	指标 1：	
			指标 2：	
			……	
		成本指标	指标 1：	
			指标 2：	
			……	
		……		
	效益指标	经济效益指标	指标 1：	
			指标 2：	
			……	
		社会效益指标	指标 1：	
			指标 2：	
			……	
		生态效益指标	指标 1：	
			指标 2：	
			……	
		可持续影响指标	指标 1：	
			指标 2：	
			……	
		……		
	满意度指标	服务对象满意度指标	指标 1：	
			指标 2：	
			……	
		……		

4. 绩效目标审核

（1）绩效目标审核的内涵。

绩效目标审核是指财政部门或各部门对相关部门或单位报送的绩效目标或专项转移支付绩效目标进行审查核实，并将审核意见反馈给相关部门或单位，指导其修改完善绩效目标的过程。按照“谁分配资金，谁审核目标”的原则，绩效目标由财政部门或各部门按照预算管理级次进行审核。根据工作需要，绩效目标可委托第三方予以审核。

绩效目标审核是部门预算审核或专项转移支付预算审核的有机组成部分和必要环节，部门预算绩效目标审核符合要求后，方可进入项目库，并进入下一步的预算编审流程；专项转移支付绩效目标审核结果作为专项转移支付预算安排和资金分配的重要依据。

（2）绩效目标审核的内容。

绩效目标审核的主要内容包括：1）完整性审核。主要审核绩效目标的内容是否完整，绩效目标是否明确、清晰。2）相关性审核。主要审核部门预算绩效目标的设定与部门职能、事业发展规划是否相关；专项转移支付绩效目标的设定与专项转移支付的特定政策目标、用途、使用范围等是否相关；是否对申报的绩效目标设定了相关联的绩效指标；绩效指标是否细化、量化。3）适当性审核。主要审核资金规模与绩效目标之间是否匹配，在既定资金规模下，绩效目标是否过高或过低；或者要完成既定绩效目标，资金规模是否过大或过小。4）可行性审核。主要审核绩效目标是否经过充分论证和合理测算；所采取的措施是否切实可行，并能确保绩效目标如期实现；综合考虑成本效益，是否有必要安排财政资金。

（3）绩效目标审核的结果。

项目支出绩效目标和专项转移支付绩效目标的审核结果分为“优”“良”“中”“差”四个等级，审核结果为“优”的，直接进入下一步的预算安排流程；审核结果为“良”的，可与相关部门或单位进行协商，直接对其绩效目标进行完善后，进入下一步的预算安排流程；审核结果为“中”的，由相关部门或单位对其绩效目标进行修改完善，按程序重新报送审核；审核结果为“差”的，不得进入下一步的预算安排流程。

部门预算绩效目标的管理流程见图 4－1。

二、项目库管理

（一）项目库的内涵

项目库是对财政预算支出进行规范化、程序化管理的数据库系统，是预算编制和预算管理的一项重要制度和管理基础。

项目库应当包含当前年度和未来几个年度内的所有支出项目。理论上政府所有的预算项目都应纳入项目库管理，列入预算安排的项目必须从项目库中选取，因此应做实项目库，将项目统一纳入项目库管理，做好项目储备。

预算项目是预算管理的基本单元，全部预算支出以预算项目的形式纳入项目库，实行全生命周期管理。未纳入预算项目库的项目一律不得安排预算。项目库的管理流程主

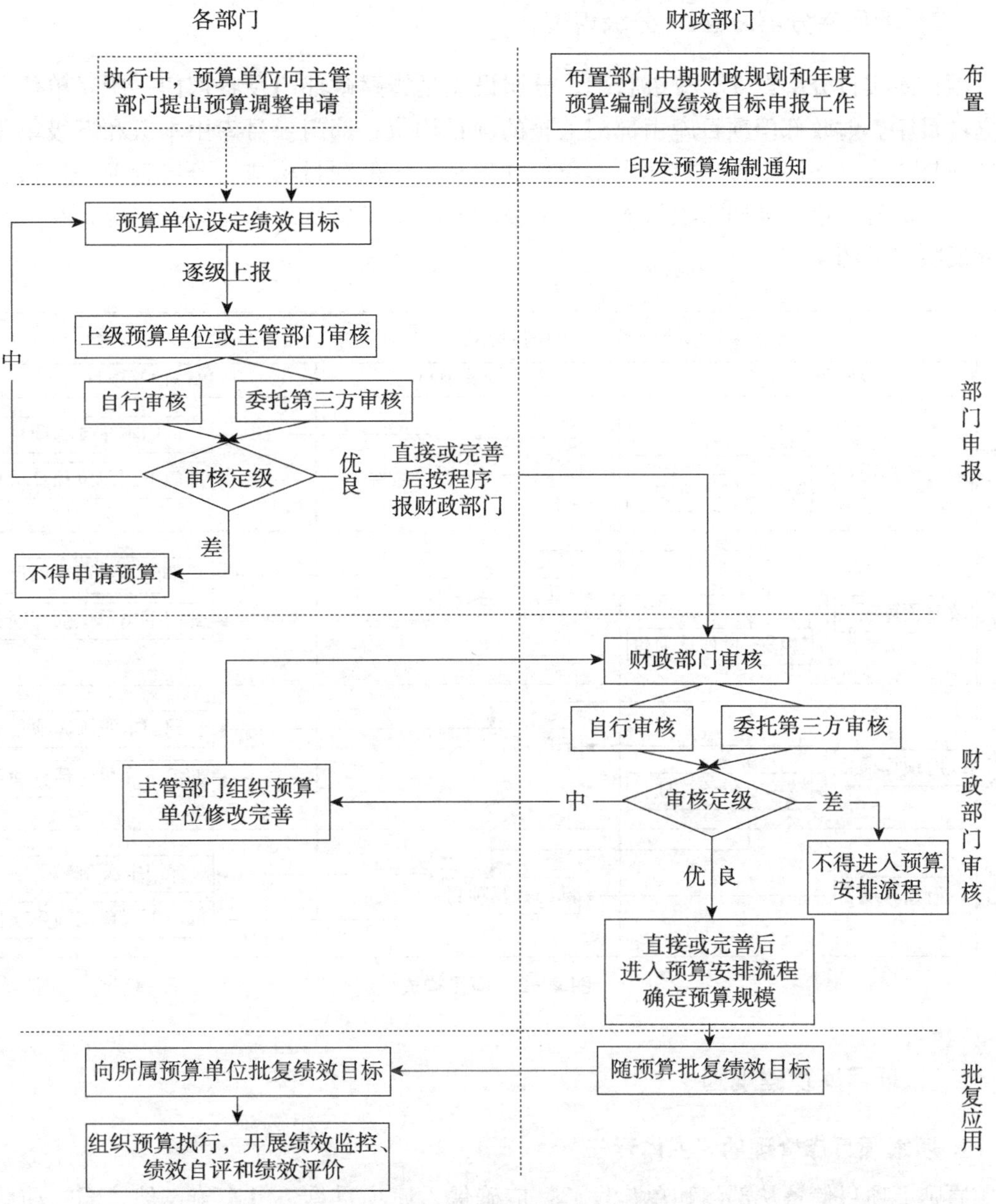

图 4-1　部门预算绩效目标的管理流程

要分为前期谋划、项目储备、预算编制、项目实施、项目结束等阶段，全流程动态记录和反映项目信息变化情况。有关部门负责安排的建设项目，要按规定纳入部门项目库并纳入预算项目库。实行项目标准化分类，规范立项依据、实施期限、支出标准、预算需求等要素。各部门、单位要树立“先谋事后排钱”的理念，坚持“先有项目再安排预算”的原则，提前研究谋划、常态化储备预算项目，做实做细项目储备，纳入预算项目库的项目应当按规定完成可行性研究论证、制订具体实施计划等各项前期工作，单位申请预算必须从项目库中挑选预算项目；建立健全项目入库评审机制和项目滚动管理机制，做到预算一经批准即可实施，并按照轻重缓急等排序，突出保障重点。

（二）项目库分层设立、分级管理

项目库实行分层设立、分级管理。分层设立是指财政部门及各部门、所属单位分别设立项目库。财政部门项目库由部门上报的项目构成；部门项目库由本级和下级单位上报的项目构成；基层单位项目库由本单位立项和实施的项目构成。分级管理是指项目库分为中央、省、市、县四级项目库，对下级的转移支付项目的细化安排情况，在下级项目库反映（见图 4-2）。

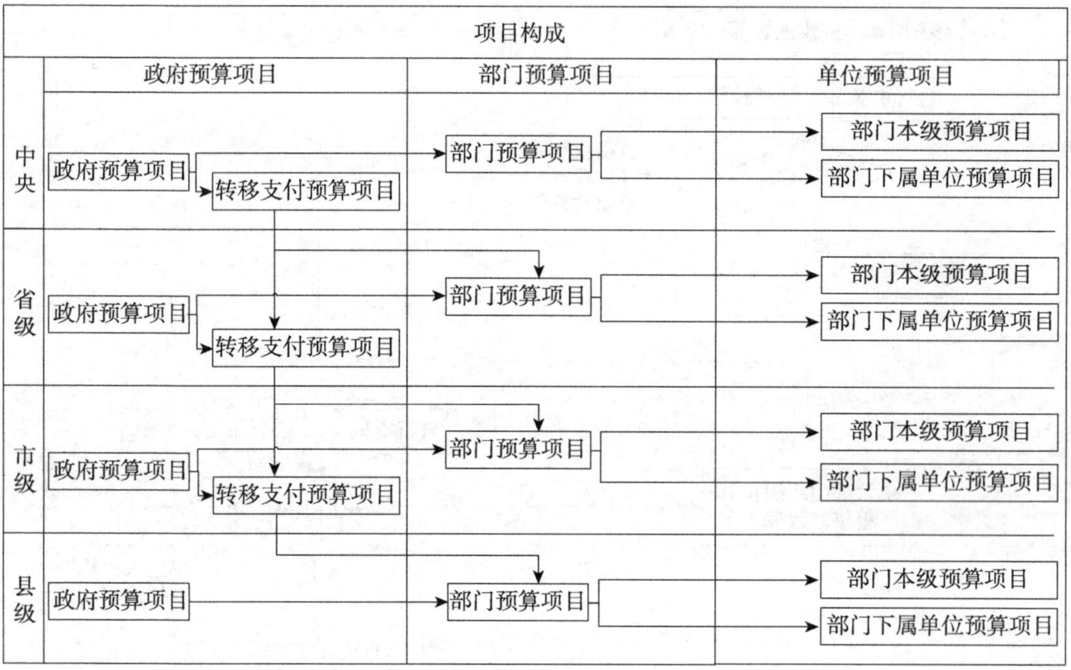

图 4-2　项目构成

（三）项目库管理规则

1. 明晰项目库管理的“主体责任”

原则上项目储备从部门和单位发起，应确保入库项目具备可实施条件。部门和单位只有完成评审论证和内部审批程序后，才能将预算项目报送财政部门。部门拟纳入预算安排的项目必须是经财政审核同意纳入财政部门项目库的项目，部门新增项目未经财政审核确认的不能进入预算编报环节。(1) 财政部门审核通过的项目，作为预算储备项目，供预算编制时选取；(2) 财政部门退回修改的项目，部门和单位按照财政部门意见修改后作为预算储备项目；(3) 财政部门审核不通过的项目，不作为预算储备项目。

2. 预算项目逐年滚动管理

经常性项目、延续性项目及当年未安排的预算储备项目，自动滚入下一年度储备。入库项目要规范、准确、完整填报相关信息，实行动态调整和定期清理。

3. **预算项目全面实施预算绩效管理**

建立项目库管理情况与预算安排挂钩的激励约束机制。推进项目相关信息公开，提高项目库管理的透明度。

（四）项目库管理的一般流程

1. **项目入库**

项目入库需科学规范。入库项目必须在前期政策研究的基础上形成，能够集中反映部门的主要职责，具备明确的实施期限、分年度预算、绩效目标和评价机制，具备可执行性，实现项目全周期滚动管理。

2. **备选项目选取**

项目库备选项目选取的主体为政府各部门。它们依照国家相关战略、政策优先方向、部门职能及部门长期和年度工作重点提出要选取的项目，然后根据项目的优先顺序和轻重缓急情况，结合部门相关年度财政资金情况，经过筛选而定。图 4 - 3 列出了项目库的管理流程。

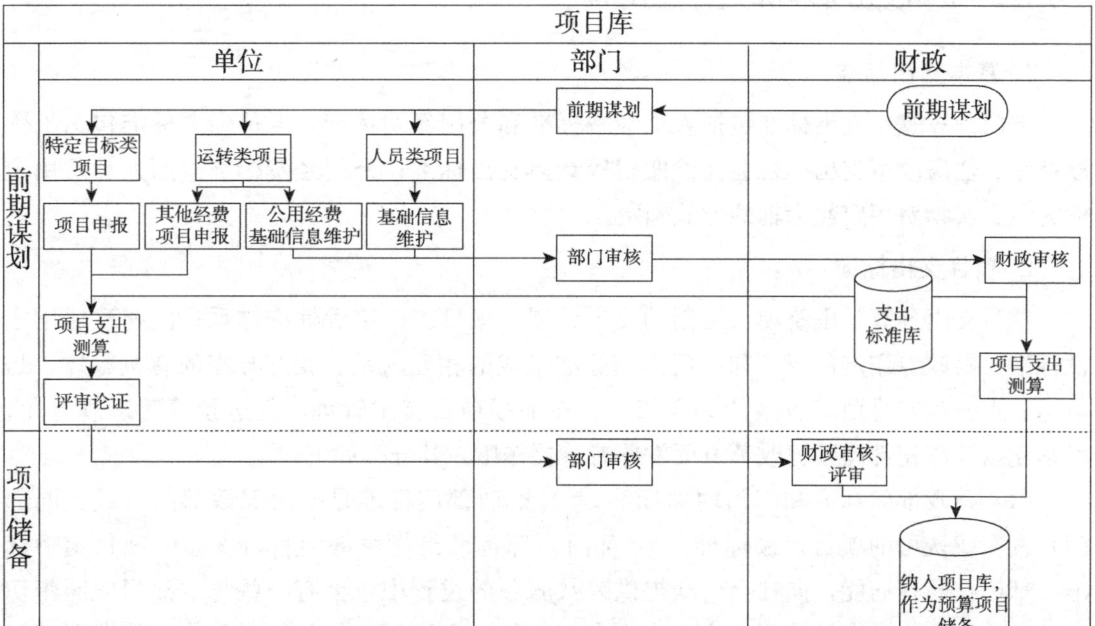

图 4 - 3 项目库的管理流程

三、预算支出标准及标准化管理

（一）预算支出标准和标准化的内涵

1. **标准和标准化**

制定标准的目的是在一定的范围内获得最佳秩序。标准化是指为了在既定范围内获得最佳秩序，促进共同效益，对现实问题或潜在问题确立共同使用和重复使用的条款以及编制、发布和应用文件的活动。可见，标准化首先是为了获得某种最佳秩序，促成某种规范。其次是为了促进共同效益，以达成提高效率和降低成本的目标。不仅如此，标准化的目的还在于通过一些科学的规范，实现可推广和可重复的目标，以降低结果的不确定性，并在内容上构成一个有机整体，形成有序的体系。

2. 预算支出标准和标准化

预算支出标准，是指对预算事项进行合理分类并分别予以规定的支出预算编制标准，包括基本支出标准和项目支出标准。预算支出标准化是为了在预算管理中获得最佳秩序，运用标准化的原理，对预算编审进行科学总结，形成管理规范，用以指导财政和部门更有效地从事预算编审活动。预算支出标准化的目的是公平分配财政资金，提高预算资金使用效益和管理效能。标准为财政资源的分配和管理提供了目标和依据，有了标准就有了评判是否公平、公正的“尺子”。因此，通过预算支出标准化工作而形成的项目支出标准体系是预算管理的基石，发挥着基础支撑作用。

（二）基本支出标准和项目支出标准

1. 基本支出标准

部门预算基本支出标准包括人员经费标准和公用经费标准，人员经费标准包括工资津补贴、住房改革支出、社会保险缴费等具体支出标准；公用经费标准按照人员费用定额为主、实物费用定额为辅的方式确定。

2. 项目支出标准

项目支出预算是围绕项目编制的支出计划。项目支出定额标准体系是由财政通用定额标准、财政专用定额标准和部门内部标准组成的相互联系、相互补充的有机整体，是申请、审核和安排预算资金的基本依据。在加强项目支出管理，促进预算管理规范化、科学化以及深化部门预算改革方面发挥着重要作用。其分类如下：

（1）财政部门标准和部门内部标准。1）财政部门标准是指由财政部门（或会同部门）发布或认可的项目定额标准。2）部门内部标准是指由部门自行发布的项目定额标准。部门在履行职能，向社会公众提供公共服务的过程中，会有一些与本部门职能密切相关而其他部门没有的专项支出，像水利部门的水文测报运行管理项目，自然资源部门的基础性地理国情监测项目、地质灾害防治工程项目，广电部门的广播电视无线传输发射台站运行维护项目、广播电视无线传播枢纽台运行维护项目等，其费用开支要按照相应的部门内部标准来规范。

（2）通用定额标准和专用定额标准。财政部门标准又分为通用定额标准和专用定额标准。1）通用定额标准是指适用于所有或大多数部门的、共性的项目定额标准，具有普遍适用性。例如，部门在预算年度内召开大型会议、进行人员培训事项所发生的差旅和外宾接待等费用，要按照相应的标准来规范。2）专用定额标准是指适用于特定部门、特定活动或特定项目的定额标准，具有特定的适用范围。例如，信息化建设项目、大型会展和招商活动、评审专家聘用、机关办公用房维修改造、陈列展览、机关办公用房装修（改造）等项目，其费用开支要按照相应的财政专用定额标准来规范。

项目支出专用定额标准要与通用定额标准相衔接，既可以通过附加部门属性，将通用定额标准直接细化为专用定额标准，又可以根据部门核心职能活动，对通用定额标准进行排列组合，形成与各部门职能活动直接对应的专用定额标准。

项目定额标准原则上应涵盖项目的全部支出内容，主要包括项目支出范围、资产配置标准、资产耗费标准、业务工作内容标准、取费标准等，可根据业务特点，分类分级制定。上述部门预算支出标准定额之间的关系如图 4-4 和图 4-5 所示。

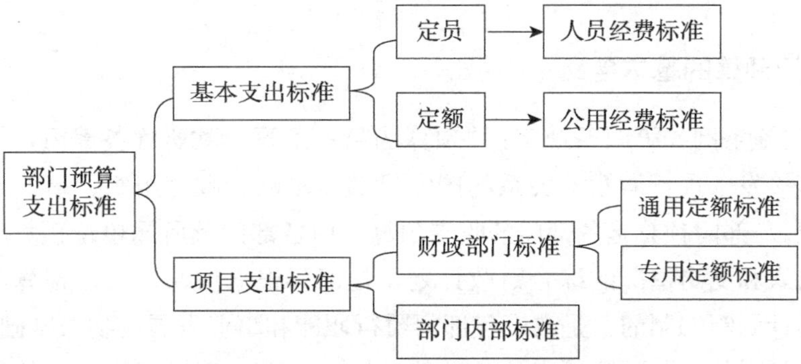

图 4-4 部门预算支出标准架构图

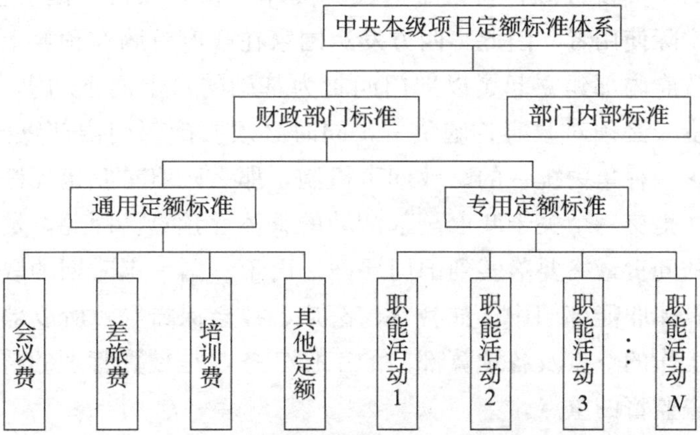

图 4-5 中央本级项目支出定额标准体系

国家大力推进支出标准体系建设，要建立国家基础标准和地方标准相结合的基本公共服务保障标准体系，由财政部会同中央有关职能部门按程序制定国家基础标准，地方结合公共服务状况、支出成本差异、财政承受能力等因素因地制宜制定地方标准，按程序报上级备案后执行。鼓励各地区结合实际在国家尚未出台基础标准的领域制定地方标准。各地区要围绕"三保"等基本需要研究制定县级标准。根据支出政策、项目要素及成本、财力水平等，建立不同行业、不同地区、分类分档的预算项目支出标准体系。根据经济社会发展、物价变动和财力变化等动态调整支出标准。加强对项目执行情况的分析和结果运用，将科学合理的实际执行情况作为制定和调整标准的依据。加快推进项目要素、项目文本、绩效指标等的标准化、规范化。将支出标准作为预算编制的基本依据，不得超标准编制预算。①

第四节 部门预算的编制

一、部门预算的含义与特征

（一）部门预算的基本含义

《预算法实施条例》第四条规定："预算法第六条第二款所称各部门，是指与本级政府财政部门直接发生预算缴拨款关系的国家机关、军队、政党组织、事业单位、社会团体和其他单位。"部门预算是各部门的收支预算，由各部门及所属单位预算组成。它是反映部门所有收入和支出情况的综合财政计划，是部门根据法律法规、预算制度、政府政策重点及活动计划等编制的，是政府各部门履行职能和事业发展的物质基础。

部门预算是现代政府预算制度的一种基础模式，也是市场经济国家的通行做法。在预算编制的过程中，部门一般是扮演预算资源申请者的角色，在预算执行中，部门要按照立法机关批准的预算及拨款，将资金落实到具体的预算项目，提供公共产品及服务，因而又是资金的实际使用者。因此，西方发达国家在政府首脑在预算上直接对议会负责的基础上，还在政府内部建立起了以部门问责为基础的自上而下的垂直的财政问责制，即各个部门的负责人必须对政府首脑负责，同时必须明确部门内部纵向的权力与责任。如果政府内部缺乏一种集中统一的财政问责机制，那么政府首脑也无法有效地对议会负责，甚至根本无法提交一个关于政府全部活动的整体性预算。因此，发达国家普遍实行部门预算，财政的问责最终要落实到部门层面。由于一国一定时期的政策重点均要部署和体现在政府各具体职能部门中，如教育、医疗、社会保障等，所以部门预算集中反映了一定时期政府工作的重点及各预算部门的工作任务，是预算管理的核心环节，也应该成为立法机关审查监督的重点。

（二）部门预算与政府预算的关系

1. 部门预算的组成

根据《预算法》的规定，我国实行一级政府一级预算，按照编制主体划分，我国的部门预算是政府预算的重要组成部分，各部门预算又由本部门及其所属各单位预算组成。由此，部门预算编制应主要包括所属单位预算编制及本部门预算编制。

部门预算主要由各部门编制，是一级政府预算的基础；一级政府预算由各级政府财

① 参见《国务院关于进一步深化预算管理制度改革的意见》（国发〔2021〕5号）。

政部门编制，是对各部门预算的汇总和综合。但是，这种汇总和综合并非简单的加总关系，原因在于：（1）部门预算是综合预算，既包括来自财政拨款或补助形成的收支，又包括部门按规定自行组织的收支；（2）我国预算体系包括一般公共预算、政府性基金预算、国有资本经营预算、社会保险基金预算，主要体现在一级政府预算中。就部门预算构成来说，《预算法实施条例》第五条第一款规定："各部门预算应当反映一般公共预算、政府性基金预算、国有资本经营预算安排给本部门及其所属各单位的所有预算资金。"所以部门预算中来自财政的资金主要包括一般公共预算、政府性基金预算、国有资本经营预算等安排的资金。（3）我国《预算法》第六条第二款规定："中央一般公共预算包括中央各部门（含直属单位，下同）的预算和中央对地方的税收返还、转移支付预算。"

2. 预算编制中部门预算与政府预算的关系

（1）明确政府预算的测算规则和政府预算对部门预算的控制规则。即，从财力安排的角度看，先测算政府收入预算，再根据政府收入预算安排本级部门支出预算规模和转移性支出预算规模，然后确定各具体部门的预算支出规模，最后部门确定单位预算的支出规模，这反映了自上而下的控制规则，即本级政府预算规模决定了部门预算中的财政拨款收支规模，部门预算规模决定了单位预算规模。

（2）明确政府预算项目与部门和单位预算项目的衔接规则。从预算汇总的角度看，部门预算由单位预算汇总而成，本级政府预算由部门预算汇总而成，这反映了自下而上的汇总规则。

（三）我国部门预算的特征

（1）从编制主体看，部门的资质要求限定在那些与财政直接发生经费领拨关系的一级预算单位或称主管预算单位。

（2）从编制范围看，部门预算属于综合预算，它涵盖部门及所属单位所有的收入和支出，既包括一般公共预算、政府性基金预算、国有资本经营预算、财政专户资金等收支，又包括部门及单位组织的事业收支、经营收支以及其他收支等。

（3）从支出角度看，部门预算应全面地反映一个部门及所属单位各项资金的使用方向和具体的使用内容。

（4）从编制程序看，部门预算应是由基层预算单位开始编制，经逐级审核汇总形成的。单位预算是列入部门预算的国家机关、社会团体和其他单位的收支预算。

（5）从细化程度看，部门预算的编制应既细化到具体预算单位和项目，又细化到按预算科目划分的各项具体支出。《预算法实施条例》第四十条第三款规定："各部门、各单位的预算支出，按其功能分类应当编列到项，按其经济性质分类应当编列到款。"

（6）从合法性看，部门预算必须在符合国家有关法律法规、政策制度的前提下按财政部门核定的预算控制数编制；需在经过法定程序后，由财政部门将预算批复到各部门，再由各部门逐级批复到基层预算单位据以执行。

可以看出，部门预算为硬化预算约束奠定了制度基础。

二、我国部门预算的编制原则

（一）合法性原则

部门预算的编制要符合《预算法》《预算法实施条例》和国家其他法律法规。（1）收入要合法合规。组织政府性基金收入要符合国家法律、法规的规定；行政事业性收费要按财政部、国家发改委核定的收费项目和标准测算等。（2）各项支出的安排要符合国家法律法规、有关政策的规定和开支标准，遵守现行的各项财务规章制度。

（二）真实性原则

部门预算收支的预测必须以国家社会经济发展计划和履行部门职能需要为依据，对每一收支项目的数据指标应认真测算，力求真实准确。

（三）完整性原则

部门预算是全面反映政府部门所有收支活动的预算。部门预算编制要体现综合预算的思想，各部门应将所有收入和支出全部纳入部门预算，以全面、准确地反映部门各项收支情况，使预算既包括财政部门的拨款和补助资金，也包括其他来源渠道及部门利用公共权力或提供公共服务取得的各种资金。

（四）科学性原则

部门预算编制要具有科学性，具体体现在以下方面：（1）预算收入的预测和安排预算支出的方向要科学，要与国民经济社会发展状况相适应；（2）预算编制的程序设置要科学，预算编制每个阶段的时间安排要合理；（3）预算编制的方法要科学，测算的过程要有理有据；（4）预算的核定要科学，基本支出预算定额要依照科学的方法制定，项目支出预算的编制要对项目进行评审排序。

（五）稳妥性原则

部门预算的编制要做到稳妥可靠，量入为出，收支平衡，不得编制赤字预算。收入预算要留有余地，没有把握的收入项目和数额，不得列入预算；预算要先保证基本工资、离退休费和日常办公经费等基本支出，项目预算的编制则要量力而行。

（六）重点性原则

部门预算编制要做到合理安排各项资金，本着“统筹兼顾、留有余地”的方针，在兼顾一般的同时，优先保证重点支出。根据重点性原则，要先保证基本支出，后安排项目支出；先安排重点项目和急需项目，后安排一般项目。

（七）透明性原则

部门预算要体现公开、透明原则，要通过建立完善科学的预算支出标准体系，实现预算分配的标准化、科学化，减少预算分配中的主观随意性，使预算分配更加规范、透明；主动接受人大、审计和社会监督，建立健全部门预算信息披露制度和公开反馈机制，推进部门预算公开。

（八）绩效性原则

部门预算应树立绩效管理理念，健全绩效管理机制，对预算的编制、执行过程和完成结果实行全面的追踪问效，不断提高预算资金的使用效益。

专栏 4-6

部门单位收支预算的管理要求及公物仓管理

（1）强化部门和单位收入统筹管理。各部门和单位要依法依规将取得的各类收入纳入部门或单位预算，未纳入预算的收入不得安排支出。各部门应当加强所属单位事业收入、事业单位经营收入等非财政拨款收入管理，在部门和单位预算中如实反映非财政拨款收入情况。加强行政事业性国有资产收入管理，资产出租、处置等收入按规定上缴国库或纳入单位预算。要落实部门和单位的预算管理主体责任，部门和单位要对预算完整性、规范性、真实性以及执行结果负责。各部门要统筹各类资金资产，结合本部门非财政拨款收入情况统筹申请预算，保障合理支出需求。

（2）盘活各类存量资源。新增资产配置要与资产存量挂钩，依法依规编制相关支出预算。要严格各类资产登记和核算，所有资本性支出应当形成资产并予以全程登记。各级行政事业单位要将资产使用管理责任落实到人，确保资产安全完整、高效利用。要推动国有资产共享共用，促进长期低效运转、闲置和超标准配置资产以及临时配置资产调剂使用，有条件的部门和地区可以探索建立公物仓，按规定处置不需要使用且难以调剂的国有资产，提高财政资源配置效益。

（3）公物仓管理。公物仓是对党政机关举办大型活动（会议）及组建临时机构的物资设备实行集中统一管理的专门机构。这是为强化对行政事业单位的国有资产管理而采取的一种举措。公物仓资产实行专库存放、专人保管、专户管理。党政机关组建临时机构、举办大型会议（活动）所需的除一次性消耗品外的资产，由牵头部门提出申请后从公物仓借用，行政事业单位因临时或突击性工作需要而单位又不能调剂解决的资产，也可从公物仓借用或租赁。借用或租赁期满，使用单位须及时将资产交回公物仓。对更新换代较快的自动化办公设备，公物仓将及时进行调剂使用。公物仓管理制度的实行对建设节约型机关和建立资源共建共享共用机制，将起到积极的推动作用。

资料来源：根据《国务院关于进一步深化预算管理制度改革的意见》（国发〔2021〕5号）及相关内容自行整理而成。

三、部门收入预算

（一）部门预算收入的内容

部门预算收入是部门编制年度预算时，预计在预算编制周期内将从各种渠道依法取得的各类收入的总称，是部门履行职能、完成各项工作任务的财力保障。

部门预算收入包括上年结转、财政拨款收入、财政专户管理资金收入和单位资金收入。其中，财政拨款收入包括一般公共预算拨款、政府性基金预算拨款、国有资本经营预算拨款；财政专户管理资金收入是缴入财政专户、实行专项管理的教育收费收入；单位资金收入是指除财政拨款收入和财政专户管理资金收入以外的收入，包括上级补助收入、事业收入（不含教育收费）、事业单位经营收入、下级单位上缴收入及其他收入（包含债务收入、投资收益等）。

（1）上年结转。它是指以前年度安排、预计结转到本年度使用的资金，包括财政拨款结转资金、教育收费和其他资金的结转情况。部门预算结转结余资金既包括一般公共预算安排的部门预算结转结余资金，也包括政府性基金预算安排的部门预算结转结余资金。

（2）财政拨款收入。它是指由财政拨款形成的部门收入，不包括非本级财政拨款收入以及预计年度执行中从其他部门接收到的财政拨款收入。

（3）上级补助收入。它是指预算单位从主管部门或上级单位取得的非财政拨款补助收入。

（4）事业收入。它是指事业单位开展专业业务活动及辅助活动取得的收入，包括教育收费收入等。

（5）事业单位经营收入。它是指事业单位在专业业务活动及辅助活动之外开展非独立核算经营活动取得的收入。事业单位经营收入必须具备以下两个特征：一是经营活动取得的收入，而不是专业业务活动及其辅助活动取得的收入；二是取得的经营收入是非独立核算的。

（6）下级单位上缴收入。它是指本单位所属下级单位（包含独立核算和非独立核算，相关支出纳入和未纳入部门预算的下级单位）上缴给本单位的收入（包括下级事业单位上缴的事业收入、其他收入和下级企业单位上缴的利润等）。

（7）其他收入。它是指除上述收入以外的各项收入，主要包括非本级财政事业单位的投资收益等收入。

（8）用事业基金弥补收支差额。它是指预计用事业基金弥补本年度收支差额数额。只有事业单位预计收入小于支出时，才可以用事业基金弥补收支差额。表 4－5 给出了部门收入总表示例。

表 4－5 部门收入总表示例

部门/单位： 单位：万元

部门（单位）代码	部门（单位）名称	合计	本年收入										上年结转结余					
			小计	一般公共预算收入	政府性基金预算收入	国有资本经营预算收入	财政专户管理资金收入	上级补助收入	事业收入	事业单位经营收入	下级单位上缴收入	其他收入	小计	一般公共预算	政府性基金预算	国有资本经营预算	财政专户管理资金	单位资金
	×××部门																	
	×××部门本级																	
	×××部门下级单位 1																	
	×××部门下级单位 2																	
合计																		

（二）部门收入预算的编制

1. 部门进行收入预算测算的总体要求

部门在进行收入预算预测时，应本着科学、合理的原则，遵循项目合法合规、内容全面完整、数字真实准确的总体要求，充分、合理预计部门各项收入，依法、准确、真实、完整地编制收入预算。

（1）项目合法合规。即，部门的各项收入必须是预计依法取得的各项收入。

（2）内容全面完整。部门收入预算的收入项目较多，资金来源各有不同，部门在报预算时应做到全面反映、完整填报，对单位预计取得的各项收入进行全面反映，不应在部门预算之外保留其他收入项目。

（3）数字真实准确。部门预算收入的预测必须以国家社会经济发展计划和履行部门职能的需要为依据，同时结合近几年实际取得的收入并考虑增收减收因素测算，不能随意夸大或隐瞒收入，力求各收入项目预算数据真实准确。

2. 部门进行收入预算测算的依据

部门在进行收入预算预测时要根据部门的发展规划、行使职能的需要，对各项需求和资金来源进行认真测算、分析。

(1) 明确预算目标。各部门要依据国家的中长期发展计划和本部门的职责，提出工作重点、任务，列出部门需要安排的重要事项，建立起各部门的年度预算目标。

(2) 收集相关资料。部门财政拨款收入的测算要在占有大量信息的基础上进行，部门应全面收集与编制和本部门预算相关的信息资料，如部门资产数量、资产分布状况，部门财务状况，财政、货币政策，经济增长速度，财政对部门的财政拨款需求的满足程度等。

(3) 分析、归集部门预算需求。一方面，要对收集的有关部门预算的各类资料进行深入分析，确保数据、信息的真实准确；另一方面，要对收集的信息、资料进行归类汇总，形成部门完整的决策信息。

(4) 测算部门预算需求。根据财政部门有关文件的规定，对部门预算需求应分为两个部分进行测算：一部分是基本支出。该项支出是以定员定额方式确定的，定员定额水平由财政部门根据当年国家财政状况确定。另一部分是项目支出。该项支出是根据部门履行行政职能的实际需要确定的，各部门要根据本部门事业发展规划、国民经济发展规划以及财政的承受能力合理测算项目预算。

四、部门支出预算

部门支出预算主要分为基本支出预算和项目支出预算。

（一）基本支出预算

1. 基本支出预算的内涵

基本支出预算是为保障行政事业单位正常运转、完成日常工作任务所必需的开支而编制的年度支出计划。具体包括人员经费和公用经费。

(1) 人员经费。它主要是指维持机构正常运转且可归集到个人的各项支出，主要分为有关人员工资福利支出以及部分对个人和家庭的补助支出。具体包括基本工资、津（补）贴及奖金、社会保障缴费、离退休费、助学金、医疗费、住房补贴和其他人员经费等。

(2) 公用经费。它主要是指维持机构正常运转但不能归集到个人的各项支出，是为完成日常工作任务而用于购买商品、服务、办公设备等方面的支出。日常公用经费主要包括办公及印刷费、水电费、办公用房取暖费、办公用房物业管理费、公务用车运行维护费、差旅费、日常维修费、会议费、专用材料费、一般购置费、福利费和其他费用等项目。在支出经济分类科目中体现为“商品和服务支出”和“其他资本性支出”等。

2. 基本支出预算的编制原则

(1) 综合预算原则。在编制基本支出预算时，各部门要对当年财政拨款和以前年度结转和结余资金、其他资金，包括单位财政补助收入、非税收入和其他收入等进行统筹考虑和合理安排。

(2) 优先保障原则。各部门要根据财力可能，结合单位的行政事业工作任务需要，合理安排各项资金。首先要保障单位基本支出的合理需要，以维持行政事业单位日常工作的正常运转，履行基本职能。

（3）定员定额管理原则。基本支出预算实行以定员定额为主的管理方式，同时结合部门资产占有情况，通过建立实物费用定额标准，实现资产管理与定额管理相结合。

3. 基本支出预算的编制基础：定员定额制度

部门预算改革前，基本支出预算采取基数加增长的方法核定，目前基本支出预算由预算单位按照单位编制人数以及基本支出定额标准编制，即采用以定员定额为主的管理方式。

（1）定员。定员是指根据行政事业单位的规模或工作量，对人员编制或定员比例规定人员指标额度。确定定员时需要考虑很多因素，对行政单位而言，要根据机构精简的原则和各地的经济情况、人口多少、区域大小以及行政任务的需要确定人员编制；对事业单位而言，或者根据工作任务的繁简、机构规模和级别来定员，或者根据比例来定员（如学校可根据师生比例来决定教职工的编制）。

（2）定额。定额是指国家根据行政事业单位的工作性质及特点对行政事业单位在一定时期内有关人力、物力、财力的补偿以及消耗或利用方面所规定的各种经济额度。定额的形式包括：

1）实物定额和货币定额。实物定额是指按照实物数量规定定额，如每个学生应该配备的教学设备等。货币定额是指以货币数量规定定额，如每个学生的助学金定额为多少元等。

2）单项定额和综合定额。单项定额是对某一项具体支出规定定额，如助学金定额、工资定额等。综合定额是把若干个单项定额合并为一个包括多项内容的定额，如医院门诊收入定额，其中包括药品收入、各医疗项目收入等。通常来讲，凡是经常性的开支项目都要实行单项定额；对无法细化成单项定额的支出项目可核定其综合定额。目前，财政部门下达给部门的定员定额是综合定额，但在制定具体定额标准的过程中则是按照单项定额分项测算。

3）支出定额和财政补助定额。目前，基本支出的定员定额标准由“双定额”，即支出定额和财政补助定额构成。支出定额是指财政部门按人或物核定的部门、单位总体或某个定额项目的大口径支出标准，如核定某单位在职职工人均支出水平为每年 6 万元，则人均 6 万元即支出定额；财政补助定额是财政部门对与其有预算缴拨款关系的部门、单位按人或物核定的财政补助标准，是为了保证财政预算分配的公平而制定的分配标准，如财政部门核定某单位在职职工人均补助每年 1 万元，则人均 1 万元即财政补助定额。目前，行政单位的支出定额和财政补助定额是基本一致的，因为行政单位除财政补助收入外，基本没有其他收入来源，而大部分事业单位有一定的收入来源，因此事业单位适用“双定额”。

基本支出预算实行以定员定额为主的管理方式，同时结合部门资产占有情况，通过建立实物费用定额标准，实现资产管理与定额管理相结合。各部门、各单位在编制预算草案时，应当根据资产配置标准，结合存量资产情况编制相关支出预算。

（3）定员定额测算方法。

1）人员经费测算公式：

人员经费＝核定的编制内实有人数×定额标准

2）公用经费测算公式：

$$公用经费=核定的人员编制数\times 人员综合定额标准 +\sum(核定的资产数\times 实物定额标准)$$

4. 基本支出预算的测算

基本支出预算的测算主要是财政部门在部门预算的“一上”到“一下”之间进行的，具体包括定额标准制定、人员数据核实、控制数测算和控制数下达四个阶段。

（1）定额标准制定。财政部门根据规范的程序和方法，分别制定行政、事业单位和参公管理单位①基本支出定额标准。

（2）人员数据核实。财政部门根据各单位报送的人员基本情况进行整理，提取出测算基本支出所需的人员数据，并对人员数据及有关情况进行审核。

（3）控制数测算。财政部门根据定额标准和核实的单位人员情况，结合部门基本支出结转情况，测算形成各部门的基本支出预算控制数或财政拨款补助数。

（4）控制数下达。财政部门按照预算编制规程，在规定时间内，将定额标准和按定额标准计算形成的基本支出预算控制数或财政拨款补助数下达给部门或单位。

5. 基本支出预算的编制

各部门在财政部门下达的基本支出控制数额或财政拨款补助数额内，根据本部门的实际情况和国家有关政策、制度规定的开支范围和开支标准，在人员经费和日常公用经费各自的支出经济分类之间，自主调整编制本部门的基本支出预算，并在规定时间内报送财政部门。

应注意的是，基本支出自主调整的范围仅限于人员经费经济分类“款”级科目之间或日常公用经费支出经济分类“款”级科目之间的必要调剂，人员经费和公用经费之间不得自主调整。表 4-6 给出了部门基本支出表示例。

表 4-6　部门基本支出表示例

部门/单位：　　　　　　　　　　　　　　　　　　　　　　　　单位：万元

部门预算支出经济分类科目		本年一般公共预算基本支出		
科目编码	科目名称	合计	人员经费	公用经费
301	工资福利支出			
30101	基本工资			
30102	津贴补贴			
	……			
	合　计			

① 参公管理单位是指参照《中华人民共和国公务员法》管理的事业单位，即对其具有事业编制的工作人员，不是按照事业单位的管理方式而是按照公务员的管理方式进行管理的单位，这样的单位承担一定的政府职能。

（二）项目支出预算的编制

1. 项目支出预算的内涵及特征

项目支出预算是部门为完成其特定的行政工作任务或事业发展目标而安排的支出。项目主要包括基本建设项目、有关事业发展专项计划、专项业务费项目、大型修缮项目、大型购置项目、大型会议项目等。

项目支出预算是围绕“项目”编制的支出计划，其特征包括：

（1）专项性。项目支出预算的专项性体现在预算与业务的结合之中，即预算围绕项目，项目围绕特定目标，项目预算是为完成特定工作任务而编制的经费支出计划，针对不同目标或任务应分别设立项目。

（2）独立性。每个项目支出预算都应有其支出的明确范围，项目支出之间不能交叉，项目支出与基本支出之间也不能交叉。如果出现交叉，则说明项目目标或任务有重叠，项目边界不清，设置不尽合理。

（3）完整性。项目支出预算应包括完成特定目标或任务所涉及的全部经费支出，应避免将因为一个目标或任务而发生的支出拆解分散到多个项目支出中去。

2. 项目的分类

项目具体分为一级项目和二级项目两个层次。

（1）一级项目。一级项目是按照部门主要职责设立并由部门作为项目实施主体的项目。一级项目明细到支出功能分类的款级科目。

按照使用范围，部门一级项目分为通用项目和专用项目。通用项目指根据部门的共性项目设立并由各部门共同使用的一级项目，是由财政部门根据管理需要统一设立的项目；专用项目指部门根据履行职能的需要自行设立和使用的一级项目，专用项目由部门提出建议，报财政部门核准后设立。每个一级项目均包含若干个二级项目。

（2）二级项目。二级项目包括在现有项目基础上规范整合而成的项目和新设立的项目，立项单位为项目实施主体。二级项目明细到支出功能分类的项级科目。

按照项目的重要性，二级项目划分为重大改革发展项目、专项业务费项目和其他项目三类。1）重大改革发展项目，指党和政府文件明确规定财政给予支持的改革发展项目，以及其他必须由财政保障的重大支出项目等；2）专项业务费项目，指部门为履行职能，开展专项业务而持续、长期发生的支出项目，如大型设施、大型设备运行费，执法办案费，经常性监管、监测、审查经费等；3）其他项目，指除上述两类项目之外，部门为完成特定任务需安排的支出项目。基本建设项目统一列为其他项目。

3. 项目支出预算的管理

为适应政府预算要从单纯的控制收支的工具向成为政府进行国家治理、实施宏观调控、实现施政目标的重要手段转变，进一步发挥作为一种管理工具的重要作用，项目预算的主要作用由传统的强调投入分配和支出保障功能，转向实现政府主要职能和中长期公共政策目标，以突出预算的规划功能，发挥预算作为政策实施工具的作用。同时，促使各部门改善内部管理，转变行为方式，以更有效的方法和途径履行部门职责。

（1）项目设置及管理方式。项目设置要规范合理，要反映部门主要职责并具备可执行性，在保障合理需要的前提下，突出重点，聚焦国家的重大改革、重要政策和重点项目，有效避免项目间和年度间交叉重复。

从项目管理方式来说，要实施项目分级管理，即将部门的具体项目按照部门职责、行业或领域规划、项目内容等归集，形成若干个相对稳定的支出项目。

（2）项目及预算的评审评价。项目评审要嵌入预算编制流程，即进入项目库的项目原则上要经过评审，包括部门评审和财政部门评审。

1）部门审核和评审。审核和评审的内容主要包括完整性、必要性、可行性和合理性等方面。审核和评审后，部门要对一级项目下的二级项目进行排序。排序将作为预算和规划安排的重要参考因素。

2）项目支出预算及项目库的申报。一是项目支出预算的申报。按照财政部门要求的分年度项目支出控制规模，部门根据项目的排序，将项目列入预算和规划中，向财政部门申报预算。二是项目库的申报。按照财政部门要求的分年度项目库控制规模，部门根据项目的排序，向财政部门申报项目。

3）项目预算评审。预算评审是完善预算编制流程，提高预算准确性的重要措施。通过开展评审工作，建立健全预算评审机制，可以将预算评审实质性嵌入部门预算管理流程。

4）强化评审结果的运用，部门将评审结果作为项目入库、申报和调整的重要依据，财政部门将评审结果作为预算安排的重要依据。

总之，项目预算由预算单位根据部门预算编制规程，在对上年预算批复项目进行清理的基础上滚动编制，即在上年预算已批复项目中，确定下年预算需继续安排的延续项目，并根据规程及评审结果确定下年实际需要增加的新项目。

表 4-7 至表 4-11 分别给出了部门项目支出表、部门支出总表、财政拨款收支总表、一般公共预算支出表、政府性基金支出表示例。

表 4-7　部门项目支出表示例

部门/单位：　　　　　　　　　　　　　　　　　　　　单位：万元

类型	项目名称	项目单位	合计	本年拨款			财政拨款结转结余			财政专户管理资金	单位资金
				一般公共预算	政府性基金预算	国有资本经营预算	一般公共预算	政府性基金预算	国有资本经营预算		
	×××项目										
	×××项目										
	×××项目										
	……										
合计											

表 4-8　部门支出总表示例

部门/单位：　　　　　　　　　　　　　　　　　　　　　　　　　　单位：万元

科目编码	科目名称	合计	基本支出	项目支出	事业单位经营支出	上缴上级支出	对下级单位的补助支出
201	一般公共服务支出						
20101	人大事务						
2010101	行政运行						
2010102	机关服务						
	……						
	合　计						

表 4-9　财政拨款收支总表示例

部门/单位：　　　　　　　　　　　　　　　　　　　　　　　　　　单位：万元

收入		支出	
项目	预算数	项目	预算数
一、本年收入		一、本年支出	
（一）一般公共预算拨款		（一）一般公共服务支出	
（二）政府性基金预算拨款		（二）外交支出	
（三）国有资本经营预算拨款		（三）国防支出	
二、上年结转		（四）公共安全支出	
（一）一般公共预算拨款		（五）教育支出	
（二）政府性基金预算拨款		（六）科学技术支出	
（三）国有资本经营预算拨款		……	
		二、年终结转结余	
收入总计		支出总计	

表 4-10　一般公共预算支出表示例

部门/单位：　　　　　　　　　　　　　　　　　　　　　　　　　　　　单位：万元

科目编码	科目名称	合计	基本支出			项目支出
			小计	人员经费	公用经费	
201	一般公共服务支出					
20101	人大事务					
2010101	行政运行					
2010102	机关服务					
	……					
	合　计					

表 4-11　政府性基金支出表示例

部门/单位：　　　　　　　　　　　　　　　　　　　　　　　　　　　　单位：万元

科目编码	科目名称	本年政府性基金预算支出		
		合计	基本支出	项目支出
206	科学技术支出			
20610	核电站乏燃料处理处置基金支出			
2061001	乏燃料运输			
……				
	合　计			

专栏 4-7

预算管理一体化与项目库

按照预算管理一体化的规范要求，全部预算支出要以预算项目的形式纳入项目库，实行全生命周期管理。主要分为前期谋划、项目储备、预算编制、项目实施、项目结束等阶段，全流程动态记录和反映项目信息变化情况。

（一）项目分类

按照预算支出性质和用途，项目分为人员类项目、运转类项目和特定目标类项目三类。人员类项目支出和运转类项目中的公用经费项目支出对应部门预算中的基本支出；

其他运转类项目支出和特定目标类项目支出对应部门预算中的项目支出。

1. 人员类项目

人员类项目是指部门和单位有关人员的工资福利支出、对个人和家庭的补助支出项目。

(1) 前期谋划和项目储备。部门、单位维护本部门本单位的单位信息、人员信息等基础信息，财政部门维护人员类项目支出标准，系统自动测算各部门、各单位人员类项目支出，部门、单位确认后纳入项目库作为预算储备项目。项目要素主要包括：项目名称、项目代码、财政内部机构、主管部门、项目类别、项目总额等。

(2) 预算编制。各部门、单位选取人员类项目，按预算编制要求报送财政部门审核。有充分依据确需对人员类项目进行调整的，一并报财政部门审核。财政部门审核确认后，将各部门、各单位人员类项目按预算编制程序列入预算。新增的项目要素包括：预算年度、预算数、预算来源、支出功能分类科目、支出经济分类科目等。

(3) 项目实施。动态记录和反映项目预算下达、预算调整调剂、预算执行等情况。

(4) 项目结束。人员类项目的期限原则上与机构存续期一致。

2. 运转类项目

运转类项目包括部门、单位为保障其机构自身正常运转、完成日常工作任务所发生的公用经费项目和专项用于大型公用设施、大型专用设备、专业信息系统等的运行维护的其他运转类项目。公用经费项目按照定员定额方式管理，以人员编制、通用资产为计算对象，保障单位日常运转和基本履职需要。其他运转类项目以各类大型专用资产为计算对象，保障单位管理的大型公用设施、大型专用设备、专业信息系统的运行维护需要。

(1) 前期谋划。部门、单位结合本部门、本单位的职责和事业发展规划，提前研究谋划本部门、本单位下一年度运转类项目支出需求。

其他运转类项目部门、单位按照中期财政规划的管理要求，参照以前年度预算安排及执行等情况，组织项目申报，开展项目评审论证，根据评审报告和相关支出标准测算项目支出。

(2) 项目储备。一是公用经费项目。部门、单位维护本部门本单位的单位信息、人员信息等基础信息，财政部门维护公用经费项目的支出标准，系统自动测算各部门、各单位公用经费项目支出，部门、单位确认后纳入项目库作为预算储备项目。二是其他运转类项目。部门、单位根据项目申报、评审论证和支出测算情况，在项目库中规范、完整、准确填报项目要素，报送财政部门审核。财政部门审核通过的项目，作为预算储备项目。项目要素主要包括：项目名称、项目代码、项目概述、项目类别、项目期限、项目总额、绩效目标、评审报告等。

(3) 预算编制。部门、单位按照预算编制要求从储备项目中选取预算项目，按预算编制程序列入预算。新增的项目要素包括：预算年度、预算数、预算来源、支出功能分类科目、支出经济分类科目等。

(4) 项目实施。动态记录和反映项目预算下达、预算调整调剂、预算执行等情况。

(5) 项目结束。运转类项目中的公用经费项目原则上与机构存续期一致；其他运转类项目期限与相应的大型公用设施、大型专用设备、专业信息系统的使用期一致，如大型公用设施、大型专用设备、专业信息系统不再使用，则相应项目结束。

3. 特定目标类项目

特定目标类项目是指部门和单位为完成其特定的工作任务和事业发展目标所发生的

支出项目。除人员类项目和运转类项目外，其他预算项目作为特定目标类项目管理。

（1）前期谋划。部门、单位结合本部门、本单位的职责和事业发展规划，提前研究谋划本部门、本单位下一年度特定目标类支出需求。部门、单位按照中期财政规划管理要求，参照以前年度预算安排及执行等情况，组织项目申报，开展项目评审论证，根据评审报告和相关支出标准测算项目支出。

（2）项目储备。部门、单位将本部门、本单位特定目标类项目录入项目库，规范、完整、准确填报项目要素，报送财政部门审核。财政部门审核通过的项目，作为预算储备项目。事业单位经营支出、上缴上级支出、对附属单位的补助支出应当作为具体项目分别储备。项目要素主要包括：项目名称、项目代码、项目概述、项目类别、项目期限、项目总额、绩效目标、评审报告等。

入库储备项目应满足以下要求：

1）符合法律法规规定。

2）符合相关发展规划、财政支持方向和财政资金供给范围，优先保障重大改革、重要政策和重点项目。

3）与部门、单位的职责和事业发展需要相匹配。

4）项目要素信息填报规范、完整、准确。项目期限、项目金额、资金测算、绩效目标等科学、合理、可行。

5）部门所有支出应当明确具体项目和金额，细化到具体实施单位，部门不得代编应由所属单位实施的项目。

6）对于不合法、不合规的项目，原定政策已到期或发生变化不再适用的项目，原定任务目标已完成、自身条件发生变化，无须再实施或无法再实施的项目，各部门、各单位不得入库储备。

7）入库储备项目的内容边界应该清晰明确，同一个单位的同一项内容，不得重复申报多个项目或重复申报多项资金。

8）部门和单位为保障其机构自身正常运转、完成日常工作任务的支出项目不得作为特定目标类项目储备。

（3）预算编制。部门、单位按照预算编制要求，从储备项目中挑选预算项目，按预算编制程序编制预算。新增的项目要素包括：预算年度、预算数、预算来源、支出功能分类科目、支出经济分类科目等。财政部门对各部门、各单位选取的预算项目进行审核。部门、单位根据财政部门的意见修改完善。财政待分配项目由财政部门负责编制。

（4）项目实施。动态记录和反映项目预算下达、预算调整调剂、预算执行等情况。

（5）项目结束。对执行完毕的项目和不再执行的项目进行标识。

（6）对于特定目标类项目中的对下级的转移支付项目，应做好上下级项目库管理工作的对接，项目的细化安排情况在下级项目库中反映。

1）上级财政部门和业务部门应提前梳理转移支付项目，加强对下级财政部门和业务部门的指导。

2）下级财政部门和业务部门，要按照上级要求研究谋划和储备项目，待上级下达（含提前下达）资金后，从项目库中挑选项目，按照上级要求安排资金或将项目上报上级。

五、部门预算编制程序

（一）预算编制程序的设计

预算编制程序的设计即预算过程应该是“自上而下”还是“自下而上”，是预算编制环节最基本的选择。

1. 自下而上的预算过程

自下而上的预算过程中，预算编制是从每个机构的预算请求开始，然后由政府首脑及其预算部门或者立法机关审查，预算请求奠定了预算决策的基础。这一预算程序的优点是，预算过程最后形成的预算可以比较好地反映支出部门的要求，但它的缺点也是比较明显的：首先，不利于在资金的分配中贯彻政府首脑的政策意图，因为预算主要是在各个部门预算要求的基础上形成的，政府首脑通常要等各个部门把预算报上来后才能决定最后的政府预算；其次，容易造成政府支出规模的不断膨胀。因政府预算是在各个部门的预算要求的基础上产生的，而部门通常都会有扩张支出的冲动，在信息不对称的情况下，这种支出扩张的冲动往往得以实现。

2. 自上而下的预算过程

自上而下的预算过程中，政府首脑及其预算部门一般会发布关于如何形成预算要求的指示，并要求支出机构遵守。自上而下的预算过程是相对集权的，这种预算程序有利于政府首脑进行支出控制，并将其政策偏好落实到预算上来。但是，它不利于反映支出部门的实际需要。

由于这两种预算程序各有优缺点，因此，现实中通常是将自下而上与自上而下的预算过程综合起来运用。

（二）部门预算编制程序的设计

一般来说，预算编制程序是“两上两下”，即部门两次将预算建议数或预算草案上报给财政部门，财政部门两次返回预算的过程。

1. “一上”：部门编报预算建议数

本阶段，各部门按照年度部门预算编制要求，根据当年预计的预算执行情况以及下年国民经济和社会事业发展主要预计指标、部门及所属单位承担的工作职能和下年工作任务等，提出下年预算收支建议数，组织各单位（含部门本级，下同）逐级申报预算，审核汇总各单位预算，并提供与预算需求相关的基础数据和相关资料（主要涉及基本支出核定相关的编制人数和实有人数、增人增支的文件，必保项目的文件等），编制形成年度部门预算建议，在规定时间内报送财政部门。具体程序为：

（1）汇总申报收入预算。

1）部门对各单位申报的收入预算进行审核汇总，形成本部门的年度收入预算建议。2）部门组织各单位合理预计各项收入。其中：财政拨款收入与财政拨款支出一致；财政专户管理资金和单位资金收入按照规定的收入项目、征收范围和征收标准申报收入预算，全面反映各单位预算年度内的各项收入来源及构成情况。3）部门结合各单位历年收入情况，根据经济发展形势、事业发展计划、经营状况等因素，审核各单位申报的收入预算情况。审核原则包括：合法合规，即必须是依法取得的各项收入，应上缴国库的各项非税收入不作为单位资金收入；全面完整，即不得在预算之外保留其他收入项目，真实准确，即充分考虑增收减收因素测算，不能随意夸大或隐瞒收入。

（2）汇总申报人员类项目预算。

1）部门审核各单位人员范围是否符合政策规定，申报预算的资金性质是否合理，支出功能分类科目、支出经济分类科目（包括政府预算支出经济分类科目和部门预算支出经济分类科目，下同）的使用是否准确等；2）对各单位反映的人员类项目特殊需求，部门根据单位提供的相关依据等进行审核；3）部门汇总各单位的人员类项目支出预算需求，相应提出部门人员类项目支出预算建议。

（3）汇总申报运转类项目预算。

1）对于公用经费项目，部门审核支出范围是否符合政策规定，申报预算的资金性质是否合理，支出功能分类科目、支出经济分类科目使用是否准确，资产配置计划、政府采购预算是否符合规定等；2）对于其他运转类项目，部门审核项目支出标准是否科学合理，支出功能分类科目、支出经济分类科目使用是否准确，资产配置计划、政府采购预算是否符合规定，按照预算编制要求和轻重缓急原则，提出运转类项目中其他运转类项目的预算建议；3）部门审核“三公”经费是否符合政策规定、是否符合总量控制要求等；4）部门汇总各单位的运转类项目预算需求，相应提出部门运转类项目支出预算建议。

（4）汇总申报特定目标类项目预算。

1）部门要按照财政部门编报部门预算的有关要求，审核汇总特定目标类项目预算；2）部门审核项目支出标准是否科学合理，资产配置计划、政府采购预算是否符合规定，申报预算的资金性质是否合理，支出功能分类科目、支出经济分类科目使用是否准确等；3）部门审核“三公”经费是否符合政策规定、是否符合总量控制要求等；4）部门对各单位申报的项目进行审核后，结合财政部门对项目支出规模的控制要求等，按照轻重缓急原则，提出部门特定目标类项目支出预算建议。

（5）项目排序原则。

部门申报预算的项目要按照以下原则进行排序：

1）确保人员类项目预算，落实“保工资”的要求；2）确保运转类项目预算，落实“保运转”的要求；3）优先保障特定目标类项目中涉及基本民生的项目预算，落实“保基本民生”的要求；4）重点保障特定目标类项目中已经由本级党委、政府明确的项目；5）对其他特定目标类项目，按照轻重缓急排序。

2.“一下”：财政审核并拟定下达预算控制数

本阶段，财政部门对部门申报预算的项目进行审核，根据本级财力、上年预算执行、绩效评价结果、预算评审、部门申报收入等情况，对部门提出的预算项目和预算建议进行审核，确定财政拨款预算“一下”控制数。财政部门核定的部门预算财政拨款预算控制数总额严格限定在政府预算确定的本级支出预算规模以内。具体程序为：

（1）审核收入预算。1）财政部门应根据本级财力、上年预算执行、绩效评价结果、预算评审等情况，核定部门下一年度财政拨款收入预算控制数，财政拨款收入预算与财政拨款支出预算一致。对预计结转结余资金收入规模较大的部门，财政部门应适当减少其财政拨款预算。2）财政部门对部门申报的单位资金和财政专户管理资金收入预算进行审核，对不合理、不准确的，财政部门通知部门调整；财政专户管理资金收入预算（含当年收入和预计结转结余收入）作为上限控制预算项目的财政专户管理资金支出规模，所有预算项目的单位资金支出不得超出单位资金收入；单位资金收入预算（含当年收入和预计结转结余收入）作为上限控制申报预算项目的单位资金支出规模，所有预算项目的单位资金支出不得超出单位资金收入。

（2）审核人员类项目预算。1）财政部门审核人员范围是否符合政策规定，申报预算的资金性质是否合理，支出功能分类科目、支出经济分类科目使用是否准确等；2）对部门反映的人员类项目特殊需求，财政部门根据部门提供的相关依据等进行审核；3）财政部门根据审核情况，核定部门人员类项目财政拨款支出预算控制数。

（3）审核运转类项目预算。1）对于公用经费项目，财政部门审核支出范围是否符合政策规定，申报预算的资金性质是否合理，支出功能分类科目、支出经济分类科目使用是否准确，资产配置计划、政府采购预算是否符合规定等；2）对于其他运转类项目，财政部门审核项目支出标准是否科学合理，支出功能分类科目、支出经济分类科目使用是否准确，资产配置计划、政府采购预算是否符合规定；3）财政部门审核支出经济分类中涉及的“三公”经费支出是否符合政策规定、是否符合“三公”经费总量控制要求等；4）财政部门根据审核情况，核定运转类项目财政拨款支出预算控制数。

（4）审核特定目标类项目预算。1）财政部门审核项目支出标准是否科学合理，资产配置计划、政府采购预算是否符合规定，申报预算的资金性质是否合理，支出功能分类科目、部门经济分类科目使用是否准确等；2）财政部门审核支出经济分类中涉及的“三公”经费支出是否符合政策规定、是否符合“三公”经费总量控制要求等；3）财政部门按照项目排序原则，优先保障重要改革、重大政策和基本民生等重点领域项目，其他项目根据轻重缓急原则统筹安排预算；4）财政部门根据审核情况，核定特定目标类项目财政拨款支出预算控制数。

3. “二上”：部门编制上报预算草案

本阶段，部门按照财政部门下达的预算控制数、规定格式、时限等要求，组织各单位细化编制单位预算，汇总各单位预算草案，形成本部门预算草案，报送本级财政部门。具体程序为：

（1）部门将财政部门下达的预算控制数分解下达给各单位。下达给各单位的预算控制数总数不得超过财政部门下达的预算控制数。

（2）部门汇总各单位的收入预算，编制本部门收入预算。其中，财政拨款收入预算应当与财政拨款支出预算保持一致；单位资金收入预算应结合最新情况进行必要调整，确保合理、准确。

（3）部门汇总各单位的支出预算，编制本部门支出预算。汇总和编制时要审核各单位是否根据下达的有关支出预算控制数以及财政专户管理资金、单位资金收入预算，合理确定项目预算的资金性质；是否根据调整编制的支出预算对资产配置计划、政府采购预算等进行了必要调整；支出功能分类科目、支出经济分类科目使用是否准确；绩效目标设置是否科学合理；等等。

（4）部门汇总各单位的“三公”经费预算，审核是否符合规定。

（5）财政部门下达控制数之后，部门确因党委、政府新确定增支事项等特殊情况需要单独增加预算控制数的，应充分说明理由、提供相关材料，按程序反馈财政部门，由财政部门审核后对其控制数进行必要调整。

4. “二下”：财政部门批复预算

本阶段，本级政府预算经本级人大批准后，在法定时限内，财政部门向本级各部门批复预算，各部门向所属各单位批复预算。具体程序为：

（1）财政部门应当在本级政府预算经本级人民代表大会批准后二十日内向各部门批复预算。各部门应当在接到财政部门批复的本部门预算后十五日内向所属各单位批复预算。

（2）预算年度开始后，本级预算草案在本级人大批准前，在财政部门审核确认的各部门“二上”预算指标内，部门可以安排下列支出：上年度结转的支出，参照上一年同期的预算支出数额安排必须支付的本年度人员类项目支出、运转类项目支出和特定目标类项目支出，法律规定必须履行支付义务的支出，以及用于自然灾害等突发事件处理的支出。

具体编制程序如图 4－6 和图 4－7 所示。

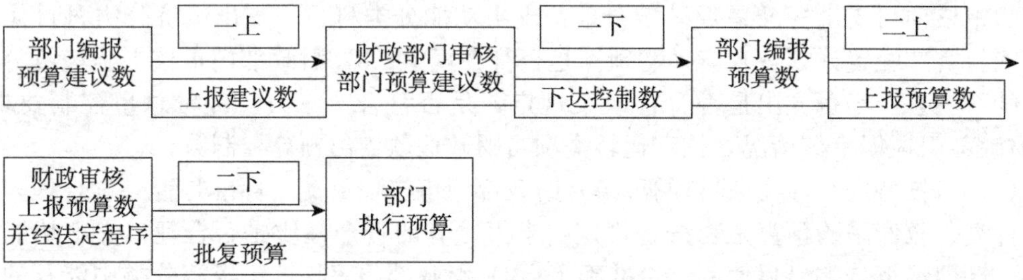

图 4－6　部门预算编制流程 1

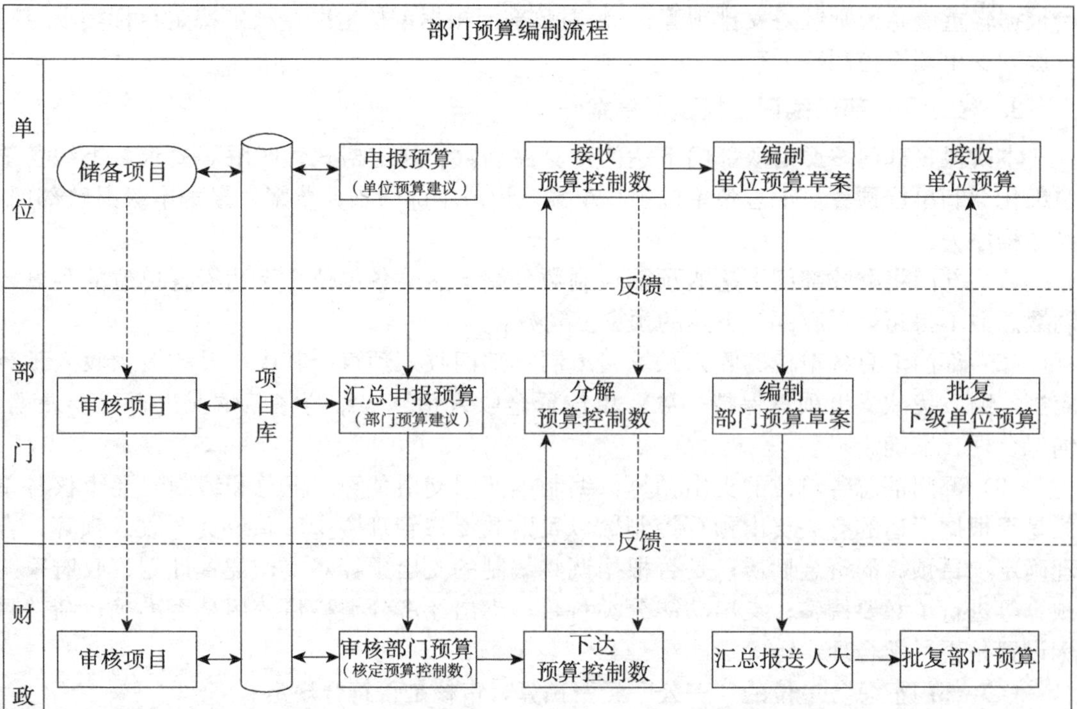

图 4－7　部门预算编制流程 2

（三）部门三年滚动支出规划编制程序及要求

部门编制部门预算，对一般公共预算和政府性基金预算拨款收入等均应编制三年滚动支出规划，与预算年度（三年滚动支出规划中的第一年，下同）的部门预算同步进行，基本程序是：

（1）基本支出规划编制。“一上”时，不编报基本支出规划。“二上”时，部门编制的基本支出规划分年数与预算年度基本支出预算数应保持一致。涉及三年滚动支出规划中的后两年基本支出的重大调整政策，由财政部门测算并编入规划。如因人员、编制或机构变化，需调整后两年规划的，待编制相关年度预算时调整。

（2）项目支出规划编制。一是做好项目储备，部门要提前启动项目研究论证、编制立项、审核评审等工作。二是完善项目填报，所有入库项目都要设置绩效目标，并细化、量化为具体的绩效指标。三是加强项目的评审。四是科学合理地测算，根据轻重缓急，对备选项目进行排序，择优编制落实项目支出规划。

（3）部门报送规划。部门在规划控制规模内报送“一上”支出规划，财政部门对项目进行审核，通过审核的纳入财政部门项目库；需要调整的，由部门调整后重新上报；不符合政策规定的，明确为不予安排的项目，不得列入规划和预算。

（4）财政部门根据中期财政规划、财政政策、部门需求等进行综合平衡，核定下达部门三年支出规划控制数，明确一级项目和部分重点二级项目的分年控制数。

（5）部门调整编制规划。部门根据控制数调整编制三年支出规划报财政部门，各年度支出总额不得调整。

（6）财政部门审核汇总部门的三年滚动支出规划，按程序报批后，正式下达给部门。

第五节 政府总预算的编制

各级部门的预算编制完成后，要提交本级财政部门统一进行审查汇编。各级财政部门以各所属部门预算为基础，加上财政部门自身掌握的有关收支而编制的综合反映一级政府收支的预算一般称为政府财政总预算。

按照行政级别，一级政府财政预算可分为由财政部汇编的中央预算和地方总预算，以及由各级地方财政部门汇编的本级地方总预算。财政部门在汇编中央或地方预算草案时，并不是简单地将各部门预算中的收支数额进行汇总，而是根据预算汇编的口径和预算管理办法，把与中央或地方预算有缴款、拨款关系的预算数字汇总编制。此外，还要把财政部门直接掌握的收支，如转移支付、债务收支、总预备费等一并编制，经过审核、汇总和综合平衡后，编制成中央或地方预算草案。

一、一般公共预算编制

一般公共预算应当根据年度经济社会发展目标、国家宏观调控总体要求和跨年度预算平衡的需要，由财政部门参考上一年的预算执行情况、有关支出绩效评价结果和本年度收支预测，按照规定程序征求各方意见后进行编制。

（一）一般公共预算组成

一般公共预算由本级部门预算、转移支付预算和预备费等组成。一般公共预算支出规模控制本级部门预算支出、转移支付预算和预备费规模。转移支付预算包括一般性转移支付、专项转移支付、下级上解收入、上解上级支出、调入资金、调出资金、接受其他地区援助、援助其他地区支出、动用预算稳定调节基金、补充预算稳定调节基金等。

各部门预算由本部门及其所属各单位预算组成。

编制一般公共预算还会涉及以下内容：

1. 预备费

预备费是对预算计划的常规安排中不可能预见的突发事件在预算中所做的必要安排，以备不时之需。各级一般公共预算应当按照本级一般公共预算支出额的1%～3%设置预备费，即其他三本预算不设置预备费；预备费只能用于当年预算执行中的自然灾害等突发事件增加支出以及其他难以预见的开支①，并且不能跨年度使用。

2. 预算周转金

预算周转金是各级预算设置的用于年度预算执行中周转使用的资金。各级一般公共预算按照国务院的规定，经本级政府批准，可以设置预算周转金，用于本级政府调剂预算年度内季节性收支差额，但要严格控制预算周转金额度，不得超过本级一般公共预算支出总额的1%。年度终了时，各级政府财政部门可以根据实际需要将闲置不用的预算周转金收回并用于补充预算稳定调节基金。国际上，多数国家是通过发行年度内短期债券的方式解决年度内收支不匹配问题。

设置预算周转金是由于：一是在预算年度内，一般情况下预算收支在时间上的分布可能是不均衡的，即有时多，有时少，收支变化更不可能同步。经济运行情况好时，预算收入增长快，但预算支出不一定相应增长，而经济运行情况不佳时，预算收入下降，但对预算支出的需求不一定随之下降，有时反而增长。二是预算收支还可能存在季节性差异，但收入旺季时，支出可能是淡季，而支出旺季时，收入也可能是淡季，所以，为了防止可能发生的暂时的支付困难，保证必需的预算支出资金拨付，各级政府可以根据本地年度内收支匹配情况来确定。实践中，预算周转金由各级政府设置，由本级政府财政部门管理。

3. 预算稳定调节基金

所谓预算稳定调节基金，是指各级财政通过超收安排的具有储备性质的基金，用于弥补短收年份预算执行的收支缺口。各级一般公共预算按照国务院规定可以设置预算稳定调节基金，用于弥补以后年度预算资金的不足。需合理控制预算稳定调节基金规模，预算稳定调节基金编制年度预算调入后的规模一般不超过当年本级一般公共预算支出总

---

① 根据《国家突发公共事件总体应急预案》和《中华人民共和国突发事件应对法》，按发生过程、性质和机理将突发事件分为自然灾害、事故灾难、公共卫生事件、社会安全事件四类；在运行机制上，分为预测与预警、应急处置、恢复与重建、信息发布等环节。在这方面增加的支出，都可动用预备费开支。

额的5%。超过5%的，各级政府应加大冲减赤字或化解政府债务支出力度。①

设立预算稳定调节基金的意义在于：一是在收入出现“短收”时可以调用该项基金来填补收入缺口，保证支出平稳运行；在收入出现“超收”时可以将部分超收暂时“储备”起来，而不是在当年为平衡预算花光用尽，以防止产生一些诸如年底突击花钱等行为，也可以为应对不时之需提供某种类似救济和保险的机制，如我国的跨年度预算平衡机制。二是可以加强对部分超收资金的预算监督和源头控制，从而规范预算执行、加强预算审查监督的严肃性。三是有利于规范预算管理，增强预算的约束力；有利于提高预算的透明度，提高依法行政和依法理财的水平；有利于人民代表大会及其常委会和社会公众对超收收入安排的监督。

专栏4-8

预算周转金及预算稳定调节基金的设置及作用

一、预算周转金的设置及作用

《预算法》第四十一条第一款规定：“各级一般公共预算按照国务院的规定可以设置预算周转金，用于本级政府调剂预算年度内季节性收支差额。”

实践中，财政收支的对应在某一年度内不同月度间和前后年度间是存在差距的。如某一年度，元旦、春节集中在1月和2月，工作日相对较少，由于企业开工不足、纳税期限未到等原因，预算收入入库相对较少，而与此同时，由于节前集中兑现教师和干部职工工资，集中拨付项目进度所需资金以保证企业及时兑现职工和农民工工资，预算支出拨付则相对较多，客观上就会形成预算年度内季节性收支差额。为了保证在收入淡季的财政资金调度，满足预算支出集中拨付所需，我国一直采取设置预算周转金的办法解决。我国实行国库集中收付制度以后，由于部门预算安排的预算支出拨付前其资金仍存放在国库，国库存款余额比较充裕，可以起到调剂预算年度内季节性收支差额的作用，大部分地方没有在预算中安排预算周转金。但对于经济欠发达地区来说，由于它们的收入来源较少，预算周转金的设置能够抵御一定的支付危机。因此，实践中各级预算是否设置预算周转金可视情况而定。

二、预算稳定调节基金的设置及作用

《预算法》第四十一条第二款规定：各级一般公共预算按照国务院的规定可以设置预算稳定调节基金，用于弥补以后年度预算资金的不足。这为加强预算编制管理提供了法律依据。

为更加科学合理地编制预算，保持政府预算的稳定性，2006年中央财政建立了中央预算稳定调节基金，并于2007年3月正式建立并运行。设立预算稳定调节基金的背景是自2000年开始，中央预算收入连年出现大额超收。根据原《预算法》关于预算调整的规定，超收超支只要不增加赤字，就不属于预算调整，不需要报本级人大审批。2000—2006年间，每年上千亿元的中央预算超收资金基本上全部用于追加支出，而缺少全国人大常委会的审批和监督机制，也在客观上形成了对预算执行中追加支出的预期，强化了

① 参见《国务院办公厅关于进一步做好盘活财政存量资金工作的通知》(国办发〔2014〕70号)。

部门依赖年底超收解决问题的意识，扭曲了预算的功能。这些问题引起了有关各方的普遍关注，也成为当时全国和地方“两会”的热点话题之一，要求加强对超收收入的监督管理的呼声很高。在这样的背景下，建立了中央预算稳定调节基金，在一定程度上为部分解决超收问题提供了一条通道。即，预算执行中出现的超收收入，当年如果不安排支出，可以补充预算稳定调节基金，用于弥补未来财政短收年份的预算执行收支缺口。

因此，如果说2007年设立预算稳定调节基金的主要目的是为解决超收收入问题提供一条通道，那么现行《预算法》在法律中明确规定预算稳定调节基金的来源、使用和编制、审批等程序，则是为了更好地适应新形势下预算管理的新要求，在实现预算审核重点改变的过程中，预算稳定调节基金成为建立跨年度预算平衡机制的基础工具和关键手段，反映了稳健理财、周期平衡、控制风险的理财观念，为政府应付突发事件提供了物质保障。

资料来源：根据《中华人民共和国预算法释义》等资料整理而成。

---

4. 结转结余资金

结转资金是指预算安排项目的支出年终尚未执行完毕，或者因未执行且下年需要按原用途继续使用的资金。结余资金是指年度预算执行终了，预算收入实际完成数扣除预算支出和结转资金后剩余的资金，即当年已经没有了对应项目且没有支出的资金。一般公共预算结转结余资金，是指一般公共预算尚未下达地方和部门、留在各级财政部门的结转结余资金，不含上级专项转移支付结转结余资金。①

在编制预算时，明确结转结余资金管理，有利于规范预算执行、提高预算绩效、严肃预算监督。按照现行制度规定，要建立预算编制与结转结余资金管理相结合的机制，细化预算编制，提高年初预算到位率。对于跨两个年度以上的项目而言，各级政府、各部门应当根据项目进度，科学测算年度项目资金需求，分年度申请预算资金，尽量避免一次性申请多年度的预算资金。② 要建立结转结余资金定期清理机制，各级政府上一年预算的结转资金，应当在下一年用于结转项目的支出；连续两年未用完的结转资金，应当作为结余资金管理，其中一般公共预算的结余资金，应当补充预算稳定调节基金。连续两年未用完的结转资金，是指预算安排项目的支出在下一年度终了时仍未用完的资金。要加大结转资金统筹使用力度，对不需按原用途使用的资金，可按规定统筹用于经济社会发展亟须资金支持的领域。

（二）一般公共预算编制原则

一般公共预算要遵循量入为出、收支平衡的原则，除《预算法》规定的情形外，不列赤字。财政部门在拟订年度收支计划（预算盘子）时，应按照以下方式：

（1）预测本年收入总额。根据年度经济社会发展目标、国家宏观调控总体要求、财政体制等预计本级一般公共预算收入、上级税收返还和转移支付收入、下级上解收入、

---

① 参见《财政部关于推进地方盘活财政存量资金有关事项的通知》（财预〔2015〕15号）。

② 参见《国务院关于深化预算管理制度改革的决定》（国发〔2014〕45号）。

调入资金、上年结转收入等，汇总形成本年收入总额。

（2）预计本年支出总额。原则上按以下顺序选取项目安排支出：1）确保工资等人员类项目；2）确保机构运转和日常工作任务等运转类项目；3）确保基本民生支出项目，按财政部规定的范围和标准优先予以安排；4）确保一般债务还本、付息资金项目；5）重点保障中央和地方各级党委政府确定的重大项目；6）其他需安排的项目。以上支出项目汇总形成本年支出总额。

（3）统筹平衡，确定收支预算总额。要充分发挥预算稳定调节基金的调节作用，合理利用债务收入或债务转贷收入，确保所有支出均有对应的资金来源，无资金来源的不安排支出。

（三）一般公共预算编制内容

（1）收入预算。它包括本级一般公共预算收入（含税收收入和非税收入）、上级转移支付收入、下级上解收入、从政府性基金调入资金、从国有资本经营预算调入资金、其他调入资金、动用预算稳定调节基金、债务收入及债务转贷收入、上年结转收入等。

（2）支出预算。它包括本级一般公共预算支出、上解上级支出、对下级的转移支付支出、债务转贷支出、债务还本支出、补充预算稳定调节基金等。

（四）一般公共预算编制规则

（1）一般公共预算按照政府收支分类科目编制，收入按收入分类编制到款级科目；支出按支出功能分类编制到项级科目，按支出经济分类编制到款级科目。

（2）本级一般公共预算收入。财政部门编制本级一般公共预算收入预算草案时，应征求税务、海关等征收部门和单位的意见。征收部门应按照财政部门的要求提供下一年度预算收入征收预测报告。

税收收入由财政部门会同税务部门参考上年度预算执行情况、对经济形势的预测、收入政策的调整，实事求是、科学合理地编制税收收入预算，不得脱离经济社会发展水平设定收入目标，不得向下级财政部门或征收部门下达收入指标，不得设置与财政收入规模或增幅挂钩的考核指标，不得隐瞒、少列，也不得将上年度的非正常收入作为编制预算的依据。

非税收入由财政部门会同相关主管部门根据上年度非税收入征收情况，结合本年收入项目、标准等因素变化情况，科学预测编制预算。非税收入预算应当严格区分资金性质编列，按照政府收支分类科目确定的范围、口径准确编制。

（3）下级编制上级转移支付收入预算时，原则上应按上级提前下达的对下级的转移支付支出预计数编列。

（4）下级上解收入，包括体制上解收入和专项上解收入。体制上解收入应根据体制政策文件、上年度上解收入测算编列，专项上解收入应根据已下达专项上解文件编列。上级年初预算编列的下级上解收入预算原则上应与下级编列的上解上级支出预算的汇总数相等。

（5）从政府性基金调入一般公共预算的资金，调入金额与政府性基金预算的调出金额相等。

（6）从国有资本经营预算调入一般公共预算的资金，调入金额应与国有资本经营预算的调出金额相等。

（7）从预算稳定调节基金调入资金，用于弥补收支缺口，调入规模不得超过预算稳定调节基金余额。

（8）一般债务收入反映省级政府取得的一般债务收入，包括弥补财政收支差额的债务收入和偿还本金的债务收入。省级政府应当在中央下达的本地区一般债务限额内编列债务收入，不得超过中央下达的限额。

（9）一般债务转贷收入反映设区的市及以下各级政府收到的上级政府转贷的一般债务收入。

（10）地方政府应当在一般债务限额内举借一般债务，一般债务余额不得超过本地区一般债务限额。举借的债务应当有偿还计划和稳定的偿还资金来源，只能用于公益性资本支出，不得用于经常性支出。

（11）上年结转收入反映了一般公共预算资金的上年结转，由财政部门根据上年预算执行情况合理预计编列。

（12）一般公共预算所有支出均按项目进行全生命周期管理，纳入项目库。

（13）补充预算稳定调节基金。按相关规定，财政部门将一般公共预算的超收收入（除用于冲减赤字外）、结余资金，用于补充预算稳定调节基金。合理控制预算稳定调节基金规模，预算稳定调节基金在编制年度预算调入使用后的规模一般不超过当年本级一般公共预算支出总额（含对下级的转移支付）的5%。

（14）财政部门直接编审预备费项目。按照本级一般公共预算支出额的1%～3%设置预备费，用于当年预算执行中的自然灾害等突发事件处理增加的支出及其他难以预见的开支。

（五）中央及地方一般公共预算编制与平衡关系

1. 中央一般公共预算

中央一般公共预算包括中央各部门（含直属单位，下同）的预算和中央对地方的税收返还、转移支付预算。中央级为政府最高层级，也是预算的最高层级，只有向下没有向上的问题。

（1）中央一般公共预算收入。包括：一是中央本级收入。根据当前我国政府预算管理体制，中央本级收入主要来源于中央税，如关税；中央和地方共享收入中的分成收入，如增值税分成收入；中央政府所属企业的上缴利润；等等。二是中央财政调入资金（地方向中央的上解收入）。①

---

① 1994年分税制改革后，我国财政管理引入了税收返还和转移支付制度，地方向中央的上解收入包括1994年分税制财政体制改革后保留下来的地方原体制上解和出口退税专项上解收入。自2009年起，为简化中央对地方税收返还和转移支付结构，将地方上解与中央对地方税收返还做对冲处理，相应取消了地方上解中央收入有关科目，但在预算管理上，地方向中央的上解收入并不因为与中央对地方的税收返还的对冲处理而在法律关系上消失。

中央一般公共预算收入总量＝中央一般公共预算收入（中央本级收入）＋中央财政调入资金（包括从中央预算稳定调节基金调入、从政府性基金调入、从国有资本经营预算调入等）＋支出大于收入差额（发行债务弥补）。

（2）中央一般公共预算支出。包括：一是中央本级支出。主要是保证国家安全、外交和中央国家机关运转所需经费，调整国民经济结构、协调地区发展、实施宏观调控所必需的支出以及中央直接管理的事业发展支出，如国防支出、外交支出以及中央级科学、教育、文化、卫生和中央级行政管理费支出等。二是中央对地方的税收返还和转移支付，转移支付包括一般性转移支付和专项转移支付。

中央一般公共预算支出总量＝中央一般公共预算支出（中央本级支出＋中央对地方的税收返还和转移支付＋中央预备费）＋补充中央预算稳定调节基金。

中央一般公共预算的平衡关系是：收入总量＝支出总量。

中央预算草案由财政部具体编制，除填列收支预算表格外，还要编写预算说明书，对收支内容及变化依据进行说明。

2. 地方一般公共预算

地方各级一般公共预算包括本级各部门（含直属单位）的预算和税收返还、转移支付预算。由于地方政府预算层级间存在向上与向下关系，因此，与中央预算相比，地方一般公共预算收支中同时存在上下级财政间资金关系。

（1）地方一般公共预算收入。地方各级一般公共预算收入包括：一是地方本级收入。根据当前我国政府预算管理体制，地方预算收入主要来源于地方税，中央和地方共享收入中的分成收入，以及地方政府所属企业的上缴利润等。二是上级政府对本级政府的税收返还和转移支付。三是下级政府的上解收入。四是地方财政使用结转结余及调入资金。

地方一般公共预算收入总量一般为：地方一般公共预算收入（地方本级收入＋上级政府对本级政府的税收返还或转移支付＋下级政府的上解收入）＋地方财政使用结转结余及调入资金＋支出大于收入差额（发行一般债券弥补）① 等。

（2）地方一般公共预算支出。地方各级一般公共预算支出主要包括：一是地方本级支出，主要是承担本地区政权机关运转所需支出及本地区经济、事业发展所需支出；二是对上级政府的上解支出；三是对下级政府的税收返还和转移支付。其中，乡镇级政府作为我国地方政府的最低层级政府，相应地没有来自下级政府的上解收入以及对下级政府的税收返还和转移支付。

地方一般公共预算支出总量一般为：地方一般公共预算支出（地方本级支出＋对上级政府的上解支出＋对下级政府的税收返还或转移支付＋地方预备费）＋补充地方预算稳定调节基金等。

地方一般公共预算的平衡关系是：收入总量＝支出总量。

地方预算草案由地方各级政府财政部门具体编制，除填列收支预算表格外，还要编

① 按照《预算法》及财政部有关规定，地方发债若用于没有收益的公益性投资项目，则发行一般债券，列入一般公共预算；若用于有一定收益的公益性投资项目，则发行专项债券，列入政府基金预算。

写预算说明书，对收支内容及变化依据进行说明。

表4-12和表4-13分别给出了一般公共预算收入预算表和一般公共预算支出预算表的示例。

表4-12　××年××一般公共预算收入预算表示例

项　目	上年执行数（万元）	本年预算数（万元）	预算数占上年执行数的百分比（%）
一、税收收入			
增值税			
企业所得税			
……			
二、非税收入			
专项收入			
行政事业性收费收入			
……			
本级收入合计			
地方政府一般债务收入			
转移性收入			
一般性转移支付收入			
专项转移支付收入			
省补助计划单列市收入			
接受其他地区援助收入			
调入资金			
动用预算稳定调节基金			
地方政府一般债务转贷收入			
上年结转收入			
上年结余收入			
收入总计			

表4-13　××年××一般公共预算支出预算表示例

项　目	上年执行数（万元）	本年预算数（万元）	预算数占上年执行数的百分比（%）
一、一般公共服务支出			
二、外交支出			
三、国防支出			
……			
本级支出合计			
预备费			
地方政府一般债务还本支出			
转移性支出			

续表

项　目	上年执行数（万元）	本年预算数（万元）	预算数占上年执行数的百分比（%）
上解上级支出			
计划单列市上解省支出			
援助其他地区支出			
调出资金			
安排预算稳定调节基金			
补充预算周转金			
年终结转			
年终结余			
支出总计			

二、政府性基金预算编制

（一）政府性基金预算编制原则

（1）政府性基金预算由财政部门会同主管部门根据基金项目收入情况和实际支出需要，按基金项目编制，支出预算与收入预算按基金项目一一对应，做到以收定支。

（2）政府性基金预算应当按照基金项目编制，不同的基金项目分别编制，原则上不允许项目间混编。

（二）政府性基金预算编制内容

（1）收入预算。包括本级政府性基金收入、上级转移支付收入、债务收入及债务转贷收入、下级上解收入、上年结转收入等。

（2）支出预算。包括本级政府性基金预算支出、对下级转移支付支出、债务转贷支出、债务还本支出、调出资金、上解上级支出等。

（三）政府性基金预算管理流程及规则

（1）政府性基金预算按照政府收支分类科目编制，收入按收入分类编制到目级科目；支出按支出功能分类编制到项级科目，按支出经济分类编制到款级科目。

（2）本级政府性基金收入，由财政部门会同主管部门根据上年度基金收入征收情况，结合本年收入项目、标准等因素变化情况，科学预测编制。

（3）下级编制政府性基金预算转移支付收入预算时，原则上应按上级提前下达的转移支付预计数编列。

（4）专项债务收入列入政府性基金预算，反映省级政府取得的专项债务收入，包括弥补财政收支差额的债务收入和偿还本金的债务收入。省级政府在中央下达的本地区债务额度内编列专项债务收入，不得超过中央下达的额度。

（5）专项债务转贷收入反映设区的市及以下各级政府收到的上级转贷的专项债务收入。

（6）地方政府应当在专项债务限额内举借专项债务，专项债务余额不得超过本地区专项债务限额。

（7）下级上解收入，财政部门根据政策文件、上年度上解收入测算编列。上级编列的下级上解收入预算应与下级编列的上解上级支出预算的汇总数相等，如时间不允许，则可暂时科学合理预计，待预算年度开始后第一次编制预算调整方案时，将下级上解收入预算数调整为与下级编列的上解上级支出预算的汇总数相等。

（8）上年结转收入，政府性基金预算结转资金，是指政府性基金预算尚未下达到地方和部门、留在各级政府财政部门中的结转资金，不含上级专项转移支付结转资金。[①] 上年结转收入由财政部门根据预算执行情况合理预计编列。待年度结束以后，根据对执行的审核结果，财政部门相应调整上年结转收入。年初预算编制的上年结转数应当为上年实际结转数，如时间不允许，待预算年度开始后第一次编制调整预算草案时，将预计的上年结转数调整为实际的上年结转数。某项基金上年实际结转数等于该项基金上年实际收入数减该项基金上年实际支出数（含调入稳定调节基金）。

各级政府性基金预算结转资金原则上按有关规定继续专款专用。政府性基金预算结转资金规模较大的，应调入一般公共预算统筹使用，调入的基金应补充预算稳定调节基金。每一项政府性基金结转资金规模一般不超过该项基金当年收入的30%，地方可在此基础上实行更严格的统筹使用措施。某项基金超收且结转资金规模超过该项基金当年收入的30%时，财政部门扣除按规定补充预算稳定调节基金和批准部门继续使用的结转资金后，收回其余结转资金并按规定安排用于下年支出。该项基金超收且结转资金规模不超过该项基金当年收入的30%时，财政部门扣除批准部门继续使用的结转资金后，收回其余结转资金并按规定安排用于下年支出。该项基金短收且结转资金规模超过该项基金当年收入的30%时，财政部门应相应核减支出预算，扣除按规定补充的预算稳定调节基金和批准部门继续使用的结转资金，收回其余结转资金并按规定安排用于下年支出。该项基金短收且结转资金规模不超过该项基金当年收入的30%时，财政部门应相应核减支出预算，扣除批准部门继续使用的结转资金，收回其余结转资金并按规定安排用于下年支出。政府性基金预算连续结转两年仍未用完的资金，应当作为结余资金，调入一般公共预算，用于补充预算稳定调节基金。

（9）政府预算项目原则上和部门预算项目、转移支付项目保持一致，暂无法分解到具体实施项目的，编入财政待分配项目（包括部门预算待分配项目、转移支付待分配项目），执行中细化分解为具体实施项目。

（10）政府性基金支出优先安排专项债券的还本付息资金。

（11）上级编列的债务转贷支出应与下级编列的债务转贷收入保持一致。

（12）政府性基金调出资金数等于一般公共预算收入中政府性基金调入资金数。

（13）上解上级支出。对于上级已明确的上解支出政策及金额，下级必须如实编列；对于上级已明确上解支出政策，但未明确金额的，下级在编制预算前，应与上级充分沟通，科学合理预计。下级编列的上解上级支出应与上级编列的下级上解收入保持一致。

---

① 参见《财政部关于推进地方盘活财政存量资金有关事项的通知》（财预〔2015〕15号）。

表 4－14 和表 4－15 给出了政府性基金收入预算表和政府性基金支出预算表的示例。

表 4－14　××年××政府性基金收入预算表示例

项　目	上年执行数（万元）	本年预算数（万元）	预算数占上年执行数的百分比（%）
一、地方农网还贷资金收入			
二、海南省高等级公路车辆通行附加费收入			
三、港口建设费收入			
……			
本级收入合计			
地方政府专项债务收入			
转移性收入			
政府性基金补助收入			
调入资金			
债务转贷收入			
上年结转收入			
上年结余收入			
收入总计			

表 4－15　××年××政府性基金支出预算表示例

项　目	上年执行数（万元）	本年预算数（万元）	预算数占上年执行数的百分比（%）
一、核电站乏燃料处理处置基金支出			
二、国家电影事业发展专项资金安排支出			
三、旅游发展基金支出			
四、国家电影事业发展专项资金对应专项债务收入安排的支出			
五、大中型水库移民后期扶持基金支出			
……			
本级支出合计			
地方政府专项债务还本支出			
转移性支出			
政府性基金上解支出			
调出资金			
年终结转			
年终结余			
支出总计			

三、国有资本经营预算编制

（一）国有资本经营预算编制原则

国有资本经营预算应按照收支平衡的原则编制，不列赤字，并按一定比例安排资金调入一般公共预算，用于保障和改善民生等。

（二）国有资本经营预算编制内容

（1）收入预算。包括本级国有资本经营预算收入、上级转移支付收入、下级上解收入、上年结转收入等。

（2）支出预算。包括本级国有资本经营预算支出、对下级转移支付支出、调出资金、上解上级支出等。

（三）国有资本经营预算管理流程及规则

（1）国有资本经营预算按照政府收支分类科目编制，收入按收入分类编制到目级科目；支出按功能分类编制到项级科目、政府经济分类编制到款级科目。

（2）本级国有资本经营预算收入由财政部门会同主管部门根据上年度国有资本收益征收情况，结合本年增收减收等变化因素，科学预测编制。

（3）下级编制国有资本经营预算转移支付收入预算时，原则上应按上级提前下达的转移支付预计数编列。

（4）下级上解收入由财政部门根据体制政策文件、上年度上解收入测算编列。上级编列的下级上解收入预算应与下级编列的上解上级支出预算的汇总数相等，如时间不允许，则可暂时科学合理预计，待预算年度开始后第一次编制预算调整方案时，将下级上解收入预算数调整为与下级编列的上解上级支出预算的汇总数相等。

（5）上年结转收入由财政部门根据预算执行情况合理预计编列。待年度结束以后，根据执行的审核结果，财政部门相应调整上年结转收入。年初预算编制的上年结转数应当为上年实际结转数，如时间不允许，待预算年度开始后第一次编制调整预算草案时，将预计的上年结转数调整为实际的上年结转数。

（6）向一般公共预算调出资金应与一般公共预算收入中的国有资本经营预算调入资金保持一致。至 2020 年，国有资本经营预算调入一般公共预算的比例达到 30%，用于保障和改善民生。

（7）上解上级支出。对于上级已明确的上解支出政策及金额，下级必须如实编列；对于上级已明确上解支出政策，但未明确金额的，下级在编制预算前，应与上级充分沟通，科学合理预计。下级编列的上解上级支出应与上级编列的下级上解收入保持一致。

（8）经本级人大或其常委会批准，国有资本规模较小或国有企业数量较少的市县可以不编制本级国有资本经营预算。

表 4－16 和表 4－17 给出了国有资本经营收入预算表和支出预算表的示例。

表 4-16 20××年××国有资本经营收入预算表示例

项 目	上年执行数（万元）	本年预算数（万元）	预算数占上年执行数的百分比（%）
一、利润收入			
二、股利、股息收入			
三、产权转让收入			
四、清算收入			
五、其他国有资本经营预算收入			
本级收入合计			
转移性收入			
国有资本经营预算转移支付收入			
国有资本经营预算上解收入			
上年结转收入			
上年结余收入			
收入总计			

表 4-17 20××年××国有资本经营支出预算表示例

项 目	上年执行数（万元）	本年预算数（万元）	预算数占上年执行数的百分比（%）
一、补充全国社会保障基金			
国有资本经营预算补充社保基金支出			
二、解决历史遗留问题及改革成本支出			
厂办大集体改革支出			
“三供一业”移交补助支出			
……			
三、国有企业资本金注入			
国有经济结构调整支出			
……			
四、国有企业政策性补贴			
国有企业政策性补贴			
五、金融国有资本经营预算支出			
资本支出			
……			
六、其他国有资本经营预算支出			

续表

项　目	上年执行数（万元）	本年预算数（万元）	预算数占上年执行数的百分比（%）
其他国有资本经营预算支出			
本级支出合计			
转移性支出			
国有资本经营预算转移支付支出			
国有资本经营预算上解支出			
国有资本经营预算调出资金			
年终结转			
年终结余			
支出总计			

四、社会保险基金预算编制

（一）社会保险基金预算内容

根据《预算法》按照统筹层次和社会保险项目分别编制预算的要求，社会保险基金预算的收入与支出按险种分别对应，主要包括企业职工基本养老保险基金收支、失业保险基金收支、职工基本医疗保险基金收支、工伤保险基金收支、城乡居民基本养老保险基金收支、机关事业单位基本养老保险基金收支、城乡居民基本医疗保险基金收支、其他社会保险基金收支等。此外，还包括财政补贴及基金利息等内容。

（二）社会保险基金预算编制原则

（1）收支平衡。由于社会保险各险种的统筹层次不同，各项目的支出用途也不同，因此规定按照社会保险各险种的统筹层次和项目分别编制，做到收支平衡。

（2）专款专用。社会保险基金是专项基金，所以社会保险各项基金预算要严格按照有关法律法规规范收支内容、标准和范围，专款专用，不得挤占或挪作他用。

（3）与一般公共预算衔接。应根据社会保险基金收支、财政收支等情况，合理安排本级财政对社会保险基金的补助支出。在预算体系中，社会保险基金预算单独编报，与公共财政预算和国有资本经营预算相对独立、有机衔接。应加强社会保险基金预算管理，做好基金预算结余的保值增值，在精算平衡的基础上实现社会保险基金预算的可持续运行。

表 4-18 和表 4-19 分别给出了中央社会保险基金收入预算表和中央社会保险基金支出预算表的示例。

表 4-18　××年中央社会保险基金收入预算表示例

项　目	上年执行数（亿元）	本年预算数（亿元）	预算数占上年执行数的百分比（%）
一、企业职工基本养老保险基金收入			
其中：保险费收入			
财政补贴收入			
利息收入			
委托投资收益			
二、城乡居民基本养老保险基金收入			
其中：缴费收入			
财政补贴收入			
利息收入			
委托投资收益			
集体补助收入			
三、机关事业单位基本养老保险基金收入			
其中：保险费收入			
财政补贴收入			
利息收入			
委托投资收益			
四、职工基本医疗保险基金收入			
其中：保险费收入			
财政补贴收入			
利息收入			
五、城乡居民基本医疗保险基金收入			
其中：缴费收入			
财政补贴收入			
利息收入			
六、工伤保险基金收入			
其中：保险费收入			
财政补贴收入			
利息收入			
七、失业保险基金收入			
其中：保险费收入			
财政补贴收入			
利息收入			
中央社会保险基金收入小计			
其中：保险费收入			
财政补贴收入			
利息收入			

续表

项　目	上年执行数（亿元）	本年预算数（亿元）	预算数占上年执行数的百分比（%）
委托投资收益			
中央调剂基金收入			
扣除中央单位上缴的中央调剂基金			
地方上缴的中央调剂基金收入			
调入资金			
中央社会保险基金收入合计			

表 4－19　××年中央社会保险基金支出预算表示例

项　目	上年执行数（亿元）	本年预算数（亿元）	预算数占上年执行数的百分比（%）
一、企业职工基本养老保险基金支出			
其中：基本养老金支出			
医疗补助金支出			
丧葬抚恤补助支出			
二、城乡居民基本养老保险基金支出			
其中：基础养老金支出			
个人账户养老金支出			
丧葬抚恤补助支出			
三、机关事业单位基本养老保险基金支出			
其中：基本养老金支出			
四、职工基本医疗保险基金支出			
其中：职工基本医疗保险统筹基金支出			
职工基本医疗保险个人账户基金支出			
五、城乡居民基本医疗保险基金支出			
其中：基本医疗待遇支出			
大病保险支出			
六、工伤保险基金支出			
其中：工伤保险待遇支出			
劳动能力鉴定支出			
工伤预防费用支出			
七、失业保险基金支出			
其中：失业保险金支出			
医疗保险费支出			
丧葬抚恤补助支出			
职业培训和职业介绍补贴支出			

续表

项　目	上年执行数（亿元）	本年预算数（亿元）	预算数占上年执行数的百分比（%）
技能提升补贴支出			
稳定岗位补贴支出			
中央社会保险基金支出小计			
其中：社会保险待遇支出			
中央调剂基金支出			
扣除安排给中央单位的中央调剂基金			
安排给地方的中央调剂基金支出			
补助下级支出			
中央社会保险基金支出合计			

案例与评析

一、案例与材料

当前，我国经济社会发展面临的国内外环境错综复杂，财政可持续发展面临较多挑战，财政收入增速下降，与支出刚性增长之间的矛盾进一步加剧；现行支出政策考虑当前问题较多，支出结构固化僵化；地方政府债务存在一定风险隐患；专项规划、区域规划与财政规划衔接不够，不利于预算统筹安排。为加快建立现代财政制度、改进预算管理和控制，根据《预算法》及《国务院关于实行中期财政规划管理的意见》（国发〔2015〕3 号）等文件规定，在我国实行中期财政规划管理。

中期财政规划是指财政部门会同政府各部门在分析预测未来 3～5 年重大财政收支情况，对规划期内一些重大改革、重要政策和重大项目研究政策目标、运行机制和评价办法的基础上，编制形成的跨年度财政收支方案。实行中长期财政规划管理是工业化国家预算制度的一个共同特征。OECD 国家的中期预算一般为 3～5 年。国际上，中期财政规划有三种常见的形式，根据对年度预算约束的详细程度不同，分别为中期支出框架（MTEF）、中期预算框架（MTBF）和中期绩效框架（MTPF）。

通过实行中期财政规划管理，强化财政规划对年度预算的约束性，有利于解决影响财政可持续发展的体制机制问题，有利于提高财政政策的前瞻性和有效性，也有利于增强财政对稳增长、调结构、促改革的作用，为实现经济社会可持续发展打下良好的基础。

二、问题与分析

（一）中期财政规划在我国实施的预期效应是什么？

与一年一定的预算限额（年度预算）办法相比，中期财政规划的实施有利于政府实施与国情相适应的财政及福利制度，以避免过高的福利承诺，研究分年开支重点并落实到年度预算，并以此更强有力地约束各支出部门的支出需求，有利于更好地确保政府预算支出政策的前瞻性和可持续性，减弱经济波动及政府领导人的更替对预算和政策造成的负面影响。但是它的实施应该建立在一国经济社会能够比较平稳地发展的基础之上，以使年度之间的预算衔接能够平滑过渡，从而避免预算的大起大落，只有在此前提下才能真正实现预算的硬约束。

（二）我国现阶段中期财政规划主要采用哪种类型？

我国目前初步实施的中期财政规划按照三年滚动方式编制，更接近于中期支出框架，也是中期预算的过渡形态。今后将在对总体财政收支情况进行科学预判的基础上，重点研究确定财政收支政策，做到主要财政政策相对稳定，同时根据经济社会发展情况适时研究调整，使中期财政规划渐进过渡到中期预算。

（三）中期财政规划与年度预算有何关系？

分年度来看，中期财政规划的第一年规划约束对应年度预算，后两年规划指引对应年度预算。年度预算执行结束后，对后两年规划及时进行调整，再添加一个年度规划，形成新一轮中期财政规划。通过逐年更新，确保中期财政规划符合实际情况，有效约束和指导年度预算。

（四）中期财政规划如何与其他规划相衔接？

财政部门要主动加强与其他部门的沟通协调，做好中期财政规划与国民经济和社会发展规划及相关专项规划、区域规划的衔接工作，中期财政规划草案送同级政府批准前，要征求同级相关部门和社会有关方面的意见。

各部门也要树立中期财政观念，拟出台的增支事项必须与中期财政规划相衔接，制定延续性政策要统筹考虑多个年度，可持续发展，不得一年一定。对于农业、教育、科技、社会保障、医疗卫生、扶贫、就业等方面涉及财政支持的重大政策，有关部门应会同财政部门建立中长期重大事项科学论证机制。

本章小结

1. 政府预算需要依据国家法律法规、宏观政策以及国民经济和社会发展规划与财政规划，在年度限额内，考虑预算绩效进行编制。

2. 编制预算是预算计划管理的起点，正确编制预算必须以有关法律法规为准绳，以国家一定时期的发展规划和财政经济方针政策为指导，以国民经济和社会发展规划的主要指标为依据，参考上一年的预算执行情况和收支预测进行编制。编制完成的政府预算草案要经过法定的程序经立法机关审查批准后方可执行。

3. 预算限额控制是指在预算编制前通过确定财政收支限额，包括总量限额和部门限额，实现严格约束政府预算编制的要求，从而确保财政能够平稳、健康运行，确保财政在中长期的可持续性。

4. 债务余额限额管理是指立法机关限定年末不得突破的债务余额的上限，以达到科学管理债务规模的方式。

5. 预算绩效管理是一个由绩效目标管理、绩效运行跟踪监控管理、绩效评价实施管理、绩效评价结果反馈和应用管理共同组成的综合系统。要将绩效理念与方法融入预算管理全过程，使之与预算编制、预算执行、预算监督一起成为预算管理的有机组成部分。这一过程的起点是绩效目标管理，也是预算决策与编制阶段的重要工作内容。

6. 政府预算体系的构成应在全口径的基础上进行。全口径预算管理的基本含义是所有政府收支都应纳入预算管理，通过全面完整意义上的政府预算体系的建立健全，将政府全部收支按性质分门别类纳入不同的预算之中，有利于加强政府预算管理、提高财政资金效益、增强财政预算透明度。我国《预算法》赋予了政府预算体系及其相互关系以法律定位。我国预算包括一般公共预算、政府性基金预算、国有资本经营预算、社会保险基金预算。

7. 事前绩效评估，是指财政部门和部门、单位根据部门战略规划、事业发展规划、项目申报理由等内容，运用科学、合理的评估方法，对新出台重大政策、项目的立项必要性、投入经济性、绩效目标合理性、实施方案可行性、筹资合规性等方面进行客观、公正的评估。事前绩效评估结果是申请预算的必备条件。绩效目标是指财政预算资金计划在一定期限内达到的产出和效果，是建设项目库、编制部门预算、编制和分配专项转移支付预算、实施绩效监控、开展绩效评价等的重要基础和依据。绩效目标的设定是编制预算的起点。绩效目标管理是指财政部门、各部门及其所属单位以绩效目标为对象，以绩效目标的设定、审核、批复等为主要内容所开展的预算管理活动。

8. 项目库是对财政预算支出进行规范化、程序化管理的数据库系统，是预算编制和预算管理的一项重要制度和管理基础。

9. 预算支出标准，是指对预算事项进行合理分类并分别予以规定的支出预算编制标准，包括基本支出标准和项目支出标准。预算支出标准化是为了在预算管理中获得最佳秩序，运用标准化的原理，对预算编审进行科学总结，形成管理规范，用以指导财政和部门更有效地从事预算编审活动。

10. 部门预算是政府支出部门在未来预算年度的工作计划及其财务计划，是部门根据法律法规、预算制度、政府政策重点及活动计划等编制的。在我国，部门预算是由政府各职能部门依据国家有关法律法规及其履行职能的需要编制的反映部门所有收入和支出情况的综合财政计划，是政府各职能部门履行职能和事业发展的物质基础。部门预算是编制政府财政总预算的基础，但并不是简单的归总关系，应按照财政对部门的预算管理办法执行。

11. 各级财政部门以各所属部门预算为基础，加上财政部门自身掌握的有关收支而编制的综合反映一级政府收支的预算一般称为政府财政总预算。即，财政部门在汇编中央或地方预算草案时，并不是简单地将各部门预算中的收支数额进行汇总，而是根据预算汇编的口径和预算管理办法，把与中央或地方预算有缴款、拨款关系的预算数字汇总编制。此外，还要把财政部门直接掌握的收支，如转移支付、债务收支、总预备费等一并编制，经过审核、汇总和综合平衡后，编制成中央或地方预算草案。

练习与思考题

认知题

1. 预算限额控制制度
2. 债务余额限额管理
3. 全口径预算管理的含义

4. 一般公共预算、政府性基金预算、国有资本经营预算、社会保险基金预算的内涵
5. 预备费、预算周转金及预算稳定调节基金
6. 结转结余资金
7. 绩效目标管理流程及内容
8. 项目库与预算支出标准化管理
9. 部门预算的特征及原则
10. 基本支出与项目支出
11. 预算一体化管理与项目库

思考与实践题

1. 结合现代预算制度的全面完整原则思考全口径预算体系建设的深层意义与完善思路。
2. 分析预算编制“上下结合”程序的作用。
3. 结合国际经验思考我国目前的债务预算管理及改革。

第五章

政府预算审批

学习目的与要求

通过本章学习理解预算审批的意义和主体，掌握预算审批的权限和类型，掌握预算审批的内容和流程，思考我国预算审批的主要流程及存在的问题和改进对策，了解外国政府预算审批的相关内容。

学习要点

知识要点：

预算审批的意义、预算审批的类型、预算审批的流程、预算审批的主体、预算审批的权限、我国政府预算审批的流程和方法

能力要点：

1. 通过本章学习能够理解政府预算审批制度的重要意义。

2. 能够在借鉴国际经验的基础上结合我国国情对完善我国政府预算审批进行思考。

第一节　政府预算审批概述

政府预算审查与批准简称政府预算审批，主要是指立法机关依法对政府预算草案进行审查和批准的过程，是使政府预算产生法律效力的必经步骤。

一、预算审批的意义

（一）赋予政府预算以法律效力

按照公共财政和委托—代理理论，政府是接受公众委托代理行使预算权，而作为委托人的公众是否认可代理人的行为，就需要通过其代议机构对预算的审批环节进行确认。也就是说，在经过审批之前，政府的预算只是草案，并不具有法律效力，只有经过预算审批的法定环节，预算才具有法律约束力。实践中，各国都由立法机关代表公众对政府预算行使预算审批权。我国立法机关是各级人民代表大会，人民代表大会代表社会全体共同的利益。政府预算在由政府编制完成后须交由各级人民代表大会进行审查和批准，

经过人民代表大会审查和批准后的政府预算代表了公众对政府预算安排的认可。同时，因为人民代表大会是立法机关，由其审查和批准后，预算就具有了法律严肃性，从而能够保证政府预算得以依法顺利实施。

因此，一个法治社会应当“尽快建立起一个能够最大化体现公众意志的预算制度，确立以公共决策决定政府收支的程序与机制，有效地控制财政的规范运行”。只有当政府每花一分钱都必须经过预算审批时，才能表明政府的“钱袋子”掌握在人民手中，也只有这样，才能真正实现依法理财，推进国家治理体系和治理能力现代化，更好地发挥财政在国家治理中的基础和重要支柱作用。

（二）实现人民当家做主的重要基石

党的二十大报告指出，“发展全过程人民民主，保障人民当家作主”，“人民民主是社会主义的生命，是全面建设社会主义现代化国家的应有之义。全过程人民民主是社会主义民主政治的本质属性，是最广泛、最真实、最管用的民主”。

我国《宪法》第二条规定：“中华人民共和国的一切权力属于人民。人民行使国家权力的机关是全国人民代表大会和地方各级人民代表大会。人民依照法律规定，通过各种途径和形式，管理国家事务，管理经济和文化事业，管理社会事务。”

我国《预算法》第四十三条明确规定：“中央预算由全国人民代表大会审查和批准。地方各级预算由本级人民代表大会审查和批准。”人大对政府预算实施的监督和制约，其实质就是人民参与和管理国家事务在财政预算领域的表现，是实现人民当家做主的一项政治权力。因为按照公共财政理论，政府应当为社会提供足够的公共产品和服务，而人大对政府财政预算的审批可以有效保证政府财政预算行为的合理规范，以及政府财政资金使用和分配的公开透明，能够切实保障提供公共产品和服务，真正为人民服务，从而实现人民当家做主。

（三）强化对政府行为的约束和监督

1. 立法机关与政府之间

如果说预算是政府向公众和立法机关解释受托责任的途径，那么预算审批就是这个途径中的关键环节。从某种程度上讲，立法机关审批预算是保证政府合理有效施政的重要手段。因此，审批政府预算不仅是对获取和使用公共资金的技术性审查，而且是对行政机关处理国家治理事务的法定授权。可以说，立法仅仅确立了国家机关行使权力的可能性，只有预算审批才足以确保任何权力行使的可行性。立法机关通过预算审批对政府行使权力所需用度及其使用方向予以掌控，并将权力公开分配到特定的部门，以限制行政权力行使的范围。

2. 社会公众与政府之间

预算作为政府的财政收支计划，在其议案中表明了政府的施政计划和安排，部门预算揭示了每一个部门及其内部成员的责任和支出。我国各级政府预算由人民代表大会进行审查和批准，人大代表由公民选举而来，因此，预算的审批过程实际上是向公民提供与政府施政行为相关的可信赖的必要信息，使公民可以通过预算及相关文件来了解政府的过程。在此前提下，公众与政府之间的联系可得到加强，公众也因此可以通过投票更为有效地对政府的行为予以约束和监督，从而促使政府更加负责任地对待其所管理的事务。因此，预算审批可以作为加强公众与国家之间的联系的重要内容，成为加强代议制民主的工具和手段。

（四）增强政府预算的科学性和统筹性

由于一个国家的财政资源相对于需求来说是有限的，需要在一定的财政年度内将有限的资源进行最优配置，而政府预算作为综合性的财政收支计划必须从宏观上进行统筹规划，从微观上进行科学布局。各级政府财政部门作为财政资金的管理者对财政政策和资金状况的信息掌握程度理应是比较全面充分的，但在现实中，财政部门对政府各支出部门预算情况的信息掌握程度还存在一定的信息不对称，各支出部门在编制预算草案时会在某种程度上具有超出实际需要多编预算的动机，但这并不应该影响财政部门对整体财政资金的掌控程度。比如，财政通过定员定额标准体系就能够在很大程度上约束各部门的人员及公用等基本支出，通过绩效目标管理及项目库建设就能够控制项目支出，使各个部门不能随意地多编预算。财政部门可以根据一定时期的政策支持重点，审查支出部门预算的合理规模和支出结构。同样，立法机关在审查预算时，也会出于公共利益审查预算编制是否实现了对有限资源的最优配置，在很大程度上提高预算的科学性和统筹性。

（五）提高预算的公开性和透明度

从世界范围来看，一般在预算审批阶段，预算草案只是对立法机关公开或部分向公众公开，其公开的范围与程度比较有限，而预算一旦经过立法机关审批程序并获通过后，就要向社会公开，这就大大提高了预算的公开性和透明度。政府预算的公开性和透明度正是现代预算的本质要求，不仅有利于社会公众详细了解政府收支计划，继而实现其知情权以及监督权，而且有利于促进透明政府和廉洁政府的建设。

二、预算审批的类型

政府预算审批的类型在很大程度上受制于本国的政治体制，不同政治体制下预算审批的做法不尽相同，从国际上看可做如下划分：

（一）根据立法机关的权力大小及其预算审批作用的强弱划分

一是立法机关权力较大，预算审批发挥实质性作用。例如，美国国会拥有可以和总统抗衡的政治权力，因此，国会在审批预算时，不仅可以自由增加或减少支出计划与经费额度，而且可以自行起草预算案。实践中，国会与总统也经常就预算产生争议和冲突。

二是立法机关权力较小，预算审批的形式意义大于实质作用。例如，英国、德国和日本实行内阁制，政府由议会产生并对它负责，因此，通常议会对于政府提交的预算草案都会无条件通过。如果否决或大幅修改预算草案，将被视为对政府投下不信任票，会产生重大的政治影响。

（二）根据立法机关修改政府预算的法律权力不同划分

可将预算审批分为三种情况：

一是不受限制的权力，指立法机关无须行政部门的同意就可调整政府预算收支。目前美国采用这种模式，尽管1974年《国会预算和截留控制法》赋予了总统否决国会预算案的权力，但美国国会仍旧拥有世界上最为强大的预算权力。这说明权力很大的立法机关直接影响着公共支出管理的两个首要目标——财政纪律和支出分配，并在某种程度上间接影响第三个目标——预算管理。

二是受限制的权力，指立法机关修改政府预算的权力被限制在规定的范围之内，通常只能在增加支出或减少收入的最大幅度内进行调整。这种权力的受限制程度各国不尽相同，像英国、法国和英联邦国家，议会不能提出增加支出的修正案，因而权力十分有限。德国允许议会提出这样的法案，但只有在征得行政部门的同意时才可以。这说明权力受限制的立法机关只能在一定程度上影响公共资源的分配，并间接地影响预算运行管理。

三是平衡预算的权力，指为了保持预算平衡，立法机关有权提出可实现政府预算均衡的措施，包括增减支出或收入。这种权力适中的制度安排旨在将立法机关的影响力聚集于公共资源的配置上。

与上面所提到的预算审批类型相比，我国是社会主义国家，坚持人民当家做主，预算审批的过程更多地体现出民主性的特点：按照自下而上与自上而下相结合的编制程序，中央预算由财政部汇总编制后提交全国人民代表大会进行审查和批准，地方预算由各级政府财政部门进行汇总编制，经过本级人民代表大会审查批准后，汇总至国务院，再由全国人民代表大会进行审查。这一过程中体现了人民权利的表达和保障，随着人民群众对于预算的知情权、参与权和决策权的增大，这对加强我国人大预算审批也提出了更加严格的要求。

三、预算审批的主体

立法机关是审查和批准政府预算的主体。

（一）国际视野的预算审批主体

由于各国政体不同，立法机关的名称和结构也不相同，通常可将立法机关分为两种类型：一院制和两院制。

在实行一院制的国家中，政府预算直接由其批准，立法和通过议案都比较简便。属于这种类型的国家主要包括瑞典、荷兰、西班牙、丹麦、新加坡、新西兰等。我国的最高权力机关（也是立法机关）是全国人民代表大会，也属于一院制。

在实行两院制的国家中，大部分国家议会的两院都有批准政府预算的权力。一般来说，两院中的下议院（或众议院）在预算的批准上拥有比上议院（或参议院）更大的权力，往往拥有预算先议权和最后批准权，属于这种类型的国家主要包括美国、法国、意大利、日本等国。但在另一些国家中，只有下议院才有批准政府预算的权力，上议院仅限于提出建议，属于这种情况的主要是英国。

在议会制（不论是一院制还是两院制）下，预算草案的具体审核由议院中的各种常设委员会与其所属的各种小组委员会进行。其一般程序通常是要将待议决的年度预算草案分发给负责预算收入和支出审议的各小组委员会，由小组委员会研究以后向预算委员会提出意见和报告书，由预算委员会提出决议，最后由议院大会审议表决。强硬而且有能力的委员会能够使立法机关发挥其专长，并能在政府预算决策过程中发挥更大的作用。一般来说，不同的委员会审理公共支出管理的不同方面。例如，英国财政或预算委员会审查收入和支出，公共会计委员会确保法律监督，部门或常设委员会处理部门政策和审查部门预算。

在现代政府预算日益复杂和专业的情况下，立法机关应当掌握专业知识和相关信息，以确保政府预算审查的有效、合理。为此，很多国家的立法机关都提供了较好的硬件和软件条件来提升其委员会和成员对于预算的审查能力。例如在美国，国会设立了专门的国会预算办公室（CBO）来协助其进行预算监督。为获得独立的预算信息，1974 年国会通过立法设立了国会预算办公室。国会预算办公室的主要职责是协助参众两院的预算委员会——主要是制定预算决议（budget resolution），它提供的报告包括预算和经济前景报告、总统预算的分析报告、讨论预算各种可能选项的报告以及预算支出或收入的效应分析报告。与国会其他部门和总统预算管理办公室（OMB）相比，国会预算办公室具有鲜明的独立性，即它不附属于也不倾向于某个委员会或者参众两院多数党，在国会发言和对各种预算经济问题的分析中，它都努力提出对某个提议的正反两方面的讨论。国会预算办公室工作人员也是经验丰富、训练有素的政策分析家而不是政策推行者，国会预算办公室主任也不得有任何政治背景。实践证明，非政治性和专业化的 CBO 在一定程度上解决了国会诸多委员会分散审批预算的问题，帮助国会提高了制定和执行总体预算的能力。因此，CBO 对政府预算的影响是相当重要的。

（二）我国政府预算的审批主体

我国的人民代表大会制度规定，国家的所有重要事项和重大决策都必须充分反映广大人民群众的愿望和要求，代表人民的意志，由人民来做出选择和决定，而由人大及其常委会对预算进行审查批准是人民代表大会制度的重要内容。政府预算经过人民代表大会审批，表明政府提交的预算草案得到了人民的同意和认可，体现了广泛的人民意志和要求。因此，各级人民代表大会对政府预算的审查批准程序，本质上是人民行使宪法权力的体现。

我国各级人民代表大会是国家法定的预算审查和批准机构。由于我国全国预算由中央预算和地方预算构成，由此，《预算法》第四十三条对我国政府预算审批主体和权限做出了规定："中央预算由全国人民代表大会审查和批准。地方各级预算由本级人民代表大会审查和批准。"即中央预算的审查和批准权来自最高立法机关——全国人民代表大会，而地方各级政府预算则由地方各级人民代表大会审批。各级人民代表大会及其常委会对本级政府预算的审查批准直接关系到本区域范围内人民的利益，这种分级审批制度能够更好地反映本区域人民的诉求。

四、预算审批权限

预算审批权限是指各级政府编制的预算草案应由哪一级立法机关审批后才能成为执行的依据，这实际上是预算审批级次的问题。

各国的政府预算都是由立法机关审批的，但在预算审批级次方面，做法不太一致。在实行单一政体的国家中，预算级次一般分为中央预算和地方预算。国家最高立法机关审批国家预算，既包括中央预算，也包括各级地方预算，但也有些国家（如英国）的联邦议会只审批中央预算。在实行联邦制政体的国家中，预算一般分为联邦预算、州预算和各级地方预算。在这类国家中，各级立法机关只负责审批本级政府的预算，不审批下级预算。

我国是单一制国家，基于我国的国情，宪法和法律对人大的审查权和批准权做出了不同的规定，审查权的范围要大于批准权。即，虽然《预算法》规定本级人大仅批准本级预算，但是全国人民代表大会要审查全国预算和预算执行情况，县级以上地方人大要审查本行政区域内总预算和预算执行情况。这是我国人大预算管理职权配置方面的重要特点，既符合我国宪法对各级预算审批的相关规定，又可以较好地明确各方职责与权限，有利于中央政府和地方政府各司其职，提高预算活动的效率。

第二节　我国政府预算审批的内容、流程和方法

一、我国政府预算审批的内容

根据我国宪法和相关法律，人大及其常委会的权力可概括为“四权”，即立法权、决定权、任免权和监督权。《宪法》第六十二条规定了全国人民代表大会行使审查和批准国家的预算和预算执行情况的报告的权力，其中，人大审查预算是监督权的具体行使，而人大批准预算则是决定权的具体行使。按照《预算法》的规定，人大对政府预算的审查重点包括八项内容，在中共中央办公厅印发实施的《关于人大预算审查监督重点向支出预算和政策拓展的指导意见》中将人大预算审查的内容进行了拓展。

（一）政府预算审查的内容

我国《预算法》第四十八条规定，全国人民代表大会和地方各级人民代表大会对预算草案及其报告、预算执行情况的报告重点审查下列内容：

（1）上一年预算执行情况是否符合本级人民代表大会预算决议的要求。

（2）预算安排是否符合《预算法》的规定。

（3）预算安排是否贯彻国民经济和社会发展的方针政策，收支政策是否切实可行。

（4）重点支出和重大投资项目的预算安排是否适当。

（5）预算的编制是否完整，是否符合《预算法》第四十六条的规定。该条的内容是：

报送各级人民代表大会审查和批准的预算草案应当细化。本级一般公共预算支出，按其功能分类应当编列到项；按其经济性质分类，基本支出应当编列到款。本级政府性基金预算、国有资本经营预算、社会保险基金预算支出，按其功能分类应当编列到项。

（6）对下级政府的转移性支出预算是否规范、适当。

（7）预算安排举借的债务是否合法、合理，是否有偿还计划和稳定的偿还资金来源。

（8）与预算有关重要事项的说明是否清晰。

政府预算是国家管理社会经济事务、实施宏观调控的主要手段之一，在国家的政治经济生活中具有十分重要的地位和作用。由于预算具有专业性、政策性、法律性等特点，因此，为了加强对预算草案和预算执行情况报告的审查，履行好宪法、法律赋予的职责，在审查过程中，应该采取全面审查与重点审查相结合的办法，即在全面审查预算草案和预算执行情况的同时，对预算中有重要影响的内容重点审查。所以，对于预算报告的重点审查内容进行规定，明确列示预算重点审查的内容，为各级人大加强对预算的审批创造了有利条件，有利于把握重点，抓住要害，对预算进行深入细致的、实质性的审查，保证人大在审查预算报告时不遗漏重点，有利于提高预算审批的质量和效果，同时也有利于财政部门在撰写预算文本时更加具有针对性。

（二）人大预算审查监督重点向预算支出和政策拓展

2018 年 3 月，中共中央办公厅印发了《关于人大预算审查监督重点向支出预算和政策拓展的指导意见》。人大预算审查监督重点向支出预算和政策拓展是贯彻落实党的十八届三中全会关于加强人大预算决算审查监督职能的要求的一项重要改革举措。

1. 人大预算审查监督重点向预算支出和政策拓展的重要意义

实施人大预算审查监督重点向支出预算和政策拓展，是依法加强和改进人大预算审查监督工作的内在要求，人大加强对支出预算和政策的审查监督，有利于强化政策对支出预算的指导和约束作用，使预算安排和政策更好地贯彻落实党中央重大方针政策和决策部署；有利于加强和改善宏观调控，有效发挥财政在宏观经济管理中的重要作用；有利于提高支出预算编制质量和预算执行规范化水平，实施全面规范、公开透明的预算制度；有利于加强对政府预算的全口径审查和全过程监管，更好地发挥财政在国家治理中的基础和重要支柱作用，更好地发挥人民代表大会制度支撑国家治理体系和治理能力的根本政治制度作用。

2. 人大预算审查监督重点向支出预算和政策拓展的主要内容

（1）支出预算的总量与结构。审查支出预算总量，重点审查预算安排是否符合党中央确定的年度经济社会发展目标、国家宏观调控总体要求，审查支出政策的可持续性等。审查支出预算结构，重点审查支出预算和政策是否体现党中央就各重要领域提出的重大方针政策和决策部署要求，切实提高财政资金配置效率。

（2）重点支出与重大投资项目。保障党中央重大方针政策和决策部署确定的重点支出与重大投资项目。推动政府健全重点支出与重大投资项目决策机制，合理确定重点支出与重大投资项目范围。加强对重点支出与重大投资项目执行情况的监督，督促实现支出绩效和政策目标。

（3）部门预算。重点审查监督部门预算贯彻落实党中央重大方针政策和决策部署情况，部门预算编制的完整性情况，项目库建设、项目支出预算与支出政策的衔接匹配情况，部门重大项目支出绩效目标设定、实现及评价结果应用情况，审计查出问题整改落实情况等。

（4）财政转移支付。重点审查监督贯彻党中央重大方针政策和决策部署情况，转移支付与财政事权和支出责任划分的匹配情况，转移支付对促进实现各地区财政平衡以及基本公共服务均等化情况，专项转移支付的清理整合情况，专项转移支付的整体绩效情况。

（5）政府债务。地方政府债务要重点审查债务纳入预算管理的情况；要根据各地的债务率、利息负担率、新增债务率等风险评估指标体系，结合债务资金安排使用和偿还计划，评价举债规模的合理性。

同时，要加强对政府预算收入编制的审查。要强化对预算收入执行情况的监督，推动严格依法征收，不收“过头税”。推动依法规范非税收入管理。

专栏 5－1

《全国人民代表大会常务委员会关于加强中央预算审查监督的决定》的修订

一、修订的主要背景

1999 年 12 月，第九届全国人大常委会审议通过《全国人民代表大会常务委员会关于加强中央预算审查监督的决定》（下称《决定》），对加强中央预算审查监督，约束和规范预算行为，推进依法理财，发挥了重要的作用。党的十八大以来，以习近平同志为核心的党中央把加强人大预算决算审查监督、国有资产监督职能，作为坚持和完善人民代表大会制度、完善国家监督体系、推进国家治理体系和治理能力现代化的一个重要内容，做出了一系列重要决策部署，提出了一系列重要改革举措。

2015 年以来，修改后的《预算法》颁布实施，人大预算审查监督重点向支出预算和政策拓展，改进审计查出突出问题整改情况报告机制，预算审查前听取人大代表和社会各界意见建议，实施预算联网监督等一系列重要改革举措相继出台实施，推动了新时代人大预算审查监督制度健全完善和工作创新发展。在这样的背景下，2021 年 4 月第十三届全国人大常委会对 1999 年的《决定》进行修订，条件已经具备，时机已经成熟。

二、修订后的《决定》的主要特点

修订后的《决定》的总体框架没有变，保留了原《决定》中有效的内容，体现了修订前后的继承关系，但内容丰富了许多。一是新增了四条重要内容，分别是加强全口径审查和全过程监管、加强预算绩效审查监督、加强审计查出突出问题整改情况监督、更好发挥全国人大代表作用。二是坚持问题导向。这次修订重在补短板、强弱项。例如，对政府性基金预算、国有资本经营预算、社会保险基金预算的审查监督做了明确规定。又如，进一步加强预算执行监督，开展预算联网监督等。三是对《预算法》相关规定做了更为具体和细化的规定，增强了可操作性，有利于全面、深入实施《预算法》。

三、《决定》修订的主要内容

（一）加强人大对政府预算的全口径审查和全过程监管

为贯彻落实中共中央办公厅印发的《关于人大预算审查监督重点向支出预算和政策拓展的指导意见》，结合《预算法》关于预算、决算审查重点内容的规定，《决定》将加强全口径审查和全过程监管作为第一条内容，做出了详细规定，包括：加强财政政策审查监督；加强一般公共预算审查监督，审查监督支出总量和结构、重点支出和重大投资项目、部门预算、转移支付和预算收入；加强政府债务审查监督；加强政府性基金预算、国有资本经营预算、社会保险基金预算审查监督；进一步推进预算决算公开等。

（二）加强和改善预算初步审查

为做好全国人民代表大会会议召开前的预算审查工作，《决定》规定：全国人大常委会预算工作委员会充分听取全国人大代表和社会各界的意见和建议，研究提出关于年度预算的分析报告；财政经济委员会对中央预算草案进行初步审查，就有关重点问题开展专题审议；在预算初步审查阶段，有关专门委员会对相关领域部门预算初步方案、转移支付资金和政策开展专项审查，提出专项审查意见。

（三）加强对预算执行的监督工作

为增强预算监督的针对性和时效性，《决定》做出了一些新的规定：一是国务院财政部门和有关部门定期提供预算执行等信息。国务院在每年八月向全国人大常委会报告当年预算执行情况。二是全国人大常委会综合运用听取和审议专项工作报告、执法检查、专题调研等监督方式，加强预算执行监督。三是全国人大常委会利用现代信息技术开展预算联网监督，实现预算审查监督的网络化、智能化。

（四）加强预算绩效的审查监督工作

《决定》规定：各部门、各单位实施全面预算绩效管理，强化事前绩效评估，严格绩效目标管理；完善预算绩效指标体系，提升绩效评价质量；加强绩效评价结果运用，促进绩效评价结果与完善政策、安排预算和改进管理相结合，推进预算绩效信息公开。还规定，全国人大常委会加强对重点支出和重大项目绩效目标、绩效评价结果的审查监督；必要时，召开预算绩效听证会。

（五）进一步推进依法行政、依法理财

《决定》对推动预算公开透明、规范预算执行、强化法律责任等做了规定。中央预算应当按照宪法和法律规定编制，做到政策明确、标准科学、安排合理，增强可读性和可审性；以公开为常态、以不公开为例外，进一步推进预算决算公开，提高预算决算透明度；各部门、各单位的预算支出应当按照预算执行，因重大事项确需调剂的，严格按照规定程序办理。全国人大常委会开展预算决算审查监督工作发现的问题，相关机关、部门单位和地方应当及时研究处理，对违反《预算法》等法律规定的，依法追究法律责任；需要给予政务处分的，全国人民代表大会常务委员会有关工作机构及时通报监察机关。

（六）加强审计监督和审计查出问题整改情况监督

《决定》从三个方面做出了规定：一是加强对中央预算执行和决算的审计监督。审计工作报告要全面客观反映审计查出的问题，揭示问题产生的原因，提出改进工作的建议；要加强审计结果运用，完善审计查出问题整改工作机制，健全整改情况公开机制。二是对审计查出突出问题整改情况开展跟踪监督，推动建立健全整改长效机制；健全人大预算审查监督与纪检监察监督、审计监督的贯通协调机制。三是每年十二月全国人大常委会听取和审议国务院关于审计查出问题整改情况的报告，根据需要可以听取突出问题的单项整改情况报告。

（七）进一步发挥全国人大代表在预算审查监督中的重要作用

《决定》主要从两个方面做出了规定。国务院财政等部门应当通过座谈会、通报会、专题调研、办理议案建议和邀请全国人大代表视察等方式，认真听取全国人大代表意见和建议，主动回应全国人大代表关切。全国人民代表大会有关专门委员会、常务委员会有关工作机构应当加强与全国人大代表的沟通联系，更好发挥代表作用；健全预算审查联系代表工作机制。《决定》还对全国人大常委会预算工作委员会的职责做了补充完善。

二、预算审批的流程

我国预算审批主要流程分为初步审查（初审）、审查和批准（审批）、批复和备案四个阶段，如图 5-1 所示。

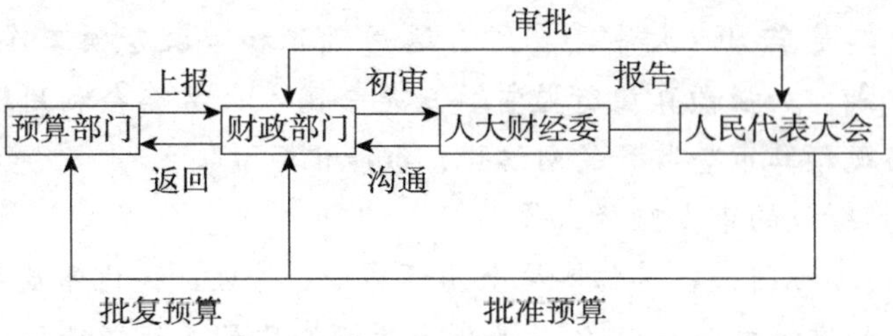

图 5-1　我国预算审批主要流程

说明：因备案是下级政府向上级政府所做的，故未在图中标出。

（一）初步审查

初步审查是指在召开人民代表大会之前，由各级人民代表大会财政经济委员会（以下简称财经委员会或财经委）或有关专门委员会等对预算草案的初步方案进行审查。初步方案的内容应建立在《全国人民代表大会常务委员会关于加强中央预算审查监督的决定》中有关初步方案规定的基础上，并符合《预算法》中关于全口径预算、重点支出、部门预算、转移支付、政府债务等各方面的规定和要求。

由于现行人大会议会期较短，代表大会会议不可能有比较充裕的时间对内容十分浩繁的计划进行深入的、详细的、具体的审查。在这种情况下，根据宪法和法律的基本精神，在代表大会召开之前，各级人大由专门委员会或委托常委会工作机构提前介入，对政府准备提请大会审议的预算草案或编制中的预算草案的主要部分、主要内容进行初步的审查，做好预算的初审工作。

1. 初步审查的主体及时间规定

《预算法》第二十二条和《预算法》第四十四条的相关规定如下：

（1）全国人民代表大会财政经济委员会对中央预算草案初步方案进行初步审查，提出初步审查意见。国务院财政部门应当在每年全国人民代表大会会议举行的四十五日前，将中央预算草案的初步方案提交全国人民代表大会财政经济委员会进行初步审查。

（2）省、自治区、直辖市人民代表大会有关专门委员会对本级预算草案初步方案进行初步审查，提出初步审查意见。省、自治区、直辖市政府财政部门应当在本级人民代表大会会议举行的三十日前，将本级预算草案的初步方案提交本级人民代表大会有关专门委员会进行初步审查。

（3）设区的市、自治州人民代表大会有关专门委员会对本级预算草案初步方案进行初步审查，提出初步审查意见，未设立专门委员会的，由本级人民代表大会常务委员会有关工作机构研究提出意见。设区的市、自治州政府财政部门应当在本级人民代表大会会议举行的三十日前，将本级预算草案的初步方案提交本级人民代表大会有关专门委员会进行初步审查，或者送交本级人民代表大会常务委员会有关工作机构征求意见。

（4）县、自治县、不设区的市、市辖区人民代表大会常务委员会对本级预算草案初步方案进行初步审查，提出初步审查意见。关于初审主体，因县级人大一般不设专门委员会，因此由县级人大常委会进行初步审查。县、自治县、不设区的市、市辖区政府应当在本级人民代表大会会议举行的三十日前，将本级预算草案的初步方案提交本级人民代表大会常务委员会进行初步审查。

可以看出，预算草案的初步审查是各级人大预算审查的法定程序，是应当由立法机关行使的法定权力。通过明确初审主体可以使相关机构更加规范和完备，法定权力与工作职责定位更加清晰。而规定初步审查提交时限有利于为初步审查的相关工作机构提供更加充足的审查时间，确保政府预算的合理、合规与高效。

2. 初步审查的法定程序

初步审查的法定程序也反映了政府预算草案与立法机关及社会公众的沟通协调过程。

初步审查的程序包括：

（1）《预算法》第四十五条规定："县、自治县、不设区的市、市辖区、乡、民族乡、镇的人民代表大会举行会议审查预算草案前，应当采用多种形式，组织本级人民代表大会代表，听取选民和社会各界的意见。"听取选民的意见是人大代表的职责和义务。《预算法》之所以对县级和乡级提出这样的要求，是因为我国县级和乡级人大代表是直接选举产生的，听取选民和社会各界的意见是选民直接选举制度的必然要求。同时，基层人大审议的各项议案也与选民的切身利益最为密切，预算支出基本用于直接与选民相关的社会事业，如义务教育、交通建设、农田水利等。人大代表提前听取选民和社会各界的意见，获得更真实、更广泛的需求信息，并及时完善预算草案，有利于将有限的预算资金用于满足人民最为迫切的需求。同时，这一规定也大大提高了预算过程的民主性和公开性，是提高预算管理水平的客观要求。

（2）各级人民代表大会财经委员会或专门委员会等首先对政府预算草案的初步方案

进行审查，设区的市、自治州以上各级人民代表大会有关专门委员会进行初步审查时，或人大常委会有关工作机构提出审查意见时，应当邀请本级人民代表大会代表参加。在对各级政府预算草案等进行初步审查后，要提出初步审查意见。

（3）对各级人大常委会、财经委员会（专门委员会、有关工作机构）提出的意见，本级政府财政部门应当将处理情况及时反馈。

（4）对各级人大常委会、财经委员会（专门委员会、有关工作机构）提出的意见以及本级政府财政部门反馈的处理情况报告，应当印发本级人民代表大会代表。

3. 初步审查的工作环节

依照法律规定和工作惯例，初步审查一般包括四个环节：

（1）提前介入。根据宪法和法律的基本精神，无论是全国人大还是地方人大，都要组织代表开展专题调研和视察等活动，提前了解预算编制有关问题，为审查和批准预算提前做好准备。人大财经委都要根据需要进行前期调研，召开座谈会，邀请政府有关部门、研究机构和专家学者参加，分析研究财政经济运行和社会发展情况，整理会议简报和其他分析报告，为财经委组成人员研究分析计划执行情况提供参考。就全国人大来说，在每年第四季度，财经委员会组成人员或办事机构工作人员通常要参加中央经济工作会议，参加国务院编制计划有关会议，参加有关综合经济部门年度会议，了解当年预算执行情况和下一年度预算安排，并将有关情况通过简报等形式及时向财经委全体组成人员通报。

（2）听取预算编制情况汇报。人大会议举行前，政府有关主管部门向人大财经委和有关的专门委员会汇报预算执行情况和预算草案的主要内容，汇报时还要提交关于预算执行情况与预算草案的报告以及初步审查所需要的其他材料。根据经济和社会发展以及财政中的重点热点问题，财经委邀请政府其他部门一并参加会议，解答会议提出的问题。如有必要，会后财经委对有关问题进行专题研究。

（3）进行初步审查。人大财经委在初步审查的基础上，整理出对预算的初步审查意见。初步审查意见经财经委主任委员办公会议审定后，报人大常委会委员长会议，并送国务院（或地方政府）有关部门。对于财经委和有关的专门委员会组成人员在初步审查会议上的发言，要整理并印发会议纪要。政府有关部门将对财经委初步审查意见的反馈意见及时向财经委组成人员通报。

（4）提出审查结果报告初稿。财经委根据初步审查情况，起草关于预算执行情况与预算草案的审查结果报告初稿，提请财经委全体会议讨论。有关专门委员会派人参加财经委全体会议。根据财经委全体会议的讨论情况，对审查结果报告初稿进行修改，并送政府有关部门征求意见。财经委根据常委会负责同志和有关部门的意见，对审查结果报告初稿进行修改。

4. 初步审查的形式

初步审查通常包括调查研究、沟通情况、听取通报、预先审查等多种形式，涉及人大常委会及专门委员会成员、部分人大代表、政府财政和相关部门人员、专家顾问等。各地区地方人大在实践中开始提前介入预算编制过程，并且逐渐探索将更多的人大代表、社会公众等第三方力量吸纳进初审过程，以项目预评估、座谈会、预算听证等多种形式完善人大常委会的初步审查工作。

实践证明，各级人大由专门委员会或委托常委会工作机构提前介入，在广泛调查研究的基础上起草高质量的初审报告，基本上可以为代表提供各种有关的背景资料、参考资料，可以厘清预算草案的主要内容和存在的主要问题，从而为代表们审议提供基础。

（二）人民代表大会审查和批准程序

人民代表大会审查和批准阶段是指由各级人民代表大会在初步审查的基础上对预算草案进行审查和批准的阶段。《预算法》第四十三条规定："中央预算由全国人民代表大会审查和批准。地方各级预算由本级人民代表大会审查和批准。"图 5－2 概括了人民代表大会审查和批准程序。

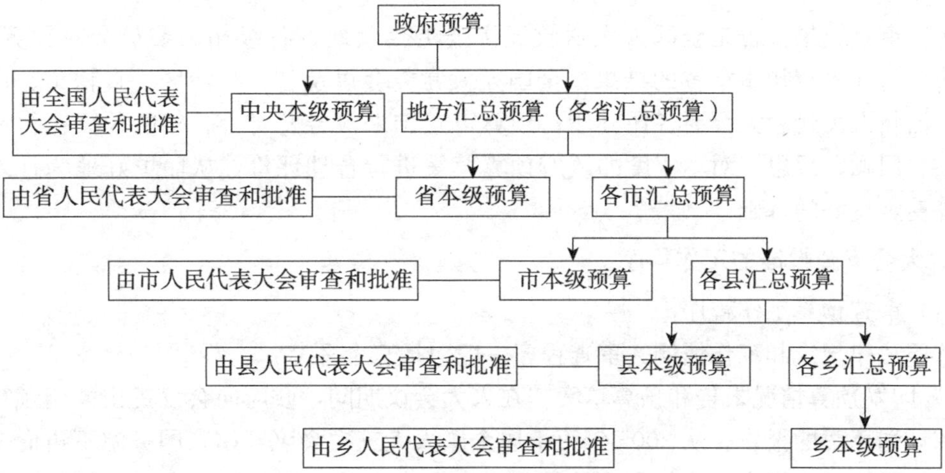

图 5－2　人民代表大会审查和批准程序

1. 大会审查和批准的法定程序

各级人民代表大会审查和批准预算草案的程序是：

（1）政府向人大做关于预算草案的报告。

《预算法》第四十七条规定："国务院在全国人民代表大会举行会议时，向大会作关于中央和地方预算草案以及中央和地方预算执行情况的报告。地方各级政府在本级人民代表大会举行会议时，向大会作关于总预算草案和总预算执行情况的报告。"

向立法机关报告预算草案的制度安排体现了政府的公共受托责任和人大代表公众的权力行使，也是实现财政预算公开透明的重要保证。近年来我国财政支出的扩大意味着政府受托责任的扩大，因此提高财政预算透明度、尊重和保障社会公众的知情权和监督权显得尤为必要。政府向人大做关于预算草案的报告使各级人大能够了解确定预算收支的政策基础，以及确定预算收支目标的情况。人大代表可按照法律规定的流程，对政府预算中的有关问题提出询问和质询，有关部门必须做出认真的答复。因此，这也是构建阳光政府、责任政府的重点所在。

（2）人大财经委做关于对政府预算草案审查结果的报告。

我国《预算法》第四十九条规定：全国人民代表大会财政经济委员会向全国人民代表大会主席团提出关于中央和地方预算草案及中央和地方预算执行情况的审查结果报告。省、自治区、直辖市、设区的市、自治州人民代表大会有关专门委员会，县、自治县、不设区的市、市辖区人民代表大会常务委员会，向本级人民代表大会主席团提出关于总预算草案及上一年总预算执行情况的审查结果报告。

审查结果报告应当包括下列内容：

1）对上一年预算执行和落实本级人民代表大会预算决议的情况做出评价；

2）对本年度预算草案是否符合《预算法》的规定、是否可行做出评价；

3）对本级人民代表大会批准预算草案和预算报告提出建议；

4）对执行年度预算、改进预算管理、提高预算绩效、加强预算监督等提出意见和建议。

预算审查结果报告是全国人大财政经济委员会及地方各级相关委员会对预算草案、预算执行情况进行初步审查的结果。全国人大常委会以及省、自治区、直辖市、设区的市、自治州人民代表大会要各司其职，预算审查结果报告要对上一年的预算执行情况进行总结、回顾、反思，对本年度的政府预算草案进行合理评价，从而更好地为计划年度的预算奠定良好的基础。

2. 大会审查批准的工作程序

（1）审查预算工作程序。

依照法律规定和工作惯例，审查程序一般包括三个环节：

1）印发预算情况报告和预算草案。在人大会议期间，政府向会议提出关于预算执行情况和计划草案的报告。从2005年第十届全国人大三次会议开始，国务院不再向全国人大会议做预算口头报告，只是将预算报告书面印发会议。近几年来，只有部分地方人大还保留口头报告的做法。

2）代表团进行审查。在人大会议期间，各代表团举行全团会议或者代表小组会议，对预算报告进行审议，对预算草案进行审查。在代表团审查过程中，财经委员会组成人员听取所在代表团的意见和建议，财经委员会办事机构工作人员到代表团听会，并向财经委员会反映代表在审查中提出的意见和建议。

3）财经委员会和有关专门委员会进行审查。在人大会议期间，根据大会秘书处的安排，财经委员会召开全体会议，其他专门委员会派员参加，根据各代表团和有关专门委员会的审查意见，对预算进行审查，并对审查结果报告初稿进行修改。

（2）批准预算工作程序。

依照法律规定和工作惯例，批准程序一般包括四个环节：

1）提出审查结果报告。财经委员会向大会主席团提出关于预算执行情况与预算草案的审查结果报告。审查结果报告一般包括：对上一年预算执行情况的评价；对当年预算草案和报告的评价以及是否批准的建议；对完成当年预算情况提出的意见和建议。审查结果报告应当反映有关专门委员会和代表的审议意见。有关的专门委员会的审查意见应当及时印发会议。

2）代拟决议草案。财经委员会为大会主席团代拟关于预算执行情况与预算的决议草案。决议草案应当包括是否批准预算草案和报告的内容，在财经委员会全体会议上一并审议。

3）代表团审议。财经委员会关于预算执行情况与预算草案的审查结果报告，经大会主席团审议通过后，印发会议。财经委员会为大会主席团代拟的关于预算执行情况与预算的决议草案，经大会主席团审议表决后，交各代表团审议。

4）大会表决。财经委员会代拟的关于预算执行情况和预算的决议草案，经各代表团审议后，由大会主席团提请全体会议表决，通过后向社会公布。

3. 大会批准与公开

这一阶段是指人民代表在各级人民代表大会上通过投票批准政府预算草案的过程。按照《中华人民共和国全国人民代表大会议事规则》第五十九条的规定，大会全体会议表决议案，由全体代表的过半数通过。表决结果由会议主持人当场宣布。会议表决时，代表可以表示赞成，可以表示反对，也可以表示弃权。经审查讨论并通过相关报告以后，大会做出批准本级预算草案的决议，并按照《预算法》的规定在批准后20日内由本级政府财政部门向社会公开。

政府预算草案经人民代表大会审查批准后，就成为具有法律效力的文件。

（三）预算的批复

预算批复是指政府预算草案经同级人大批准成为具有法律效力的文件后，财政部门应及时将预算批复给各职能部门，再由各职能部门批复给各预算单位，作为收支预算执行的法律依据。各级预算草案经各级人大批准后，财政部门应及时办理批复预算手续，以保证各级预算的执行。如果预算批复不及时，就会造成当年部门预算可执行的有效时间缩短，直接影响到预算执行的进度和工作节奏。因此，通过对各个环节的期限进行规定，可以保证预算的执行进度和效率，推进预算的绩效管理工作。对于一般性转移支付和专项转移支付明确规定下达期限，有利于财政转移支付资金的及时到位，便于各项目支出的顺利进展，减少目前存在的“年底突击花钱”或资金过多结转以及资金在下达过程中的“层层预留”现象。

根据我国《预算法》第五十二条的规定：

（1）各级预算经本级人民代表大会批准后，本级政府财政部门应当在20日内向本级各部门批复预算。各部门应当在接到本级政府财政部门批复的本部门预算后15日内向所属各单位批复预算。

（2）中央对地方的一般性转移支付应当在全国人民代表大会批准预算后30日内正式下达。中央对地方的专项转移支付应当在全国人民代表大会批准预算后90日内正式下达。

（3）省、自治区、直辖市政府接到中央一般性转移支付和专项转移支付后，应当在30日内正式下达到本行政区域县级以上各级政府。

（4）县级以上地方各级预算安排对下级政府的一般性转移支付和专项转移支付，应当分别在本级人民代表大会批准预算后的30日和60日内正式下达。

（5）对自然灾害等突发事件处理的转移支付，应当及时下达预算；对据实结算等特殊项目的转移支付，可以分期下达预算，或者先预付后结算。

（6）县级以上各级政府财政部门应当将批复本级各部门的预算和批复下级政府的转移支付预算，抄送本级人民代表大会财政经济委员会、有关专门委员会和常务委员会有关工作机构。

明确各级政府预算批复的期限有利于预算的执行，但在法定的预算批复期限内，还应该注意预算批复的精细化。预算批复不精细是预算执行不规范的主要原因之一，因此，应重点从两个方面推进预算批复的精细化：一是要精细化批复重点预算支出项目；二是社会关注度高的经费预算批复要精细化。

（四）预算的备案

对规范性文件备案审查是人大常委会监督工作中的一个重要组成部分，是维护国家法制统一的一项重要工作，应依法执行备案制度，强化预算法律责任。

我国《预算法》第五十条规定："乡、民族乡、镇政府应当及时将经本级人民代表大会批准的本级预算报上一级政府备案。县级以上地方各级政府应当及时将经本级人民代表大会批准的本级预算及下一级政府报送备案的预算汇总，报上一级政府备案。县级以上地方各级政府将下一级政府依照前款规定报送备案的预算汇总后，报本级人民代表大会常务委员会备案。国务院将省、自治区、直辖市政府依照前款规定报送备案的预算汇总后，报全国人民代表大会常务委员会备案。"

《预算法》第五十一条规定："国务院和县级以上地方各级政府对下一级政府依照本法第五十条规定报送备案的预算，认为有同法律、行政法规相抵触或者有其他不适当之处，需要撤销批准预算的决议的，应当提请本级人民代表大会常务委员会审议决定。"

此外，政府应按照人大审查监督预算要求执行备案制度。例如，国务院应当将有关预算的法规及规范性文件，中央预算与地方预算有关收入和支出项目的划分、地方向中央上解收入、中央对地方税收返还或者转移支付的具体办法，省、自治区、直辖市政府报送国务院备案的预算决算的汇总，中央政府综合财务报告，以及其他应当报送的事项，及时报送全国人民代表大会常务委员会备案。

专栏 5-2

预算的先期执行

预算的先期执行是指在预算年度开始后，各级预算草案经本级人民代表大会批准前可以安排支出的规定。由于我国预算年度从每年1月1日开始，而中央和地方人民代表大会审查批准预算时间一般在预算年度开始之后，为了既保证政府机构正常运转，又使预算支出具有法定性，在预算批准之前，有必要允许安排部分必需的支出，但要做出严格的限制。根据我国《预算法》第五十四条的规定，允许先期执行的支出包括：

一是上一年度结转的支出。结转支出是指上一年项目支出预算已执行但尚未完成，或因故未执行，下一年需按原用途继续使用的财政拨款资金。由于这部分资金已在上一年度列入经本级人大或其常委会批准的预算或预算调整方案，因此可以按规定继续安排支出。

二是参照上一年同期的预算支出数额安排必须支付的本年度部门基本支出、项目支出，以及对下级政府的转移性支出。一般来说，部门和单位行政工作、事业发展有其规律性，相应的支出也有一定的规律性，因此在上下年度的同一时期支出水平差距不大，一些必需的基本支出、项目支出，以及对下级政府的转移性支出，可以参照上一年度同期的预算支出数额，在预算批准前进行支付，以保障各级政府正常运转和经济社会等各项事业顺利开展。

三是法律规定必须履行支付义务的支出。主要包括按照相关法律规定、合同约定需要按时支付的债务还本付息支出、国际组织会费等支出。

四是用于自然灾害等突发事件处理的支出。主要包括发生自然灾害、事故灾难等突发事件时的应急救援、安置、医疗及善后处理等相关支出。

经本级人民代表大会批准后，预算支出要按照批准后的预算执行。如果已经执行的支出项目与批准的预算有差异，应按照批准的预算进行相应调整。

第三节　典型国家政府预算审批的特点及借鉴

一、典型国家政府预算审批的特点

虽然各国对政府预算审批的具体做法和作用不同，但有一些共同的特点和值得我国借鉴的成功经验。

(一) 预算审批组织体系健全

发达国家立法机关内部通常具有完善的预算审批组织和高素质的审批人员，这为他们进行专业性和高质量的预算审批奠定了必要的组织基础。最为典型的就是美国，早在1974年美国就在国会内部成立了专门的国会预算办公室，目前其雇员有200余人，他们都拥有经济学或公共政策学方面的高等学位。除此之外，国会还设有专门负责预算支出审批和预算收入审批的委员会。国会审计总署也是重要的审查并监督政府预算的机构，而且因为该机构独立于政府，因此其高度独立和透明保证了它能够充分发挥审批预算的作用。此外，各机构和部门间的分工比较明确。西方发达国家的预算审批，通常会涉及立法机关（议会或国会）的参、众两院（或上议院、下议院）以及各个审查委员会，还有审计机构和财政部门及各预算部门。虽然涉及部门较多，但预算审批流程却比较规范，这得益于相关机构和部门分工明确。比如在美国，有关预算管理的机构、部门比较健全，各机构、部门的职责分工比较清晰，并且实现了部门职责的法定化。值得一提的是，美国国会采用专职制，无论议员还是行政工作人员均为专职人员。美国国会内部预算审批相关组织及其职责如表5-1所示。

表 5-1 美国预算审批相关组织

预算委员会	预算委员会是一个国会常设委员会，对国会编制预算负全面责任，决定预算中的原则性问题。其主要任务是对预算中的收入、支出以及各种支出之间的比较进行综合考察；向国会提出预算建议，具体规定预算的支出、收入、盈余、亏空、公债总额。国会根据其建议通过相关预算决定。
国会预算办公室	国会预算办公室是由专家而不是国会议员组成的国会预算管理办事机构，是一个专业、非党派的机构，目的是帮助国会客观公正而有效率地编制预算并审查行政机关提出的预算，对国会的预算编制提供客观、专业、及时的信息，进行和预算有关的各种估计、分析、研究，给总统预算管理办公室编制的预算挑毛病，为国会编制预算服务。
国会参众两院拨款委员会	参众两院拨款委员会是国会中权力很大的委员会。国会是否通过拨款法案主要是根据两院由资历较高的议员组成的拨款委员会的建议和报告。全院的讨论限于政策性问题，拨款的数额基本上由拨款委员会决定。由于行政机关众多，拨款委员会往往按照行政体系的分工对应设立若干个拨款小组委员会，负责一定行政机关的具体拨款审批。
拨款小组委员会	拨款小组委员会是实际掌握预算拨款权力的机关，拨款委员会主要根据拨款小组委员会的建议和报告向全院提出建议和报告。为了决定拨款数额，拨款小组委员会必须了解其所主管的部门的计划和需要。拨款小组委员会在决定拨款数额以前，通常举行听证，要求有关的行政部门对其预算请求进行说明、解释和辩护。拨款小组委员会认为必要时可以派遣拨款委员会的专业职员，甚至委托国会外的专业人员对某一项目进行调查，提出报告，作为拨款委员会决定拨款的参考。
国会审计总署	审计总署隶属于国会，向国会负责并报告工作，职能是审计联邦财政预算执行结果，审查联邦各部门和公共机构的内部财务状况及其合法性、合理性、经济效果。为了强化审计总署协助国会对预算进行审计的功能，国会通过立法赋予审计总署主动审计的职权，审计总署可以定期检查政府各部门管理和使用国会拨款的结果，就联邦资金使用状况和效率发表独立评论，向国会报告预算执行结果和决算审计情况。

资料来源：肖鹏．美国政府预算制度．北京：经济科学出版社，2014.

（二）预算审批时间充裕

充裕的审批时间有利于立法机关进行细致、深入的预算审查。西方发达国家一般要求政府提前 3 个月至半年将草案提交给议会（国会），如德国联邦议院对政府预算的审查仅一读（相当于我国的预算初审）就要 3 个月，德国联邦议院对预算的审查可以持续 4 个月之久，而美国国会对政府预算的审批则需 8 个月左右。此外，印度的预算立法审议时间也长达 75 天。

（三）预算审批内容全面而具体

西方发达国家的预算审批内容主要可分为合规性审查和绩效性审查。合规性审查即检查预算草案是否符合相应法律法规及制度规范的要求，绩效性审查即检查预算草案是否按照政府施政效益最大化原则安排了预算收支。前者是传统预算管理的审查内容，而当预算管理建立在如何花好纳税人的钱并提供有效公共产品及服务之上时，对政府预算的审查就延伸到了绩效性审查。西方发达国家对政府预算的审批还非常具体，这主要是因为它们通常采用单项审批制度，即对预算收支按照项目进行分别审批而不是对某一级政府的全部预算进行整体审批。

（四）预算审批流程规范

流程设计是否规范合理直接影响到审批结果，经过若干年的发展，西方国家已经建立了规范的预算审批流程，如英国的预算审批流程就比较规范。

专栏 5-3

英国政府的预算审批流程

财政大臣的预算报告发表后，就作为财政法案提交议会审核。一般在 7 月或 8 月由下议院表决财政法案，如获通过，则具有法律效力。根据 1911 年《议会法》，议会对政府的财政监督由下议院行使，上议院无权通过和否决预算法案。英国采用三读制度进行预算审批，即从下议院开始，上下议院分别三次审议预算。英国议会预算审批流程详述如下：

1. 内阁提出预算案

英国议会预算提案权属于内阁，内阁通常在每年春天（3 月或 4 月）的预算日（budget day）将预算提交下议院，传统上是在星期二提出预算并进行预算演说（budget speech）。

2. 预算演说一读（first reading）

下议院收到提案后先进行一读，由议会秘书宣读提案的题目和缘由，随后列入议事日程，并分发给全体议员。内阁提出预算当日，即由财政大臣发表演说，详细报告经济现况以及年度预算的内容，包括岁入法案以及岁出法案，并说明未来三年公共支出、经济预测发展与财政政策、开闭税源增减税则等，历时 1～1.5 小时。财政大臣所提出的岁入法案以及预算案，两者便形成了该年度的财政法案（Finance Bill），议会下议院开始审查。

3. 质询与辩论

当财政大臣完成财政报告后，下议院随即展开质询与内阁的答辩，此时质询是由反对党主导，质询重点在于财政政策与支出原则，不涉及金额调整。此项质询由反对党议员优先，执政党议员排在反对党后面，以礼让反对党。

4. 第一次决议

下议院在十个预算日之内，必须对政府预算案进行表决，包括岁入财政法案与岁出法案。此项决议案通过之后，才能使政府下年度预算成为一个完整的财政法案，作为正式审查的法案。

5. 财政法案二读（second reading）

在一读通过一至两个星期后，下议院进行二读，即对该税法提案进行一般原则性的讨论，这个阶段常被称为“总讨论”，是执政党和反对党进行的大决战。若经辩论后进行表决时被否决，该议案就成为废案；若得以通过，该议案原则上就算通过了。财政法案是由二读阶段开始审议，因为一读程序仅对财政预算政策做大体的辩论及确认原则，并未就预算细项加以审查，因此下议院完成第一次决议后，财政法案才正式成立。法案一读后，依照议事程序继续进行审查，通常在两周之内进行二读，该过程通常仅需一天。

6. 委员会阶段（committee stage）

二读以后由下议院通过决议，宣布把提案交付相关的委员会（筹款委员会和供应委员会）讨论。这时，议长离开议长席，下议院召开全院委员会，由筹款委员会主席主持会议。这一阶段是考虑议案细节的阶段，每一条文依次讨论，可以提出修正案并将全案退回下议院。下议院收到议案后，对全院委员会的修正案进行复审并提出报告。若下议院反对党再次提起辩论，议案还可退回全院委员会重新审议。

二读后的财政（预算）法案，通常一天内即交付委员会。将法案送交委员会讨论，才真正进入法案的实质审查阶段。到了 1968 年以后，为了节省审查时间，通常将具有争议性、重要性及无先例性的条文等交由下议院的全院委员会审查，全体委员都可以参与审查，其余条文则交由常设委员会（Standing Committee）进行细节的讨论及逐条审查。常设委员会由 30～40 名议员组成，依照各政党在下议院的席次比例来分配，审查项目则由反对党与内阁协商决定，此阶段最重要的是财政法案的修正案。

7. 委员会审查结果向院会报告（report stage）

报告阶段通常为期两天，在常设委员会审查完成预算案两周后，将委员会的审查结果向下议院院会报告。在报告阶段，非常设委员会的委员有机会进一步提出对法案的修正意见或新的条款。所有的委员都可以发言，投票表决，同时也可以为较长的或复杂的法案展开为期数天的辩论。

8. 三读（third reading）

随后，该议案进入三读程序，此阶段只能进行文字上的修改，如反对者不超过 6 人即行通过，最后通过投票表决，议案正式通过。三读程序通常在单独的一天处理，但现在也常与向院会报告阶段相结合，即通常在报告阶段的第二天就进行三读。财政法案三读时辩论时间通常很短，上议院无法对法案进行实质的修正，而下议院则可以对之前尚未表决的议题提出修正。

9. 送上议院审议（passage through the other House）

在下议院三读通过的财政法案送到上议院审议，基本上上议院对于大部分法案很少有否决权，财政法案又必须在一个月内同意，上议院已经成为橡皮图章的角色。法案内容经两个议会同意时，就可以送请皇室签署同意。

10. 皇室签署同意（royal assent）

法案送交上议院批准并经女王签署后正式颁布。当预算案经议会审议完成并送请皇室签署同意后，就成为正式的预算法案。皇室的同意现今是由两院的议长来宣布，并列在英国议会议事录（hansard）之中。皇室签署同意日之最后一天为每年 8 月 5 日。

资料来源：英国议会两院网站。

（五）预算审批依据法制化

西方发达国家基本上建立起了一套完整可靠的法律体系，这些法律法规将预算流程纳入规范化的轨道，以法律形式保证了预算的权威性。完备的法律制度一方面完善了预算审批制度，另一方面使政府各部门在预算工作过程中有法可依。如作为现代政府预算制度发源地的英国，其针对预算制度的法律也较为完备，包括宪法和专项法两个层级。美国也建立了非常完整的法律体系，美国联邦政府的预算管理从预算编制、预算执行到预算审计的全过程，都可以找到相应的法律依据，并且严格按照既定法律规范开展预算管理各项工作。美国宪法第一条第七、八、九项和修正案第十六条规定了国会的征税权、举债权和拨款权，国会运用此三项权力征收联邦税、发行公债以及为联邦政府开支授权和拨款。除宪法外，美国关于预算控制和监督比较重要的法律有：

（1）1921年的《预算与会计法案》。该法案规定了总统协调所有部门预算案并向国会提交，还成立了总统预算管理办公室。

（2）1974年的《国会预算和截留控制法》。该法设立了参议院和众议院各自的预算委员会以及国会预算办公室。

（3）1985年的《平衡预算和赤字紧急控制法案》。该法案确立了一系列年度递减的赤字目标，并规定了自动削减支出的过程。

（4）1993年的《政府绩效与结果法案》（Government Performance and Results Act）。该法案要求所有联邦政府机构必须向总统预算管理办公室提交战略计划；所有联邦政府机构必须在每一个财政年度编制年度绩效计划，设立明确的绩效目标。

通过这些法律，美国建立了一套体系比较完整、职责比较明确、依据比较充分的预算监督系统。从预算程序上看，从总统提出预算要求的编制程序、时间确立，到总统向国会提交预算请求，以及总统收到国会预算决议，各个程序和各个环节法律上都有明确的规定。这种完备而规范的程序制度体系，使各有关部门监管有据，保证了预算编制过程中的法治性以及预算执行中的严肃性。

二、对完善我国政府预算审批的启示与借鉴

（一）我国政府预算审批中存在的问题

1. 预算审查的时间短

一是预算草案及相关报告提交的时间晚，通常在召开会议时，代表才能看到预算的有关材料。二是人民代表大会会议的持续时间短，议程多，对政府预算的审议不够充分。人民代表大会议程包括政府工作报告、国民经济和社会发展规划报告、政府预算报告、人民代表大会常务委员会工作报告、检察院和法院工作报告，以及人事任免、各个专门委员会的工作报告等，每个报告都有大量的篇幅，其中预算的内容涉及政府及各个直属部门的100多个预算文本，很难在短时间内将预算审查工作做得深入细致。

2. 代表的专业水平有限

预算审查质量一方面取决于代表的权力和责任意识，另一方面取决于审查人员的专业水平。目前由于我国各级人民代表大会代表中真正熟悉预算业务的代表不多，因而实质性的问题可能会审查不到位。

3. 预算审查的重点不突出

人民代表大会对预算的审查重点应该是预算草案中的预算收支安排的合法性与合理性。由于预算草案涉及政府施政的方方面面，且专业性较强，因此，在实践中容易出现人大代表审查预算草案时抓不到重点，比较泛化，或受所代表利益群体的影响，审查站位的高度及审查视角的全局性不够等问题。

4. 批准的内容为"一揽子表决"

我国目前各级人民代表大会对政府预算草案表决的是预算安排的总体情况，即财政总的收入和支出安排，这种一揽子表决的方式在一定程度上虚置了审批权。而发达国家通常是对某个部门预算或某项资金预算实行单项表决，这种审批方式值得我国借鉴。

5. 法律依据不够充实可靠

关于各级人大如何具体行使预算审批权，《预算法》及《预算法实施条例》的规定还不够集中和详细，有些散见于《中华人民共和国全国人民代表大会议事规则》《全国人民代表大会常务委员会关于加强中央预算审查监督的决定》等规范性法律文件。根据上述规定，人大代表在很短的时间内很难对预算草案有全面了解，更难有机会发表自己对预算草案的意见和建议，因此，人大代表在会议期间几乎不可能完成对预算案的实质性审查。修改后的《预算法》规定的预算草案提交财经委员会进行初审的时间较修改前有所延长，初审意见也需印发本级人大代表和常务委员会组成人员并要求财经委员会向全国人民代表大会提出关于中央和地方预算草案及中央和地方预算执行情况的审查结果报告，但人大代表审查预算草案的时间仍受人大会议议期的限制，人大代表在更大程度上依赖于财经委员会对预算草案的审查报告做出判断。此外，预算草案应以何种形式和方式提交、草案编制主体是否以及如何对草案予以说明、各代表团和财经委等能否对其进行询问、对审查中存在的不同意见如何处理、列入会议议程的预算草案是否有必要进行讨论、预算草案能否以及如何在表决前由编制主体撤回或修改等程序性问题，在现行立法中均无规定。程序规则的缺失极大地限制了人大对预算草案的实质审查。

（二）我国政府预算审批的改进思路

1. 审批时间提前并延长

虽然各地具体时间不一样，但大致上预算初审是一个月左右，预算终审也就是几天，无论初审还是终审，我国预算审批时间都不够充裕，这使得审批权力难以得到落实。预算关系到国民经济和社会发展，需要充分的预算审查时间。可以在与预算编制时间协调的前提下，将预算审批时间适当延长。预算终审的时间也要与人民代表大会会期协调，并且将预算草案较早地发给代表，以便他们做好充分的准备。

实际上，审批时限是各国立法机关行使预算审批权所面临的共同问题。在所有财政资金纳入预算的情况下，对所有预算项目进行逐条、逐项的审查显然是不现实的。为此，在基本确定预算审批的对象范围的前提下，可以确立对重点项目的重点审查制度。对于国家机关日常运作所需财政资金，在合理确定原定额标准的前提下重点审查其与上年度预算的偏差及该偏差的合理性；对于重点项目，特别是新增收支项目则要在中期财政规划及预算，以及绩效目标的评价基础上进行全面的审查。

2. 提高代表的整体业务水平

提高代表的整体业务水平，可以采取以下几种办法：一是加强业务学习，定期举办代表业务培训班，提高代表的财政政策及预算业务知识水平，提高其审查能力。二是推举代表时，不仅要考察代表在政治上是否过得硬，还要重视政策及专业的要求。三是探索逐步实现代表专职化。实行专职化以后，代表可以集中精力对人大的事务进行深入细致的、潜心的研究。专职化不仅可以提高预算审查的质量，也可以更好地推动人大其他工作开展。

3. 可建立分项审批和修改预算制度

分项审批即允许代表就某个部门及项目的预算分别投票，或者就某项“类”级甚至“款”级科目进行投票，有利于更好地落实代表的审批权。人民代表大会可以在批准总的预算安排的前提下，对重点的部门预算或专项资金预算实行单项表决。与分项审批紧密联系的是修改预算制度，因为如果多数人大代表反对某项预算，那么接下来的问题就是如何修改。预算草案修正权是否决权的必要补充。理论上衡量立法机关权力的指标之一就是其能否修改或能在多大程度上修改政府提交的预算草案。修正权是现代立法机关的核心预算权力，影响着议会预算能力的大小。预算审批不应仅是对政府编制的预算数额的消极接受，在符合法定条件的情况下，还应当允许立法机关积极提出政府所受的财政约束，对预算草案进行修改。

4. 健全相关法律法规

《预算法》在规范预算审批方面应发挥重要的作用，我国可进一步完善该法，为人大预算审批工作提供更加可靠的法律依据。《预算法》已经在一定程度上加强了人大的预算审批，未来还可考虑在审批程序、审批权能等方面加以完善。相应地，《中华人民共和国各级人民代表大会常务委员会监督法》《中华人民共和国政府采购法》《中华人民共和国会计法》等相关法律也应予以完善。

案例与评析

一、案例与材料

为依法做好审查工作，全国人大财政经济委员会、常委会预算工作委员会以习近平新时代中国特色社会主义思想为指导，认真学习贯彻党的十九届五中全会和中央经济工作会议精神，扎实有序开展相关准备工作，采取多种形式广泛听取全国人大有关专门委员会、部分全国人大代表、有关专家学者的意见和建议。2021 年 2 月 1 日至 3

日，财政经济委员会召开三次全体会议，会同有关专门委员会，并邀请部分全国人大代表出席，对2021年预算报告和预算草案进行初步审查，分别形成了“初步审查意见”和“审查结果报告（稿）”。2月23日，再次召开全体会议，对“审查结果报告（稿）”进行讨论修改，而后分别征求了有关专门委员会和国务院有关部门的意见，并做了进一步完善。

2021年3月7日下午，第十三届全国人大财政经济委员会召开全体会议，在初步审查的基础上，根据各代表团和有关专门委员会的审查意见，对2021年预算报告和预算草案做进一步审查。在充分讨论的基础上，会议通过了财政经济委员会《关于2020年中央和地方预算执行情况与2021年中央和地方预算草案的审查结果报告》，并决定将报告提交大会主席团。财政经济委员会认为，2020年中央和地方预算执行情况总体良好。国务院提出的2021年中央和地方预算草案，贯彻落实中央经济工作会议决策部署，符合《预算法》规定，总体可行。建议第十三届全国人民代表大会第四次会议批准国务院提出的《关于2020年中央和地方预算执行情况与2021年中央和地方预算草案的报告》，批准2021年中央预算草案，同时批准2021年地方政府一般债务余额限额151 089.22亿元、专项债务余额限额181 685.08亿元。

财政经济委员会对做好2021年预算执行和财政工作提出六条建议：一是全面落实积极的财政政策要提质增效、更可持续的部署要求；二是大力支持科技自立自强；三是改进完善重点领域财政支持方式；四是强化地方政府债务管理；五是加快推进财税改革；六是加强审计监督。

2021年3月11日，第十三届全国人大四次会议表决通过了《关于2020年中央和地方预算执行情况与2021年中央和地方预算的决议》，批准了2021年中央预算。

二、问题与分析

（一）人大对预算进行初步审查的意义及程序是什么？

初步审查是指在召开人民代表大会之前，由各级人民代表大会财政经济委员会或有关专门委员会等对政府准备提请大会审议的预算草案或编制中的预算草案的主要部分、主要内容进行初步的审查。初步审查主要是解决由于现行人大会议会期较短，代表大会会议不可能有比较充裕的时间对内容十分浩繁的计划进行深入的、详细的、具体的审查的问题。各级政府应当在《预算法》规定的时间内提前将预算草案的初步方案提交人大相关委员会进行初步审查。

初步审查应按照预算法定程序进行，反映了政府预算草案与立法机关及社会公众的沟通协调过程。各级人民代表大会财经委员会或专门委员会对政府预算草案进行初步审查或提出审查意见时，应当邀请本级人民代表大会代表参加。县乡级人民代表大会举行会议审查预算草案前，应当采用多种形式，组织本级人民代表大会代表，听取选民和社会各界的意见。

初步审查后，人大要提出初步审查意见，财政部门应当将初步审查意见处理情况及时予以反馈。

（二）人大审查批准预算的程序及审查结果报告的内容是什么？

人大审查和批准阶段是指由各级人民代表大会在初步审查的基础上对预算草案进行

审查和批准的阶段。

各级人民代表大会审查和批准预算草案的程序是：

一是政府向人大做关于预算草案的报告。按照《预算法》第四十七条的规定，国务院在全国人民代表大会举行会议时，向大会做关于中央和地方预算草案以及中央和地方预算执行情况的报告。地方各级政府在本级人民代表大会举行会议时，向大会做关于总预算草案和总预算执行情况的报告。向立法机关报告预算草案的制度安排体现了政府的公共受托责任和人大代表公众的权力行使，也是实现财政预算公开透明的重要保证。

二是人大财经委员会做关于对政府预算草案的审查结果报告。审查结果报告应当反映有关专门委员会和代表的审议意见。

审查结果报告应当包括下列内容：对上一年预算执行和落实本级人民代表大会预算决议的情况做出评价；对本年度预算草案是否符合《预算法》的规定、是否可行做出评价；对本级人民代表大会批准预算草案和预算报告提出建议；对执行年度预算、改进预算管理、提高预算绩效、加强预算监督等提出意见和建议。

三是各级人民代表大会批准预算草案。这是指人大代表在各级人民代表大会上通过投票批准政府预算草案的过程，需由全体代表中的过半数通过，表决结果由会议主持人当场宣布。按照《预算法》的规定，各级人民代表大会做出批准本级预算草案的决议，应当在批准后20日内由本级政府财政部门向社会公开。

本章小结

1. 政府预算的审批是指相关机构对政府预算草案进行审查和批准的过程，是政府预算产生法律效力的必经步骤。

2. 政府预算审批的意义在于保障人民当家做主、赋予政府预算法律效力、加强对政府的约束和监督、增强政府预算的科学性和统筹性、提高预算的公开性和透明度。

3. 对预算进行审查和批准的权力属于国家立法机关，立法机关的具体名称则随着各国政体的不同而不同。立法机关修改政府预算的法律权力可分为不受限制的权力、受限制的权力和平衡预算的权力。

4. 我国现行《预算法》对预算审查的重点内容进行了规定，将审查重点由收入审查、平衡审查转向对支出预算及支出政策的审查。各级人民代表大会审查和批准预算的过程分为初审、大会审批、批复和备案四个阶段。人大有多种方法对预算进行审查。

5. 发达国家预算审批制度有其各自的特点，同时它们也都有一些相似的特点，包括组织体系健全且分工明确、审批流程规范、法律充分可靠、审批内容全面而具体等，这也是它们的成功经验，值得我国借鉴。我国目前政府预算审批中存在诸多问题，可以通过提前并延长审批时间、提高人大代表的业务水平、建立分项审批和修改预算制度、完善相关法律法规等思路进行完善。

练习与思考题

认知题

1. 预算审批的意义
2. 我国预算审批的主体及类型
3. 我国政府预算审批的内容
4. 我国政府预算审批的程序
5. 西方发达国家预算审批的特点

思考与实践题

1. 我国预算审批有哪些不完善的地方？如何借鉴发达国家的做法使我国政府预算审批更加完善？

2.《预算法》和《预算法实施条例》的公布实施对我国政府预算审批提出了什么新要求？又会怎样推进我国政府预算审批的进一步完善和进步？

3. 人大预算审查监督重点向预算支出和政策拓展的意义和内容是什么？

第六章

政府预算执行与调整

学习目的与要求

通过本章学习掌握预算执行的相关理论与实务，具体要求为：掌握预算执行的内涵及内容和方式、国家金库的概念及设置、国库现金管理、国库集中收付制度及单一账户体系的设置、预算收入执行的主要内容、预算支出执行的原则和内容、预算调整和调剂的内容及程序、预算资金绩效运行监控；理解预算执行的组织体系及职责分工、政府采购与政府购买服务的特征及原则和方式；了解预算检查分析的内容及方法。

学习要点

知识要点：

预算执行的内涵、国家金库及设置、国库集中收付制度、国库现金管理内涵、政府采购与政府购买服务制度基本内涵、预算拨款的控制原则、国库集中支付方式、预算调整的范围、动用预备费、预算周转金、预算资金调剂、超收短收、结转结余、预算资金绩效监控、财政资金直达机制

能力要点：

1. 通过本章学习能够综合运用相关知识组织预算收支执行工作。

2. 熟悉国库集中收付制度及预算调整的相关流程。

第一节　政府预算执行的含义与内容

一、政府预算执行的含义

政府预算草案经立法机关审批的政治程序后，即成为具有法律效力的财政年度收支计划，预算过程便进入了实际运用财政资源落实相关政策的执行阶段。政府预算执行就是组织政府预算收支计划的实施，并按照预算对收支进行监督控制、调整平衡的过程。即在预算执行阶段，各级政府必须按照预算规定的收入预期目标，依法及时足额征收并上缴国库；按照预算规定的各项支出安排，及时足额地予以拨付；在法定范围内进行必要的预算调整；同时，各级财政部门要监督检查本级各部门预算的执行，做好预算执行情况的分析，并向本级政府和上一级财政部门报告预算执行情况；等等。

政府预算执行的目的就是将政府预算编制过程对公共资源吸纳与配置的事前预测和决策由可能变为现实，以实现公共政策的要求，它是整个预算周期的一个必经的重要环节。因为通过政府预算的编制将预算目标计划确定以后，并不意味着这个计划可以自行实现，而为了达到预计的收支目标，从年初到年末每天都要进行大量的组织收支的执行工作。

一般来说，在这一过程中主要涉及四方面的问题。

（一）严格控制

“预算执行的重点在于按照通过的法案准确地执行预算。”① 因此，在预算执行中，要建立并执行各种控制、约束机制以使执行受到预算的约束。必须以立法机关批准的政府预算年度目标为基本依据，因为政府预算的准备与编制一般是经历了较长时间的科学预测、反复协调平衡以及充分论证确定的，经过立法机关审批后成为具有法律效力的计划。该计划不仅要符合经济社会发展和财政收支本身的一般规律，而且应具有较强的约束力。因此，政府预算的执行是实现预算各项收支任务的最重要环节。

（二）适当灵活

应在确保预算执行严格遵守预算及相关各种制度规定的同时，通过某种制度机制赋予管理者必要的自由裁量权。例如，在以结果为导向的新绩效预算管理模式下，在总额控制与合法合规的前提下给予支出部门在预算执行中的适当自由裁量权。在大部分经济合作与发展组织（OECD）国家，支出的总额控制已经不成问题，多年期的支出计划已经非常完备，财经纪律也已经比较牢固地树立。在这些前提下，为了更有效率和更有效益地使用资金，则可以赋予各个部门比较灵活的预算授权。

（三）组织协调

应在政府和立法机关、财政部门和支出部门之间建立起有效的沟通协调机制，以保证预算的顺利执行。预算经过决策机制及审批程序后确定了收支的预算目标，但在预算执行过程中，还需要依据预算编制时所确定的目标，根据实际情况的变化，在合法合规的前提下，适当调整政府预算执行的具体目标和实现方式。这是因为：在进入预算执行阶段后，由于预算编制预期的实现环境在实践中会发生不可预料的种种变化，在预期条件下编制和批准的政府预算最初所确定的公共政策目标及预算目标也会发生变化，因此，需要建立起对法定预算进行必要的调整及调剂的机制。

（四）激励机制

激励机制即激励支出机构及其管理者节约资金使用，以最小的成本供给服务的

---

① 艾伦·鲁宾．公共预算中的政治．北京：中国人民大学出版社，2001：249.

机制。①

所谓预算执行就是按照预算组织收支实施、进行监督控制、调整平衡预算及提高运行效率的过程。在这一过程中既涉及政治性问题，如立法机关与政府间就预算控制与预算调整权的冲突，也涉及技术性问题，如收支管理、国库运行等。

就我国实践来说，预算执行既涉及按照经各级人民代表大会批准的预算，将各项预算收入及时组织缴入国库或财政专户，将各项预算支出及时分解、下达并拨付到最终收款人的一系列活动，也涉及预算执行过程中的目标调整的法律程序问题。

专栏 6-1

美国预算执行中的政治博弈

在美国的预算体系中，联邦政府和州政府常常运用拨款截留控制之类的手段以及其他行政手段来限制在某些项目或拨款单位上议会已经同意的支出，以更好地追求政府的利益或者阻碍议会的政策意图实现。拨款截留是指政府单方面截留议会批准进行开支的资金。在联邦一级，拨款截留控制常常被总统用来在预算执行中控制那些政府不喜欢的支出。从历史上看，国会一般允许或默许总统基于技术上的原因而截留某些已经获得国会授权的开支，但是在尼克松时期，它被滥用于增强总统的预算权力，甚至达到了无视国会的程度。政府将总统确定的预算总额当成了国会预算的最高限额，国会在总统预算中增加的任何资金都可以被政府宣布为无效。尼克松时期滥用拨款截留控制的结果是国会在 1974 年通过了《国会预算和截留控制法》，禁止总统采取这一手段。

资料来源：马骏，等．公共预算：比较研究．北京：中央编译出版社，2011.

二、政府预算执行的内容和方式

政府预算执行的内容和方式是围绕预算目标的有效实现进行确定的。

（一）收支的实现与控制

1. 收入的实现与控制

政府预算收入的执行就是依据国家的相关法律法规、政策制度规定，即在对各种税源、费源预测以及既定的税率、费率基础上，把各地区、各部门、各企事业单位应缴财政的预算收入及时足额地收缴入库。

收入执行中的控制任务主要就是：（1）必须按照现行税收制度或政府收费制度，做到依法征收、依法减免、收足收实，既要防止偷漏税费等行为的发生，又要防止收过头税或乱收费等行为的发生，并且不得截留、占用、挪用应上缴的预算收入。（2）在组织

---

① Bartle, J. & Ma J. Managing Financial Transactions Efficiently. In Aman Khan & W. Bartley Hildreth. Eds. *Financial Management Theory in the Public Sector*. Westport, GT; Greenwood Publishing Group Inc., 2004.

收入的过程中，努力与国家的区域政策、产业政策相结合，促进各行业、部门根据社会有效需求调整发展结构和产业结构，改善经营管理，提高经济效益和盈利水平，实现增产并增收。

2. 支出的实现与控制

政府预算支出的执行主要是根据年度支出预算和按季度分月用款计划，及时合理地拨付预算资金，以保证经济和事业发展的资金供给。

在拨付资金的过程中，既要按照计划及核定的资金用途，结合各部门的经济事业发展进度，及时合理地拨付资金，又要监督各用款单位管好用好预算资金，通过建立预算资金支出效益评价体系，提高公共资金使用效益。因此，支出执行中的控制既有合规性控制，也有绩效性控制。合规性控制是通过详细的投入控制来确保经批准的预算法案在预算执行中不会被改变，这种控制要以完善的内部管理系统、奖惩机制及审计制度为保障。绩效性控制要求支出部门和机构对预算资源使用的结果负责，在这种控制模式下，支出部门和机构的管理者被赋予了在预算资源的使用或营运决策方面的很强的自主性，但不能改变由立法机关通过的预算中所阐明的政策及收支安排。

支出执行中的控制任务是通过建立和发挥预算支出执行的约束系统完成的。因为整个预算管理必须取得数据，获得信息反馈，这就需要依托预算管理的基础工作。预算管理的基础工作主要包括国家金库、政府采购、财政统计、政府会计、绩效评价以及相应的管理信息系统等，主要包括：（1）建立有效的政府会计和国库管理系统。政府会计为预算管理提供基础核算资料，通过会计报表反映预算执行情况。国家金库处于预算执行的第一线，反映预算收支执行情况，通过国家金库的预算收支基础核算资料和定期的金库报表，可以分析检查预算收支执行情况。通过政府预算会计核算与国库集中支付管理，能够正确核算及有效地跟踪支出预算执行的每一个阶段以及预算拨款项目的活动。（2）建立健全透明高效的政府采购制度。在政府购买性预算支出执行过程中，如果没有透明的政府采购制度和执行体系，包括采购程序以及采购的控制系统，就不可能保证公共支出政策目标的实现及支出的效益提高，甚至还可能在这类资金的拨款以及使用中衍生出种种腐败问题。（3）建立及时准确的财政统计系统。财政统计是财政部门的业务统计，是财政部门信息工作的重要组成部分，通过占有和分析这些数据资料，为掌握财政发展趋势、制定财政政策提供依据。（4）建立科学有约束力的绩效评价体系。自 20 世纪 80 年代以来，许多国家将预算控制的重心从合规性转向要求支出部门和机构对预算资源使用的结果负责，在这种结果导向的控制模式下，支出部门在预算资源的使用或营运决策方面有很强的自主性，为确保最有效地实施政府政策和规划目标，就要建立起一套切实可行的有约束力的绩效评价体系。（5）建立全覆盖的预算管理一体化信息系统。利用先进的信息技术手段，支持宏观经济预测分析和预算编制以及收支控制、资产管理、政府采购、国库集中收付等日常预算执行管理。

（二）收支的平衡与调整

1. 收支的平衡

在年度预算执行中，会经历由平衡到不平衡再重新达到平衡的动态平衡过程。这是由于：第一，国家政治经济形势的变化和人们的主观认识对未来计划目标的预测在准确性上的差距，使得事先设定的计划目标的平衡状况经常会被打破。因此，在年度执行预算的过程中，会受一些不可预见因素和季节性因素等的影响，引起预算收入的超收和短收，预算支出的增加或减少。这就要求组织预算执行的机关及时分析掌握预算收支执行情况，并采取相应措施，不断组织预算新的平衡，以保证预算收支任务的顺利实现。为做到这一点，实践中必须对年度预算这个长计划进行短安排，即通过制定和实施按季度分月的阶段性预算执行目标，将政府预算编制总目标按执行期间的收支特点分解或具体化，以利于预算收支总目标的完成。

第二，在现代预算制度下，政府预算要从单纯的控制收支的工具，成为政府从事国家治理、实施宏观调控、实现施政目标的重要手段，所以，在理论上与实践中要更加注重将预算作为一种管理工具的重要作用。因此，在跨年度预算平衡机制下，预算执行还将考虑与中期财政规划、预算稳定调节基金、预算赤字与债务等管理手段共同发挥作用，以实现年度间的平衡。

2. 收支的调整

在预算执行过程中，如果受一些不可预见因素和季节性因素等的影响，需要从实际出发对预算成立时所事先确定的目标进行适时修正，则要按法定程序和方法，进行适当的调整和调剂，以体现预算文件法律效力的严肃性，避免随意变更预算而阻碍公共政策目标的实现。

（三）预算绩效运行跟踪与监控

预算绩效运行跟踪与监控管理是全过程预算绩效管理的重要环节，也是确保实现绩效目标、落实绩效主体责任的重要手段。在预算执行中，各级政府、各部门、各单位要按照下达的绩效目标组织预算执行，并依据绩效目标开展绩效监控，即对绩效目标实现程度和预算执行进度实行“双监控”，发现问题及时纠正，确保绩效目标按期保质实现。财政部门要建立重大政策、项目及转移支付绩效跟踪机制，对问题严重的暂缓或停止预算拨款。

（四）预算执行的监督与检查

为了确保立法机关通过的预算得到有效执行，实现政策目标，落实总额控制，也为了约束各种欺骗、浪费以及滥用资金的行为，在预算执行中必须建立各种控制机制，即，要按照有关的法律、法规和制度规定，对预算资金的集中、分配和使用过程中的各种活动加以控制。各部门和支出机构在具体执行预算时，必须在财政制定的控制框架内开展。在一个成熟的预算体系中，预算执行过程除了要处于立法机关的监督之下，通常还要受到来自财政部门和支出部门财务负责人的控制和监督，而这一控制主要是通过常态化的监督检查来实现的，即监督检查各级财政、各预算执行部门及单位执行预算和遵守财经纪律的情况，纠正预算执行中出现的各种偏差，使监督成为保证政府预算正确执行的有效措施。

第二节 政府预算执行的组织保障与职责分工

一、预算执行组织系统

（一）预算执行组织系统的构成

在预算执行过程中，必须选择恰当的治理机构和管理模式来有效率地组织和管理各种财政活动，以提高运行效率或管理效率。政府预算执行的组织系统是指为执行政府预算服务的各种组织、机构、程序、活动等构成要素的总称，它们共同构成一个完整的体系，以保证政府预算的实现。预算的执行要按照一定的组织层次和职责分工来进行，如果预算执行没有一套完整的组织系统，或各执行机构没有明确的职责分工，就会导致预算控制职责不到位，造成执行的困难。

由于政府预算执行阶段的目的涉及收支实现、平衡调整、合规控制、绩效管理等多重目标的实现，因此，预算执行涉及众多的参与者，存在层层授权的制度安排或委托代理关系。例如，我国各级人大授权各级政府负责预算的执行并监督，财政部门则在政府的领导下具体负责预算收支的执行工作；在预算执行系统中，又存在财政部门与一级预算单位、一级预算单位与二级预算单位等层层授权；财政部门内部各具体职能机构的授权；财政部门与税务部门、海关等收入执行机关之间，财政部门与各商业银行之间，财政部门与国库部门之间委托—代理的制度安排，从而形成了一个政府预算执行的组织系统。通过这样的组织系统，一方面要确保在政府预算执行过程中政府的各项公共政策意图及时、准确地传达给有关的政府预算执行的参与者和广大社会公众；另一方面又要把在政府预算执行过程中所发生的新情况、新问题及时反馈给预算的决策者或管理者。

（二）我国预算执行的主体

预算执行的主体是指在预算执行活动中负有一定职权和责任的机构和组织，也是预算执行的责任主体。

我国政府预算执行按照国家政权级次、行政区划和行政管理体制，实行“统一领导，分级管理，分工负责”。政府预算的执行涉及各地区、各部门、各单位，其组织系统由权力部门、核心管理部门（central budget agency）[①] 和具体执行部门组成，具体包括国家立法机关、行政领导机关、职能部门及各类专门机构。

1. 法定授权机构——各级人民代表大会

预算执行的第一阶段为预算授权。预算授权是指核心预算机构将支出权力以一定的形式下达给支出机构。实践中，预算授权按照立法机关、财政部门、部门、单位层层递

---

① “核心管理部门”或“核心预算机构”在不同国家的具体名称是不同的，所承担的功能也有所不同，如“财政部”、“国库部门”、“预算管理办公室”（美国）、“计划与预算部”（韩国）等。

进，首先由立法机关批准政府预算，然后由政府财政职能机构按照预算将拨款分配给各个部门，在此基础上部门再向各个下属单位按照比例分配拨款。在我国，这一授权是通过预算批复完成的。一旦获得授权，各个部门就可以根据预算拨款的科目进行支出。我国的立法机关为各级人民代表大会，是法定的顶层授权机关。政府预算在经其审查批准后即进入执行阶段，如何执行要严格按照立法机关的预算授权，对此，政府要接受立法机关的严格监督。此外，对于在预算执行中遇特殊情况需改变预算授权的，则需在法定调整范围内按照法定的程序经立法机关批准方可进行。

2. 组织领导机构——国务院和各级人民政府

按照我国《预算法》第五十三条的规定，各级预算由本级政府组织执行，即负责政府预算执行的组织领导机关是国务院及地方各级人民政府，各级政府负责组织经本级人大批准的预算的执行。

3. 执行管理机构——各级政府财政部门

按照我国《预算法》第五十三条的规定，各级预算执行的具体工作由本级政府财政部门负责，即各政府财政部门作为负责财政管理工作的职能机构，具体负责对预算执行过程进行计划、组织和监督。

各级政府及财政部门属于政府预算执行的核心管理部门。

4. 具体执行机构

按照我国《预算法》第五十三条的规定，各部门、各单位是本部门、本单位的预算执行主体，负责本部门、本单位的预算执行，并对执行结果负责。即各部门、各单位可以在符合《预算法》及有关规定的前提下自主管理本部门、本单位的预算执行，并且各部门、各单位应当对本部门、本单位的预算执行结果负责。该规定完善了预算执行活动中的权责体系，有利于厘清财政部门和预算单位在预算执行中的职责分工，实现权、责、财三统一。

5. 专门机构和参与机构

政府预算收支的具体执行工作由财政部门统一负责组织，并按各项预算收支的性质和不同的管理办法，分别由财政部门和各主管收支的专职机构负责组织管理，即除财政部门外，国家还根据预算收支的不同性质和不同的管理办法，设立或指定了专门的管理机构，负责参与组织政府预算的执行工作。

组织预算收入执行的机关主要有税务机关和海关；参与组织预算支出执行的机关主要有国家开发银行、中国农业发展银行等政策性银行和各有关商业银行。

6. 国家金库

(1) 国库的含义。

一是狭义国库。国家金库简称国库。历史上，国库是指为统治者保管黄金、粮食和其他实物资产的仓库。在现代社会预算管理中，国库是指专门负责办理预算资金收纳、划分、留解、退付和库款支拨并负责报告与反馈预算执行情况的财政出纳机关。

二是广义国库。按照国际货币基金组织（IMF）的定义，国库不单具有上述狭义国库的职能，在现代预算制度下，其职能还包括代表政府控制预算的执行、保管政府资产和负债等，即现代意义上的国库已不仅仅是政府资金的托管者，而且是政府现金和财务的一个主动管理者。在此基础上，国库凭借全面及时的信息优势，成为对政府财政收支活动进行全方位管理的管理机构。该定义对应的是国库广义的财政管理职能，主要包括：现金管理、政府银行账户管理、财务规划和现金流量预测、公共债务管理、国外捐赠和国际援助管理、基金及金融资产管理等。其中，现金管理和公共债务管理的效率以及能否及时准确地为财政管理和宏观经济决策提供完整的预算执行报告，是衡量一国国库管理水平的两个关键指标。①

（2）国库的设置。

第一，从世界范围看，国库主要有三种类型。

一是独立国库制，即国家专设独立的机构来办理预算收支的保管和出纳国库业务。其优点是便于对预算执行的监督管理，缺点是容易导致预算资金的闲置，而且专设国库的成本较高。目前采用这种体制的国家较少，如芬兰的国库董事会制度。

二是委托国库制，即国家委托中央银行经理或代理国库业务，目前很多国家采用这种体制，如英国、法国、德国、日本、韩国等。在这种体制下，由于预算执行和金融管理都由中央银行负责，因此能够有力地加强财政政策与货币政策的配合，但它同时也增加了中央银行的负担。

三是银行制，即国家既不独立设置国库，也不直接委托中央银行代理，而是由财政部门在商业银行开立账户办理预算收支业务，财政账户的性质与一般存款账户相同，实行存款有息，结算付费。美国的州和地方财政及蒙古等国实行银行制。其优点是能够充分利用银行体系进行预算收支，有利于提高效率。

中国实行的是委托国库制。

第二，我国国家金库的设置。

《预算法》第五十九条规定：县级以上各级预算必须设立国库；具备条件的乡、民族乡、镇也应当设立国库。《预算法实施条例》第六十二条规定：中央国库业务由中国人民银行经理。未设中国人民银行分支机构的地区，由中国人民银行商财政部后，委托有关银行业金融机构办理。地方国库业务由中国人民银行分支机构经理。未设中国人民银行分支机构的地区，由上级中国人民银行分支机构商有关地方政府财政部门后，委托有关银行业金融机构办理。

我国国库组织按照财政管理体制设立，分为中央国库和地方国库。原则上一级财政设一级国库，县级以上各级预算必须设立国库，自上而下分别设立中央总库、省分库、市中心支库和县支库。具备条件的乡、民族乡、镇也应当设立国库。县级支金库是国家金库的基层金库，支金库以下的经收国家库款的机构，称为“国库经收处”，其业务由商业银行的基层机构代理，国库经收处与支金库的区别如下：一是缴到国库经收处的库款不能算正式入库；二是国库经收处只管库款的收缴，不负责收入的划分留解，也不办理收入的退库。

① 闫坤，周雪飞．发达国家国库管理制度的考察与借鉴．财政研究，2003（2）：25-28.

中央国库业务由中国人民银行经理。“经理”的含义主要是指国库设在中国人民银行，按照国家有关规定办理预算收入的收纳、划分、留解、退付和预算支出的拨付等业务。中央国库业务应当接受财政部的指导和监督，对中央财政负责。同时，中国人民银行按照有关规定对办理中央国库业务的国库经收处、国库集中收付代理银行、代理国库业务的商业银行进行监督。

地方国库业务依照国务院的有关规定办理。地方国库业务应当接受本级政府财政部门的指导和监督，对地方财政负责。省、自治区、直辖市制定的地方国库业务规程应当报财政部和中国人民银行备案。

第三，我国国家金库的业务。

各级国库应当及时向本级政府财政部门编报预算收入入库、解库、库款拨付以及库款余额情况的日报、旬报、月报和年报。各级国库应当依照有关法律、行政法规、国务院以及财政部、中国人民银行的有关规定，加强对国库业务的管理，及时准确地办理预算收入的收纳、划分、留解、退付和预算支出的拨付。各级国库和有关银行业金融机构必须遵守国家有关预算收入缴库的规定，不得延解、占压应当缴入国库的预算收入和国库库款。

各级国库必须凭本级政府财政部门签发的拨款凭证或者支付清算指令于当日办理资金拨付，并及时将款项转入收款单位的账户或者清算资金。各级国库和有关银行业金融机构不得占压财政部门拨付的预算资金。

各级政府财政部门、预算收入征收部门和单位、国库应当建立健全相互之间的预算收入对账制度，在预算执行中按月、按年核对预算收入的收纳以及库款拨付情况，保证预算收入的征收入库、库款拨付和库存金额准确无误。

二、预算执行中的职责分工

（一）职责分工的一般理念

1. 职责分工的模式

预算核心管理部门与具体执行部门在预算执行中的职责分工和相互关系，大体上有两种模式：（1）控制模式，即核心管理部门对具体执行部门通过规划管理、计划指标等施加较多的控制；（2）自主模式，也称内部控制模式，即具体执行部门在确定的政策及收支目标约束下对具体实现方式和路径有较大的自主权，能够更好地在部门内部实现“预算与政策”的结合，从而有助于改进预算过程的配置效率，其前提是对具体执行部门及其内部明确界定责任归属，按照预算规则和预算程序去获取资源，以确保在核心管理部门的监督下开展自己的活动，既有利于具体执行部门在自主条件下完成受托责任，又可以避免核心管理部门过多干预具体执行部门的日常管理事务。

2. 职责分工的做法

根据各自责任领域和受托责任的不同，核心管理部门的主要职责包括：在立法机关所授权的框架内管理资金的拨付，监督政府账户收支的流量，在年度执行中调整预算，监控和审查预算执行进度、制定绩效评价体系等。具体执行部门的责任主要包括：在本部门及所属预算单位间分配资金，购买和取得商品与服务，定期审查预算的实施，准备本支出部门的预算执行进度报告，监督产出与成果情况等。

（二）我国预算执行的具体职责分工

从具体的职责分工看，我国在计划经济条件下主要实施控制模式，经过改革目前实施的是以控制为主、适度放权的模式。

1. 法定授权机构——人民代表大会——的职责

根据我国《预算法》的相关规定，全国和地方各级人民代表大会及其常委会在预算执行中的主要职责有：（1）全国和地方各级人民代表大会有审查和批准预算执行情况的职权；（2）各级人大常务委员会负责监督预算的执行，负责审查和批准预算执行中的调整方案。

2. 组织领导机关——各级政府——的职责

根据我国《预算法》的相关规定，国务院及地方各级人民政府在预算执行中的主要职责有：（1）负责组织领导预算的执行；（2）决定本级预算预备费的动用；（3）编制本级预算调整方案；（4）负责对本级各部门和所属下级政府预算执行进行检查和监督。

3. 具体管理机关——各级财政部门——的职责

根据我国《预算法》的相关规定，各级政府财政部门预算执行的主要职责有：（1）具体组织预算的执行；（2）提出预算预备费动用方案；（3）具体编制预算的调整方案；（4）定期向政府报告预算的执行情况。

政府财政部门负责预算执行的具体工作，主要任务是：

（1）研究和落实财政税收政策措施，支持经济社会健康发展；

（2）制定组织预算收入、管理预算支出以及相关财务、会计、内部控制、监督等制度和办法；

（3）督促各预算收入征收部门和单位依法履行职责，征缴预算收入；

（4）根据年度支出预算和用款计划，合理调度、拨付预算资金，监督各部门、各单位预算资金使用管理情况；

（5）统一管理政府债务的举借、支出与偿还，监督债务资金使用情况；

（6）指导和监督各部门、各单位建立健全财务制度和会计核算体系，规范账户管理，健全内部控制机制，按照规定使用预算资金；

（7）汇总、编报分期的预算执行数据，分析预算执行情况，按照本级人民代表大会常务委员会、本级政府和上一级政府财政部门的要求定期报告预算执行情况，并提出相关政策建议；

（8）组织和指导预算资金绩效监控、绩效评价；

（9）协调预算收入征收部门和单位、国库以及其他有关部门的业务工作。

4. 专门机构的职责

（1）税务部门。按照国家税收法令、制度规定，组织各项工商税收的征收管理，同时负责办理国家交办的其他有关预算收入的征收管理等。

（2）海关总署及其分支机构。负责关税的征收管理，并代理税务机关征收进口环节的增值税、消费税和其他有关税收等。

（3）各商业银行。负责代为办理各种性质的预算拨款、结算业务和监督工作等。

（4）政策性银行。国家开发银行主要办理国家政策性重点建设拨款贷款及贴息业务；中国农业发展银行主要负责国家粮棉油储备和农副产品合同收购、农业开发等业务中的政策性贷款，代理财政支农资金的拨付和监督使用等。

（5）中国人民银行及各分支机构。经理国家金库业务，组织拟订国库资金银行支付清算制度并组织实施，参与拟订国库管理制度、国库集中收付制度；为财政部门开设国库单一账户，办理预算资金的收纳、划分、留解和支拨业务；对国库资金收支进行统计分析；定期向同级财政部门提供国库单一账户的收支和现金情况，核对库存余额；按规定承担国库现金管理有关工作；按规定履行监督管理职责，维护国库资金的安全与完整；代理国务院财政部门向金融机构发行、兑付国债和其他政府债券。

5. 各部门及单位

预算执行过程中，各部门、各单位的主要职责包括：

（1）制定本部门、本单位的预算执行制度，建立健全内部控制机制；

（2）依法组织收入，严格支出管理，实施绩效监控，开展绩效评价，提高资金使用效益；

（3）对单位的各项经济业务进行会计核算；

（4）汇总本部门、本单位的预算执行情况，定期向本级政府财政部门报送预算执行情况报告和绩效评价报告。

第三节 国库管理与预算执行

一、国库集中收付与预算执行

（一）国库集中收付制度的类型及运行模式

1. 制度的基本内涵

国库集中收付制度包括国库集中收缴和集中支付制度，是OECD国家普遍采用的政府财政收支管理办法。国库单一账户体系是国库集中收付运行机制的基础，指取消各支出部门独立开设的预算账户，由财政在中央银行或委托其他商业银行设立“国库单一账户”，各级政府将所有的预算资金集中在该账户，同时，所有的预算支出均通过这一账户直接支付给商品供应者或劳务提供者。

在这个账户下，设立国库分类账，详细记录各部门的可用资金，并由国库部门集中管理。财政部门设立总分类账，并在总分类账下为各部门设子账户。预算经立法机关批准后纳入总分类账，且批准的预算规定了每一预算子项的支出限制。

理解和掌握国库单一账户概念需要注意：（1）国库单一账户只是我国对这一账户的表达方式，具体到不同的国家有不同的称谓，如美国称这一账户为国库总账户或一般账户，而法国则把它叫作国库公共会计账户（也有叫国库特别账户的）。（2）国库单一账户不是一个独立的账户，而是一个多级多层的账户体系，它可以根据资金的性质等标准开设多个账户。

2. 制度特征

国库单一账户的最大特点是：为防止国家公共资金流失，强化国家宏观调控的能力，所有预算收入都必须直接缴入国库，在实际支付前，都是财政可统一支配和调用的资金；所有预算资金均需通过国库予以拨付。

国库单一账户制度的产生有其特定的历史背景，最根本的一点就是随着西方国家政府经济职能的不断强化，政府财政资金由于多头账户管理大量滞留在各预算部门的账户上，使财政资金使用效率低下。而国库集中收付制度能有效地管理政府财政收支，从制度上保证财政资金收付按预算的要求规范进行。这也是包括美国、日本、英国、法国等在内的国家普遍采取这一制度的主要原因。

3. 账户的基本构成

（1）政府财务信息系统。该系统包括支出部门的全部账户，并记载了与这些账户的每一项交易有关的资金流量。各账户的余额都代表在余额内进行支付的能力。

（2）现金支付账户，即所有支出部门都在政府财务信息系统上至少开立一个账户，记录现金支付的总金额。

（3）转账支付账户，即所有支出部门都必须在政府财务信息系统上开立转账账户，通过该账户进行转账结算。

（4）明细账户，即所有支出部门在现金支付账户和转账支付下，都必须设置明细账户，以反映资金支付的具体情况。

4. 账户的基本运行

（1）大多数国家一般都将所有的政府现金收入集中于中央银行的国库单一账户，这有利于随时、准确地评估政府现金余额和对预算执行及财政赤字的日常监控。

（2）在国库分类账户系统中，国库为每一家用款单位设立一个或多个不相关的分类账户，办理实际的拨款。

（3）利用商业银行作为代理机构办理日常的国库业务，并每天与中央银行国库单一账户进行清算。

（二）国库管理与预算执行

国库管理在预算执行中的地位及作用可以通过其与财政的关系得出。

1. 国库管理与财政管理的共同点

（1）根本目的一致。分配职能是财政一般的、固有的职能，即筹集资金、供应资金，满足政府正常运转的现实需要。国库通过具体办理预算收支业务，及时积聚预算收入，并使符合规定的财政支出项目资金快速划拨到指定的账户，最大限度地满足社会公共需要。

（2）核算内容相同。在政府预算收支业务核算上，国库存在两种情况。一种是中国人民银行经理国库。各级国库要按照规定的会计科目，建立完整的账务组织体系。另一种是商业银行代理财政国库业务。商业银行代理国库业务，要按照中国人民银行规定设置必要的会计科目，但科目属性及归类要符合其上级主管单位的要求。不论是中国人民银行经理国库，还是商业银行代理国库业务，在具体核算预算收入、预算支出时，所有科目都必须与财政部门相同，确保政府预算收支工作的真实性和完整性。

2. 国库管理与财政管理的区别

（1）充当的角色不同。完成政府预算收支管理工作涉及两个部门：一个是管账的部门，即传统意义上的会计；另一个是管钱的部门，即传统意义上的出纳。上述两个部门的职能分别由财政和国库行使，两者相互监督、相互制约，以杜绝预算收支工作上的“一手清”。同时，两者又应相互支持、相互沟通、相互配合，建立良好的协作机制，确保政府预算收支活动正常、有序地开展。

（2）职责的性质不同。财政是负责管理政府预算收支的部门，其特殊的职能和地位使各级财政部门成为各级政府的“管家”。国库是负责办理政府预算收支的机关，行使国家资金的保管和出纳职能，并负有监督财政资金流向的责任，自然成为国家及各级政府的“钱袋子”，同级国库库存的多少一般能够在一定程度上衡量各级政府财力的殷实程度。

（3）发挥的作用不同。财政在政府运行中发挥的主要作用有：一是为国家运转及经济建设筹集资金；二是合理分配政府预算资金，充分发挥政府资金的作用；三是制定预算收支执行计划，并保证计划得到真实、完整的执行；四是与国家产业政策、货币政策以及其他宏观政策相配套，制定和实施最佳的财政政策。国库在各级政府预算收支中发挥财政管理、收支核算、预算执行、监督促进等作用，具体表现在：一是严格监督政府预算收支的执行；二是及时办理政府资金的划拨业务；三是加强对政府资金收支的监测与分析，开展国库现金管理；四是对财政性资金账户进行有效管理。

（4）管理的环节不同。财政负责政府预算的编制与执行，使政府资金使用合理、合规、合法，确保各级政府预算收支平衡。而政府预算资金运作需要经过不同的环节。以税收为主的预算收入在征收后进入国库，社会公共需要则以财政支出的形式，通过各级国库拨出予以满足。可见国库在国家及地方各级政府预算执行中处于重要环节，也是财政政策和货币政策的“结合部”，在国家两大政策的沟通、协调中发挥着桥梁和纽带作用。

专栏 6-2

现代预算制度下的财政国库动态监控管理

在现代预算制度下，为进一步加强国库集中支付管理与监督，提高财政资金的安全性、规范性和有效性，应充分发挥国库在预算执行中的动态监控作用。

预算执行动态监控机制是指财政部门依托国库单一账户体系和现代信息技术，通过监控系统全面跟踪财政资金的申请、审核、支付、清算及核算等操作流程，实时监控每一笔资金支付的详细交易过程。

一、预算执行国库动态监控的内涵

预算执行国库动态监控，是指财政部根据财政国库管理制度和相关财政财务管理规定，通过国库动态监控系统，实时监控财政资金支付清算过程，对发现的违规问题及时纠正处理，以防范资金支付使用风险、强化预算支出执行监管的管理活动。财政部是财政国库动态监控管理的主管部门。财政部与实行国库集中支付管理的中央预算单位（下称预算单位），以及代理中央财政国库集中支付业务的商业银行（下称代理银行）建立监控工作互动机制，加强财政国库动态监控管理。

二、预算执行国库动态监控的范围与内容

财政部对财政资金支付清算过程进行实时监控，预算执行国库动态监控的资金范围是实行国库集中支付的财政性资金。预算执行国库动态监控的主要内容包括对预算单位财政资金支付情况的监控和对代理银行代理国库集中支付业务情况的监控。

(1) 对预算单位财政资金支付情况的监控。包括：预算单位是否按照财政部批准的年度预算科目、指标、支出范围和标准支付资金；预算单位是否按照国库集中支付规定的方式、程序、时限和账户等支付资金；预算单位是否按照政府采购管理规定支付采购资金；预算单位是否按照公务卡制度规定使用公务卡和报销公务支出；预算单位是否按照现金管理规定提取使用现金；预算单位是否按照财政财务管理规定的标准计提基金、发放补贴和报销费用。

(2) 对代理银行代理国库集中支付业务情况的监控。包括：代理银行是否按照财政部或预算单位的支付指令及时、准确地支付资金；代理银行是否按照国库集中支付资金银行支付清算规定清算资金；代理银行是否按照委托—代理协议书规定向财政部及时、准确传输财政国库动态监控管理信息；代理银行是否按照委托—代理协议书规定及时向财政部报告预算单位违规支付行为。

三、预算执行国库动态监控的形式及违规处理

财政部对预算执行国库动态监控发现的疑点或线索，采取电话核查、调阅材料、约谈走访、实地核查等多种核查方式进行核实，确认违规支付行为。财政部对日常监控中发现的疑点问题，通过电话向预算单位、上级主管部门、代理银行和收款单位了解相关情况，核实确认疑点问题。财政部经电话核查方式不能完全核实情况的问题，通知预算单位及相关单位提供有关文件、合同、支付单据、原始凭证、账册及报表等资料，进一步核实。根据情况，财政部可约谈或走访预算单位及相关单位，以核实情况。

财政部在监控过程中，发现预算单位和代理银行存在违规行为的，在职责范围内，依据有关法律法规和制度规定，及时做出处理，涉嫌严重违规违纪的，移交有关部门进行处理。代理银行存在违规行为的，应将违规资金退回零余额账户或重新办理有关业务；造成损失的，按代理协议承担赔偿责任。违规情节特别严重的，财政部依据有关规定予以通报批评，并结合综合考评浮动其代理手续费，直至终止代理协议。

预算执行动态监控机制是国库集中支付制度顺利实施的重要保障，能够有效避免人工审核监督的盲区，进一步提高财政资金使用的安全性、规范性、有效性。

资料来源：根据财政部发布的《中央财政国库动态监控管理暂行办法》（财库〔2013〕217号）整理。

二、我国的国库集中收付制度

（一）我国的国库集中收付制度的含义

国库集中收付是政府预算执行的重要环节，包括三方面的含义：一是集中收入管理，一切财政性收入均纳入国库或按照规定存入财政专户；二是国库支出管理，原则上一切财政性支出均应在实际支付行为发生时才能从单一账户支付出去，支付对象一般应是商品供应商或劳务提供者；三是集中账户管理，设置国库单一账户体系，包括国库单一账户、零余额账户和财政专户等，反映预算执行情况。

国库集中收付由国库集中收缴和国库集中支付两部分组成。国库集中收缴是预算收入缴付者将各项收入直接缴入国库或其代理银行，再经过银行清算将款项划入国库。国库集中支付是财政部门在中国人民银行及其分支机构设置国库单一账户，预算资金不再拨付给各单位分散保存，各预算单位可以根据自身履行职能的需要，在批准的预算项目和额度内自行决定购买何种商品和劳务，资金要通过零余额账户直接支付给商品供应商和劳务提供者，零余额账户再与国库单一账户清算。即预算单位使用资金但见不到资金，未支用的资金均保留在国库单一账户，进行规范化的管理运作，降低政府筹资成本，为实施宏观调控政策提供可选择的手段（见图6-1）。《预算法》第六十一条规定：国家实行国库集中收缴和集中支付制度，对政府全部收入和支出实行国库集中收付管理。

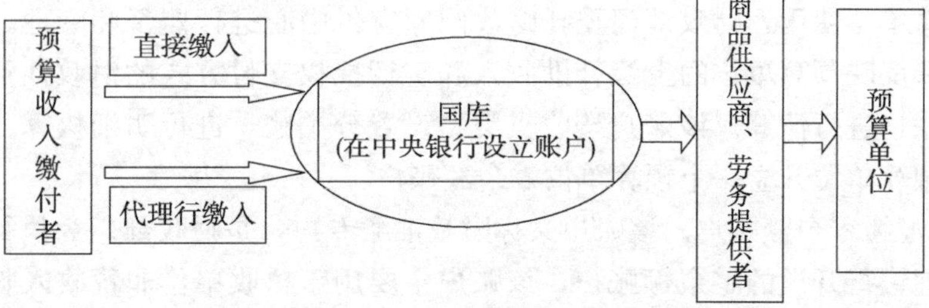

图6-1　我国的国库集中收付制度的运行

我国在实施国库集中收付制度以前，财政资金收支管理方式建立在多重和分散设立账户的基础上，财政收入执收部门层层开设收入过渡性存款账户，各级预算部门及单位按照财政资金的不同性质逐级分散开设账户，财政收支业务通过这些账户办理，收入层层上缴，支出层层下拨。这种传统资金收付方式存在的问题是：账户开设过多、资金运行效率低，收支活动透明度不高等。伴随着现代预算制度的构建，我国从2001年开始实行财政国库管理制度改革。建立国库集中收付制度的目标是：按照社会主义市场经济体制下公共财政的发展要求，借鉴国际通行做法和成功经验，结合我国国情，建立和完善以国库单一账户体系为基础、资金缴拨以国库集中收付为主要形式的财政国库管理制度。

（二）我国国库单一账户体系的基本构成

目前，各级财政和预算单位账户可分为两大类：一类是按照财政国库管理制度规定建立的国库单一账户体系中的各类账户；另一类是预算单位实有账户。

按照财政国库管理制度的基本要求，建立国库单一账户体系，将所有财政性资金都纳入国库单一账户体系管理，收入直接缴入国库或财政专户，支出通过国库单一账户体系支付到商品供应商和劳务提供者或用款单位。

（1）财政国库存款账户（国库单一账户）。它是指财政部门在国库业务经办机构开设的用于记录、核算和反映预算收入和预算支出及《预算法》规定的其他预算资金活动，并用于与零余额账户进行清算的存款账户。该账户按收入和支出设置分类账，并按政府预算收支科目进行明细核算。

国库代理银行按日将支付的财政性资金与国库单一账户进行清算；国库代理银行向财政部门提供国库单一账户的收支情况日报表，并与之核对库存余额，确保数字一致。

（2）零余额账户。它是指财政部门和各部门、各单位在代理国库集中支付业务的银行业金融机构和非税收入收缴代理银行开立的银行结算账户，用于办理预算资金支付业务并与国库单一账户清算，日终余额为零。主要包括三类：财政零余额账户、预算单位零余额账户、财政汇缴零余额账户。

1）财政零余额账户。该账户由财政部门在集中收付代理银行开设，由财政国库支付中心使用，财政部门进行监督管理，用于记录、核算和反映实行直接支付方式的财政性资金活动，并与国库单一账户进行清算。该账户按支出类型和预算单位设置总分类账和明细分类账。财政部门在同一家代理银行原则上只能开立一个财政零余额账户。

2）预算单位零余额账户。该账户由财政国库支付中心代各预算单位在代理银行开设，由各预算单位使用，财政部门委托财政国库支付中心进行监督和管理。该账户用于记录、核算和反映预算单位的上级补助收入和实行授权支付方式的财政性资金活动，并与国库单一账户进行清算。该账户按收支类型设置分类账，进行明细核算。财政部门原则上只能为预算单位开立一个预算单位零余额账户。

3）财政汇缴零余额账户。该账户又称财政汇缴专户，是财政部门为执行单位在非税收入收缴代理银行开设的零余额账户，该账户主要用于执收单位非税收入收缴，并与非税收入财政专户清算。财政部门原则上只能为执收单位开立一个财政汇缴零余额账户。财政汇缴零余额账户只能用于执收单位非税收入收缴，不得用于执收单位的支出。

（3）财政专户。它是指财政部门为履行财政管理职能，按照法律规定或经国务院批准，在银行业金融机构开设用于管理核算特定专用资金的银行结算账户，由财政部门或预算单位使用和管理，财政部门委托国库支付中心对单位财政专户进行监督。该账户用于记录、核算和反映经各级政府财政部门批准的专项支出活动，如满足社会保险基金核算、非税收入收缴、外国政府和国际金融组织贷款赠款、外币资金核算、教育收费资金管理、财政代管资金管理、未设国库的乡镇财政资金管理等需要。根据管理核算的特定专用资金的类型，地方财政专户主要分为社保基金财政专户、非税收入财政专户、贷赠款财政专户、代管财政资金专户、事业收入财政专户、偿债准备金财政专户、外币财政专户和专项支出类财政专户。该账户按资金使用性质设置总分类账和明细分类账进行核算。

财政专户与财政部门开设在中国人民银行的国库单一账户、财政部门和预算单位开设在商业银行的零余额账户共同构成了我国的国库单一账户体系（见图 6-2），有利于弥补国库单一账户在操作技术上的不足。

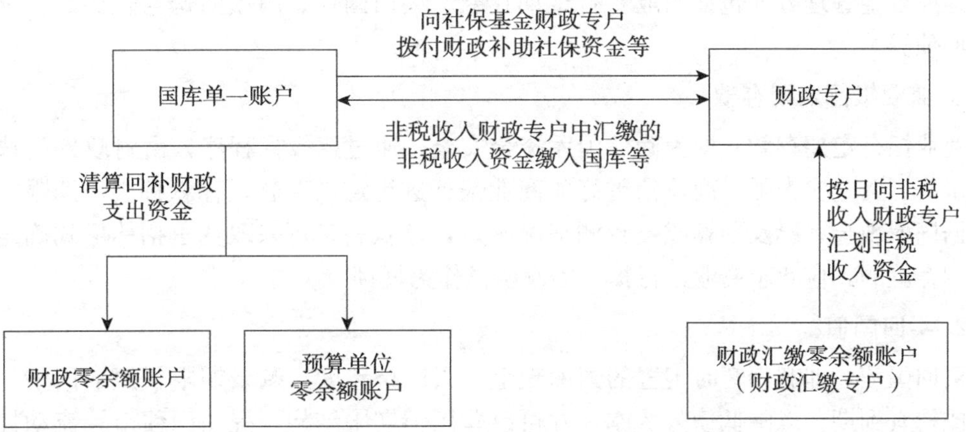

图 6-2　国库单一账户体系构成及主要资金流动关系

除单一账户体系外，单位还设有实有资金账户。单位实有资金账户是指单位按照财政部门的规定，在银行业金融机构开设的除零余额账户以外用于办理支付结算和资金存放业务的各类银行账户。设立此类账户主要是方便对预算单位日常发生的一些零星分散、数额小、支付频繁的支出进行结算。

我国要进一步优化国库集中收付管理，对政府全部收入和支出实行国库集中收付管理，完善国库集中支付控制体系和集中校验机制，实行全流程电子支付，优化预算支出审核流程，全面提升资金支付效率。①

三、国库现金管理

（一）国库现金管理的内涵

国库现金管理是在确保国库资金安全完整和财政支出需要的前提下，对国库现金进行有效的运作管理，实现国库闲置现金余额最小化、投资收益最大化的一系列财政资金管理活动。通过实行国库现金管理，可以减少闲置现金并弥合资金缺口，并最大限度地提高国库库存资金使用效率，促进金融市场创新，冲抵财政政策对货币政策的“挤出效

① 参见《国务院关于进一步深化预算管理制度改革的意见》（国发〔2021〕5 号）。

应”，健全两者之间的协调机制，提高中央政府的宏观调控能力，使社会经济沿着健康稳定的良性轨道发展。

与发达市场经济国家相比，我国国库现金管理比较薄弱，缺乏科学有效的国库现金管理制度和实践经验。开展国库现金管理，对深化财政国库管理制度改革、提高国库现金的使用效益、完善财政政策和提高财政管理水平、加强财政政策与货币政策的协调配合、有效实施政府宏观调控等具有十分重要的意义。

（二）国库现金管理方式

国库现金管理方式包括商业银行定期存款、买回国债、国债回购与逆回购、定期发行短期债券等。

1. 商业银行定期存款

商业银行定期存款，即为确保国库资金安全，通过招投标程序，由财政部门选择资产质量好、资金实力强、商业信誉好的商业银行进行定期存款，存款种类、期限、数额可根据国库现金状况及预算收支预测情况确定，存款利率可采取竞争招标形式确定。实行定期存款的，应要求商业银行提交等额国债作为抵押。

2. 买回国债

买回国债，即利用暂时闲置的国库现金，买回跨年度且剩余期限较短的国债，予以注销或持有到期，以降低债务成本，并可改善国债期限结构，提高国债市场流动性。买回国债操作，不应对货币政策和债券市场产生影响，要按照市场方式运作，使市场机制在国债买卖过程中发挥主导作用。

3. 国债回购与逆回购

国债回购交易实质上是一种以交易所挂牌国债作为抵押拆借资金的信用行为，具体过程是：交易所挂牌的国债现货的持有方（融资者、资金需求方）以持有的证券作为抵押，获得一定期限内的资金使用权，期满后须归还借贷的资金并按约定支付一定利息；而资金的贷出方（融券方、资金供应方）则暂时放弃相应资金的使用权，从而获得融资方的证券抵押权，并于回购期满时归还对方抵押的证券，收回融出资金并获得一定的利息。

逆回购交易是资金融出方将资金融给资金融入方，收取有价证券作为抵押，并在未来收回本息，解除有价证券抵押的交易行为，是主动借出资金，获取债券质押的交易。

4. 定期发行短期债券

定期发行短期债券，即结合现金管理需要，有选择地定期、滚动发行一些短期债券，为现金管理操作提供有效的工具。定期发行短期债券，也有助于调整国债期限结构，提高国债市场流动性，为现金管理的市场化操作创造条件。

在国库现金管理初期，主要采用商业银行定期存款和买回国债两种国库现金管理方式。

（三）国库现金管理中的现金流量预测

精确的国库现金流量预测是国库现金管理的基础。国库现金流量预测是指以国库集中收付制度体系为基础，综合运用各方面的基础数据信息，总结归纳库款收支规律和特点，对未来一定时期流入、流出国库的现金流量结构及库款余额进行分析预测的系统管理活动。国库现金流量预测主要包括国库现金流入量、流出量以及存量的预测，即预算收入、预算支出、库存余额的预测。通过对国库现金流的动态分析，准确、及时地对国库现金流入量、流出量以及存量进行预测，监控目前和未来一段时间的现金流状况，为国库现金管理提供可量化信息，为国库现金管理决策服务，发挥对国库现金管理的支持作用。

通常来说，各国财政部门会成立专门的机构代表政府进行国库现金管理，在确保国库支付需要和国库现金安全的前提下，对国库现金开展投资等操作，以降低筹资成本和获取投资收益。作为财政国库管理的重要组成部分，国库现金管理的目标是在保证资金应用效率的前提下，最小化政府财政管理活动的现金需求，最大化现金收益，并与货币政策目标协调与一致。在国库现金管理中，国库现金流入和流出的时点不匹配会导致国库短期现金盈余或短缺，国库现金管理部门只有在对国库现金流进行集中和预测的基础上，才能更好地对保留在央行国库单一账户中的现金余额进行动态调整，才能维持库底目标余额水平相对稳定。

（四）国库现金管理中的库底目标余额管理

库底余额（Treasury balance），是指财政部门留存在国库单一账户中的资金余额，与现金头寸（cash position）是同一概念的不同表述。20 世纪 90 年代以来，世界各国纷纷立法，禁止财政向中央银行透支。由于多数国家采取委托国库制，并将国库开设在中央银行，而财政部门必须坚持“先收后支”原则，始终需要在国库中保持一定规模的资金余额以保障支付并防止出现“透支”问题，所以“库底余额”逐步成为普遍现象。

库底目标余额管理，是指财政部门在合理设定留存国库中的资金余额规模的基础上，按照安全性、流动性、效益性和规范性的原则，科学预测和控制国库资金流量，通过投融资操作稳定余额，以降低财政筹资成本、提高投资收益并实现财政货币政策有效协调的财政理财行为。其中，“目标”是管理的关键，即按照一定的测算方法，计算出需要保留在国库中的合理库底资金目标。这个目标，要满足保障支付和降低持有成本两个条件。引入库底目标余额管理的意义在于：一是将余额维持在目标规模，既能保证支付需要，又能避免过多的留存造成效率损失；二是通过对目标余额规模的控制，可以防止资金大幅波动影响货币市场流动性，进而影响货币政策实施。财政库底目标余额管理制度是对库底目标余额管理行为的系统规范。

（五）国库现金管理的国际经验

英国、美国、澳大利亚等发达市场经济国家形成了一套比较完善的国库现金管理体系。主要内容包括：

1. 建立国库单一账户体系

建立国库单一账户体系是现金管理的开始。通过国库单一账户体系，将所有财政资金的收支活动都统一集中在这一体系中办理，使所有财政资金的现金流量都集中在国库单一账户。政府通过国库单一账户掌握、控制财政资金的现金流量。英国于19世纪建立了国库单一账户体系，意大利于1986年开始建立国库单一账户体系，在此基础上，这些国家相继开始对国库现金进行管理。通过取消财政资金收缴以及资金支付的中间环节，实现代理商业银行在当日营业终了与国库单一账户及时清算，将闲置现金余额统一集中在国库管理，提高了预算资金运行效率，增强了财政对预算资金的控制权。

2. 增强财政收支活动的计划性

各国建立国库单一账户体系后，普遍加强了对财政资金收支活动计划性的管理。不少国家规定，财政收入的代理银行应及时将收入上缴国库单一账户，并鼓励各预算单位按期缴纳大额款项，对上缴收入不及时的单位予以处罚等。在支出方面，要求预算单位根据实际情况，报送和提供比较准确的用款计划，只有实际支付时才予以支付。如澳大利亚对预算单位实行严格的用款计划管理，改变了各部门在使用资金方面的无序性，要求各单位按既定计划申请用款，保证库款资金流量的均衡，为现金管理打下了基础。

3. 准确预测国库现金流量

现金流量预测是实施有效的现金管理的基础，包括收入预测和支出用款预测两部分。收入预测针对各种税收以及其他收费等政府各项财政收入；支出预测主要针对预算单位用款计划、国债还本付息等各项支出。为准确预测国库资金现金流量，各国都建立了国库现金收支基础数据库，选择科学有效的预测方法，按一定时段对国库现金流量进行滚动预测，不断减少预测误差，为实施国库现金管理创造条件。英国现金流量预测水平很高，财政部通过对国库资金收支变化的历史性数据进行统计分析，寻找资金波动规律，每周向债务管理局提供最新的国库收支预测，准确度很高，与实际执行数的误差通常在1 000万英镑左右，对现金管理决策发挥了重要作用。

4. 采取适当方式实施现金管理

在保留最低国库存款余额以备紧急支付的前提下，各国都根据国情，采用适当方式，对闲置库款资金余额进行运作，具体方式包括商业银行定期存款、买回国债、国债回购与逆回购等。美国的国库现金存款额度为50亿美元，超过部分由财政部存放在近1 000家存款机构，以获取更多收益。英国保留2亿英镑的最低国库存款余额，对超出国库现金余额的部分，采取多种市场投融资方式进行管理。

5. 与货币政策、国债管理有效配合

各国在现金管理过程中，都强调现金管理必须与货币政策、国债管理相配合。一方面，现金管理要与央行货币政策保持一致，不能影响货币政策。这是一条基本原则。各国都强调政府是市场价格的接受者（price taker），政府现金管理不能影响市场利率。例如，英国债务管理局提出，要在“保持与中央银行货币政策一致”的前提下，以最有效的方式实施国库现金管理。另一方面，现金管理要紧密结合国债管理开展。根据国库现金管理的实际需要，各国都不同程度地滚动发行一些短期国债，形成国库现金管理与国债管理的有效配合机制。

（六）我国国库现金管理改革

国际上衡量一个国家国库管理水平高低的主要指标是：第一，能否有效控制预算执行，及时准确地提供完整的预算执行报告，为财政管理和宏观调控提供依据；第二，能否高效管理国库现金与债务，即是否能够根据宏观经济发展，有效配合财政政策实施，实现对国库现金与债务的高效管理，实现财政资金的筹资成本最小化和资金效益最大化。由此，要在借鉴国际经验的基础上，结合我国国情，加快建立库底目标余额管理制度，从制度机制上确保有效盘活财政库款存量，提高资金使用效益，完善宏观政策调控协调性，促进经济发展。

一是建立国库现金流量预测制度。丰富并完善预测手段，不断提高现金流量预测水平；实行周期预测与滚动预测相结合，实现按月、按周均衡化、常态化操作，待条件成熟后，逐步实现按日预测、按日操作。

二是财政部门根据库款预测及财政收支状况，合理设定财政库底目标余额。随着库款预测、财政管理及市场融资环境的完善，逐步降低财政库底目标余额。

三是在国库单一账户体系下开设资本性账户。国库单一账户仅保留最低财政库底目标余额，其余闲置资金进入资本性账户，用于国库现金管理操作。

四是完善国库现金管理投融资运行机制，丰富商业银行短期性存款的操作方式，逐步运用安全、成熟的融资工具，确保合理调度库款需要，优化库款资金使用效益，逐步实现将财政库底目标余额降至合理低位的改革目标。

第四节　政府采购与预算执行

一、政府采购制度的基本内涵

（一）政府采购的内涵

现代意义上的政府采购制度最早产生于1782年的英国，当时英国设立了政府文具公用局，作为采购政府部门所需办公用品的机构。此后，西方各国相继成立了专门的政府采购机构，或通过相关的法律确立政府采购作为政府财政管理制度的重要组成部分。

根据《中华人民共和国政府采购法》（下称《政府采购法》）、《中华人民共和国政府采购法实施条例》（下称《采购法实施条例》），政府采购是指各级国家机关、事业单位、团体组织和其他采购实体为了实现政务活动和公共服务的目的，使用财政性资金或者其他公共资源，以合同方式取得货物、工程和服务的行为，包括购买、租赁、委托、政府和社会资本合作等。其中所称的“财政性资金”是指纳入预算管理的资金。以财政性资金作为还款来源的借贷资金视同财政性资金。国家机关、事业单位和团体组织的采购项目既使用财政性资金又使用非财政性资金的，使用财政性资金采购的部分，适用《政府采购法》及《采购法实施条例》；财政性资金与非财政性资金无法分割采购的，统一适用

《政府采购法》及《采购法实施条例》。所称的“货物”是指各种形态和种类的物品，包括原材料、燃料、设备、产品等；所称的“工程”是指建设工程，包括建筑物和构筑物的新建、改建、扩建、装修、拆除、修缮等；所称的“服务”是指除货物和工程以外的其他政府采购对象，包括政府自身需要的服务和政府向社会公众提供的公共服务。

（二）政府采购的特征

与私人采购和企业采购相比，政府采购有如下特点：

1. 采购主体的特殊性

政府采购的主体是使用财政性资金依法采购货物、工程和服务的国家机关、事业单位和团体组织等，即政府采购主体是公共部门。

2. 采购资金的公共性

政府采购的资金来源主要是财政性资金，即公共资金，也就是财政拨款或需要由财政偿还的公共借款。这些资金的最终来源是纳税人的税收、政府公共服务收费和政府债务收入等。而私人采购的资金来源是私有资金。这是政府采购区别于私人采购的根本特点。

3. 采购对象的广泛性

政府采购的对象涉及货物、工程和服务，可以说没有一个私营采购组织能有如此宽泛的采购对象。

4. 采购活动的非营利性

政府采购的目的是满足公共需要，以有限的财政资金向公众提供最优质的公共产品和服务，而不是为了获利。

5. 采购数量的规模性

通常，国外发达国家政府采购一般占 GDP 的 10%～15%，占财政总支出的 30%左右。据统计，我国 2019 年全国政府采购规模为 33 067.0 亿元，占全国财政支出的 10%，占 GDP 的比重为 3.3%。

6. 采购依据的政策性

政府采购的主要目的是实现政府职能，提供社会公共产品和服务，因此，采购人在采购时不能体现个人或部门、单位的偏好，而必须有助于实现经济和社会发展目标，包括节约资源、保护环境、支持创新、促进中小企业发展、扶持不发达地区和少数民族地区、维护弱势群体利益以及支持本国产业等；必须遵循国家政策的要求，包括最大限度节约支出、满足对节能环保的要求、购买本国产品等。

我国要拓展政府采购政策功能，建立政府采购需求标准体系，鼓励相关部门结合部门和行业特点提出政府采购相关政策需求，推动在政府采购需求标准中嵌入支持创新、绿色发展等政策要求；细化政府采购预算编制，确保与年度预算相衔接；建立支持创新产品及服务、中小企业发展等政策落实的预算编制和资金支付控制机制。①

---

① 参见《国务院关于进一步深化预算管理制度改革的意见》（国发〔2021〕5 号）。

7. 采购程序的规范性

政府采购要求具有较高的透明度，采购程序、采购过程等都是公开的，政府采购人员及整个采购活动都要受到财政、审计、社会的全方位监督。

（三）政府采购原则

政府采购应当遵循公开透明原则、公平竞争原则、公正原则、诚实信用原则和讲求绩效原则。

1. 公开透明原则

公开透明是指政府采购的有关信息、法律、政策、程序以及采购过程都要公开。对公众而言，公开性的关键就是政府采购活动信息具有较高透明度，符合全面性、合法性、最新性、易得性和易解性标准。为此，要求政府公开发布采购信息，公开招标，公开中标结果，公开采购法律，公开采购记录等。除涉及国家秘密和商业秘密的政府采购外，其他政府采购的过程都应当透明和公开。

2. 公平竞争原则

公平竞争就是要求给予每一个参加竞争的投标商均等的机会，使其享有同等的权利并履行同等的义务，不歧视任何一方。竞争只有建立在公平的基础上才能充分发挥其优化资源配置的作用，进而可以使采购者以较低的价格采购到优质的商品和服务，提高政府采购的经济效率。

3. 公正原则

公正原则是指相对于作为投标人、潜在投标人的若干供应商而言，采购方及其代理人应当站在公允的立场上，平等对待所有的供应商竞争者，不能有特殊，评标和中标的选择和判断标准也必须客观公正。为了确保政府采购活动中的公正原则，《政府采购法》建立了回避制度，即在政府采购活动中，采购人员及相关人员与供应商有利害关系的，应当回避。供应商认为采购人员及相关人员与其他供应商有利害关系的，可以申请其回避。

4. 诚实信用原则

诚实信用原则是民事活动的基本原则，同样适用于政府采购活动。一方面，当政府作为采购者出现在市场上时，应当与供应商处于平等的地位。政府采购人与供应商所签订的合同，同样属于民事合同范围。因此，政府采购与其他社会主体采购一样，必须遵循诚实信用这一普遍的商业原则。另一方面，政府采购作为公共管理领域的政府活动，与一般社会主体相比，更有理由坚持这一原则。这是因为，在塑造社会交易规则和道德规范方面，政府比其他社会主体负有更大的责任，应该为促进全社会建立诚实信用原则树立典范。

5. 讲求绩效原则

预算部门和单位应当落实全过程绩效管理要求，根据部门预算绩效目标合理确定采购需求、采购计划和采购合同，提升财政支出绩效水平。

二、政府采购与支出预算

（一）政府采购方式

政府采购方式按是否具备招标性质可分为两大类：竞争性采购和非竞争性采购。各国政府一般都根据本国的经济发展情况、社会文化背景等确立符合本国国情的政府采购方式。

1. 竞争性采购

竞争性采购主要包括招标采购、竞争性谈判采购、询价采购等。

（1）招标采购。招标采购是指通过公开招标的方式，邀请所有或一定范围内的潜在供应商参加投标，采购人或采购代理机构通过某种事先确定并公布的标准从所有投标中评选出中标供应商，并与之签订合同的一种采购方式。招标采购的优点是最能体现政府采购的公开性、竞争性，是比较普遍的采购方式。

（2）竞争性谈判采购。竞争性谈判是指采购人通过与多家供应商分别进行谈判后从中确定中标供应商并授予合同的一种采购方式。竞争性谈判采购的优点是能够缩短采购周期、减少工作量、较好地满足采购人的需求、保护民族产业。其缺点是：违反了自由企业精神，可能助长企业垄断价格；容易滋生串通舞弊的机会；容易造成企业任意抬高价格。所以，采用竞争性谈判采购时一般会有限制条件，例如，招标后没有供应商投标；没有合格标的；重新招标未能成功；技术复杂或者性质特殊，不能确定详细规格或者具体要求；采用招标所需时间不能满足用户紧急需要；不能事先计算出价格总额。

（3）询价采购。询价采购是指采购单位向国内外有关供应商发出询价单，然后对供应商提供的报价进行比较，并确定中标供应商，以确保产品和服务价格具有竞争性的采购方式。适用询价采购方式的项目，主要包括对现货或标准规格的产品和服务的采购、投标文件的审查需要很长时间才能完成的采购、供应商准备投标文件需要更高额的费用的采购、供应商资格审查条件过于复杂的采购等。

总之，竞争性采购应当实行公开竞争，但招标采购、竞争性谈判采购和询价采购符合下列情形之一的，可以实行有限竞争：一是受基础设施、行政许可、知识产权等限制，只能从有限范围的供应商处采购的；二是需要扶持的科技成果转化项目；三是审查供应商的竞标文件需要较长时间或者审查竞标文件的费用占政府采购项目总价值的比例过大的。

采用竞争性方式采购的，参加竞标的供应商一般不得少于三家。

2. 非竞争性采购

非竞争性采购是指不采用招标形式的采购行为，主要有单一来源采购等。

单一来源采购也称直接采购，在这种采购方式下，即使采购标的达到了招标采购的金额标准，但由于采购来源渠道单一，属于专利或首次制造、合同追加、原有项目的后续扩充等特殊情况，也只能从唯一的供应商那里采购。这种采购方式不利于采购人降低成本，也不符合竞争原则，一般世界各国的政府采购相关法律法规对于这种采购方式都规定了严格的适用条件。

（二）政府采购预算管理

《政府采购法》规定，政府采购应当严格按照批准的预算执行，因此，全面完整地编制政府采购预算是各级预算单位开展政府采购工作、各级财政部门加强政府采购管理的重要基础。

政府采购预算是指采购单位根据事业发展计划和行政任务编制的、经过规定程序批准的年度政府采购计划。政府采购预算是行政事业部门单位财务预算的重要组成部分，它一般包括采购项目、采购资金来源、数量、型号、单价、采购项目截止时间等。政府采购预算集中反映了预算年度内各级政府用于政府采购的支出计划，在一定程度上反映了行政事业单位的资金收支规模、业务活动范围和方向。

预算部门及单位使用财政性资金采购集中采购目录以内或者采购限额标准以上的货物、工程和服务，应当在编制部门预算时同步编制政府采购预算。

负有编制部门预算职责的主管预算单位应当在编制下一财政年度部门预算时一并汇总报送所属预算单位的政府采购预算，明确该财政年度政府采购预算安排情况，表明政府采购预算是部门预算的重要组成部分。

各级财政部门按照政府采购相关规定对本级预算单位编制的部门预算中的政府采购预算进行审核。预算单位按照财政部门的审核意见，结合工作实际，对政府采购预算编制情况进行调整完善后报送财政部门，随部门预算一并批复。预算执行中需要对政府采购预算进行调剂时，预算单位应当按照规定程序调剂。

将政府采购纳入预算管理的范围，是财政资金管理的进步，同时，通过政府采购制度的实施又能够加强政府预算支出执行管理。表 6－1 列出了政府采购支出表示例。

表 6－1　政府采购支出表示例　　单位：万元

科目编码	单位/科目名称/项目	资金性质	项目代码	单位代码	单位类型	政府采购金额																			
						合计				本年财政拨款				财政拨款结转资金				教育收费安排支出				其他资金			
						合计	货物	工程	服务	小计	货物	工程	服务	小计	货物	工程	服务	小计	货物	工程	服务	小计	货物	工程	服务
	基本支出																								
201	一般公共服务支出																								
20101	人大事务																								
2010101	行政运行	一般公共预算																							
……	……	政府性基金预算																—	—	—	—	—	—	—	—
	项目支出																								
201	一般公共服务支出																								

续表

科目编码	单位/科目名称/项目	资金性质	项目代码	单位代码	单位类型	政府采购金额																			
						合计				本年财政拨款				财政拨款结转资金				教育收费安排支出				其他资金			
						合计	货物	工程	服务	小计	货物	工程	服务	小计	货物	工程	服务	小计	货物	工程	服务	小计	货物	工程	服务
20101	人大事务																								
2010102	一般行政管理事务																								
2010102	项目 1	一般公共预算																							
2010102	项目 2	一般公共预算																							
……	……	政府性基金预算																—	—	—	—	—	—	—	—
	事业单位经营支出									—	—	—	—	—	—	—	—								
201	一般公共服务支出	……								—	—	—	—	—	—	—	—								
20101	人大事务	……								—	—	—	—	—	—	—	—								
2010101	行政运行	……								—	—	—	—	—	—	—	—								
……	……	……								—	—	—	—	—	—	—	—								
	合计																								

三、政府购买服务

政府购买服务，是指通过发挥市场机制的作用，把政府直接提供的一部分公共服务事项，以及政府在履行职责的过程中所需的辅助性服务事项，按照一定的方式和程序，交由具备条件的社会力量和事业单位承担，并以合同等契约化方式明确政府和市场化主体的权利与义务，由政府根据合同约定向其支付费用。

推行政府购买服务的原因在于，契约化的服务提供方式具有权责清晰、结果导向、灵活高效等特点。西方主要发达国家自 20 世纪 70 年代以来兴起的行政管理改革运动的重要举措之一，就是推行政府购买服务，以提高公共服务供给的效率和质量。我国政府购买服务实践的兴起晚于西方发达国家，但面对的同样是公共服务供给体制需要深层次变革的背景，经历了从地方自发探索到逐步上升为全国性制度措施的发展过程。推广政府购买服务，对于全面深化改革、转变政府职能、创新政府提供公共服务的方式具有重要而深远的意义。实践中应当注意，对于适合以市场化方式提供的服务事项，要依法依规实施政府购买服务，坚持费随事转，防止出现“一边购买服务，一边养人办事”的情况。

（一）购买主体

政府购买服务的主体是各级行政机关和具有行政管理职能的事业单位。纳入行政编制管理且经费由财政负担的群团组织也可根据实际需要，通过购买服务的方式提供公共服务。

不具备行政管理职能的事业单位是政府设立的提供特定公共服务的主体，不属于政府购买服务的购买主体。不具备行政管理职能的事业单位可购买自身所需辅助性服务，此类行为属于政府采购范围，但不属于政府购买服务范围。

（二）承接主体

可以承接政府购买服务的主体包括在登记管理部门登记或经国务院批准免予登记的社会组织，按事业单位分类改革应划入公益二类或转为企业的事业单位，依法在工商管理或行业主管部门登记成立的企业、机构等社会力量。社会组织是政府购买服务的重要承接主体。

（三）购买内容

政府购买服务的内容为属于政府职责范围、适合采取市场化方式提供的服务事项。政府新增或临时性、阶段性的服务事项，适合社会力量承担的，应当按照政府购买服务的方式进行。不属于政府职能范围，以及应当由政府直接提供、不适合由社会力量承担的服务事项，不得向社会力量购买。

（四）购买方式及程序

购买主体应当根据购买内容的供求特点、市场发育程度等因素，按照方式灵活、程序简便、公开透明、竞争有序、结果评价的原则组织实施政府购买服务。对于政府集中采购目录以内或采购限额标准以上的项目，按照《政府采购法》的有关规定，采用公开招标、邀请招标、竞争性谈判、竞争性磋商、单一来源采购等方式确定承接主体。对于政府集中采购目录以外且采购限额标准以下的项目，在确定承接主体时可以不采用《政府采购法》规定的采购方式，但一般应体现竞争性原则。

（五）预算与财务管理

一是妥善安排购买服务所需资金。政府购买服务所需资金列入财政预算，从部门预算经费或经批准的专项资金等既有预算中统筹安排。二是健全购买服务预算管理体系。加快建立购买服务支出标准体系，逐步在预算编报、资金安排、预算批复等方面建立规范流程。三是强化购买服务预算执行监控。购买主体要对购买服务提供进行全过程跟踪，对合同履行、绩效目标实施等情况，发现偏离目标的要及时采取措施予以纠正，确保资金规范管理、安全使用和绩效目标如期实现；使用购买服务预算资金要严格遵守相关财政财务管理规定，不得截留和挪用。承接主体要认真履行合同规定，采取有效措施增强服务能力，提高服务水平，确保提供服务的数量、质量等达到预期目标。

专栏 6-3

政府采购与政府购买服务的关系

按照我国现行政策规定，政府采购的内容包括货物、工程和服务；政府购买服务的内容仅限于服务，包括直接受益对象为社会公众的公共服务，以及直接受益对象为政府自身的政府履职所需辅助性服务。那么，政府购买服务与政府采购服务是不是一回事？政府购买服务与政府采购之间又是什么关系呢？应该说，政府购买服务与政府采购服务不完全是一回事，政府购买服务与政府采购既存在联系和交叉，也有重要区别。

（一）行为主体不完全相同

政府购买服务的行为主体（购买主体）应当被理解为承担国家机构职能的组织。各级行政机关作为狭义上的“政府”，自然是政府购买服务的购买主体；作为国家机构的各级人民代表大会及其常务委员会机关和各级监察机关、审判机关、检察机关，也是政府购买服务的购买主体；完全或主要承担行政职能的事业单位，可以比照行政机关，作为政府购买服务的购买主体。根据我们的独特国情，中国共产党各级机关、中国人民政治协商会议各级委员会机关和各民主党派的各级机关，以及纳入行政编制管理且经费由财政负担的群团组织机关，同样可以按照政府购买服务有关规定实施购买服务活动。

政府采购强调行为主体（采购主体）资金来源的财政性质。除国家机关外，使用财政性资金的事业单位、团体组织也可以作为政府采购主体按需采购。可见，政府采购制度所规范的实为“公共采购”行为。不承担行政职能的事业单位、团体组织不属于政府购买服务的购买主体，这些单位和组织采购服务的行为，属于“政府采购服务”的范畴，但不属于“政府购买服务”的范畴。也就是说，“政府采购服务”与“政府购买服务”这两个法律/政策概念当中，虽然都有“政府”一词，但不能等同理解，相比之下，政府购买服务的“政府”所包括的行为主体范围更为严格。

（二）行为目的和重点内容不同

政府采购管理制度主要就政府市场交易行为的采购环节做出规范，主要目的是规范政府采购资金使用，保护政府采购当事人的合法权益，促进廉政建设。政府购买服务的主要目的是转变政府职能，创新公共服务供给机制，发挥市场在资源配置中的决定性作用，提高公共服务质量和效率。

经过近些年的持续推进，政府采购已经成为一项常规性工作。政府购买服务是一项新的综合性改革，全国范围内从 2013 年刚刚起步，要做好这项工作有大量的改革任务，需要政府主动作为，有意识地谋划推动。虽然政府购买服务行为与政府采购服务行为有某些环节的重叠，但政府购买服务强调的重点是“改革”，它着重要解决的是政府从“养人办事”到购买服务的职能转变问题，或者说是“买，还是不买”的问题，这与政府采购显然不是一回事，后者关心的主要是在已经确定要“买”的前提下“怎样买”的问题。

而且，政府购买服务的购买重点是受益对象为社会公众的公共服务，这与传统的政府采购行为只涉及购买者、供应者两方的治理结构也是完全不同的。虽然政府购买公共服务不像PPP的项目周期那么长，但其行为内容的丰富性、复杂性，都已不同于传统的政府采购行为。在政府购买公共服务项目中，履约管理、绩效评价等工作的地位变得格外重要，其开展方式也需要进行重大调整，将作为受益对象的社会公众纳入考虑。

（三）承接主体（供应商）确定途径不完全相同

如何确定政府购买服务项目的承接主体，对于确保服务质量和效率非常关键，竞争择优是基本原则。根据政府购买服务制度安排的不同，政府购买服务项目可以分为合同制项目和凭单制项目两大类。所谓合同制，就是国外通常所说的“合同外包”(contracting-out)。所谓凭单制，是指政府向有资格消费特定公共服务的社会公众发放购买凭单（通常也称代金券、消费券或服务券），社会公众选择特定的服务机构消费他们手中的凭单，然后政府用现金兑换各服务机构接受的凭单。合同制政府购买服务项目承接主体的确定与政府采购供应商的确定适用相同途径，而凭单制政府购买服务项目承接主体的确定与政府采购供应商的确定适用不完全相同的途径。

对于合同制政府购买服务项目，在确定承接主体环节基本可以适用现在的政府采购制度。我国政府采购法具有程序法特征，其适用范围在现实中可以合理扩展，最初主要适用于采购货物、工程和政府自身履职所需服务，目前已扩展至用于确定政府购买公共服务项目中的承接主体，以及确定PPP项目中的社会资本合作方。政府购买服务采用政府采购方式确定承接主体，好处在于有现成的政府采购相关法律、法规和制度规定作为依据，便于在有规可循的情况下迅速推进政府购买服务工作。不过，尽管《政府采购法实施条例》明确政府采购服务包括政府自身需要的服务和政府向社会公众提供的公共服务，但由于公共服务与货物、工程和政府自身履职所需服务等在属性及使用效果评价方面差异较大，现行《政府采购法》及《政府采购法实施条例》对购买公共服务的适用性明显还不够强。实践当中，很多地方和部门反映，套用政府采购办法来确定政府购买服务的承接主体，客观上存在程序复杂、操作成本高、购买周期长的问题，购买效率较低，需要对政府采购方式进行改革创新。

对于凭单制政府购买服务项目，通常没有必要采用政府采购方式来确定承接主体。在以凭单制形式实施的政府购买服务项目中，购买主体只是确定多家提供同类服务的机构，对服务机构的具体选择权在有资格享受服务的社会公众手中，社会公众可以“用脚投票”来促使服务机构保证服务质量。因此，从机制设计的科学性、合理性出发，对于凭单制政府购买服务项目，购买主体完全可以通过依法依规设定服务供应机构的资格资质条件的方式——有些情况下甚至可以不做任何要求，来确定多家服务机构同时作为承接主体，没有必要通过成本较高的政府采购方式来确定承接主体。对符合条件的承接主体，政府可以列出其详细名单并向社会公示，以供社会公众选择并减少其为获取信息付出的成本。

资料来源：刘晓洲．政府购买服务、政府和社会资本合作（PPP）与政府采购关系探析．地方财政研究，2018（4）：4-9，52.

第五节 收入与支出预算的执行

一、政府收入预算的执行

政府收入预算的执行就是按照政府预算确定的收入预期组织预算收入的过程，这是预算执行的首要环节，也是执行其他预算行为的基础。按目前政府收支分类科目，财政性收入分为税收收入、非税收入、债务收入和转移性收入四大类。

（一）收入预算执行的法律规范

按照我国《预算法》等法律法规的规定及现代预算制度的“收入法定”要求，各级财政、税务、海关及预算收入征收部门和单位，必须依法组织预算收入，即及时、足额征收应征的预算收入，不得违反法律、行政法规规定，多征、提前征收或者减征、免征、缓征应征的预算收入，不得截留、占用或者挪用预算收入。并且在执行过程中，收入预算作为预期目标，依法征收，各级政府不得向预算收入征收部门和单位下达收入指标，以避免“计划税收”对企业主体的生产经营活动造成负面影响，以及出现财政的“顺周期调节”，即当经济下行时，财税部门为了完成收入任务可能收“过头税”，从而降低了微观经济的活力，造成经济的“雪上加霜”；当经济上行时，财税部门在完成收入任务后，怕增加未来收入任务基数，往往“藏富于民”，该收不收，造成财政支出随着财政收入的增加而扩张，进一步刺激经济增长，导致经济“热上加热”。

《预算法实施条例》规定：（1）各级政府财政部门及税务、海关等预算收入征收部门和单位必须依法组织预算收入，按照财政管理体制、征收管理制度和国库集中收缴制度的规定征收预算收入，除依法缴入财政专户的社会保险基金等预算收入外，还应当及时将预算收入缴入国库。（2）同时规定，除依法缴入财政专户的社会保险基金等预算收入外，一切有预算收入上缴义务的部门和单位，均必须将应当上缴的预算收入，按照规定的预算级次、政府收支分类科目、缴库方式和期限缴入国库，任何部门、单位和个人不得截留、占用、挪用或者拖欠。

（二）收入预算执行的内容

1. 税收收入

财政部门督促税务机关依法履行职责，按照财政管理体制、征收管理制度和国库集中收缴制度的规定征收税收收入，并及时缴入国库。财政部门会同税务机关、中国人民银行推进财税库银税收收入电子缴库横向联网，实现税收收入电子缴库，加强税收收入征缴信息的管理。

2. 政府非税收入

政府非税收入（以下简称非税收入）是指除税收以外，由各级国家机关、事业单位、代行政府职能的社会团体及其他组织依法利用国家权力、政府信誉、国有资源（资产）所有者权益等取得的各项收入，具体包括：行政事业性收费收入、政府性基金收入、罚没收入、国有资源（资产）有偿使用收入、国有资本收益、彩票公益金收入、特许经营收入、中央银行收入、以政府名义接受的捐赠收入、主管部门集中收入、政府收入的利息收入、其他非税收入。非税收入由各级财政部门及其委托的部门和单位（简称执收单位）征收，应严格按照国家规定的征收项目和征收标准组织征收，实行国库集中收缴制度。非税收入退库按照法律、法规和财政国库管理制度的有关规定办理。上下级政府分成的非税收入，由财政部门按照分级划解、及时清算的原则办理。

3. 单位资金收入

单位资金收入是指单位取得的财政拨款以外的各类收入。单位资金是单位借助政府权力、政府信誉，或利用政府资源等取得的，应当按照《预算法》关于“政府的全部收入和支出都应当纳入预算”的规定，依法加强管理，保证公共资源的最大化利用。而且，单位因资金收支管理不善或者因降低和取消收费等导致收入不足以履行公共服务职能时，以及单位改革需要安排人员支出时，都会要求财政部门相应安排预算资金予以解决。因此，要加强单位资金管理，要求单位将单位资金的收入和支出全部统一编入预算，在一本预算中进行管理，严格按照预算控制具体执行，财政部门应加强对单位资金收入的管理，真正做到没有预算不能支出。

执行中，单位资金实际收入超过收入预算的，原则上不新增安排当年支出。确需新增当年支出的，单位要编制收入预算和支出预算调剂方案，并报财政部门审批。

（三）预算收入的缴款方式

国库集中收缴制度，是指预算收入按照规定的程序，通过国库单一账户体系缴入国库的制度。

实行国库单一账户制度后，取消了收入过渡性账户，预算收入缴款主要方式分为直接缴库和集中汇缴，在互联网背景下又主要体现为财税库银横向联网系统直接缴入国库。

（1）直接缴库。直接缴库是由缴款单位或缴款人按有关法律法规规定，直接将应缴收入缴入国库单一账户或财政专户，不再设立各类过渡性账户。

（2）集中汇缴。集中汇缴是由征收机关和依法享有征收权限的单位，按有关法律法规规定，将所收取的应缴收入汇总缴入国库单一账户或财政专户，不再通过过渡性账户收缴。

目前除当场执收的项目外，基本都采用了直接缴库方式，对小额零散税收和非税收入现金缴款实行集中汇缴。

（四）预算收入的划分和报解

（1）预算收入的划分。它是指国库对收纳入库的预算收入，根据预算管理体制规定的各级预算固定收入的划分范围，以及中央与地方、地方上下级之间分成收入的留解比例，划分并计算中央预算收入和地方各级预算收入。

（2）预算收入的报解。它是指在划分收入的基础上，按照规定的程序将各级预算收入的库款分别报解各级国库、相应地增加各级预算在各级国库的存款，以保证各级预算及时取得预算收入。具体说来，“报”就是国库通过编制统计报表向各级财政机关报告预算收入的情况，以便各级财政机关掌握预算收入进度和情况；“解”就是各级国库在对各级预算收入进行划分之后，要将库款按其所属关系逐级上解到所属财政机关在银行的金库存款账户。

（五）收入库款退付

收入库款退付是指征收机关发现财政预算资金征收错误时，在国家规定的退库项目范围内，按规定的审批程序办理的退库，即在政策允许的范围内将已入库的预算收入退还给原缴纳单位或缴款人。政府预算收入缴入国库后，就成为国家的预算资金，退付属于减少政府预算收入，因此必须在国家统一规定的范围内退付，并要经过严格、特定的程序。

1. 退付的依据

退付的依据是相关法律、行政法规及国务院规定。

2. 退付的范围

（1）技术性差错退付。这是指由于工作疏忽，发生技术性差错而出现多缴、错缴等造成的误收退付。

（2）结算性退付。这是指企业单位隶属关系改变发生收入级次转移，在办理财务结算时发生的退付以及由于预缴税款发生超缴（超过应缴数额，又不宜在下期抵缴）而发生的结算退付。

（3）政策性退付。这是指出口退税、税务部门办理的“先征后退”及其他减免退税、根据批准的企业亏损计划应当弥补给企业的计划亏损退付等。

（4）提留性退付。这是指地方财政从已入库的税款中提取的税收附加和从工商各税中提取的代征手续费需要退付的部分。

（5）财政部明文规定和专项批准的其他退付项目。按照规定应当由财政支出安排的事项，不得用退付处理。

3. 退付的审批

各级预算收入退库的审批权属于本级政府财政部门。中央预算收入、中央和地方预算共享收入的退库，由财政部或者财政部授权的机构批准。地方预算收入的退库，由地方政府财政部门或者其授权的机构批准。具体退库程序按照财政部的有关规定办理：（1）各级财政部门或其授权的机构是缴库资金退付的具体办理机构，应当对资金退付的合法合规性进行审核，对于不符合规定的事项要予以纠正，以规范资金退付行为。（2）财政部门对于符合规定的退付事项，应及时办理退付手续，以保障缴款人的权力。

办理预算收入退库，应当直接退给申请单位或者申请个人，按照国家规定用途使用。

任何部门、单位和个人不得截留、挪用退付款项。

（六）预算超收与短收

（1）预算超收。预算超收是指年度本级一般公共预算收入的实际完成数（不含转移性收入和政府债务收入）超过经本级人民代表大会或者其常务委员会批准的预算收入数的情形。

（2）预算短收。预算短收一般是指年度本级一般公共预算收入的实际完成数小于经本级人民代表大会或者其常务委员会批准的预算收入数的情形。随着预算收入由约束性转向预期性，短收问题成为现实可能。

上述所称实际完成数和预算收入数，均不包括转移性收入和政府债务收入。

（3）超收与短收处理的法律规定。各级一般公共预算年度执行中有超收收入的，只能用于冲减赤字或者补充预算稳定调节基金。也就是说，当年超收收入不能直接用于当年预算支出，从而杜绝无预算支出现象。

省、自治区、直辖市一般公共预算年度执行中出现短收，首先应当通过调入预算稳定调节基金、减少支出等措施实现收支平衡，如采取措施仍不能实现收支平衡，可以增列赤字。上述措施需要进行预算调整的，应当按照《预算法》的有关规定启动预算调整程序。采取措施仍不能实现收支平衡的，才可以考虑增列赤字，并需经省、自治区、直辖市政府报本级人民代表大会或者其常务委员会批准，报国务院财政部门备案，并应当在下一年度预算中予以弥补。即，省级政府增列赤字应对短收需满足以下条件：一是主体必须为省、自治区、直辖市；二是必须为一般公共预算短收；三是须报省级人大或其常委会批准；四是应当报财政部备案；五是必须在下一年度预算中编列弥补。增列的赤字，可以通过在国务院下达的本地区政府债务限额内发行地方政府一般债券予以平衡。

设区的市、自治州以下各级一般公共预算年度执行中出现短收的，应当通过调入预算稳定调节基金或者其他预算资金、减少支出等方式实现收支平衡；采取上述措施仍不能实现收支平衡的，可以通过申请上级政府临时救助平衡当年预算，并在下一年度预算中安排资金归还。

各级政府性基金预算年度执行中有超收收入的，应当在下一年度安排使用并优先用于偿还相应的专项债务；出现短收的，应当通过减少支出实现收支平衡。国务院另有规定的除外。各级国有资本经营预算年度执行中有超收收入的，应当在下一年度安排使用；出现短收的，应当通过减少支出实现收支平衡。国务院另有规定的除外。

二、支出预算的执行

支出预算的执行就是按计划分配和使用预算资金的过程，也是提供公共产品和服务、满足公共需要的过程。因此，支出预算的执行直接决定了公共产品和服务的质量和效果，是政府预算管理中非常重要的环节。

支出预算的执行涉及多个层面的执行者，如拨付资金的财政部门、国库部门，使用资金的预算支出部门及预算单位等，因此，支出执行时在各有关部门间既有合规性控制，也有绩效性控制。

（一）有关支出预算执行的法律规范

财政部门根据年度支出预算，合理调度、拨付预算资金，监督各部门、各单位预算资金使用管理情况。财政部门有权对本级各部门及其所属各单位的预算管理情况进行监督，对各部门的预算执行情况和绩效进行评价、考核。

各部门、各单位是本部门、本单位的预算执行主体，负责本部门、本单位的预算执行，并对执行结果负责。各部门、各单位的支出必须按照预算执行，不得虚假列支。各部门、各单位应当加强对预算支出的管理，不得擅自改变预算支出的用途。

《预算法》第五十七条规定：各级政府财政部门必须依照法律、行政法规和国务院财政部门的规定，及时、足额地拨付预算支出资金，加强对预算支出的管理和监督。《预算法实施条例》第六十条规定：各级政府、各部门、各单位应当加强对预算支出的管理，严格执行预算，遵守财政制度，强化预算约束，不得擅自扩大支出范围、提高开支标准；严格按照预算规定的支出用途使用资金，合理安排支出进度。加强对预算支出的管理和监督。各级政府、各部门、各单位的支出必须按照预算执行，不得虚假列支。

（二）预算拨款的控制原则

在我国，预算拨款涉及财政部门及国库部门。

1. 财政部门的控制原则

（1）按照预算拨付原则。即，按照批准的年度预算和用款计划拨付资金。除了《预算法》第五十四条规定的在预算年度开始后，各级预算草案在本级人民代表大会批准前可以安排的支出（上一年度结转的支出；参照上一年同期的预算支出数额安排必须支付的本年度部门基本支出、项目支出，以及对下级政府的转移性支出；法律规定必须履行支付义务的支出，以及用于自然灾害等突发事件处理的支出）外，不得办理无预算、无用款计划、超预算、超计划的资金拨付，不得擅自改变支出用途，以保证国家核定的行政任务和事业计划正确地执行。

（2）按预算级次和程序拨付原则。即，根据用款单位的申请、用款单位的预算级次和审定的用款计划，按照财政部门规定的预算资金拨付程序办理拨付，不得办理违反规定程序的资金拨付。

（3）按照进度拨付原则。即，各级财政部门根据各用款单位的实际用款进度拨付资金，既不能将全年所需资金一次性全部拨付，也不能不考虑实际需要推迟拨付；既要保证资金需要，又要防止资金分散积压；既要考虑本期资金需要，又要考虑上期资金的使用和结余情况，以保证政府预算资金的统一安排、灵活调度和有效使用。

2. 国库部门的控制原则

在国库单一账户和集中支付制度下，为保证政府预算资金需要和财政库款支拨正确执行，财政库款支付除坚持上述原则外，还应根据单一账户和集中支付特点，遵循分类支付原则、计划控制原则、集中支付为主原则和效率原则。

(1) 分类支付原则。财政资金用款支付标志着政府预算支出执行实现，财政分配活动完结。财政资金支付要根据财政支出的支付管理分类进行。

根据我国传统做法并借鉴国际经验，财政支出按是否对资金和生产要素形成直接需求分为购买性支出和转移性支出两大类。根据国库支付管理需要，购买性支出和转移性支出又具体分为工资支出、购买支出、零星支出和转移支出等。现实中，按集中支付管理要求的财政支出分类与政府预算科目的支出分类具有兼容性，即政府预算科目分类可以归为按集中支付管理划分的四类支出。例如，按支付管理需要，将政府间转移支付中的专项转移支付、拨付的大型工程项目建设资金归为购买支出，由国库直接支付到商品供应商或劳务提供者；而将中央对地方的税收返还、一般性转移支付等，以及对企业补贴和未指明购买内容的某些专项支出等归为转移支出，支付到预算单位或下级财政。财政资金支付实施后，即成为个人工资收入、商品供应商和劳务提供者的销售收入或营业收入，或者其他转移性收入等，由此，国库通过支付业务管理最终实现财政款项支付。

(2) 计划控制原则。财政资金用款计划是政府预算或部门预算支出的月度执行依据，在单一账户和集中支付下，用款单位或部门编制财政资金用款计划是财政资金支付的前提和起点，国库审查用款单位或部门报送的财政资金用款计划，是财政资金支付的基本程序、基本手续和基本管理环节。因此，财政资金支付应按照用款单位和部门财政资金月度用款计划进行。

(3) 集中支付为主原则。参照国际通行做法并结合国情，现阶段我国财政资金支付采用国库集中支付为主、授权预算单位支付为辅的原则，以加强财政管理监督和提高支付效率。

国库现行财政资金支付，按发出支付令主体的不同分为两种支付方式：第一种是由财政发出支付令的财政直接支付方式；第二种是由预算单位经财政授权自行发出支付令的财政授权支付方式。国库执行支付时，应按规定选择相应的支付方式进行。大额支付由财政直接管理，经常性小额支付分别交由预算单位自行管理。这样可在不改变预算单位资金使用权的情况下，既加强管理监督，又方便预算单位用款。

(4) 效率原则。第一，大额资金由财政直接支付到供应商或用款单位，可减少支付的中间环节，每日大量发生的小额支付由财政授权预算单位执行，不需要逐笔申请，有利于提高财政资金支付效率。第二，财政直接支付和授权支付，以现代银行支付系统和财政信息管理系统的国库管理操作子系统为基础，借助网络技术，提高了支付、清算、结算、对账等业务的效率。

（三）国库集中支付方式

国库集中支付制度，是对政府全部支出实行国库集中支付管理。国库集中支付是以国库单一账户体系为基础，以健全的财政支付信息系统和银行间实时清算系统为依托，支付款项时，由单位提出申请，经财政部门校验审核后，将资金通过单一账户体系支付给收款人的制度。一般公共预算资金、政府性基金预算资金、国有资本经营预算资金应当纳入国库单一账户体系，按照国库集中支付制度办理资金支付。财政专户管理资金应当参照国库集中支付流程办理资金支付，直接支付到最终收款人。国库集中支付具体分为财政直接支付和财政授权支付。

1. 财政直接支付

财政直接支付是指由政府财政部门开具支付令，通过财政零余额账户支付到收款人，财政零余额账户再与国库进行资金清算的支付方式。

（1）国库直接支付的流程。1）预算单位按照批复的部门预算和资金使用计划（或预算指标），向财政国库支付执行机构（国库支付中心）提出支付申请；2）财政国库支付执行机构根据批复的部门预算和资金使用计划（或预算指标）及相关要求对支付申请审核无误后，向国库支付代理银行发出支付指令，通知代理银行从财政零余额账户中付款给收款人，同时向中国人民银行国库部门发出清算指令，通过代理银行进入全国银行清算系统进行清算；3）代理银行根据支付指令通过国库单一账户体系的财政零余额账户将资金支付到商品供应商、劳务提供者或最终收款人。每日终了，代理银行财政零余额账户再与中国人民银行国库单一账户进行资金清算，回补当日已支付的资金。其具体操作流程如图 6－3、图6－4 所示。

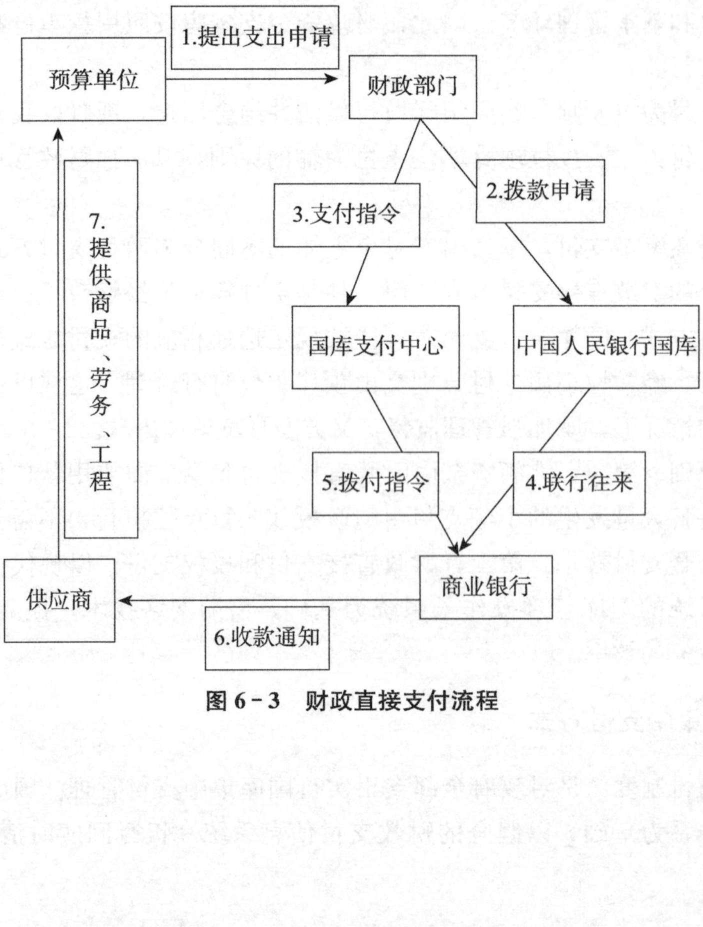

图 6－3　财政直接支付流程

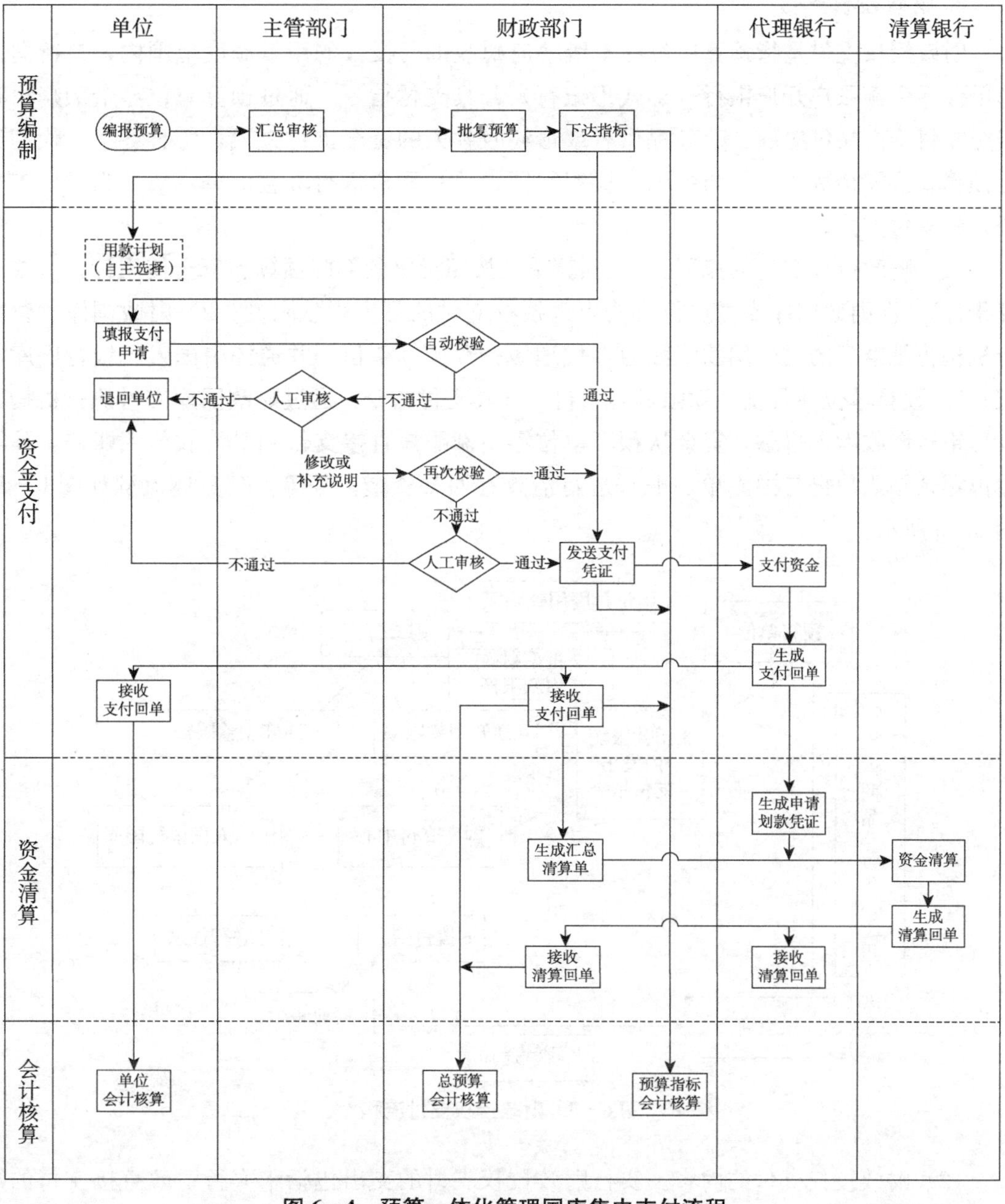

图 6-4 预算一体化管理国库集中支付流程

(2) 财政直接支付的内容。实行财政直接支付的支出主要包括：1）工资支出，即预算部门或单位的工资性支出，包括纳入统发范围的工资津补贴和离退休费；2）购买支出，即预算部门或单位除工资支出、零星支出之外购买服务、货物、工程项目等支出，如单笔支付金额在 500 万元（含）以上的支出；3）中央对地方的专项转移支付；4）拨付企业大型工程项目或大型设备采购的资金等；5）转移支出，即拨付给预算部门及下级财政部门，未指明具体用途的支出，包括中央对地方的一般性转移支付、对企业的补贴和未指明购买内容的某些专项支出等。

2. 财政授权支付

财政授权支付是指预算单位在本级政府财政部门授权的用款额度范围内，自行向预算单位零余额账户开户银行（即代理银行）开具支付指令，通过预算单位零余额账户将资金支付给商品供应商、劳务提供者或最终收款人的资金支付方式，每日终了，代理银行预算单位零余额账户再与中国人民银行国库单一账户进行资金清算，回补当日已支付资金的支付方式。

（1）财政授权支付的流程。1）预算单位按照批复的部门预算和资金使用计划（或预算指标），向财政国库支付执行机构申请授权支付的月度用款限额；2）财政国库支付执行机构将批准后的财政用款限额通知代理银行和预算单位，并通知中国人民银行国库部门；3）预算单位在月度用款限额内，自行开具支付指令，通过财政国库支付执行机构由代理银行向收款人付款，资金从预算单位零余额账户直接支付到最终收款人账户，预算单位零余额账户再与国库单一账户进行清算并回补资金；等等。其具体流程如图 6－5、图 6－6 所示。

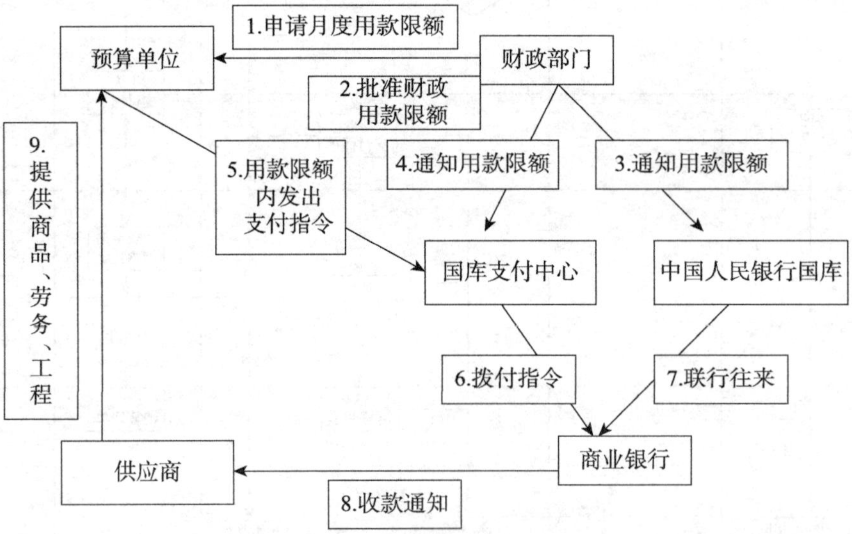

图 6－5　财政授权支付流程

（2）财政授权支付的内容。实行财政授权支付的支出包括未实行财政直接支付的购买支出和小额支出，如单笔支付金额在 500 万元以下的支出、未纳入统发范围的工资津补贴和离退休费、社会保险缴费、职业年金缴费、住房改革支出、日常运行的水电费、应由单位付给供热企业的取暖费等。

财政直接支付和财政授权支付的具体项目，由财政部门在确定部门预算时列出。表 6－2 比较了两种财政支付方式。

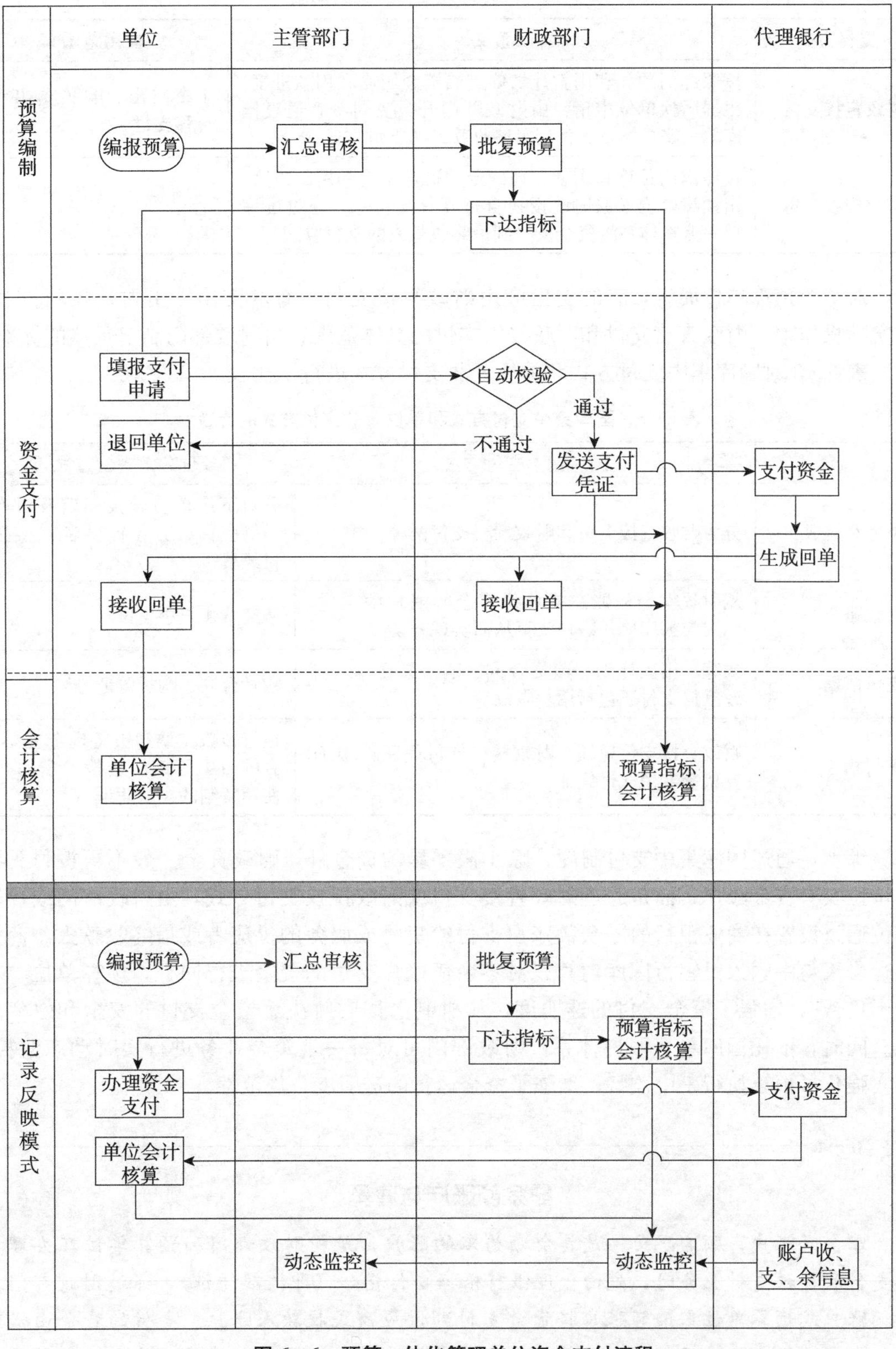

图6-6 预算一体化管理单位资金支付流程

表 6-2　两种财政支付方式的比较

支付方式	含义	使用范围
财政直接支付	按照部门预算和用款计划确定的资金用途和用款进度，根据用款单位申请，由财政部门开具支付令，通过国库单一账户体系支付到最终收款人的支付方式	工资支出、购买支出和转移支付
财政授权支付	按照部门预算和用款计划确定的资金用途和用款进度，由预算单位根据财政授权自行开具支付令，通过国库单一账户体系将资金支付到最终收款人的支付方式	小额购买支出和零星支出

对一个预算单位而言，有的支出应由财政直接支付，有的支出需由财政授权支付。在实际操作中，财政直接支付和财政授权支付的具体范围，由财政部门制定具体的标准。

表 6-3 对国库集中支付方式和单位分散支付方式进行了比较。

表 6-3　国库集中支付方式和单位分散支付方式的比较

比较项目	国库集中支付方式	单位分散支付方式
类型和构成	分为财政直接支付和财政授权支付两种方式	分对下级单位转拨经费及对商品供应商、劳务提供者直接拨付经费
出款账户	从财政零余额账户或单位零余额账户中支付，当天与国库单一账户清算从而实现补偿	从经费账户中支付
支付依据	预算、用款计划、购货合同、购货票证等，财政授权支付还包括用款限额等	购货合同、购货票证等
支付指令	财政直接支付凭证（财政授权支付凭证）、国库支票等专用支付凭证	银行转账支票和银行现金支票，有的由主管部门转拨经费时也使用特制的拨款凭证

综上，通过国库集中支付制度，除小额零星的资金外，财政资金一般不再拨付到预算单位实有资金账户，而是通过财政直接支付或财政授权支付方式，由财政部门或预算单位通过设置在商业银行的零余额账户支付给货物或服务的供应者或最终收款人，商业银行当天与中国人民银行国库清算，对零余额账户支付的资金进行回补，预算单位“花钱不见钱”，增强了资金支付的透明度，从机制上彻底解决了资金支付的安全和效率问题。同时，依托国库单一账户体系，财政部门可对每一笔资金业务进行实时动态监控，切实强化了预算执行事中监督，增强了资金运行的透明度、规范性。

专栏 6-4

零余额账户与清算

零余额账户，顾名思义，是其余额为零的账户，是指财政部门和预算单位在办理直接支付和授权支付业务时，先由代理银行根据支付指令（即拨款凭证），通过财政部门零余额账户或预算单位零余额账户将资金支付到供应商或收款人账户。支付的资金由代理银行在每天规定的时间内与中国人民银行通过国库单一账户进行清算，将当天支付的所有资金从中国人民银行国库划到上述各账户，当天轧账后，各账户的余额均为零。

显然，“清算”是零余额账户的“灵魂”，是理解零余额账户的关键所在。

清算，一般意义上是指在某些银行业务中，银行代垫“头寸”后，真正的收付款人来和银行结清该笔业务的款项。正是“清算”概念在财政资金支付过程中的应用，才产生了账户资金余额为零的现象，这也是财政国库管理制度改革前后财政资金支付方式的主要区别之一。

国库集中收付制度改革前，财政实行“以拨代支”，将资金实拨到预算单位基本存款账户，银行则先收后支，结余资金沉淀在预算单位账户，形成“顺向资金流”，账户余额通常不为零；改革后，财政不再向预算单位账户实拨资金，单位的预算资金保留在国库中，在具体办理支付业务时，银行先垫款支付，再通过国库单一账户清算回等额资金（其形式类似信用卡），形成“逆向资金流”，结余资金沉淀在国库，从而使预算单位账户余额为零，形成“零余额账户”。

资料来源：根据相关资料整理。

（四）单位资金支出

单位资金支出是指单位资金收入安排的存放于单位实有账户或财政代管专户中的单位实有资金的支出（不含教育收费专项支出）。单位资金支付采取单位填写支付申请，系统生成支付凭证，代理银行根据支付指令将资金支付到收款人或收款单位账户的支付模式。

三、转移支付执行

转移支付执行涉及转移支付资金调度。转移支付资金调度管理是指上级财政部门根据预算及有关管理要求，将对下级的转移支付资金，通过资金拨付、资金留用等方式，从上级财政调度到下级财政的过程，主要包括资金留用和资金拨付。

（1）资金留用。通过资金留用方式向下级财政调度资金的地区，应当按照下级财政上划上级财政相关税收的一定比例，将相应资金从上级国库划入下级国库。1）对下级的税收返还和具有均衡支出特点的转移支付可纳入资金留用范围。2）上级财政部门根据纳入下级财政资金留用范围的资金规模和下级上划相关税收收入预计情况，测算并核定分地区的财政资金留用比例。3）县级以上财政部门应当及时测算资金留用比例，原则上应于每年 1 月 1 日前将新年度资金留用比例下达至下级财政部门。4）下级财政部门收到上级财政部门核定留用比例的文件后，应及时通知本级中国人民银行国库执行。

（2）资金拨付。通过资金拨付方式向下级财政调度资金的地区，按照有关规定将转移支付资金从上级财政拨付至下级财政。

专栏 6-5

财政资金直达机制

所谓财政资金直达机制，就是将过去财政资金层层审批分配改为中央切块、省级细化、备案同意、快速直达，即“一竿子”分配到基层或者项目单位。

由于我国实行一级政府一级预算，因此，与我国政权结构相适应，预算管理分为五级：中央、省、市、县、乡镇。按照转移支付的规范流程，以往上级对下级的预算转移支付一般是一级一级进行的，即由中央财政下达到省级，省级再“自上而下”层层分解。这样就会出现对基层的转移支付资金在途时间长，导致资金下达不够及时，甚至出现中途被截留挪用的情况，同时也造成了地方财政预算编制不够准确。

2020 年，面对新冠肺炎疫情对经济造成的严重冲击，为确保新增财政资金直达市县基层、直接惠企利民，财政部按照党中央、国务院决策部署，建立了特殊转移支付机制，即财政资金直达基层政府的机制。其主要内容包括：一是明确资金范围。主要是新增财政赤字和抗疫特别国债 2 万亿元相关资金。二是细化分配流程。根据正常转移支付、特殊转移支付、抗疫特别国债等各类资金特点，分门别类细化制定资金直达流程。三是加强资金监控。建立直达资金监控系统，实现全覆盖、全链条监控，确保资金下达和资金监管同步“一竿子插到底”。四是压实地方责任。省级财政部门要当好“过路财神”，及时将资金全部下达到市县，也要将更多的自有财力下沉至基层，不做“甩手掌柜”。市县财政部门要科学安排财政支出，强化公共财政属性，以民生为要，努力做到应保尽保。五是加强监督问责。财政、审计、中国人民银行等部门密切配合，加大对直达资金的监督力度，确保资金直达市县基层、直接惠企利民。从 2020 年的情况来看，中央财政的 1.7 万亿元直接下达到基层，最快 7 天抵达，有利于基层做好“六稳”工作、落实“六保”任务，也有利于改进预算管理、提高财政资金效益、增强财政资金宏观调控效果。

2021 年，按照国务院《政府工作报告》的要求，今后要将财政资金直达机制常态化，上升为制度性安排。常态化直达机制的内容主要包括：(1) 扩大资金范围。2021 年实行直达管理的资金增至 2.8 万亿元，比上年增加了 1.1 万亿元。一是直接用于基层财力保障的一般性转移支付，如县级基本财力保障奖补资金等，确保有关资金快速直达基层，防止资金截留挪用，为基层保基本民生、保工资、保运转提供财力来源。二是一些共同转移支付，如教育、就业、社会保障、卫生健康等领域的基本民生保障资金，也纳入直达范围，确保各项民生政策精准落实到位。三是具备条件的专项转移支付，如普惠金融发展专项资金等，保障惠企利民资金精准用于受益对象。(2) 完善直达管理机制。一方面，根据直达资金扩围提效需要，适当扩充部际工作机制的部门数量，强化中央部门的业务指导和监督职责；另一方面，压实地方在资金分配、使用中的主体责任，确保资金落实到基层和单位。(3) 加强直达资金管理。一是督促地方加强项目储备、提高项目成熟度和可执行性，避免资金等项目或项目频繁调整。二是按照效益优先原则，科学确定支出进度评估办法，在加快执行进度的同时，努力提高资金使用效益。三是完善直达资金监控系统，对直达资金进行全过程、全链条、全方位的监控。四是与审计等部门协同配合，合力做好直达资金监管工作，确保直达资金安全、规范、高效使用。

资料来源：根据相关资料整理。

第六节　政府预算调整与监控

一、预算调整

（一）预算调整的含义

预算调整就是对原已经立法批准并授权执行的预算进行调整和变更。随着经济、政治等环境的不断变化，在预算执行中可能出现需要增加或减少预算项目及资金的情况，因而需要进行预算调整。

预算调整有狭义和广义之分。狭义的预算调整特指在法律明确规定的预算调整事项范围内，需要报本级人大常委会批准的预算变更。广义的预算调整除包括法律规定的预算调整范围以外，还包括动用预备费、预算资金调剂等情况。

从理论上讲，在科学、规范编制预算的情况下，不应频繁发生预算调整导致预算变更的情况。预算调整，改变了最初经立法机关批准的具有法律效力的预算安排，实际上突破和变更了原有的法定预算，因此，预算调整必须严格按照法律规定的范围、原则、程序和流程进行，以避免各种主、客观因素导致的预算调整随意性，体现现代预算的事前决定与严格执行的特征，保障预算的严肃性和法律权威性。

根据各国预算法律的规定，各级政府在预算执行过程中遇到特殊情况时，可以依法对预算进行调整。法律允许进行预算调整的原因在于：一是政府预算的编制在客观上与预算的执行存在时间差，这种时间差导致预算编制时无法将未来预算执行时可能发生的各种情况全部考虑在内，进而造成在预算执行中出现事前编制的预算与实际发生的预算出现误差的情况，需要进行预算调整。二是预算编制时对预算期内的收支测算也存在主观与客观之间的差异。在预算执行过程中，由于政治、经济、社会等环境的不断变化，很有可能出现需要增加或减少预算项目及资金数额的情况，导致原计划的预算平衡被打破，需要对原有预算进行调整或修正。

正是因为上述理由，我国在制定预算法律时，也对预算调整做出了专门的规定，明确了可以进行调整的事项，同时强调经人大批准的预算未经法定程序不得调整。

（二）法定预算调整的范围

关于预算调整范围的界定，实质上是权力机关与执行机关之间关于预算变更权力边界的界定。预算执行中的审批权限，体现了预算监督的严肃性。按照《预算法》第六十七条的规定，经全国人民代表大会批准的中央预算和经地方各级人民代表大会批准的地方各级预算，在执行中出现下列情况之一的，应当进行预算调整：需要增加或者减少预算总支出的；需要调入预算稳定调节基金的；需要调减预算安排的重点支出数额的；需要增加举借债务数额的。即，预算调整范围将各级人大审批的重点放在对预算总支出的控制上，即通常所说的确定预算支出的“天花板”①。

1. **需要增加或者减少预算总支出的**

在各级预算的实际执行工作中，往往会出现由于各种原因一些支出需求无法完全包括在年初预算范围内的情况，如国家新出台涉及支出的政策，地方政府确定的必须新增的支出项目，发生自然灾害等不可预见的突发事件导致新增支出项目，以及其他必需的追加支出项目等。这些情况往往会导致各级政府总预算支出规模增大，形成追加预算总支出需求，这都属于正常预算的调整范围。相反，由于经济、社会、环境等因素的影响，原批准的预算支出在实际执行中需要调减的，或因为各级政府、各部门、各单位在实际执行中，在保证各项任务圆满完成的前提下，努力降低成本、节约经费开支而需要减少预算支出总额的，均可进行预算调整。

按照《预算法》的要求，预算收入将不再作为约束性指标，而是作为预期，人大在审批预算时的关注重点将转移到支出预算和政策上来，因而预算调整的重要内容之一是预算总支出的增加或减少。

2. **需要调入预算稳定调节基金的**

预算稳定调节基金起着调节预算收支的“蓄水池”作用，在预算执行过程中调入预算稳定调节基金可增加年度预算收入以弥补短收年份的收支缺口，平衡预算。

可以看出，调入预算稳定调节基金会涉及原法定预算安排的改变，因此要列入预算调整的范围，即预算稳定调节基金的安排使用要接受同级人大及其常委会的监督。

3. **需要调减预算安排的重点支出数额的**

在《预算法》中，将重点支出②和重大投资项目的预算安排作为各级人大审查预算草案及预算执行情况的重点内容。在我国，很多领域的重点支出项目与经济社会发展密切相关，如教育、科技、文化、卫生、社会保障、农业等涉及民生类的支出项目。这些方面的预算支出与经济发展、人才培养、科技创新、人民生活水平提高息息相关，是政府公共支出的重要领域，需要重点保证。但是，如果在实际预算执行中发生确实需要对这些方面的支出进行调减的情况，各级政府可依法进行调整。但是这些预算调整事项必须在预算调整方案中做出专门的说明，这实际上反映出对保证这些重点领域公共支出预算的重视程度，但也在很大程度上约束了各级政府，使它们不得随意调减这些方面的支出。

4. **需要增加举借债务数额的**

需要增加举借债务数额的主要包括两种情形：一是突破年初赤字限额；二是突破债务余额限额。通常，在债务余额管理制度下，立法机关主要控制余额限额。目前，我国在保留中央预算在必要条件下的举债权的同时，对地方政府有条件地适度放开了举债权，但举债规模都要经过人大的审查和批准。例如，《预算法》第三十四条规定：“对中央一

---

① 党的十八届三中全会通过的《中共中央关于全面深化改革若干重大问题的决定》提出，审核预算的重点由财政收支的平衡状态、赤字规模向支出预算和政策拓展。这是我国预算审批制度的重大改革，由此带来的一大变化是收入预算不再是刚性任务，而是转为预期目标。预算审核的重点是支出预算和政策。

② 考虑到我国地域辽阔，各地发展结构和水平差异较大，所以《预算法》未采取列举法明确重点支出的具体内容。实际执行中，地方人大、政府可以根据相关法律规定因地制宜地确定。

般公共预算中举借的债务实行余额管理，余额的规模不得超过全国人民代表大会批准的限额。”第三十五条规定：“地方各级预算按照量入为出、收支平衡的原则编制，除本法另有规定外，不列赤字。经国务院批准的省、自治区、直辖市的预算中必需的建设投资的部分资金，可以在国务院确定的限额内，通过发行地方政府债券举借债务的方式筹措。举借债务的规模，由国务院报全国人民代表大会或者全国人民代表大会常务委员会批准。省、自治区、直辖市依照国务院下达的限额举借的债务，列入本级预算调整方案，报本级人民代表大会常务委员会批准。”也就是说，中央和地方政府举借债务都需要经过法定的批准程序，但是在预算执行中，各级政府因为实际情况的变化而确实需要增加举债数额筹集资金的，则属于预算调整的法定范围，经过法定程序批准后可以进行预算调整。

（三）法定预算调整的程序

1. 各国预算调整的一般原则

由于预算调整打破了原有的预算安排，因此对预算调整的批准通常是较为严格的。虽然各国对预算调整的具体规定不一，但大体都遵循如下原则：

（1）预算调整应通过法律进行；

（2）如果预算调整的幅度超过了原定预算拨款的某个百分比，或者影响了支出总额，就必须呈报立法机关批准；

（3）在由立法机关批准前，应授权政府在某些特殊情况下自行决定某些临时性开支以满足应急性需求；

（4）应在固定时间内批准调整的预算数，并且应严格限制年度内调整的项目数。

2. 我国有关预算调整的法律规定

我国有关预算调整的法律规定如下：

（1）严格控制预算调整。在预算执行中，各级政府一般不制定新的增加财政收入或者支出的政策和措施，也不制定减少财政收入的政策和措施；必须进行预算调整的，应当在预算调整方案中做出安排。

在预算执行中，由于发生自然灾害等突发事件，必须及时增加预算支出的，应当先动支预备费；预备费不足支出的，各级政府可以先安排支出；属于预算调整的，列入预算调整方案。

（2）提出预算调整方案。在预算执行中，各级政府对于必须进行的预算调整，应当编制预算调整方案。预算调整方案应当说明预算调整的理由、项目和数额，并在人大常委会或专门委员会召开会议 30 日前送交以进行初步审查或征求意见。

（3）人大常委会审查批准。中央预算的调整方案应当提请全国人民代表大会常务委员会审查和批准。县级以上地方各级预算的调整方案应当提请本级人民代表大会常务委员会审查和批准；乡、民族乡、镇预算的调整方案应当提请本级人民代表大会审查和批准。未经批准，不得调整预算。

（4）严格执行调整方案。经批准的预算调整方案，各级政府应当严格执行。未经《预算法》规定的程序，各级政府不得做出预算调整的决定。

二、预算资金的调剂

预算资金的调剂是指预算资金在不同预算科目、预算级次或者项目间的变动，包括转移支付预算调剂及部门预算调剂。转移支付预算调剂是指预算执行中转移支付支出预算在不同预算科目、预算级次或者项目间的变动。部门预算调剂是指预算执行中对单位支出预算在不同预算科目、预算级次或者项目之间的变动。部门预算批复后，应当强化预算约束，原则上不做调剂，但确需调剂的，按相关程序办理。

目前，《预算法》对政府预算调整规定了四种情形，但实际管理中还存在其他情形，比如上下级财政间的转移支付、转移支付预算和本级部门预算之间级次变动、未落实到部门或地区的预算发生调剂等。预算调整主要针对预算总支出的变化，除调减重点支出的情形外，不包括预算支出的结构性变更。预算的结构性变更主要通过预算调剂体现。

预算资金的调剂主要包括以下几种形式：

（1）科目经费流用。经费流用是指在不突破原定预算支出总额的前提下，由于预算科目之间调入、调出和改变资金用途形成的预算资金再分配，对不同的支出科目的具体支出数额进行调整，也称科目流用。

（2）预算级次划转。即年度预算确定后，上下级政府间、部门及单位间改变隶属关系，引起预算关系或者预算级次变化的，应当在改变财务关系的同时，相应办理预算及资产划转。具体划转办法由财政部规定。

（3）预算项目间调剂。包括：同一部门的预算资金在同一功能分类科目下，人员经费、公用经费或项目支出在具有不同经济性质的分类科目间调剂的；同一部门的预算资金、人员经费或者公用经费在不同功能分类科目间调剂的，或者在公用经费和项目支出间调剂的，或者在项目间调剂的，或者人员经费增加需要从本部门其他预算资金调剂的；等等。

《预算法》第七十二条规定：“各部门、各单位的预算支出应当按照预算科目执行。严格控制不同预算科目、预算级次或者项目间的预算资金的调剂，确需调剂使用的，按照国务院财政部门的规定办理。”

三、动用预备费和预算周转金

（一）动用预备费

《预算法》第四十条规定：“各级一般公共预算应当按照本级一般公共预算支出额的百分之一至百分之三设置预备费，用于当年预算执行中的自然灾害等突发事件处理增加的支出及其他难以预见的开支。”所以，各级总预算的预备费是为应对某些难以预料的意外开支而设置的。由于在编制预算时，预备费按照本级一般公共预算支出的一定百分比已经列支，并经过法定批准程序，所以《预算法》第六十四条规定：“各级预算预备费的动用方案，由本级政府财政部门提出，报本级政府决定。”

（二）动用预算周转金

在预算执行过程中，当由于季节等多种原因出现收不抵支时，可用预算周转金垫支，待收大于支时，应及时收回，保持原数，并不得转作他用。预算周转金的设立原因就是用于预算执行过程中的资金周转，因此，它只能用于本级政府调剂预算年度内的季节性收支，不能挪作他用，也不得跨年度使用。《预算法实施条例》第四十九条规定："经本级政府批准，各级政府财政部门可以设置预算周转金，额度不得超过本级一般公共预算支出总额的1%。年度终了时，各级政府财政部门可以将预算周转金收回并用于补充预算稳定调节基金。"

动用预备费和动用周转金主要在政府预算层面进行，再形成各部门预算的资金来源。表6-4给出了一般公共预算收支预算变动总表示例。

四、预算执行中的绩效监控

（一）预算绩效运行监控的含义

预算绩效运行监控（以下简称绩效运行监控），是指财政部门和预算部门及其所属单位依照职责，运用科学、合理的绩效信息汇总分析方法，对预算执行情况和绩效目标实现程度开展的监督、控制和管理活动。

通过对预算过程和结果的绩效监控，可以有效地监测项目的进展情况、完成情况和产生的社会效益。这些监测信息有助于及时发现实施情况与预定目标之间的差距，从而为预算的控制、调适和修正提供依据。

（二）绩效运行监控的原则

绩效运行监控要遵循以下基本原则：

1. "双监控"原则

预算绩效管理将绩效管理理念和方法引入预算全过程，实现预算与绩效管理的一体化，因此，绩效运行监控应该同时监控预算执行情况和绩效目标实现情况，实施"双监控"。

2. 权责统一原则

绩效运行监控作为预算执行环节的重要绩效管理活动，要按"谁支出，谁负责"的原则，即权责统一原则开展活动。预算部门和单位是绩效运行监控的责任主体，承担具体的监控工作。财政部门发挥财政监督作用，同时会同各部门做好绩效运行监控结果的运用。

3. 全面覆盖和突出重点统一原则

绩效运行监控应坚持全面覆盖和突出重点统一原则，预算部门和单位将绩效运行监控覆盖所有财政资金，财政部门在全面覆盖的基础上对重大政策和项目建立全过程绩效跟踪机制。

4. 统筹协调原则

在政府运作和政策执行过程中，行业主管部门、党委政府督查部门、人大、审计部门都会对重大政策、投资和项目的实施从各自的履职角度开展监督，都发挥着一定的运行监控作用，为了避免交叉重复和力量分散，可以通过部门会商机制，形成绩效运行监控的政策和项目清单，统一方案、统一行动，确保政策和项目有效执行。

表 6-4　××年××一般公共预算收支预算变动总表示例

截止时间：　　　　　　　　　　　　　　　　　　　　单位：万元

收入						支出					
项目	年初预算数	预算变动		预算数	比年初预算数增（减）（%）	项目	年初预算数	预算变动		预算数	比年初预算数增（减）（%）
		预算调整数	预算调剂数					预算调整数	预算调剂数		
本级收入合计						本级支出合计					
						预备费					
地方政府一般债务收入						地方政府一般债务还本支出					
转移性收入						转移性支出					
上级补助收入						补助下级支出					
一般性转移支付收入						一般性转移支付					
专项转移支付收入						专项转移支付					
下级上解收入						上解上级支出					
体制上解收入						体制上解支出					
专项上解收入						专项上解支出					
接受其他地区援助收入						援助其他地区支出					
调入资金						调出资金					
从政府性基金预算调入											
从国有资本经营预算调入											

续表

收入						支出					
项目	年初预算数	预算变动		预算数	比年初预算数增（减）（%）	项目	年初预算数	预算变动		预算数	比年初预算数增（减）（%）
		预算调整数	预算调剂数					预算调整数	预算调剂数		
从其他资金调入											
动用预算稳定调节基金						补充预算稳定调节基金					
						补充预算周转金					
地方政府一般债务转贷收入						地方政府一般债务转贷支出					
上年结转收入						年终结转					
上年结余收入						年终结余					
收入总计						支出总计					

说明：1. 上级的“补助下级支出”和汇总下级的“上级补助收入”原则上金额相等，相互冲抵。因上级未将“补助下级支出”全部分配下达或者下级超额预估上级拟下达数，上级汇总预算后，“补助下级支出”和“上级补助收入”无法全部冲抵，“补助下级支出”冲抵后的余额即上级未下达的数额或者下级超额预估数。

2. 上级的“下级上解收入”和汇总下级的“上解上级支出”原则上金额相等，相互冲抵。因上级调整预算之前，上下级预计数可能存在差异，因此“下级上解收入”和“上解上级支出”可能无法全部冲抵，上下级冲抵后，“下级上解收入”或“上解上级支出”可能存在余额。

3. 上级的“地方政府一般债务转贷支出”和汇总下级的“地方政府一般债务转贷收入”原则上金额相等，相互冲抵。因上级未将“地方政府一般债务转贷支出”全部下达，上级汇总预算后，“地方政府一般债务转贷支出”和“地方政府一般债务转贷收入”无法全部冲抵，“地方政府一般债务转贷支出”冲抵后的余额即上级未下达的数额。

（三）绩效运行监控的内容

绩效运行监控的内容包括绩效目标实现程度、预算执行情况、重点政策和重大项目绩效延伸监控情况等。

（1）绩效目标实现程度。1）预计产出的完成进度及趋势，包括数量、质量、时效、成本等；2）预计效果的实现进度及趋势，包括经济效益、社会效益、生态效益和可持续影响等；3）跟踪服务对象满意度及趋势。

（2）预算执行情况，包括预算资金拨付情况、预算执行单位实际支出情况以及预计结转结余情况。

（3）重点政策和重大项目绩效延伸监控情况。必要时，可对重点政策和重大项目支出具体工作任务开展、发展趋势、实施计划调整等情况进行延伸监控。具体监控内容包括：政府采购、工程招标、监理和验收、信息公示、资产管理以及有关预算资金会计核算等。

（4）其他情况。即，除上述内容外其他需要实施绩效运行监控的内容。

（四）绩效运行监控的方式和流程

绩效运行监控可以分为日常跟踪和半年总结分析。

（1）日常跟踪。它是指预算部门（单位）在预算执行过程中，不定期对预算执行和绩效情况进行的监督、检查和审查活动。一般要求财政会同各部门（单位）对重点项目实施全过程日常运行监控，及时发现问题，及时调整、纠正。

（2）半年总结分析。它是指预算部门（单位）根据项目特点和绩效目标的重要程度，半年内根据日常跟踪情况，对部门（单位）整体和项目财政支出情况进行的总结分析。总结分析结果需要报送财政部门，并接受财政部门监督检查。例如，对于中央部门绩效运行而言，财政部发布的《中央部门预算绩效运行监控管理暂行办法》（财预〔2019〕136号）要求：每年8月，中央部门要集中对1—7月预算执行情况和绩效目标实现程度开展一次绩效监控汇总分析，具体工作程序如下：

1）收集绩效运行监控信息。预算执行单位对照批复的绩效目标，以绩效目标实现程度为重点收集绩效运行监控信息。

2）分析绩效运行监控信息。预算执行单位在收集上述信息的基础上，对偏离绩效目标的原因进行分析，对全年绩效目标实现程度进行预计，并对预计年底不能完成目标的原因及拟采取的改进措施做出说明。

3）填报绩效运行监控情况表。预算执行单位在分析绩效运行监控信息的基础上填写项目支出绩效目标执行监控表，并作为年度预算执行完成后进行绩效评价的依据。

4）报送绩效运行监控报告。中央部门年度集中绩效运行监控工作完成后，及时总结经验，发现问题，提出下一步改进措施，形成本部门绩效运行监控报告，并将所有一级项目的项目支出绩效目标执行监控表（见表6-5和表6-6给出的示例）于8月31日前报送财政部对口部门司和预算司。

表 6-5　项目支出绩效目标执行监控表示例

（××年度）

<table>
<tr><td colspan="3">项目名称</td><td colspan="14"></td></tr>
<tr><td colspan="3">主管部门及代码</td><td colspan="2"></td><td colspan="2">实施单位</td><td colspan="10"></td></tr>
<tr><td colspan="3" rowspan="4">项目资金（万元）</td><td colspan="2"></td><td colspan="2">年初预算数</td><td colspan="4">1—7 月执行数</td><td colspan="4">1—7 月执行率</td><td colspan="2">全年预计执行数</td></tr>
<tr><td colspan="2">年度资金总额：</td><td colspan="2"></td><td colspan="4"></td><td colspan="4"></td><td colspan="2"></td></tr>
<tr><td colspan="2">其中：本年一般公共预算拨款</td><td colspan="2"></td><td colspan="4"></td><td colspan="4"></td><td colspan="2"></td></tr>
<tr><td colspan="2">其他资金</td><td colspan="2"></td><td colspan="4"></td><td colspan="4"></td><td colspan="2"></td></tr>
<tr><td colspan="3">年度总体目标</td><td colspan="14"></td></tr>
<tr><td rowspan="15">绩效指标</td><td rowspan="2">一级指标</td><td rowspan="2">二级指标</td><td rowspan="2">三级指标</td><td rowspan="2">年度指标值</td><td rowspan="2">1—7 月预算执行情况</td><td rowspan="2">全年预计实现程度</td><td colspan="6">偏差原因分析</td><td colspan="3">完成目标可能性</td><td rowspan="2">备注</td></tr>
<tr><td>经费保障</td><td>制度保障</td><td>人员保障</td><td>硬件条件保障</td><td>其他</td><td>原因说明</td><td>确定能</td><td>有可能</td><td>完全不可能</td></tr>
<tr><td rowspan="13">产出指标</td><td rowspan="3">数量指标</td><td></td><td></td><td></td><td></td><td></td><td></td><td></td><td></td><td></td><td></td><td></td><td></td><td></td><td></td></tr>
<tr><td></td><td></td><td></td><td></td><td></td><td></td><td></td><td></td><td></td><td></td><td></td><td></td><td></td><td></td></tr>
<tr><td></td><td></td><td></td><td></td><td></td><td></td><td></td><td></td><td></td><td></td><td></td><td></td><td></td><td></td></tr>
<tr><td rowspan="3">质量指标</td><td></td><td></td><td></td><td></td><td></td><td></td><td></td><td></td><td></td><td></td><td></td><td></td><td></td><td></td></tr>
<tr><td></td><td></td><td></td><td></td><td></td><td></td><td></td><td></td><td></td><td></td><td></td><td></td><td></td><td></td></tr>
<tr><td></td><td></td><td></td><td></td><td></td><td></td><td></td><td></td><td></td><td></td><td></td><td></td><td></td><td></td></tr>
<tr><td rowspan="3">时效指标</td><td></td><td></td><td></td><td></td><td></td><td></td><td></td><td></td><td></td><td></td><td></td><td></td><td></td><td></td></tr>
<tr><td></td><td></td><td></td><td></td><td></td><td></td><td></td><td></td><td></td><td></td><td></td><td></td><td></td><td></td></tr>
<tr><td></td><td></td><td></td><td></td><td></td><td></td><td></td><td></td><td></td><td></td><td></td><td></td><td></td><td></td></tr>
<tr><td rowspan="3">成本指标</td><td></td><td></td><td></td><td></td><td></td><td></td><td></td><td></td><td></td><td></td><td></td><td></td><td></td><td></td></tr>
<tr><td></td><td></td><td></td><td></td><td></td><td></td><td></td><td></td><td></td><td></td><td></td><td></td><td></td><td></td></tr>
<tr><td></td><td></td><td></td><td></td><td></td><td></td><td></td><td></td><td></td><td></td><td></td><td></td><td></td><td></td></tr>
<tr><td>……</td><td></td><td></td><td></td><td></td><td></td><td></td><td></td><td></td><td></td><td></td><td></td><td></td><td></td><td></td></tr>
</table>

续表

	一级指标	二级指标	三级指标	年度指标值	1—7月预算执行情况	全年预计实现程度	偏差原因分析						完成目标可能性			备注
							经费保障	制度保障	人员保障	硬件条件保障	其他	原因说明	确定能	有可能	完全不可能	
绩效指标	效益指标	经济效益指标														
		社会效益指标														
		生态效益指标														
		可持续影响指标														
		……														
	满意度指标	服务对象满意度指标														
		……														

说明：1. 偏差原因分析：针对与预期目标产生偏差的指标值，分别从经费保障、制度保障、人员保障、硬件条件保障等方面进行判断和分析，并说明原因。
2. 完成目标可能性：对应所设定的实现绩效目标的路径，分确定能、有可能、完全不可能三级综合判断。
3. 备注：说明预计到年底不能完成目标的原因及拟采取的措施。

表 6-6 ××年市级项目支出绩效目标执行监控汇总表

部门名称：

序号	项目名称	项目金额（万元）	预算执行率	绩效目标内容（产出、效果指标）	目标实现程度	目标执行偏差原因分析及对策	备注
	（一）……项目（项目类别）						
1							
2							
	（二）……项目（项目类别）						
1							
2							
	（三）其他重点项目						
1							
2							

（五）绩效运行监控结果运用

绩效运行监控结果运用包括以下方面：

1. 财政部门

财政部门在绩效监控结果运用中的主要职责包括：（1）将绩效监控结果作为以后年度预算安排和政策制定的参考；（2）对中央部门绩效监控结果进行审核分析，对发现的问题和风险进行研判，督促相关部门改进管理，确保预算资金安全有效，保障党中央、国务院重大战略部署和政策目标如期实现；（3）绩效监控工作情况作为部门预算绩效管理工作考核的内容；（4）将是否开展绩效运行监控作为实施财政绩效评价的重要参考因素。

2. 预算部门

部门通过绩效监控信息深入分析预算执行进度慢、绩效水平不高的具体原因，对绩效监控中发现的绩效目标执行偏差和管理漏洞，应及时采取分类处置措施予以纠正：（1）对于因政策变化、突发事件等客观因素导致预算执行进度缓慢或预计无法实现绩效目标的，要本着实事求是的原则，及时按程序调减预算，并同步调整绩效目标；（2）对于绩效监控中发现严重问题的，如预算执行与绩效目标偏离较大、已经或预计造成重大损失、浪费或风险等情况，应暂停项目实施，按照有关程序相应调减预算并停止拨付资金，及时纠偏止损。

对绩效监控过程中发现的财政违法行为，依照《中华人民共和国预算法》《财政违法行为处罚处分条例》等有关规定追究责任，报送同级政府和有关部门作为行政问责参考依据；发现重大违纪违法问题线索，及时移送纪检监察机关。

五、预算执行的检查分析

在一个预算执行周期（通常为一年）中，及时地对政府预算执行情况进行检查和分析，是确保其符合预算要求和相关法律法规的必要手段。

（一）预算执行检查分析的内容

预算执行检查分析的内容包括：

（1）检查分析党和国家的各项政策措施对预算收支的影响以及各项收支执行中贯彻政策措施的情况；

（2）检查分析国民经济和社会发展规划完成情况对预算收支的影响；

（3）检查分析国家预算收支项目的完成情况；

（4）检查分析预算收支平衡状况；

（5）对预算会计和国家金库报表的分析。

（二）预算执行检查分析的方法

预算执行检查分析的方法包括：

（1）比较法。它是指将预算指标和决算指标进行对比，本期实际完成指标和前期实际完成指标进行对比，地区、部门、企事业之间实际完成指标进行对比，从而对各项预算指标进行分析的方法。

（2）因素分析法。它也称连环替代法，是指分别测定每项因素对预算收支的影响程度的方法。

（3）逻辑推理法。它是指通过对有关财经信息和资料的分析与研究，根据逻辑推理预测预算收支的发展变化趋势及其规律的方法。

（4）动态分析法。它是指分析研究预算收支在时间上的变化及其规律的方法。

预算执行检查分析可以定期进行，也可以选择专题进行或者选取代表性的对象进行。首先，定期检查分析是指预算执行了一个阶段后，在规定的期限内，对预算执行情况进行一次检查分析。定期检查分析的目的是系统、经常地了解预算执行的全过程，以找出一定的规律来指导下一阶段的工作。定期检查分析是预算执行检查分析的基本形式。其次，专题检查分析是针对预算执行中的一些重大问题组织专门力量进行专题检查分析，并对分析结果提出处理意见。最后，典型调查分析是对某些地方、部门和单位的典型事例进行调查分析，其目的是起到以点带面的作用。

案例与评析

一、案例与材料

2020 年初，受新冠肺炎疫情冲击，基层财政“保基本民生、保工资、保运转”面临巨大挑战。为推动规模性纾困政策迅速落地，同时保障基层正常运转，国务院设立财政资金直达机制，将新增的2万亿元财政资金快速直接拨给市县基层政府。往年财政资金层层分解下达平均用时超过120天，而这笔资金预算指标仅7天就下达至基层。其中0.3万亿元用于支持新增的减税降费，另外1.7万亿元分配至基层市县，用于支持疫情防控、帮扶困难企业和居民、保基层运转以及支持重大项目建设。实践证明，实施财政资金直达机制是创新宏观调控的重大举措，对市县基层实施减税降费发挥了“雪中送炭”的作用，为稳住经济基本盘提供了重要支撑，受到了市场主体和人民群众的普遍欢迎。

正因为如此，2021年国务院《政府工作报告》要求建立常态化财政资金直达机制。

二、问题与分析

（一）如何认识财政直达资金机制的常态化？

建立财政资金直达机制是党中央、国务院做出的重大决策部署，是有效应对新冠肺炎疫情影响的重要举措，也是积极财政政策的创新和亮点。从2020年的情况来看，直达机制有利于基层做好“六稳”工作、落实“六保”任务，也有利于改进预算管理、提高财政资金效益、增强财政资金宏观调控效果。

财政资金直达机制本质上是在预算执行中确保快速落实中央对地方的转移支付的制度。相较于传统转移支付资金层层转拨的方式，直达机制更具针对性和高效性，能将财政资金快速精准下达到基层市县资金需求最迫切的地方，有效地提升了财政资金的使用效率。虽然财政资金直达机制是新冠肺炎疫情环境下倒逼政府采取的紧急手段，但高效的资金运行和精准的资金投放使基层政府在资金问题上得到了有效保障，同时也是对传统资金下达方式的更新和优化。因此，实现财政资金直达机制常态化是提升政府财政资金日常运行效率的重要手段和方式。

（二）建立常态化财政资金直达机制的内容有哪些？

按照党中央、国务院的决策部署，2021年要实行常态化的直达机制，包括扩大范围、完善机制、强化管理，为地方落实惠企利民政策提供更好的财力保障。

(1) 扩大资金范围。2021年，实行直达管理的资金增至2.8万亿元：一是将直接用于基层财力保障的一般性转移支付，如县级基本财力保障奖补资金等纳入直达范围，确保有关资金快速直达基层，防止资金被截留挪用，为基层保基本民生、保工资、保运转提供财力来源；二是将一些共同转移支付，如教育、就业、社会保障、卫生健康等领域的基本民生保障资金纳入直达范围，确保各项民生政策精准落实到位；三是将具备条件的专项转移支付纳入直达范围，如普惠金融发展专项资金等，保障惠企利民资金精准用于受益对象。

(2) 完善财政资金直达机制。2020年财政资金直达机制推行时，与这种高效的资金下达相匹配的各部门联动机制尚未建立，财政部门与税务、审计等部门尚未形成直达资金的协调联动，难以发挥各自优势实现财政资金高效运转的目标。财政资金直达机制常态化后，一是根据直达资金扩围提效需要，适当扩充部际工作机制的部门数量，强化中央部门的业务指导和监督职责；二是压实地方在资金分配、使用中的主体责任，确保资金落实到基层和单位。

(3) 加强直达资金管理。2020年，在资金下拨速度加快的同时，由于基层市县并没有做好相应准备工作，往往会出现资金等项目的问题。财政资金直达机制常态化后，一是要督促地方加强项目储备、提高项目成熟度和可执行性，避免资金等项目或项目频繁调整；二是按照效益优先原则，科学确定支出进度评估办法，在加快执行进度的同时，努力提高资金使用效益；三是完善直达资金监控系统，对直达资金进行全过程、全链条、全方位的监控；四是与审计等部门协同配合，合力做好直达资金监管工作，确保直达资金安全、规范、高效使用。

总之，在深化预算管理制度改革的过程中，财政资金直达机制势必会发挥其高效精准的资金下达和使用优势，助力预算管理制度改革。

本章小结

1. 政府预算执行就是组织政府预算收支计划的实施，并按照预算对收支进行监督控制、调整平衡的过程。

2. 政府预算执行的内容主要包括收支的实现与控制、收支的平衡与调整、执行的监督与检查等。

3. 政府预算执行的组织系统是指为执行政府预算服务的各种组织、机构、程序、活动等构成要素的总称，它们共同构成一个完整的体系，以保证政府预算的实现。

4. 狭义国库是专门负责办理国家预算资金收纳和支出的机构。国家的全部预算收入都要纳入国库，所有预算支出都应由国库进行拨付。广义国库还包括代表政府控制预算的执行、保管政府资产和负债的一系列管理职能。目前世界上有银行制、委托制及独立制三种国库体制。

5. 国库现金管理，是在确保国库资金安全完整和财政支出需要的前提下，对国库现金进行有效的运作管理，实现国库闲置现金余额最小化、投资收益最大化的一系列财政资金管理活动。

6. 政府采购，是指各级国家机关、事业单位、团体组织和其他采购实体为了达到开展政务活动和提供公共服务的目的，使用财政性资金或者其他公共资源，以合同方式取得货物、工程和服务的行为，包括购买、租赁、委托、政府和社会资本合作等。政府采购应遵循的基本原则有：公开透明原则、公平竞争原则、公正原则、诚实信用原则、讲求绩效原则。政府采购按是否具备招标性质可分为两大类：竞争性采购和非竞争性采购。竞争性采购主要包括招标采购、竞争性谈判采购、询价采购等。非竞争性采购是指不采用招标形式的采购行为，主要有单一来源采购等。各国政府一般都根据本国的经济发展情况、社会文化背景等确立符合本国国情的政府采购方式。

7. 收入预算的执行就是按照政府预算确定的任务组织预算收入的过程，是预算执行的首要环节，也是执行其他预算行为的基础。在国库单一账户体系下，收入预算的执行有直接缴款和集中汇缴两种方式。支出预算的执行目前通过财政直接支付和财政授权支付两种方式进行。

8. 预算调整就是对原已立法批准并授权执行的预算进行调整和变更。随着经济、政治等环境的不断变化，在预算执行中可能出现需要增加或减少预算项目及资金的情况，因而要进行预算调整。预算调整有狭义和广义之分。狭义的预算调整特指在法律明确规定的预算调整事项范围内，需要报本级人大常委会批准的预算变更。广义的预算调整除包括法律规定的预算调整范围以外，还包括动用预备费和预算周转金、预算资金调剂等情况。

9. 预算绩效运行监控是指财政部门和预算部门及其所属单位依照职责，运用科学、合理的绩效信息汇总分析方法，对预算执行情况和绩效目标实现程度开展的监督、控制和管理活动。通过对预算过程和结果的绩效监控，可以有效地监测项目进展情况、完成情况和产生的社会效益。这些信息有助于及时发现实施情况与预定目标之间的差距，从而为预算的控制、调整和修正提供依据。

10. 财政资金直达机制，就是将过去财政资金层层审批分配改为中央切块、省级细化、备案同意、快速直达，即“一竿子”分配到基层或者项目单位。这种机制有利于将财政资金快速精准下达到基层市县资金需求最迫切的地方，有效地提升了财政资金的使用效率，同时也是对传统资金下达方式的更新和优化。因此，实现财政资金直达机制常态化是提升政府财政资金日常运行效率的重要手段和方式。

11. 预算检查是保证预算执行质量的重要手段。实践中往往会采用对比法等多种方法来检查执行中的预算是否符合相关要求。

练习与思考题

认知题

1. 预算执行及其内容
2. 预算执行的组织系统及其职责
3. 国库的含义及其设置
4. 国库集中收付制度的内涵及特征
5. 国库单一账户体系的构成
6. 政府预算拨款的控制原则
7. 财政直接支付和财政授权支付
8. 政府采购的内涵、特点与原则及政府采购的主要方式
9. 政府购买服务的内涵、主体、内容、方式及预算管理
10. 超收与短收
11. 预算调整的含义、法定预算调整的范围及程序
12. 动用预备费和预算周转金及预算资金调剂
13. 财政资金直达机制

思考与实践题

1. 思考收支预算执行的要点及改革。
2. 理解国库集中收付制度在预算执行中的作用的发挥。
3. 阐述市场经济条件下政府采购制度是约束支出的有效手段的原因。

第七章
政府决算、财务报告与绩效评价

学习目的与要求

通过本章学习能够掌握政府决算与政府财务报告的内容，具体要求为：掌握政府决算的内涵、编制原则与编制流程，了解政府决算编制的意义；掌握政府财务报告的内涵与业务流程；掌握预算绩效评价的内涵与层次、主体与形式，理解预算绩效评价的原则、主要依据和方法，了解绩效评价的流程和绩效评价报告，掌握绩效评价结果应用的方式。

学习要点

知识要点：

政府决算的概念，政府决算的编制原则，政府决算的编制程序，政府财务报告的内涵、目标与原则、主体及制度框架，预算绩效评价的内涵与层次，预算绩效评价的主体与形式，绩效评价结果的应用方式。

能力要点：

1. 通过本章学习能够根据相关材料编制政府决算报告和政府财务报告并对相关报告及报表进行分析。

2. 通过本章的学习能够综合运用预算绩效管理的相关知识开展预算绩效评价工作。

第一节　政府决算的基本内容

一、政府决算的内涵与构成

（一）政府决算的内涵

政府决算是指各级政府及部门按照法定程序编制的经本级人民代表大会常务委员会（乡级为人民代表大会）审查批准的，用以反映政府年度预算执行结果的综合报告。政府决算既是一定预算年度内政府预算收入和支出的最终执行结果，也是政府的各项施政活动在财政上的集中表现。

政府决算是预算管理过程中一个必不可少的、十分重要的阶段。按照《预算法》的规定，国家实行一级政府一级预算，决算草案应当与预算相对应，由各级政府在每一预算年度终了后按照国务院规定的时间报送。各级政府财政部门负责本级政府的决算草案编制，并指导本级政府所属预算部门及单位决算草案的编制工作。

（二）政府决算的构成

1. 按决算的级次划分

作为政府预算管理的重要环节，凡是编制预算的各级政府、部门和预算单位都要编制决算，只有这样，各级政府、部门和预算单位的预算管理链条才是完整的。因此，就我国来说，政府决算体制和政府预算体制一样，通常按照一级政府、一级预算、一级决算的要求，按照统一的政府决算体系逐级汇编而成，具体分为中央决算和地方决算。

（1）中央决算。即中央政府决算，它是根据财政总预算会计数据，加上国库年报和税收年报等相关内容组成，由财政部负责审核并汇总编制而成。

（2）地方决算。地方决算包括地方所属各级政府决算。地方各级政府总决算是在本级财政总预算会计数据的基础上，加上所属下级政府总决算以及国库年报、税收年报等相关数据，经由各级地方财政部门审核汇总后形成的本级地方总决算。

2. 按决算的内容划分

政府决算按照政府收支分类科目编列，包括一般公共预算、政府性基金预算、国有资本经营预算、社会保险基金预算四本预算全口径的政府预算收支。同时，决算报告的内容必须遵守一定的技术要求，以准确反映相关的信息，方便各编制、申报、审核部门及单位的管理工作。因此，决算按报告的内容一般分为决算报告和其他应当在决算报告中反映的相关信息和资料。

3. 按决算报送主体划分

决算报送主体的规定是为了区分财政资金审批单位和具体使用单位而形成的，以便于财政资金的纵向和横向管理。按决算报送主体，政府决算可分为财政总决算和部门决算。

（1）财政总决算。财政总决算是各级政府依照法律法规和法定程序编制、经本级人民代表大会常务委员会（乡级为人民代表大会）审查批准的全面反映各级政府年度预算收支执行结果的综合报告。财政总决算包括决算报表和其他应当在决算报告中反映的相关信息和资料，其主要内容有：全年的收支预算数、调整预算数、决算数及其他相关的基本数字和决算说明书。财政总决算是由各级财政部门汇总本级及其下级财政部门的年度实际收支所编制的决算，它是各级政府预算执行最终结果的报告文件，是各级总预算执行结果纵向的全面反映。

（2）部门决算。部门决算是构成各级财政总决算的基础，是对部门预算执行进行监督管理以及编制后续年度部门预算的参考和依据，是由政府各部门依据国家有关法律法规及其履行职能的情况编制，反映部门所有收入和支出情况等的综合性年度报告。它要求各预算部门及单位在年度终了后，在搞好年终清理、结清账目的基础上，及时、准确、完整地编制部门及单位决算草案，分别填列预算数、调整预算数和决算数，并附有决算说明书，按照预算支出的领报程序自下而上逐级审核汇总后，上报同级财政部门，按照预算管理的范围及口径汇入总决算。

（三）编制决算的重要性

编制决算的重要性主要体现在以下几个方面：

1. 决算反映了预算执行的结果

政府决算反映的数据是预算执行的最终的、实际的结果。决算收支集中反映了年度政府预算收支的实际实现的规模、结构、来源、支出去向，体现了国家经济建设和社会事业发展的规模与速度，以及各项事业发展的实际进程和结果。决算结果是否平衡在一定程度上反映了社会总供给和总需求的对比状况。

2. 决算是制定国家经济政策的基本资料

政府决算是政府和部门在制定国家宏观经济政策和部门计划时所参考的非常重要的资料，通过分析决算数据可以从资金分配的角度总结一年来各项经济活动的情况，为国家有关机构研究经济问题并进行宏观经济决策提供重要的依据。

3. 决算是反映政府预算管理水平的重要数据来源

政府决算提供的数据是实际发生的数据，通过编制政府决算，可以系统地整理和反映预算最终执行结果，并对一年来的预算编制、执行、调整等方面进行分析、总结，提出改进意见和措施，为提高下年度的预算管理水平奠定良好的基础。

4. 决算是实现民主监督的重要途径

政府预算本身具有公开性、透明性的要求，能在一定程度上起到监督预算资金的作用，但如果不编制相应的决算以反映预算的执行成果，那么预算监督的链条就不完整，只有将决算和预算有机地协调起来才能真正实现对政府预算全过程的民主监督。

二、编制决算草案的基本原则

决算草案是指各级政府、各部门、各单位编制的未经法定程序审查和批准的预算收支和结余的年度执行结果。决算草案在未经各级人大常委会批准前一般称为预算执行情况。我国《预算法》第七十五条规定：“编制决算草案，必须符合法律、行政法规，做到收支真实、数额准确、内容完整、报送及时。”第七十四条规定：“决算草案由各级政府、各部门、各单位，在每一预算年度终了后按照国务院规定的时间编制。编制决算草案的具体事项，由国务院财政部门部署。”

（一）依法依规编制

依法依规编制是编制决算草案必须遵循的根本原则。编制决算草案，必须符合法律、行政法规，这是对编制决算草案的合法性要求。相应的法律、行政法规是一国立法机关及行政高层制定的，在我国具体由全国人大、国务院制定，并适用于全国各地区、各部门。各地区、各部门要严格按照法律、行政法规及依法制定的相关制度，编制决算草案。

决算草案编制必须符合《预算法》《预算法实施条例》对决算草案编制、报送审批程序及决算审查做出的规定。同时，编制决算草案还要遵守《会计法》等其他法律和行政法规的规定。在收入方面，各地区、各部门要将按照法律、行政法规取得的收入编入决算草案；在支出方面，各地区、各部门要严格遵守法律、行政法规，并按照分税制财政体制要求，将收支在不同层级预算之间办理结算，严禁将不属于政府预算开支范围和不符合开支标准的支出列入决算草案。

（二）真实、准确、完整、及时

编制决算草案必须做到收支真实、数额准确、内容完整、报送及时，这是编制决算草案在技术层面的要求。（1）收支真实。决算草案的编制数据来源，应当以实际发生的交易或事项为依据，如实反映政府、部门和预算单位的收支状况。（2）数额准确。决算的各项数据应当以经核实的各级政府、各部门、各单位会计数据为准，不得以估计数据替代，不得弄虚作假。政府决算报告的编制主要以收付实现制为基础，以财务会计核算生成的数据为准。（3）内容完整。要严格按照国家和上级的决算编审要求以及布置的决算表格内容要求，认真填报齐全，并完成在决算报表基础上的有总结、有分析的决算报告编制。（4）报送及时。为了不误时机地汇总编制总决算并提交立法机关审议及批准，各地区、各预算部门及单位必须严格按照规定的时间，把握好编制决算草案工作中各项具体工作的进度，在保证决算质量的前提下，完成编制决算草案的工作。

（三）按预算数、调整预算数、决算数分列

决算草案应当按预算数、调整预算数、决算数分别列出，这是编制决算草案在内容要素上的要求。按预算数、调整预算数、决算数分别列出，一方面可以反映各级政府、各部门、各单位预算收入与支出的执行轨迹，便于进行收支执行的检查分析，看各级政府、各部门、各单位在日常预算管理中是否贯彻落实了“先有预算、后有支出”的法律规范，发现各级政府、各部门、各单位预算管理中存在的问题；另一方面，可以反映各级财政以及预算部门预算编制的科学性，以及预算调整是否遵循了相关法律程序。

（四）先审计后批准

与政府预算需经过法定审批程序一样，作为预算执行结果的政府决算也要经过相应的法定程序，以向立法机关及公众报告公共资金的使用结果及接受审议。此外，这一提交立法机关审议的政府决算草案在提交立法机关审议前需按照法定程序经过审计机关的审计，以对政府收支的合法合规提出专业的审计意见。

我国《预算法》第七十七条规定：“国务院财政部门编制中央决算草案，经国务院审计部门审计后，报国务院审定，由国务院提请全国人民代表大会常务委员会审查和批准。县级以上地方各级政府财政部门编制本级决算草案，经本级政府审计部门审计后，报本级政府审定，由本级政府提请本级人民代表大会常务委员会审查和批准。乡、民族乡、镇政府编制本级决算草案，提请本级人民代表大会审查和批准。”

三、编制政府决算草案的一般流程

编制政府决算草案的一般流程和具体事项如图 7－1 所示。

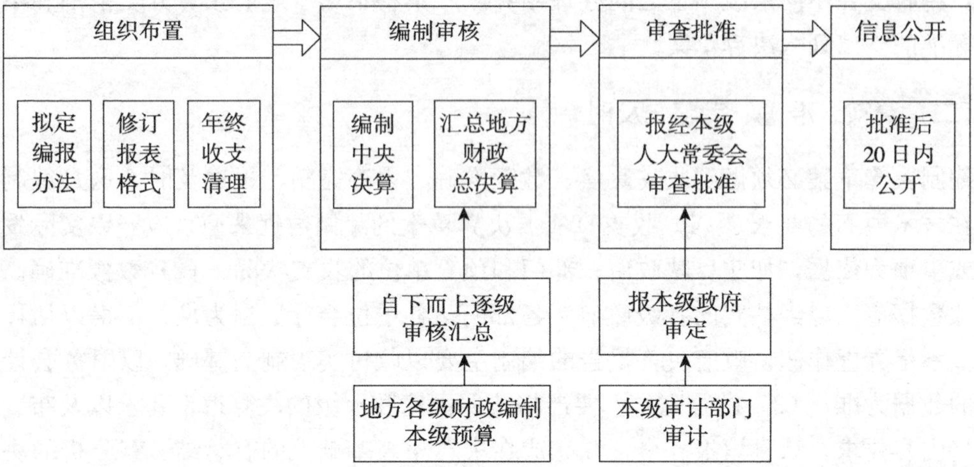

图 7－1　财政总决算工作流程

（一）决算编制的组织布置

1. 拟定和下达政府决算编审办法

由于政府决算草案的编制既涉及相关的法律法规、体制机制，又涉及不同的编制层次及编制主体，且范围广泛、数字繁杂。因此，为了使决算编制依据统一，数字口径正确，以提高决算的质量，在决算编制前财政部门都会制发本预算年度决算编审办法，作为决算编制的规范性文件。

我国《预算法实施条例》第八十一条规定："财政部应当在每年第四季度部署编制决算草案的原则、要求、方法和报送期限，制发中央各部门决算、地方决算以及其他有关决算的报表格式。省、自治区、直辖市政府按照国务院的要求和财政部的部署，结合本地区的具体情况，提出本行政区域编制决算草案的要求。县级以上地方政府财政部门根据财政部的部署和省、自治区、直辖市政府的要求，部署编制本级政府各部门和下级政府决算草案的原则、要求、方法和报送期限，制发本级政府各部门决算、下级政府决算以及其他有关决算的报表格式。"第八十二条规定："地方政府财政部门根据上级政府财政部门的部署，制定本行政区域决算草案和本级各部门决算草案的具体编制办法。各部门根据本级政府财政部门的部署，制定所属各单位决算草案的具体编制办法。"例如，每年 10—11 月，财政部会召开全国财政决算工作会，总结上年决算工作，研究和布置当年决算编制；会后根据当年的经济政策、预算管理制度及加强预算执行和决算管理要求等，拟定并发布中央和地方财政决算（草案）编报办法，部署编制决算的原则、要求、方法和时间等事宜，作为编制财政总决算的指导性文件。地方各级财政部门按照财政部统一部署和上级财政部门的要求，布置本地区决算编报事宜。

2. 修订和发布决算报表格式

财政总决算的主要载体是决算报表，财政收支数据主要反映在决算报表上。财政部在每个预算年度终了之前修订和发布财政总决算报表格式，布置地方财政部门编报财政总决算。

（二）进行年终清理

年终清理是划清预算年度、核实预算收支、保证决算编制完整性的重要基础。按照《财政总预算会计制度》第四十四条的规定，政府财政部门应及时进行年终清理结算。具体包括：核实年度预算及其调整变动情况，清理本年应收应支款项；各级财政部门之间、财政部门与各主管部门之间、主管部门与所属预算单位之间应及时核实结清拨借款项和各种往来账款；各级财政部门会同国家金库、收入征收机关及预算单位，将决算收支数字核对一致，保证决算数据账表一致、真实可靠，为完整准确地编制决算打好基础。

1. 财政总决算年终清理

（1）各级政府财政部门应及时进行年终清理结算。具体应完成以下事项：预算指标账的清理与核对、总预算会计账的年终处理、社保资金收支决算、财政上下级结算、债务清理结算等。

（2）总预算会计要完成账务核对工作，具体包括：组织征收部门与国家金库进行年度对账，与有关部门核实股权、债权和债务，与上下级财政进行往来对账，等等。

2. 部门决算年终清理

各部门在决算编报前应组织部门本级及所属单位清理核对往来款项，清查各类资产、应缴财政款，核对年度预算收支和年初年末结转结余，并完成年终结账。

3. 年终清理的主要内容

（1）核实年度预算数与调整预算数。各级政府、预算部门及单位的经批复下达的预算数，在执行过程中由于各种原因引起预算的追加、追减、科目调整、预备费动用、预算划转等，会发生变化，所以在编制决算前应核实预算数及调整预算数。

（2）清理预算应收应支款项。年度内的各项应缴预算收入，要在年终前及时足额地缴入国库，应在本年度列支的支出要在年终前办理完毕，对应收回的各单位不需用的资金要在年终前收回。

（3）结清结算拨借款。各级财政部门之间、财政部门和预算部门之间、预算部门和所属单位之间的拨借款项应于年末前结算清楚。各级财政部门之间的预算补助款和预算上解款，按体制规定办理结算。

（4）清理往来款项。各种往来款项必须及时清理，以消除预算收支数的虚假现象。年终时，各级财政部门和行政事业单位、相关建设单位及企业等单位间的暂存、暂付、应收、应付等往来款项，必须清理结算。

（5）清理财产物资。为保证国家财产的完整，所有执行预算的部门及单位在年终前均应对固定资产和库存材料等财产物资进行清理盘点，做到账实相符、账账相符。

（6）核对决算收支数。对于决算收入，各级财政部门、国家金库、税务部门必须会同预算缴款单位进行年终对账，经核对相符后填制对账单办理签证，并分别按系统上报。对于决算支出，各级财政部门要会同预算部门、用款单位和开户银行，对决算支出共同核对和签证，按规定的程序逐级上报。

由此可见，年终清理是一项很重要的工作，它不仅可以通过数字核对为决算编制做好准备，而且可以通过清理工作规范预算管理，严肃财经纪律。

（三）结转结余资金管理

财政拨款结转和结余资金是财政资金的一种阶段性状态，是财政资源的重要组成部分。我国《预算法实施条例》第八十三条规定：各部门、各单位决算应当列示结转、结余资金。

1. 结转结余资金的含义

结转资金，是指预算安排项目的支出年度终了时尚未执行完毕，或者因故未执行但下一年度需要按原用途继续使用的资金；结余资金，是指年度预算执行终了时，预算收入实际完成数扣除预算支出实际完成数和结转资金后剩余的资金。包括一般公共预算结转结余资金和政府性基金预算结转结余资金。

2. 结转结余资金的确认

（1）预算部门单位结转结余资金。预算年度结束后，各部门、各单位对财政结转结余资金进行清理，对形成结转和结余的原因进行分析说明，并报财政部门。财政部门对财政结转结余资金进行确认。

（2）专项转移支付结转结余资金。在预算年度结束后，下级财政应对专项转移支付结转结余资金情况进行清理并报上级财政。专项转移支付结转结余资金，包括一般公共预算安排的转移支付和政府性基金预算安排的转移支付。

3. 结转结余资金的处理

按照我国现行法律法规及制度规定，各级政府上一年预算的结转资金，应当在下一年用于结转项目的支出；连续两年未用完的结转资金，应当作为结余资金管理。连续两年未用完的结转资金，是指预算安排项目的支出在下一年度终了时仍未用完的资金。

各部门、各单位上一年预算的结转结余资金按照国务院财政部门的规定办理。

（1）基本支出结转资金管理。基本支出结转资金包括人员经费结转资金和公用经费结转资金。年度预算执行结束时，尚未列支的基本支出全部作为结转资金管理，结转下年继续用于基本支出。在编制年度预算时，各部门应充分预计和反映基本支出结转资金，并结合结转资金情况统筹安排以后年度基本支出预算。

（2）项目支出结转资金管理。项目实施周期内，年度预算执行结束时，除连续两年未用完的预算资金外，已批复的预算资金尚未列支的部分，作为结转资金管理，结转下年按原用途继续使用。基本建设项目竣工之前，均视为在项目实施周期内。编制年度预算时，各部门应充分预计和反映项目支出结转资金，并结合结转资金情况统筹安排以后年度项目支出预算。财政部门批复年初预算时一并批复部门上年底项目支出结转资金情况。

(3) 项目支出结余资金管理。项目支出结余资金包括：项目目标完成或项目提前终止，尚未列支的预算资金；项目实施周期内，因实施计划调整，不需要继续支出的预算资金；项目实施周期内，连续两年未用完的预算资金；项目实施周期结束，尚未列支的预算资金；部门机动经费在预算批复当年未动用的部分。项目支出结余资金原则上由财政部门收回。按照基本建设财务管理的有关规定，基本建设项目竣工后，项目建设单位抓紧办理工程价款结算和清理项目结余资金，并编报竣工财务决算。财政部门和相关主管部门应及时批复竣工财务决算。基本建设项目的结余资金，由财政部门收回。

(四) 决算说明的编写

决算说明书是政府年度预算执行和预算管理的书面总结以及决算数据的文字说明，是政府决算的重要组成部分，也是分析财政经济情况和研究政策的重要资料。在编制政府总决算时，要根据决算收支数字、国民经济和社会发展规划完成情况以及年度执行中经过调查研究掌握的有关资料编写决算说明书，作为总结和改进预算工作、研究财政经济情况和政策的参考。

各级政府及部门的决算说明书一般应该包括以下内容：本地区经济社会发展情况分析，本地区财政收支情况分析，各部门收入、支出及结转结余分析，各部门资产负债情况分析，机构人员情况分析，部门决算管理工作。

部门决算编制流程及具体事项如图 7-2 所示（以中央部门为例）。

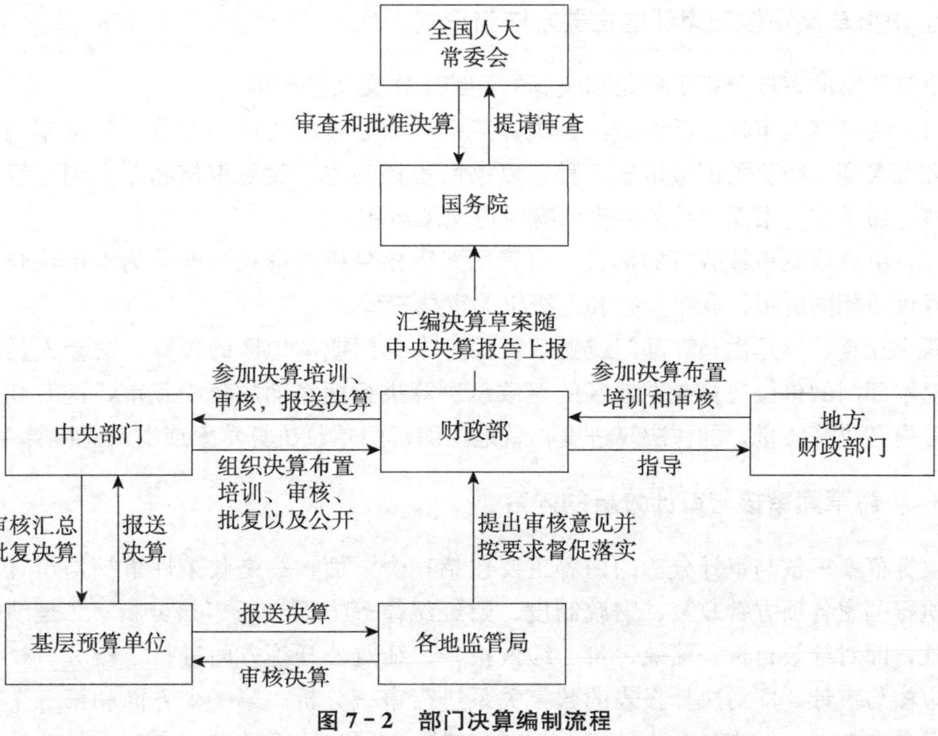

图 7-2 部门决算编制流程

四、政府决算草案的审批

（一）决算草案的审核与审计

为了使决算编制得及时、准确、完整，保证决算的质量，必须在各个环节上加强决算的审核分析工作，做到逐级审核，层层负责。

1. 决算草案审核与审计的流程

（1）预算部门审核。各预算单位应当按照主管部门的布置，认真编制本单位决算草案，在规定期限内上报。各部门在审核汇总所属各单位决算草案的基础上，连同本部门自身的决算收入和支出数据，汇编成本部门决算草案并附详细说明，经部门负责人签章后，在规定期限内报本级政府财政部门审核。

（2）财政部门审核。各级财政部门对本级各部门决算草案进行审核，对不符合法律、行政法规的，有权予以纠正。

（3）审计部门审计后报政府审定。我国《预算法实施条例》第八十七条规定，县级以上各级政府财政部门编制的决算草案应当及时报送本级政府审计部门审计。即，国务院财政部门编制中央决算草案，经国务院审计部门审计后，报国务院审定。县级以上地方各级政府财政部门编制本级决算草案，经本级政府审计部门审计后，报本级政府审定。

2. 决算草案审核与审计的主要方法与形式

决算草案的审核分析工作是和决算的汇编工作交叉进行的。

（1）决算草案审核分析的方法。决算草案审核分析的方法一般分为就地审核、书面审核和派人到上级机关汇报审核三种，以书面审核为主。就地审核和派人到上级机关汇报审核，通常作为书面审核的补充，有时也交叉运用。

（2）决算草案审核分析的形式。决算草案审核分析的形式一般分为本单位自审、组织决算性质相同的单位联审互查和上级机关审核三种。

联审互查，就是由预算部门或财政机关把本部门或本地区的预算、财会人员组织起来，对本部门的单位决算或本地区的财政总决算进行面对面的集中互审，这有利于互帮互学，提高决算质量，加快决算进度，就地汇编部门单位决算草案或财政总决算草案。

3. 决算草案审核与审计分析的内容

决算草案审核与审计分析的内容主要包括三个方面：一是政策性审核与审计，即从贯彻执行国家各项方针政策、财政制度、财经纪律等方面进行审核分析；二是绩效审核与审计，即对绩效目标、绩效评价、绩效报告、绩效公开等方面进行审核分析；三是技术性审核与审计，即对决算报表的数字关系进行审核分析。第一个方面和第三个方面的审核虽各有重点，但应是互为补充、相辅相成的，因为政策性的问题有时是从技术性审核的数字关系中发现的。

决算草案审核与审计分析一般应着重考虑下列问题：

（1）收入方面。包括：属于本年的预算收入是否按照法律法规、国家政策、预算管理体制和有关缴款办法，及时、足额地缴入各级国库，编入本年决算草案；是否有违反法律、行政法规规定，多征、提前征收或者减征、免征、缓征应征的预算收入的行为；是否有违反法律、行政法规规定，截留、占用或者挪用预算收入的行为；各级总预算之间的分成收入划分是否正确；应当上解上级预算的款项是否按照各级预算收入划分的规定和结算比例全部上缴；收入退库项目是否符合国家规定；应当列作支出的款项，有无作冲减收入处理的；收入确认的会计基础是否正确，是否存在将来年收入计入本期收入的财政虚假收入行为；等等。

（2）支出方面。包括：支出是否保证了国家重大战略及政策的实施；财政部门是否依照法律、行政法规的规定，及时、足额地拨付预算支出资金；列入本年决算的支出是否按照年度收支期限划分；总决算支出数是否按银行支出数列报；部门单位决算支出数是否符合支出报销的规定；支出确认的会计基础是否正确；各部门、各单位是否有虚假列支行为；本年预付下年的经费有无列入本年决算的情况；特定支出事项，需要按照国务院的规定实行权责发生制支出确认的，是否向本级人民代表大会常务委员会履行了报告义务；预算支出是否符合正常规律，年终有无突击花钱的现象；决算支出数与 12 月份会计报表所列全年累计支出数是否一致；根据决算数和预算数的对比差距，审核结余和超支的主要原因，查明有无违反财经纪律的超支情况；审核支出各科目预算的流用、总预备费的支出、上年结余的动用等是否符合规定的审批程序；各级决算支出是否编列齐全，有无该报未报的情况；已报决算是否符合逐级汇总，有无估列代编的情况；等等。

（3）结转结余方面。包括：预算部门单位是否分别核算基本支出结余、项目支出结余和非财政补助结余；单位预算拨款结余是否已如数缴回总预算；有无将结余列入决算报销，转作单位“其他存款”等情况；单位是否分别核算基本支出结转、项目支出结转和非财政补助结转；在总决算结转中，按规定结转下年继续使用的资金是否符合规定；结转项目是否符合规定的范围；等等。

（4）资金运用方面。包括：预算部门单位决算银行支取未用数是否正常合理；库存现金是否符合规定额度，是否存在大额取现行为；库存材料有无积压损失；暂存、暂付等往来款项是否清理完毕，以及未清理的原因；各级总预算之间、总预算与单位预算之间的拨借款项是否结算，借垫款项的原因；暂存、暂付等其他各项往来款项是否符合规定；有无应清未清，应作为本年决算收入、支出的款项；单位决算的预算存款和其他存款有无混淆；固定资产和库存材料增减变化的主要原因。

（5）绩效目标制定的科学性及合理性、绩效评价的客观性及公允性、绩效报告的完整性及充分性、绩效公开的及时性等方面。

（6）数字关系方面。包括：决算报表之间的有关数字是否一致，例如，总决算的决算总表与决算收支明细表之间、决算分级表与决算总表之间的有关数字是否一致；上下年度有关数字是否一致；上下级财政总决算之间、财政总决算与部门单位决算之间有关上解、补助和拨借款项的数字是否一致。

（7）决算完整性和及时性方面。包括：规定的决算报表是否填报齐全，有无缺报、漏报；已报的决算数各表的栏次、科目、项目填列是否正确完整，计算口径是否符合规定；有无决算说明书，其编写的质量如何，决算报送是否超过规定期限；等等；

上述决算审核与审计分析的几个方面中，一般来说，前四个方面属于政策性审核与审计，第五个方面属于支出绩效结果的审核与审计；后两个方面属于技术性审核。对于决算审核与审计中发现的问题，要按照政府决算制度和有关财经法规做出处理并推进整改：属于政策性及绩效性差错的，要按政策和制度规定予以纠正；属于技术性差错的，要及时查明纠正；属于遗漏的问题的，要限期补报；属于决算不实、弄虚作假的问题的，要彻底纠正。对于各种违反财经纪律，情节严重，致使国家财产遭受损害的问题，要依法给予经济制裁、纪律处分、行政处分；发现有贪污盗窃、玩忽职守等触犯刑律的，要绳之以法。总之，要执行政策，严肃财经纪律，保证政府决算的及时、准确、真实、完整，提高预算管理和决算编审工作水平。

表 7-1 给出了一般公共预算收支决算总表示例。

表 7-1　××年××一般公共预算收支决算总表示例　　单位：万元

项目	年初预算数	调整预算数	决算数	项目	年初预算数	调整预算数	决算数
一、税收收入				一、一般公共服务支出			
增值税				二、外交支出			
消费税				三、国防支出			
企业所得税				四、公共安全支出			
企业所得税退税				五、教育支出			
个人所得税				六、科学技术支出			
……				七、文化旅游体育与传媒支出			
二、非税收入				八、社会保障和就业支出			
专项收入				九、卫生健康支出			
行政事业性收费收入				十、节能环保支出			
罚没收入				十一、城乡社区支出			
国有资本经营收入				十二、农林水支出			
……				……			
本级收入合计				**本级支出合计**			

（二）立法机关对政府决算草案的审查批准

按照我国《预算法》第七十七条的规定，国务院财政部门编制中央决算草案，经国务院审计部门审计后，报国务院审定，由国务院提请全国人民代表大会常务委员会审查和批准。县级以上地方各级政府财政部门编制本级决算草案，经本级政府审计部门审计后，报本级政府审定，由本级政府提请本级人民代表大会常务委员会审查和批准。乡、民族乡、镇政府编制本级决算草案，提请本级人民代表大会审查和批准。

1. 立法机关审查和批准政府决算草案的必要性

政府决算是政府年度财政收支的实际执行结果，必须主动、自觉地接受同级人大及其常委会的监督。这是贯彻依法治国方略，推进依法理财的根本保障。加强对政府预算资金活动的监督，可防止公务人员特别是领导干部滥用权力，违反“先有预算、后有支出”的原则，破坏政府预算的严肃性和权威性。因此，县级以上各级人民代表大会常务委员会应当结合本级政府提出的上一年度预算执行和其他财政收支的审计工作报告，对本级决算草案进行审查。

一般地，在预算年度结束后，政府财政收支的审计未完成之前提交各级人民代表大会审查的上一年度预算完成情况被称为预算执行情况，而不称为决算。

2. 我国立法机关对政府决算草案的审查和批准

（1）决算审查的一般流程。根据我国《预算法》的要求，决算审查的一般流程包括两步：第一步是初步审查。各级财政部门以财政总决算报表为基础编制决算草案，并应在本级人民代表大会常务委员会举行会议审查和批准决算草案的三十日前，将本级决算草案提交本级人民代表大会财经委员会（全国人大）或专门委员会（省级人大）进行初步审查；或提交本级人大常委会专门机构（市级人大）、常委会有关工作机构征求意见。第二步是提出审查结果报告。全国人民代表大会财经委员会和省、自治区、直辖市、设区的市、自治州人民代表大会有关专门委员会，向本级人民代表大会常务委员会提出关于本级决算草案的审查结果报告。

（2）决算审查的主要内容。

各级人大常委会对政府决算草案的重点审查内容主要有：

1）预算收入情况；

2）支出政策实施情况和重点支出、重大投资项目资金的使用及绩效情况；

3）结转资金的使用情况；

4）资金结余情况；

5）本级预算调整及执行情况；

6）财政转移支付安排执行情况；

7）经批准举借债务的规模、结构、使用、偿还等情况；

8）本级预算周转金规模和使用情况；

9）本级预备费使用情况；

10）超收收入安排情况及预算稳定调节基金的规模和使用情况；

11）本级人民代表大会批准的预算决议落实情况；

12）其他与决算有关的重要情况。

3. 政府决算草案的批准

各级政府决算草案经过上述审查流程后，提请各级人民代表大会常务委员会批准。决算草案经批准后成为正式的政府决算并对外公布。

4. 政府决算的备案

县级以上地方各级政府应当自本级决算经批准之日起 30 日内，将本级决算以及下一级政府上报备案的决算汇总，报上一级政府备案；将下一级政府报送备案的决算汇总，报本级人民代表大会常务委员会备案。乡、民族乡、镇政府应当自本级决算经批准之日起 30 日内，将本级决算报上一级政府备案。

5. 政府决算的公开

政府决算的公开有利于保障公民的知情权、参与权和监督权，促进各级政府依法理财、民主理财，助力打造“阳光财政、透明财政”。按照《预算法》第十四条的规定，经本级人民代表大会或者本级人民代表大会常务委员会批准的预算、预算调整、决算、预算执行情况的报告及报表，应当在批准后 20 日内由本级政府财政部门向社会公开。具体来说，政府决算的公开主体是各级政府财政部门，公开的内容主要是财政决算报告及报表，以及对本级政府财政转移支付安排、执行的情况以及举借债务的情况等重要事项所做的说明，公开的时间是经本级人民代表大会常务委员会批准后 20 日内，公开的途径主要是通过各级政府或财政部门的门户网站，以及财政年鉴、统计年鉴等。

第二节　政府财务报告

财务报告是报告主体对一定会计期间内的财务活动乃至整个报告主体的各项活动所进行的系统全面的总结和报告，是为满足外部使用者共同的信息需求而编制的。政府财务报告是财务报告的一种形式，是反映政府财务状况的报告和报表体系，包括政府部门财务报告和政府综合财务报告。

一、政府财务报告的内涵与主体

（一）政府财务报告的内涵

政府财务报告是为满足信息使用者的需求而编制的以财务信息为主要内容，以政府资产负债表、收入费用表等财务报表为核心，全面系统地反映政府财务受托责任的综合报告。该综合报告是信息使用者进行经济和社会决策的依据，也是政府解释财务受托责任的有效凭证。政府财务报告系统全面地反映了政府的财务状况，是披露政府财务信息的一种规范化途径。

（二）政府财务报告的主体

1. 对政府财务报告主体的一般理解

美国政府会计全国理事会（NCGA）在《政府财务报告主体的界定》中对政府财务报告的主体提出了五条标准：财务依存性、管理监督权、管理指派、在运营活动上的重大影响力和财政事项的受托责任等。一般认为，政府财务报告的主体由以下三部分组成：

(1) 基本政府。

基本政府是财务报告主体的核心。对基本政府的定义，大致可从两方面考察：

一是法律上是否独立。具体包括以下三点：是否有独立的名称；是否有权以自己的名义起诉别人或被别人起诉；是否有权以自己的名义购买、销售、租赁、抵押财产。

二是财政或预算上是否独立。具体包括以下三点：是否有权确定自己的预算，而别的政府无权批准或修改这个预算；是否有权征税或确定税率或收费，而不需要别的政府来批准；是否有权发行债券，而不需要别的政府批准。

(2) 基本政府负有财务责任的组织。

按照美国政府会计准则委员会（GASB）① 1991 年发布的《政府会计准则委员会公告第 14 号——财务报告的主体》的要求，以下情形使得基本政府对某一法律上独立的组织负有财务受托责任：

一是基本政府任命了该组织中的大多数成员，并且基本政府能够对该组织施加意志或者该组织有可能向基本政府提供特定的财务利益，或对基本政府形成特定的财务负担。

二是该组织在财政上依赖于基本政府。

(3) 基本政府的相关单位。

基本政府的相关单位是指不包括在上述组织之中但与基本政府利益密切相关的组织，比如美国芝加哥市政府财务报告的主体就不仅包括政府，还包括提供城市服务的警察和消防、街道和公共卫生、运输、供水、下水道排水、健康保健、航空运输等部门，另外还包括其他许多相关单位，如芝加哥市学校改革受托人委员会、芝加哥市公园区、芝加哥市运输管理局、芝加哥城市大学、芝加哥住房管理局等。

2. 我国政府财务报告的主体

(1) 政府部门财务报告。

政府部门财务报告以权责发生制为基础，由部门编制，全面反映政府部门资产负债、收入费用、运行成本、现金流量等财务信息及政府会计主体公共受托责任履行情况。政府部门财务报告包括财务报表和财务分析等。政府部门财务报告要保证报告信息的真实性、完整性及合规性，并接受审计部门审计。部门财务报告及其审计报告应报送本级政府财政部门，并按规定向社会公开。政府各部门利用财务报告反映的信息，加强对部门资产状况、债务风险、成本费用、预算执行情况的分析，促进预算管理、资产负债管理和绩效管理有机衔接。

(2) 政府综合财务报告。

政府综合财务报告由各级政府财政部门负责编制，是将本级政府及下级政府综合财务报告合并编制，反映本地区政府整体财务状况、运行情况和财政中长期可持续性等信息的政府综合财务报告。政府综合财务报告包括财务报表、政府财政经济分析和财政财务管理情况。政府综合财务报告要保证报告信息的真实性、完整性及合规性，并接受审计部门审计。政府综合财务报告及其审计报告，依法报送本级人民代表大会常务委员会

① 美国州与地方政府会计准则的制定机构。

备案，并按规定向社会公开。政府综合财务报告中的相关信息可作为考核地方政府绩效、分析政府财务状况、开展地方政府信用评级、编制全国和地方资产负债表以及制定财政中长期规划和其他相关规划的重要依据。

专栏 7-1

建立以权责发生制为基础的政府综合财务报告制度的意义

我国《预算法》第九十七条规定：各级政府财政部门应当按年度编制以权责发生制为基础的政府综合财务报告，报告政府整体财务状况、运行情况和财政中长期可持续性，报本级人民代表大会常务委员会备案。

长期以来，我国的政府财政报告制度实行以收付实现制政府会计核算为基础的决算报告制度，主要反映政府年度预算执行情况的结果，对准确反映预算收支情况、加强预算管理和监督发挥了重要作用。以收付实现制政府会计核算为基础的预算决算报告制度具有以下特点：(1) 跟踪记录财政资金的运行过程，以确保财政资金的合规使用为导向。以收付实现制政府会计核算为基础的决算报告制度，主要反映政府年度预算执行情况的结果，在准确反映预算收支情况、加强预算管理和监督、证明现金支出合规方面发挥了重要作用。采用收付实现制时，会计确认数是实际入库的预算资金，便于安排预算拨款和预算支出的进度，并如实反映预算收支结果。在评价政府对经济的影响时，相当便利的现金指标既能提供现实的信息，又能使控制具有明确的针对性。(2) 收付实现制操作简单，需要的会计技术较少，易于被使用者理解，数据处理成本比较低廉。但以收付实现制政府会计核算为基础的预决算报告不能全面反映政府及其组成部门的财务状况，不利于单位进行成本核算和绩效考核，不利于提高效率；不能全面、准确地记录和反映单位的负债情况，不利于防范财务风险。

因此，随着经济社会的发展，仅实行决算报告制度，无法科学、全面、准确地反映政府资产负债和成本费用，不利于强化政府资产管理、降低行政成本、提升运行效率、有效防范财政风险，难以满足建立现代财政制度、促进财政长期可持续发展和推进国家治理现代化的要求。必须推进政府会计改革，建立全面反映政府资产负债、收入费用、运行成本、现金流量等财务信息的以权责发生制为基础的政府综合财务报告制度。

构建以权责发生制为基础的政府综合财务报告的必要性体现在以下几方面：一是公共财政体制的完善提出了构建政府综合财务报告的需求。政府综合财务报告能够反映政府的经济活动及其资产负债状况、经营绩效和现金流量状况，因此它是解释政府公共受托责任、沟通政府与人民关系的重要纽带。政府综合财务报告不仅是构建公共财政体制的重要基础，也是市场经济条件下公共财政体系的有机组成部分。二是政府解释公共受托责任需要政府会计和财务报告的技术支撑。政府部门为了向社会公众揭示其所控制的资源状况、收支状况和现金流量状况，反映其所控制的经济存量和经济流量，体现其提供的公共产品和提供公共产品的能力，从而解释其公共受托责任，需要通过政府综合财务报告体系来披露相关信息，这也是提高财政乃至政府透明度的重要途径。三是政府绩效管理工作的开展、财政风险的防范均需要政府会计确认基础向权责发生制转变。根据政府综合财务报告提供的负债信息，可及时了解政府财政风险，以调整财政政策，安排收入来源，及时防范和化解财政风险；根据政府综合财务报告提供的收入、成本费用、净资产结构及其增减变动情况和资产负债变动状况等信息，可有效评价政府在财务管理和财政资金使用方面的绩效，达到对政府部门和有关人员追踪问效的结果等。四是政府审计和社会监督的加强呼吁政府会计匹配改革。目前，我国政府审计仍然主要停留在财务收支审计的层面上，但审计署有关研究表明，未来政府审计将逐步向财务审计和绩效审计兼顾的方向发展。在这种情况下，现行预算会计制度侧重于财务收支的核算，而忽视运营绩效和资产负债管理的核算，已经难以适应政府审计发展的需要。所以，有效发挥政府审计的作用，形成一个有约束、高效率的政府，迫切需要建立起一套完整的政府会计标准和政府综合财务报告制度。

资料来源：根据相关资料自行整理。

二、政府财务报告信息需求者

政府财务报告信息需求者的状况在一定程度上制约和影响着财务报告的内容和水平，因此，在分析政府财务报告之前首先分析信息需求者很有必要。与企业财务报告等其他报告相比，政府财务报告具有宏观性，因此政府财务报告的信息需求者广泛，主要包括社会公众、立法机关、公共资金的投资者和债权人、有关评估机构及其评估者、各级行政事业单位管理部门等。

（一）社会公众

社会公众（包括纳税人，选举人，投票人，各利益集团，政府提供的公共产品、服务和转移支付的接受者等）是预算资金的真正所有者，政府只是凭借其权力集中了公众的部分财富。基于此，社会公众有权了解并监督预算资金用于何处、是否必要和合理、其支出效益如何等。因此，社会公众是政府财务报告的第一信息需求者，这也是政府财务报告具有公开性的原因。

（二）立法机关

在现实生活中，每一个公众都行使监督权是不可能的，因此，为保证全体公众的利益不受侵害，专门代表公众利益的机构（包括立法机关和其他权力机关，如西方国家的议会、我国的人民代表大会等）就成为一个重要的监督机构。这类机构代表全体公众行使监督权，因此它们需要政府财务报告提供的有关信息，并据此监督和评价政府行为。

（三）公共资金的投资者和债权人

在现代社会里，公债是各国政府取得收入的重要手段，公债的应债主体包括公共资金的投资者和债权人等，他们必须了解政府的偿还能力、收益状况及资金支出方向等事项，而政府财务报告是他们获取这些信息的重要来源，因此，公共资金的投资者和债权人是政府财务报告的信息需求者之一。

（四）有关评估机构及其评估者

与公共资金投资者和债权人紧密相关的一类信息需求者是有关评估机构及其评估者（包括经济师和财务分析师），为了向这些投资者和债权人进行投资或融资提供参考，这些评估机构需要着重了解政府的资产、负债、当前和预计开支水平以及取得同样或者更多税收收入的能力等信息。

（五）各级行政事业单位管理部门

各级行政事业单位管理部门也是政府财务报告信息需求者。上级管理部门控制和管理下级部门的一条必要途径就是财务，如果不能掌握财务信息，则必然导致其他管理内容的失控，但是，上级管理部门需要了解的内容的重点与以上其他信息需求者不同，应该说它需要的政府财务报告更加细致、具体，专业性更强。

三、政府财务报告的目标与原则

（一）政府财务报告的目标

1. 政府财务报告的一般目标

政府财务报告的一般目标可以细分为最高目标和具体目标，最高目标也是根本目标，它决定了其具体目标的组成内容，而具体目标又是对最高目标的内容的展开。

（1）最高目标。包括：1）评价受托责任。在政府财务报告中向公众解释受托责任，比在企业财务报告中向公众解释受托责任更加重要。2）提供决策参考，即根据财务报告的已有信息为未来进行决策提供参考。

（2）具体目标。国际会计师联合会公共部门委员会认为，政府和单位通用的财务报告的目标如下：

1）说明资源是不是按照法定预算取得和使用的；

2）说明资源是不是按照法律和合同的要求（包括由有关立法部门建立的财政授权）取得和利用的；

3）提供关于财政资源的来源、分配和使用的信息；

4）提供关于政府或单位怎样筹集活动资金以及满足其对现金的需求的信息；

5）提供在评价政府或单位筹集活动资金、偿付负债和履行承诺的能力时有用的信息；

6）提供关于政府或单位的财政状况及其变动的信息；

7）提供在以服务成本、效率和成就来评价政府或单位业绩时有用的综合信息。

可见，具体目标是具体而众多的，为了实现这些具体目标，政府不但要提供预算执行情况的报告，还要提供有关收入和支出、国内外债务还本付息、各部门的详细活动等方面的详细情况的报告。

2. 我国政府财务报告的总体目标

以权责发生制为基础的政府综合财务报告制度改革是基于政府会计规则的重大改革，总体目标是通过构建统一、科学、规范的政府会计准则体系，建立健全政府财务报告编制办法，适度分离政府财务会计与预算会计、政府财务报告与决算报告功能，全面、清晰地反映政府财务信息和预算执行信息，为开展政府信用评级、加强资产负债管理、改进政府绩效监督考核、防范财政风险等提供支持，促进政府财务管理水平提高和财政经济可持续发展。

（二）政府财务报告信息的质量特征

（1）全面性。政府财务报告虽然侧重于对会计主体财务状况的反映，但通过它应能反映报告主体所有方面的管理信息、内控信息、财务信息等内容。

（2）合法性。政府财务报告应该在内容和形式上都与公认的标准相一致，并且适合于使用者（包括潜在使用者）使用。

（3）可理解性。对应报送报告和利益相关的使用者而言，报告应易于理解；报告传达的信息应当可以被快速地获得和易于交流。对议员和民众而言，他们不了解预算术语和专用方法，报告应对此进行解释和说明以便于人们理解。对于非财务人员而言，财务报告非常难以理解，如果加上图表和说明则可以提高报告的可读性。

（4）可靠性。可靠性是指报告的信息应该是可检验的、无偏见的，如实地反映其所要反映的内容，但不是指精确性和确定性。对某些项目，如税式支出、或有事项或养老金负债，适当的解释性的估计所提供的信息比没有估计更有意义。

（5）相关性。相关性是指报告提供的信息必须满足有明确要求的需要，财务报告更重要的目的是考虑如何满足不同使用者的需要。

（6）一致性。一致性是指不仅在一段时间，而且在整个过程中，一旦采纳某一核算或报告方法，除非特别必要，否则一般不做改变，且应用于所有类似的业务。如果报告的方法、范围或者主体已经改变，报告应该反映这种变化的影响。

（7）及时性。信息具有时效性，不及时或者过时的信息往往是无用的，因此必须保证信息的及时性。即使估计的、不够准确的、及时的信息也比不及时的准确的信息更加具有参考价值。

（8）可比性。信息使用者有时不仅需要某一个报告主体的财务信息，而且需要将几个报告主体的财务报告内容进行比较，这就要求各报告主体编制的财务报告必须能够进行横向比较，比如对其成本和效益的比较等。

（9）有用性。政府财务报告对于一个组织内部和外部的使用者而言都应该是有用的，应有助于使用者理解这个机构现在和未来的活动情况，机构资金的运用、来源及其运用效率。

四、政府财务报告内容及编报流程

（一）政府部门财务报告

1. 政府部门财务报告的内容

政府部门财务报告的内容应当包括会计报表、报表附注、财务分析等。会计报表主要包括资产负债表、收入费用表以及当期盈余与预算结余差异表等。

（1）资产负债表。

资产负债表重点反映政府部门年末财务状况。资产负债表应当按照资产、负债和净资产分类分项列示。其中，资产应当按照流动性分类分项列示，包括流动资产、非流动资产等；负债应当按照流动性分类分项列示，包括流动负债、非流动负债等。

（2）收入费用表。

收入费用表重点反映政府部门年度运行情况，应当按照收入、费用和盈余分类分项列示。

（3）当期盈余与预算结余差异表。

当期盈余与预算结余差异表重点反映政府部门以权责发生制为基础的当期盈余与现行会计制度下当期预算结余之间的差异。

（4）报表附注。

报表附注重点对财务报表做进一步的解释说明，一般应当按照下列顺序披露：1）报表的编制基础、遵循政府会计准则和会计制度的声明；2）报表涵盖的主体范围；3）重要会计政策和会计估计；4）报表中重要项目的明细资料和进一步说明；5）或有和承诺事项、资产负债表日后重大事项的说明；6）部门及所属单位代表政府管理的有关经济业务或事项的说明，包括政府储备资产、公共基础设施、保障性住房等；7）需要说明的其他事项。

（5）财务分析。

政府部门财务分析主要包括资产负债状况分析、运行情况分析、相关指标变化情况分析及趋势分析等。

政府部门财务报告部分样表如表 7－2 至表 7－5 所示。

表 7－2　政府部门资产负债表

编制单位：　　　　××年××月××日　　　　单位：万元

项目	附注	年末数	年初数
流动资产：			
货币资金	附表 1		
短期投资			
财政应返还额度			

续表

项目	附注	年末数	年初数
应收票据			
应收账款净额	附表 2		
预付账款	附表 3		
应收股利			
应收利息			
其他应收款净额	附表 4		
存货			
待摊费用			
一年内到期的非流动资产			
其他流动资产			
流动资产合计			
非流动资产：			
长期股权投资	附表 5		
长期债券投资	附表 5		
固定资产原值			
减：固定资产累计折旧			
固定资产净值	附表 6		
工程物资			
在建工程	附表 7		
无形资产原值			
减：无形资产累计摊销			
无形资产净值	附表 8		
研发支出			
公共基础设施原值			
减：公共基础设施累计折旧（摊销）			
公共基础设施净值	附表 9		
政府储备物资	附表 10		
文物文化资产			
保障性住房原值			
减：保障性住房累计折旧			
保障性住房净值	附表 11		
长期待摊费用			
待处理财产损溢			
其他非流动资产			

续表

项目	附注	年末数	年初数
非流动资产合计			
受托代理资产			
资产总计			
流动负债：			
短期借款			
应交增值税			
其他应交税费			
应缴财政款			
应付职工薪酬			
应付票据			
应付账款	附表 12		
应付政府补贴款			
应付利息			
预收账款	附表 13		
其他应付款	附表 14		
预提费用			
一年内到期的非流动负债			
其他流动负债			
流动负债合计			
非流动负债：			
长期借款	附表 15		
长期应付款	附表 16		
预计负债			
其他非流动负债			
非流动负债合计			
受托代理负债			
负债合计			
净资产：			
累计盈余			
专用基金			
权益法调整			
净资产合计			
负债及净资产总计			

表 7-3　政府部门收入费用表（1）

编制单位：　　　　　　××年　　　　　　单位：万元

项目	附注	本年数	上年数
财政拨款收入			
事业收入	附表 17		
上级补助收入			
附属单位上缴收入			
经营收入	附表 18		
非同级财政拨款收入	附表 19		
投资收益	附表 5		
捐赠收入			
利息收入			
租金收入			
其他收入	附表 20		
收入合计			
业务活动费用	附表 21		
单位管理费用	附表 22		
经营费用	附表 23		
资产处置费用			
上缴上级费用			
对附属单位补助费用			
所得税费用			
其他费用			
费用合计			
本年盈余			

表 7-4　政府部门收入费用表（2）

编制单位：　　　　　　××年　　　　　　单位：万元

项目	附注	本年数	上年数
财政拨款收入			
事业收入	附表 17		
上级补助收入			
附属单位上缴收入			
经营收入	附表 18		
非同级财政拨款收入	附表 19		

续表

项目	附注	本年数	上年数
投资收益	附表5		
捐赠收入			
利息收入			
租金收入			
其他收入	附表20		
收入合计			
工资福利费用			
商品和服务费用	附表24		
对个人和家庭的补助费用			
对企业补助费用			
固定资产折旧费用			
无形资产摊销费用			
公共基础设施折旧（摊销）费用			
保障性住房折旧费用			
计提专用基金			
资产处置费用			
上缴上级费用			
对附属单位补助费用			
所得税费用			
其他费用*			
费用合计			
本年盈余			

* 表中的“其他费用”包括“业务活动费用”“单位管理费用”“经营费用”等会计科目中的其他部分。

表 7-5　政府部门财务分析参考指标

序号	指标名称	公式	指标说明
1	资产负债率	资产负债率＝负债总额/资产总额	反映政府部门偿付全部债务本息能力的基本指标
2	现金比率	现金比率＝(货币资金＋财政应返还额度)/流动负债	反映政府部门利用现金及现金等价物偿还短期债务的能力
3	流动比率	流动比率＝流动资产/流动负债	反映政府部门流动资产用于偿还流动负债的能力
4	固定资产成新率	固定资产成新率＝固定资产净值/固定资产原值	反映政府部门固定资产的持续服务能力

续表

序号	指标名称	公式	指标说明
5	公共基础设施成新率	公共基础设施成新率＝公共基础设施净值/公共基础设施原值	反映政府部门公共基础设施的持续服务能力
6	保障性住房成新率	保障性住房成新率＝保障性住房净值/保障性住房原值	反映政府部门保障性住房的持续服务能力
7	收入费用率	收入费用率＝年度总费用/年度总收入	反映政府部门收入与费用的比例情况

2. 政府部门财务报告的编报流程

政府部门财务报告由政府部门编制，主要反映本部门财务状况、运行情况等，为加强政府部门资产负债管理、预算管理、绩效管理等提供信息支撑。政府部门财务报告的编报流程如图 7-3 所示。

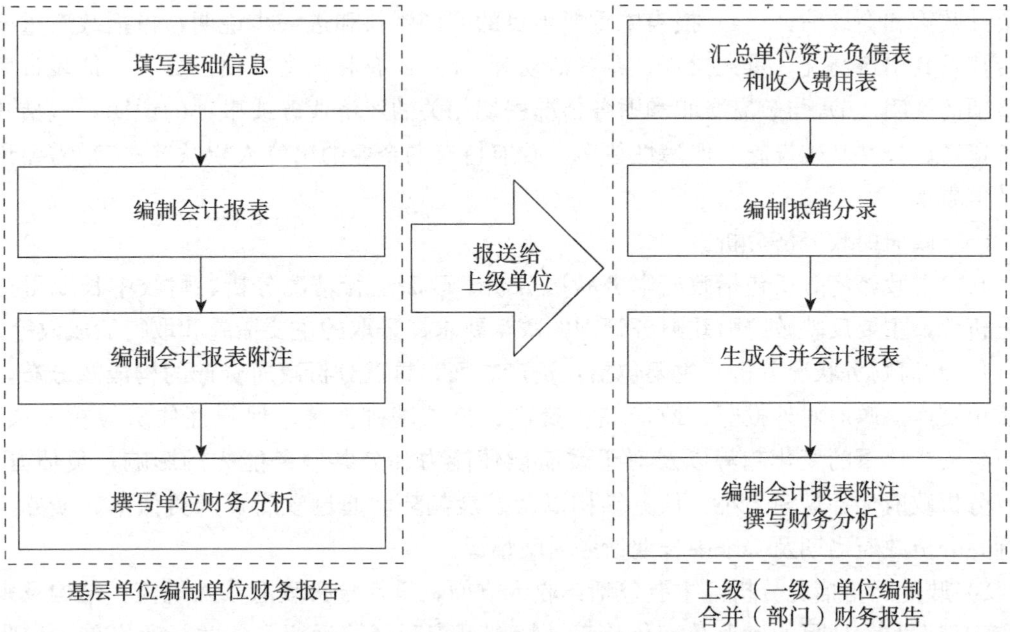

图 7-3 政府部门财务报告的编报流程

(二) 政府综合财务报告

1. 政府综合财务报告的内容

政府综合财务报告，是指以权责发生制为基础编制的反映各级政府整体财务状况、运行情况和财政中长期可持续性的报告。政府综合财务报告的内容应当包括会计报表、报表附注、财政经济分析、政府财政财务管理情况等。会计报表主要包括资产负债表、收入费用表以及当期盈余与预算结余差异表等。

（1）资产负债表。

资产负债表重点反映政府整体年末财务状况。资产负债表应当按照资产、负债和净资产分类分项列示。其中，资产应当按照流动性分类分项列示，包括流动资产、非流动资产等；负债应当按照流动性分类分项列示，包括流动负债、非流动负债等。

（2）收入费用表。

收入费用表重点反映政府整体年度运行情况。收入费用表应当按照收入、费用和盈余分类分项列示。

（3）当期盈余与预算结余差异表。

当期盈余与预算结余差异表重点反映政府整体权责发生制下当期盈余与现行会计制度下当期预算结余之间的差异。

（4）报表附注。

报表附注重点对会计报表做进一步的解释说明，一般应当按照下列顺序披露：1）报表的编制基础、遵循政府会计准则和会计制度的声明；2）报表涵盖的主体范围；3）重要会计政策和会计估计；4）报表中重要项目的明细资料和进一步说明，包括政府重要资产转让及其出售情况，重大投资、融资活动等；5）或有和承诺事项、资产负债表日后重大事项的说明；6）与政府履职和财务情况密切相关的经济业务或事项的说明，包括政府储备资产、公共基础设施、保障性住房、政府持有的企业的出资人权益等；7）需要说明的其他事项。

（5）政府财政经济分析。

政府财政经济分析包括政府财务状况分析、政府运行情况分析、财政中长期可持续性分析等，主要反映政府财政财务管理的政策要求、采取的主要措施和取得的成效等。

1）政府财务状况分析。主要包括：资产方面，重点分析政府资产的构成及分布，对于货币资产、政府对外投资、政府储备资产、公共基础设施、保障性住房等重要项目，分析各资产比重的变化趋势以及对于政府偿债能力和公共服务能力的影响；负债方面，重点分析政府债务规模大小、债务结构以及发展趋势。通过政府资产负债率、债务率等指标，分析政府当期及未来中长期债务风险情况。

2）政府运行情况分析。主要包括：收入方面，重点分析政府收入规模、结构及来源分布，重点收入项目的比重及变化趋势，特别是宏观经济运行、相关行业发展、税收政策、非税收入政策等对政府收入变动的影响；费用方面，重点按照经济分类分析政府费用规模及构成，特别是政府投融资情况对政府费用变动的影响。通过政府收入费用率等指标，分析政府运行效率。

3）财政中长期可持续性分析。主要包括：基于当前政府财政财务状况和运行情况，结合本地区经济形势、重点产业发展趋势、财政体制、财税政策、社会保障政策等，全面分析政府未来中长期收入支出变化趋势、预测财政收支缺口以及相关负债占 GDP 的比重等。

政府综合财务报告部分样表如表 7-6 至表 7-10 所示。

表 7-6 资产负债表

编制单位：　　　　　　　　××年××月××日　　　　　　　　单位：万元

项目	附注	年末数	年初数
流动资产：			
货币资金	附表 1		
短期投资			
应收及预付款项	附表 2		
应收股利			
应收利息			
存货			
一年内到期的非流动资产	附表 3		
其他流动资产			
非流动资产：			
长期投资	附表 4		
应收转贷款	附表 5		
固定资产净值	附表 6		
在建工程	附表 7		
无形资产净值	附表 8		
研发支出			
公共基础设施净值	附表 9		
政府储备物资	附表 10		
文物文化资产			
保障性住房净值	附表 11		
其他非流动资产			
受托代理资产			
资产合计			
流动负债			
应付短期政府债券			
短期借款			
应付职工薪酬			
应付及预收款项	附表 12		
应付政府补贴款			
应付利息			
一年内到期的非流动负债	附表 13		

续表

项目	附注	年末数	年初数
其他流动负债			
非流动负债：			
应付长期政府债券	附表14		
应付转贷款	附表15		
长期借款	附表16		
长期应付款			
其他非流动负债			
受托代理负债			
负债合计			
净资产			
负债及净资产总计			

表7-7　收入费用表

编制单位：　　　　　　××年　　　　　　单位：万元

项目	附注	本年数	上年数
税收收入			
非税收入			
事业收入			
经营收入			
投资收益			
政府间转移性收入	附表17		
其他收入			
收入合计			
工资福利费用			
商品和服务费用			
对个人和家庭的补助			
对企业补助费用			
对社会保障基金补助费用			
政府间转移性支出	附表18		
固定资产折旧费用			
无形资产摊销费用			
公共基础设施折旧（摊销）费用			

续表

项目	附注	本年数	上年数
保障性住房折旧费用			
资产处置费用			
财务费用			
其他费用			
费用合计			
本年盈余			

表 7-8 政府财务状况分析指标

序号	指标名称	公式	指标说明
1	资产负债率	资产负债率=负债总额/资产总额	反映政府部门偿付债务的能力
2	流动比率	流动比率=流动资产/流动负债	反映政府利用流动资产偿还短期负债的能力
3	现金比率	现金比率=货币资金/流动负债	反映政府利用货币资金偿还短期负债的能力
4	金融资产负债率	金融资产负债率=(流动资产总额－存货长期投资＋应收转贷款)/负债总额	反映政府利用金融资产偿还负债的能力
5	总负债变动率	总负债变动率=(负债总额年末数－负债总额年初数)/负债总额年初数	反映负债的增长速度，同比增速是否过快可参考全国地方政府债务限额增幅
6	主要负债占比	主要负债占比=主要负债项目/负债总额	反映政府主要负债项目占总负债的比重
7	单位负债占比	单位负债占比=单位负债总额/负债总额	反映政府单位负债占总负债的比重，进而评估政府的直接债务风险和间接债务风险
8	流动负债占比	流动负债占比=流动负债/负债总额	反映政府负债结构是否合理，政府面临负债集中偿付的压力
9	净资产变动率	净资产变动率=(净资产总额年末数－净资产总额年初数)/净资产总额年初数	反映净资产的同比变动情况

表 7-9 政府运行情况分析指标

序号	指标名称	公式	指标说明
10	收入费用率	收入费用率=年度总费用/年度总收入	反映政府收入和费用的配比情况
11	政府自给率	政府自给率=(收入总额－政府间转移性收入)/(支出总额－政府间转移性支出)	反映地方政府自给能力大小
12	税收收入比重	税收收入比重=年度税收收入/年度收入总额	反映政府税收收入在年度收入总额中的占比

续表

序号	指标名称	公式	指标说明
13	税收依存度	税收依存度＝年度税收收入/年度一般公共预算收入	反映政府收入的稳定性及质量
14	利息保障倍数	利息保障倍数＝（本年盈余＋利息支出）/利息支出	反映政府偿还债务利息的能力
15	人均工资福利费用	人均工资福利费用＝工资福利费用/政府年末实有人数	反映人均工资福利费用情况

表 7-10　财政中长期可持续性分析指标

序号	指标名称	公式	指标说明
16	负债率	负债率＝债务总额/本地区 GDP	反映经济增长对债务的依赖程度
17	税收收入弹性	税收收入弹性＝年度税收收入增长率/本地区 GDP 增长率	反映税收收入变动对本地区 GDP 变动的敏感程度
18	固定资产成新率	固定资产成新率＝固定资产净值/固定资产原值	反映政府固定资产的持续服务能力
19	公共基础设施成新率	公共基础设施成新率＝公共基础设施净值/公共基础设施原值	反映政府公共基础设施的持续服务能力
20	保障性住房成新率	保障性住房成新率＝保障性住房净值/保障性住房原值	反映政府保障性住房的持续服务能力

2. 政府综合财务报告的编报流程

本级政府综合财务报告由本级政府财政部门编制，县级以上地方政府财政部门应当按规定内容和时限，将本级政府综合财务报告报送上级政府财政部门。政府综合财务报告的编报流程如图 7-4 所示。

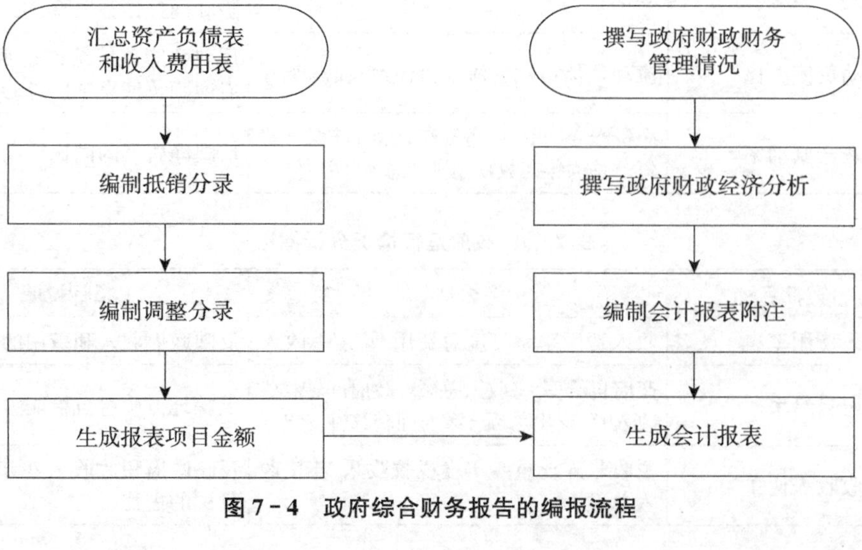

图 7-4　政府综合财务报告的编报流程

第三节　政府预算绩效评价

一、预算绩效评价的内涵与层次

（一）预算绩效评价的内涵

预算绩效评价（以下简称绩效评价）是指财政部门和预算部门（单位）根据设定的绩效目标，运用科学、合理的绩效评价指标、评价标准和评价方法，对预算支出的经济性、效率性和效益性进行客观、公正的评价。

我国全过程预算绩效管理要求通过自评和外部评价相结合，对预算执行结果全面开展绩效评价。各级政府要建立重大政策和项目预算绩效评价机制，逐步开展部门整体支出绩效评价，对下级政府财政运行情况实施综合绩效评价。各部门、各单位对预算执行情况以及政策、项目实施效果全面开展绩效自评，积极引入第三方机构开展绩效评价工作。

（二）绩效评价的层次

根据预算绩效评价对象的不同，预算绩效评价分为三个层次：第一个层次为预算项目（政策）绩效评价，第二个层次为部门（单位）预算绩效评价，第三个层次为政府综合绩效评价。三者是层层递进、逐级包容的关系。

上述三个层次中，（1）预算项目（政策）绩效评价重点关注项目（政策）实施的产出和结果；（2）部门（单位）预算绩效评价是对部门（基层预算单位）使用财政性资金的综合效果进行评价。部门（单位）预算绩效评价不仅仅是对部门（单位）的项目资金的绩效评价，而且涉及部门的战略规划是否合理，决策机制是否公开制衡，部门的财务管理、资产管理等规章制度是否完备，预算执行的过程管理以及部门（单位）的绩效产出和结果是否达到预期绩效目标等内容；（3）政府综合绩效评价是对一级政府或一定区域政府使用财政性资金向地区公民提供公共服务的产出和结果，通过设计合理的指标来进行综合评价。要将政府综合绩效评价和上级政府对下级政府的政绩考核区分开来，二者的实施主体、目标、指标体系和侧重点均有所不同。对这三个层次主体的绩效评价体现了一个从微观到宏观、从具体到全面的过程。

二、绩效评价的主体与形式

（一）绩效评价的主体

1. 各级财政部门

财政部门负责拟定绩效评价的规章制度和相应的技术规范，组织、指导本级预算部门、下级财政部门的绩效评价工作；根据需要对本级预算部门、下级财政部门支出实施绩效评价或再评价；提出改进预算支出管理意见并督促落实。

2. 预算部门

预算部门负责制定本部门绩效评价规章制度；具体组织实施本部门绩效评价工作；向同级财政部门报送绩效报告和绩效评价报告；落实财政部门整改意见；根据绩效评价结果改进预算支出管理。与此同时，根据需要，绩效评价工作可委托专家、中介机构等第三方实施。财政部门应当对第三方组织参与绩效评价的工作进行规范，并指导其开展工作。

（二）绩效评价的形式

依照绩效评价组织管理的不同，绩效评价具体可分为三种形式：

1. 绩效自评

根据“谁用款、谁担责”原则，预算部门、资金使用单位需要对本部门（单位）的项目支出、整体预算情况及政策实施进行自我评价，这一过程称为绩效自评。

2. 财政部门绩效评价

财政部门选取重点部门、单位、项目、政策实施绩效评价，或是在预算部门（单位）绩效自评的基础上实施再评价，这一过程称为财政部门绩效评价。

3. 第三方绩效评价

此类评价形式实则是上述两类形式的延伸，是指预算部门和财政部门可根据需要，将绩效评价工作委托给研究机构、高校、中介等第三方机构进行。

三、绩效评价的原则

在进行绩效评价时要遵循以下四个原则：

（1）科学规范原则。绩效评价应当严格执行规定的程序，按照科学可行的要求，采用定量分析与定性分析相结合的方法。

（2）公正公开原则。绩效评价应当符合真实、客观、公正的要求，依法公开并接受监督。

（3）分级分类原则。绩效评价由各级财政部门、各预算部门根据评价对象的特点分类组织实施。

（4）绩效相关原则。绩效评价应当针对具体支出及其产出绩效进行，评价结果应当清晰反映支出和产出绩效之间的紧密对应关系。

四、绩效评价的主要依据

绩效评价的主要依据包括：

（1）国家相关法律、法规和规章制度；

（2）党中央、国务院重大决策部署，经济社会发展目标，地方各级党委和政府重点任务要求；

（3）部门职责相关规定；

（4）相关行业政策、行业标准及专业技术规范；

（5）预算管理制度及办法、项目及资金管理办法、财务和会计资料；

（6）项目（政策）设立的政策依据和目标，预算执行情况，年度决算报告、项目（政策）决算或验收报告等相关资料；

（7）本级人大审查结果报告、审计报告及决定、财政监督稽核报告等；

（8）其他相关资料。

五、绩效评价的方法

（一）绩效自评方法

绩效自评采用定量评价与定性评价相结合的比较法，总分由各项指标得分汇总而来。

（1）定量指标的评定。与年初指标值相比较，完成指标值的，记该指标所赋全部分值；完成值高于指标值较多的，要分析原因，如果是由年初指标值设定明显偏低造成的，要按照偏离度适度调减分值；未完成指标值的，按照完成值与指标值的比例记分。

（2）定性指标的评定。根据指标完成情况分为未达成年度指标且效果较差、部分达成年度指标并具有一定效果、达成年度指标三档，分别按照该指标对应分值区间0%～60%、60%（含）～80%、80%（含）～100%合理确定分值。

（二）财政和部门绩效评价的方法

财政和部门绩效评价的方法主要包括成本效益分析法、比较法、因素分析法、最低成本法、公众评判法等。根据评价对象的具体情况，可采用一种或多种方法进行绩效评价。

（1）成本效益分析法。它是指将一定时期内的投入与产出、效益进行关联性分析，以评价绩效目标实现程度的方法。

（2）比较法。它是指通过对实施情况与绩效目标、历史情况、不同部门和地区同类支出情况的比较，综合分析绩效目标实现程度的方法。

（3）因素分析法。它是指通过综合分析影响绩效目标实现、实施效果的内外因素，评价绩效目标实现程度的方法。

（4）最低成本法。它是指对效益确定却不易计量的多个同类对象的实施成本进行比较，从而评价绩效目标实现程度的方法。

（5）公众评判法。它是指通过专家评估、公众问卷及抽样调查等对财政支出效果进行评判，评价绩效目标实现程度的方法。

（6）其他评价方法。

六、绩效评价的流程

（一）按照绩效评价主体来看

（1）预算执行结束后，资金使用单位应对照确定的绩效目标开展绩效自评，形成相应的自评结果，作为部门（单位）预、决算的组成内容和以后年度预算申请、安排的重要基础。

（2）财政部门或各部门要有针对性地选择部分重点项目（政策）或部门（单位），在资金使用单位绩效自评的基础上，开展项目（政策）绩效评价或部门（单位）整体绩效评价，并对部分重大专项资金或财政政策开展中期绩效评价试点，形成相应的评价结果。

（二）按照绩效评价工作程序来看

绩效评价工作程序一般分为准备、实施、撰写和提交绩效评价报告三个阶段。

（1）绩效评价的准备阶段，包括确定绩效评价对象和下达绩效评价通知。预算部门和财政部门根据绩效目标以及预算管理的要求确定绩效评价对象，下达绩效评价通知（内容主要包括绩效评价的目的、内容、任务、依据，绩效评价时间，绩效评价的具体实施者等）。

（2）绩效评价的实施阶段。1）形式审查。绩效评价的具体实施者应当对预算部门提交的绩效报告及相关资料的格式和内容进行审查。预算部门对所提供资料的真实性和准确性负责。2）现场和非现场评价。绩效评价的形式包括现场评价和非现场评价，绩效评价的具体实施者可根据具体情况，结合评价对象的特点采取不同的评价形式。现场评价，是指绩效评价的具体实施者到现场采取勘察、询查、复核等方式，对有关情况进行核实，并对所掌握的有关信息资料进行分类、整理和分析，提出评价意见。非现场评价，是指绩效评价的具体实施者在对预算部门提交的资料进行分类、整理和分析的基础上，提出评价意见。3）综合评价。绩效评价的具体实施者在现场和非现场评价的基础上，运用相关评价方法对绩效情况进行综合绩效评价，形成评价结论。评价结论包括定性分析和定量分析两个方面。

（3）撰写和提交绩效评价报告阶段。评价的具体实施者按照规定的文本格式和要求撰写绩效评价报告。绩效评价报告应依据充分，内容完整，数据准确，分析透彻，逻辑清晰。同时，绩效评价报告应当在规定时间内提交，并将绩效评价结论通知部门。

实施预算绩效评价要编制绩效评价方案，拟订评价计划，选择评价工具，确定评价方法，设计评价指标。预算具体执行单位要对预算执行情况进行自我评价，提交预算绩效报告，要将实际取得的绩效与绩效目标进行对比，如未实现绩效目标，必须说明理由。组织开展预算绩效评价工作的单位要提交绩效评价报告，认真分析研究评价结果所反映的问题，努力查找资金使用和管理中的薄弱环节，制定改进工作的措施。财政部门对预算单位的绩效评价工作进行指导、监督和检查，并对其报送的绩效评价报告进行审核，提出进一步改进预算管理、提高预算支出绩效的意见和建议。项目支出绩效评价指标框架如表 7-11 所示。

表 7-11 项目支出绩效评价指标框架

一级指标	二级指标	三级指标	指标解释
决策	项目立项	立项依据充分性	评价项目立项是否符合法律法规、相关政策、发展规划以及部门职责，用以反映和考核项目立项依据情况。
		立项程序规范性	评价项目申请、设立过程是否符合相关要求，用以反映和考核项目立项的规范情况。
	绩效目标	绩效目标合理性	评价项目所设定的绩效目标是否依据充分，是否符合客观实际，用以反映和考核项目绩效目标与项目实施的相符情况。
		绩效指标明确性	评价依据绩效目标设定的绩效指标是否清晰、细化、可衡量等，用以反映和考核项目绩效目标的明细化情况。
	资金投入	预算编制科学性	评价项目预算编制是否经过科学论证，是否有明确标准，资金额度与年度目标是否相适应，用以反映和考核项目预算编制的科学性、合理性情况。
		资金分配合理性	评价项目预算资金分配是否有测算依据，与补助单位或地方实际是否相适应，用以反映和考核项目预算资金分配的科学性、合理性情况。
过程	资金管理	资金到位率	评价实际到位资金与预算资金的比率，用以反映和考核资金落实情况对项目实施的总体保障程度。
		预算执行率	评价项目预算资金是否按照计划执行，用以反映或考核项目预算执行情况。
		资金使用合规性	评价项目资金使用是否符合相关的财务管理制度规定，用以反映和考核项目资金的规范运行情况。
	组织实施	管理制度健全性	评价项目实施单位的财务及业务管理制度是否健全，用以反映和考核财务及业务管理制度对项目顺利实施的保障情况。
		制度执行有效性	评价项目实施是否符合相关管理规定，用以反映和考核相关管理制度的有效执行情况。
产出	产出数量	实际完成率	项目实施的实际产出数与计划产出数的比率，用以反映和考核项目产出数量目标的实现程度。
	产出质量	质量达标率	项目完成的质量达标产出数与实际产出数的比率，用以反映和考核项目产出质量目标的实现程度。
	产出时效	完成及时性	项目实际完成时间与计划完成时间的比率，用以反映和考核项目产出时效目标的实现程度。
	产出成本	成本节约率	完成项目计划工作目标的实际节约成本与计划成本的比率，用以反映和考核项目的成本节约程度。
效益	项目效益	实施效益	反映项目实施所产生的效益。
		满意度	反映社会公众或服务对象对项目实施效果的满意程度。

资料来源：参见《项目支出绩效评价管理办法》（财预〔2020〕10号）。

七、绩效评价报告

1. 各财政资金具体使用单位应当提交绩效自评报告

绩效自评报告应当包括以下主要内容：（1）基本情况，包括预算部门职能、事业发展规划、预决算情况、项目立项依据等；（2）绩效目标及其设立依据和调整情况；（3）管理措施及组织实施情况；（4）对绩效目标完成情况的总结和分析；（5）对未完成绩效目标及其原因的说明；（6）下一步改进工作的意见及建议。

2. 财政部门和预算部门开展绩效评价并撰写绩效评价报告

绩效评价报告应当包括以下主要内容：（1）基本情况；（2）绩效评价工作开展情况；（3）综合评价情况及评价结论（附相关评分表）；（4）绩效评价指标分析；（5）主要经验及做法、存在的问题及原因分析；（6）有关建议；（7）其他需要说明的问题。

项目支出绩效自评表如表 7－12 所示。

表 7－12　项目支出绩效自评表

（××年度）

<table>
<tr><td colspan="2">项目名称</td><td colspan="7"></td></tr>
<tr><td colspan="2">主管部门</td><td colspan="3"></td><td>实施单位</td><td colspan="3"></td></tr>
<tr><td colspan="2" rowspan="5">项目资金（万元）</td><td></td><td>年初预算数</td><td>全年预算数</td><td>全年执行数</td><td>分值</td><td>执行率</td><td>得分</td></tr>
<tr><td>年度资金总额</td><td></td><td></td><td></td><td></td><td></td><td></td></tr>
<tr><td>其中：当年财政拨款</td><td></td><td></td><td></td><td></td><td></td><td></td></tr>
<tr><td>上年结转资金</td><td></td><td></td><td></td><td></td><td></td><td></td></tr>
<tr><td>其他资金</td><td></td><td></td><td></td><td></td><td></td><td></td></tr>
<tr><td rowspan="2">年度总体目标</td><td colspan="4">预期目标</td><td colspan="4">实际完成情况</td></tr>
<tr><td colspan="4"></td><td colspan="4"></td></tr>
<tr><td rowspan="10">绩效指标</td><td>一级指标</td><td>二级指标</td><td>三级指标</td><td>年度指标值</td><td>实际完成值</td><td>分值</td><td>得分</td><td>偏差原因分析及改进措施</td></tr>
<tr><td rowspan="9">产出指标</td><td rowspan="3">数量指标</td><td>指标 1</td><td></td><td></td><td></td><td></td><td></td></tr>
<tr><td>指标 2</td><td></td><td></td><td></td><td></td><td></td></tr>
<tr><td>……</td><td></td><td></td><td></td><td></td><td></td></tr>
<tr><td rowspan="3">质量指标</td><td>指标 1</td><td></td><td></td><td></td><td></td><td></td></tr>
<tr><td>指标 2</td><td></td><td></td><td></td><td></td><td></td></tr>
<tr><td>……</td><td></td><td></td><td></td><td></td><td></td></tr>
<tr><td rowspan="3">时效指标</td><td>指标 1</td><td></td><td></td><td></td><td></td><td></td></tr>
<tr><td>指标 2</td><td></td><td></td><td></td><td></td><td></td></tr>
<tr><td>……</td><td></td><td></td><td></td><td></td><td></td></tr>
</table>

续表

绩效指标	产出指标	成本指标	指标 1					
			指标 2					
			……					
	效益指标	经济效益指标	指标 1					
			指标 2					
			……					
		社会效益指标	指标 1					
			指标 2					
			……					
		生态效益指标	指标 1					
			指标 2					
			……					
		可持续影响指标	指标 1					
			指标 2					
			……					
	满意度指标	服务对象满意度指标	指标 1					
			指标 2					
			……					
总分						100		

资料来源：参见《项目支出绩效评价管理办法》（财预〔2020〕10 号）。

八、绩效评价结果反馈和应用管理

建立预算绩效评价结果反馈和应用制度，将绩效评价结果及时反馈给预算具体执行单位，要求其根据绩效评价结果，完善管理制度，改进管理措施，提高管理水平，降低支出成本，增强支出责任。财政部门和预算部门及时整理、归纳、分析、反馈绩效评价结果，并将其作为改进预算管理和安排以后年度预算的重要依据。具体而言，绩效评价结果的应用方式包括以下四种。

（一）绩效评价结果反馈及整改

预算单位应在及时向财政部门报送绩效评价结果的同时，加大整改力度，一并报送绩效评价结果整改落实情况。对财政重点评价项目，财政部门应及时将绩效评价结果及相关整改建议书面反馈给预算单位，预算单位应在收到书面结果后 30 日内将整改措施及整改情况书面报送给财政部门。财政部门应结合年度财政监督检查工作，强化对绩效评价结果整改的督查力度。

（二）绩效评价结果报告或通报

对绩效评价结果及整改落实情况，财政部门应建立向本级人大、本级政府及相关层面报告制度和向有关部门及相关利益主体通报机制。其中，重大专项资金绩效评价情况应以专题报告的形式提交给本级政府。

（三）绩效评价结果与部门预算安排挂钩

建立健全绩效评价结果与部门预算安排挂钩的机制，将部门预算绩效管理工作开展情况和绩效评价结果情况作为改进部门预算管理和安排以后年度部门预算资金的重要依据。对预算绩效管理工作开展积极或绩效评价结果较好的，财政部门在安排预算资金时可予以优先保障和重点支持。对预算绩效管理工作开展不力或达不到绩效目标、评价结果较差或对绩效评价发现问题整改不力的，财政部门应当严格控制该部门预算资金安排。

（四）实施预算绩效管理考核和绩效评价结果问责

根据“谁用款，谁负责”的原则，财政部门应会同本级纪检、监察、审计等部门建立健全预算绩效管理和绩效评价结果问责机制，对预算绩效管理工作开展不力、绩效评价结果较差或造成财政资金损失、浪费、低效使用的部门和单位及其相关人员实施问责。

借由绩效目标管理、绩效运行跟踪监控管理、绩效评价实施管理和绩效评价结果反馈及应用管理，我们对政府预算的管理从以前单纯注重过程与效率转向决策、效率与结果并重，即通过对预算编制、审查和批准的相关性监督，增强预算决策与国家和地方战略及政策优先方向之间的一致性；通过对预算执行过程的效率监督，提高预算资金使用的规范与质量；通过对预算执行结果的评估与信息反馈，追究责任、调整偏差，完善预算决策模式，改善公共部门服务质量，实现对全流程绩效控制机制的构建（如图7-5所示）。

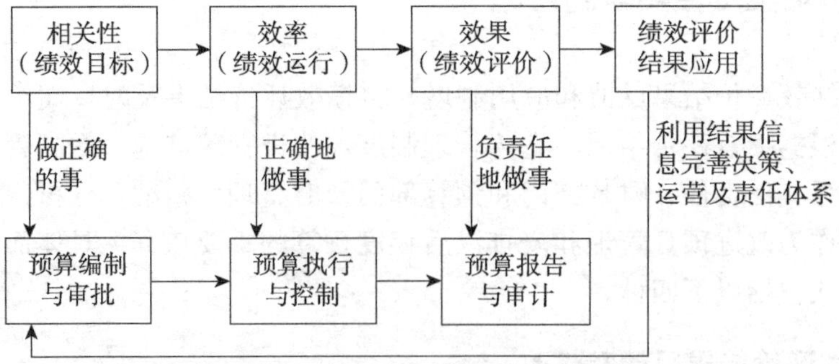

图7-5 全流程绩效控制机制的构建

此外，应加强预算绩效信息发布管理制度建设，完善绩效信息公开机制。绩效评价结果应当按照政府信息公开有关规定在一定范围内公开，并逐步提高绩效评价结果的透明度，将绩效评价结果，尤其是一些社会关注度高、影响力大的民生项目和重点项目支出绩效情况，依法向社会公开，接受社会监督。

专栏 7-2

评价结果作为项目立项和预算安排的重要依据

《财政支出绩效评价管理暂行办法》(财预〔2011〕285号)规定:财政部门和预算部门应当及时整理、归纳、分析、反馈绩效评价结果,并将其作为改进预算管理和安排以后年度预算的重要依据。对绩效评价结果较好的,财政部门和预算部门可予以表扬或继续支持。对绩效评价发现问题、达不到绩效目标或评价结果较差的,财政部门和预算部门可予以通报批评,并责令其限期整改。不进行整改或整改不到位的,应当根据情况调整项目或相应调减项目预算,直至取消该项财政支出。《国务院关于深化预算管理制度改革的决定》(国发〔2014〕45号)提出加强绩效评价结果应用,将评价结果作为调整支出结构、完善财政政策和科学安排预算的重要依据。2015年开始实施的《预算法》第三十二条提及:“各级预算应当根据年度经济社会发展目标、国家宏观调控总体要求和跨年度预算平衡的需要,参考上一年预算执行情况、有关支出绩效评价结果和本年度收支预测,按照规定程序征求各方面意见后,进行编制。”2018年9月《中共中央 国务院关于全面实施预算绩效管理的意见》(中发〔2018〕34号)提出要“强化绩效管理激励约束”,实质上也是关于预算绩效报告的应用。其中规定,各级财政部门要抓紧建立绩效评价结果与预算安排和政策调整挂钩机制,将本级部门整体绩效与部门预算安排挂钩,将下级政府财政运行综合绩效与转移支付分配挂钩。对绩效好的政策和项目原则上优先保障,对绩效一般的政策和项目要督促改进,对交叉重复、碎片化的政策和项目要予以调整,对低效无效资金要一律削减或取消,对长期沉淀的资金要一律收回并按照有关规定统筹用于亟须支持的领域。《项目支出绩效评价管理办法》(财预〔2020〕10号)也指出:“评价结果作为本部门安排预算、完善政策和改进管理的重要依据。”《国务院关于进一步深化预算管理制度改革的意见》(国发〔2021〕5号)提出:“加强绩效评价结果应用,将绩效评价结果与完善政策、调整预算安排有机衔接,对低效无效资金一律削减或取消,对沉淀资金一律按规定收回并统筹安排。”

由此可见,将绩效评价结果应用于部门预算编审是绩效评价结果的重要应用之一。可以依据项目类型,如常年性项目和连续性项目、一次性项目等规定不同的应用方案。对于常年性项目支出和连续性项目支出,绩效评价结果为优或良的,在下一预算年度应优先保障该项目资金预算;绩效评价结果为中等的,下一年度预算安排时应控制新增项目资金预算;绩效评价结果为差的,下一年度预算安排时应采取调整支出方向或支出结构、适当减少项目资金预算、取消该项目等方式进行应用。对于一次性项目资金,绩效评价结果为差的,在下一预算年度原则上不安排同类(绩效目标相近或雷同的)新增项目资金。目前北京市已经尝试对教育、科技、文化等领域的投入引入绩效因素,通过绩效评价结果与预算分配的有效衔接,将评价结果与下年度预算安排挂钩,对绩效评价结果较好的预算单位,在安排财政资金时将会优先考虑;对绩效评价结果为一般和较差的预算单位,在安排财政资金时将会从严控制。

资料来源:根据相关资料自行整理。

案例与评析

一、案例与材料

20××年某部门预算安排财政资金 27 680 万元，其中：基本支出预算 15 230 万元；专项资金 9 000 万元（本级专款预算 4 000 万元，转移支付专款 5 000 万元）。其中基本支出预算主要保障该部门及所属 12 家单位共计 2 300 名财政供养人员（含离退休）的工资及定额公用经费。专项资金 8 701 万元主要用于本部门的一些专项用途，其中该部门下属二级预算单位——博物院——免费开放安排专项经费 1 000 万元。请结合本章内容设计绩效评价方案、指标体系，对该博物院使用 1 000 万元预算资金的绩效水平进行评价。

根据本章关于预算绩效评价的定义，绩效评价是指财政部门和预算部门（单位）根据设定的绩效目标，运用科学、合理的绩效评价指标、评价标准和评价方法，对财政支出的经济性、效率性和效益性进行客观、公正的评价。根据财政绩效评价的对象，本案例属于预算项目绩效评价。

请结合本章知识及相关材料进行分析。

二、问题与分析

（一）如何设计绩效评价工作流程？

绩效评价工作分为准备阶段、实施阶段、撰写和提交绩效评价报告阶段三个阶段，每个阶段有不同的工作重心。在准备阶段，需要确定绩效评价对象，下发绩效评价通知书，成立绩效评价工作小组，制订绩效评价工作方案；在实施阶段，需要设计绩效评价指标体系，搜集相关基础资料，与被评价单位进行沟通与座谈；在撰写和提交绩效评价报告阶段，要根据原始数据和指标体系，对项目支出的绩效情况进行评价，撰写绩效评价报告，并向被评价单位反馈意见，指出被评价单位在项目资金的决策管理、项目资金的过程管理、项目资金的产出和效果方面存在的问题与建议（见图 7-6）。

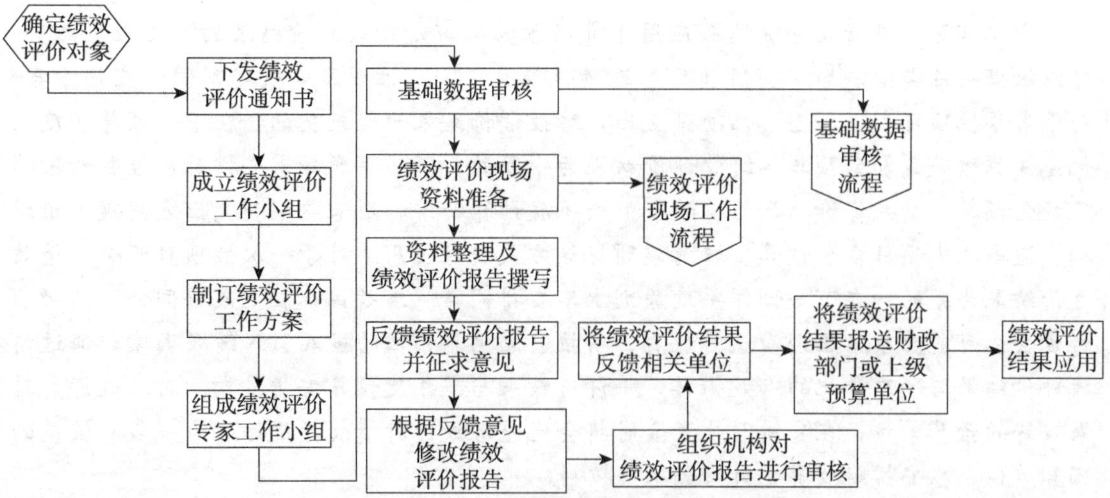

图 7-6　博物院项目支出绩效评价的流程

（二）如何建立绩效评价指标体系？

根据绩效评价的目标要求，科学合理地设计绩效评价的指标体系（见表 7－13）：第一步，对于财政项目支出，指标体系应着重于体现对投入产出以及社会经济效益的考察。第二步，运用适当的方法，确定各个指标相对于项目总体绩效的重要性，并用数量化的方法表示出来，即赋予每个指标一定的权重。第三步，通过适当的方法，确定各个评价指标的参照标准，即确定指标的标准值。指标的标准值是绩效评价指标的标尺或准绳，既要反映国内外同类项目的先进水平，又要符合地方财政支出的实际绩效水平。

表 7－13　某博物院项目支出绩效评价指标及说明

一级指标		二级指标		三级指标		指标说明
名称	分值	名称	分值	名称	分值	
投入	20	项目立项	10	项目立项规范性	5	1. 项目是否按照规定的程序申请设立； 2. 所提交的文件、材料是否符合相关要求； 3. 事前是否已经过必要的可行性研究、专家论证、风险评估、集体决策等。
				绩效指标明确性	5	1. 是否将项目绩效目标细化分解为具体的绩效指标； 2. 是否通过清晰、可衡量的指标值予以体现； 3. 是否与项目年度任务数或计划数相对应； 4. 是否与预算确定的项目投资额或资金量相匹配。
		资金落实	10	资金到位率	5	资金到位率＝(实际到位资金/计划投入资金)×100%。
				到位及时率	5	到位及时率＝(及时到位资金/应到位资金)×100%。
过程	30	业务管理	10	管理制度健全性	5	1. 是否已制定或具有相应的业务管理制度； 2. 业务管理制度是否合法、合规、完整。
				制度执行有效性	5	1. 是否遵守相关法律法规和业务管理规定； 2. 项目调整及支出调整手续是否完备； 3. 项目合同书、验收报告、技术鉴定等资料是否齐全并及时归档； 4. 藏品陈列是否规范。
		财务管理	20	管理制度健全性	5	1. 是否已制定或具有相应的项目资金管理办法； 2. 项目资金管理办法是否符合相关财务会计制度的规定。
				资金使用合规性	10	1. 是否符合国家财经法规和财务管理以及有关专项资金管理办法的规定； 2. 资金的拨付是否有完整的审批程序和手续； 3. 项目的重大开支是否经过评估认证； 4. 是否符合项目预算批复或合同规定的用途； 5. 是否存在截留、挤占、挪用、虚列支出等情况。
				财务监控有效性	5	1. 是否已制定或具有相应的监控机制； 2. 是否采取了相应的财务检查等必要的监控措施或手段。

续表

一级指标		二级指标		三级指标		指标说明
名称	分值	名称	分值	名称	分值	
绩效	50	项目产出	25	实际完成率	10	实际完成率=(实际产出数/计划产出数)×100%。 1. 陈列展览次数； 2. 观展人数； 3. 年度正常开馆时间； 4. 培训人数； 5. 开展主题活动的次数。
				完成时效	5	项目产出时效是否达到绩效目标（或计划）的要求。指标具体分解为： 1. 陈列展览次数； 2. 观展人数； 3. 年度正常开馆时间； 4. 培训人数； 5. 开展主题活动的次数。
				展览展出	10	1. 是否具有完善的流动博物馆工作计划并有效实施，通过流动博物馆方式送展览下基层； 2. 展览计划性是否强，规模是否适当，在各地区举办的临时展览较上年情况。
		效益	25	社会效益	10	1. 是否由媒体对“博物院免费开放”进行了宣传报道（网络、宣传片、报纸、期刊等）； 2. 展览等教育活动是否有配套宣传计划并有效实施； 3. 博物馆陈列展览是否能够提高全民文化意识水平，满足人民群众对精神文明的追求与需要。
				可持续影响	5	1. 文物修复：文物本体是否得到了保护，是否延续了文物生命； 2. 收藏藏品：是否具有一定历史价值、科学价值和艺术价值，是否为反映自然界发展变化的规律和人类科学文化进程的历史见证物。
				社会公众或服务对象满意度	10	满意度调查表： 1. 场馆环境状况（包括整体外观设计、环境舒适整洁程度、文物展厅的总体感觉）满意度大于等于80%； 2. 博物院展馆配套设施状况（包括无障碍通道、休息区座位数量、提供免费寄存处等）满意度大于等于80%； 3. 展览状况（包括开馆时间是否合理、参观等候时间、展厅电视等多媒体效果服务质量、展馆陈列展品的丰富程度等）满意度大于等于80%； 4. 服务质量情况（包括导览人员的讲解、服务台咨询服务、博物馆宣传资料、工作人员服务态度和专业素质）满意度大于等于80%。

（三）如何搜集相关资料与基础数据？

相关资料与基础数据包括1 000万元博物院免费开放专项经费的财务收支凭证、项目实施方案书、决定资金分配的规章制度、预算资金到账的相关原始凭证、博物院资金产出和结果的量化数据、公众满意度调查结果等。

（四）如何撰写绩效评价报告？

组织实施绩效评价工作时，应与被评价单位召开现场沟通会，撰写绩效评价报告，并将其作为下一年度预算分配的依据，树立“花钱必问效、无效必问责”的结果导向型预算资金分配机制。绩效评价报告需要包括以下内容：（1）项目基本情况；（2）项目单位绩效报告情况；（3）绩效评价工作情况；（4）绩效评价指标分析情况；（5）综合评价情况及评价结论；（6）绩效评价结果应用建议（以后年度预算安排、评价结果公开等）；（7）主要经验及做法、存在的问题和建议；（8）其他需说明的问题。

本章小结

1. 政府决算是政府预算的执行结果，是一个财政年度预算管理的最终环节。编制决算的主体包括财政拨款的各单位、部门，各级政府，参加预算执行的机构，如国库、税务等部门。我国的政府决算由中央决算和地方决算组成。

2. 编制政府决算的准备工作包括：拟定和下达政府决算编审办法，进行年终清理，制定和颁发决算表格等。我国政府决算的编制从执行预算的基层单位开始，自下而上层层汇编，由各级财政部门汇编成本级决算。

3. 政府决算草案的审核按照形式一般分为本单位自审、组织决算性质相同的单位联审互查和上级机关审核三种；按照方法分为就地审核、书面审核和派人到上级机关汇报审核；等等。

4. 政府财务报告包括政府部门财务报告和政府综合财务报告。政府部门财务报告以权责发生制为基础，由部门编制，全面反映政府部门资产负债、收入费用、运行成本、现金流量等财务信息及政府会计主体公共受托责任履行情况。政府部门财务报告包括财务报表和财务分析等。政府综合财务报告是指以权责发生制为基础编制的反映各级政府整体财务状况、运行情况和财政中长期可持续性的报告。政府综合财务报告包括政府资产负债表、收入费用表等财务报表和报表附注，以及以此为基础进行的综合分析等。

5. 预算绩效评价可以分为部门单位自评、财政评价、第三方评价三种方式。预算执行结束后，各部门各单位对照设定的绩效目标，对政策、项目和部门整体绩效全面开展绩效自评，实现自评资金全覆盖，自评报告向财政部门报告。各级财政部门主要对重大政策和项目预算开展重点绩效评价，逐步开展部门整体绩效评价，对下级政府财政运行情况实施综合绩效评价。部门和财政开展绩效评价时，必要时可以引入第三方参与。

6. 建立预算绩效评价结果反馈和应用制度，将绩效评价结果及时反馈给预算具体执行单位，要求其根据绩效评价结果完善管理制度，改进管理措施，提高管理水平，降低支出成本，增强支出责任。财政部门和预算部门要及时整理、归纳、分析、反馈绩效评价结果，并将其作为改进预算管理和安排以后年度预算的重要依据。

练习与思考题

认知题

1. 政府决算的内涵与编制原则
2. 政府财务报告的内涵
3. 政府决算报告与政府财务报告的区别与联系
4. 政府综合财务报告和政府部门财务报告的区别与联系
5. 绩效评价的主体和形式
6. 绩效评价结果的应用方式

思考与实践题

1. 思考我国以权责发生制为基础的政府综合财务报告的改革趋势。
2. 思考如何构建政府决算报告和政府财务报告的衔接机制。
3. 通过学习绩效评价的知识和流程掌握如何进行绩效评价。

第八章

政府预算监督与问责

学习目的与要求

通过本章的学习掌握预算监督与问责的内容，具体要求为：掌握预算监督的内涵与功能、类型与特点、内容与方法；掌握预算监督体系及其各自的特点、掌握预算风险控制与监督的内容；掌握预算问责的法律依据。

学习要点

知识要点：

预算监督的概念、立法监督、司法监督、审计监督、司法监督、财政问责的法律依据

能力要点：

1. 能够根据相关材料评估预算过程中以及预算单位内部在控制风险与监督方面存在的风险点与改进措施。

2. 能够根据法律责任规定分析违法案例及给出处罚建议。

第一节　政府预算监督概述

一、政府预算监督的内涵与功能

（一）政府预算监督的内涵

政府预算监督是指在预算的全过程中，对有关预算主体筹集和供应预算资金等业务活动依法进行的审查、检查、督促和制约，是政府预算管理的重要组成部分。

广义的政府预算监督是指预算监督体系中具有监督权的各主体，依照法定的权限和程序，对各级政府预算的合法性、合规性、真实性、有效性等所实施的审查、检查和监督行为，具体包括立法监督、司法监督、政府监督、财政监督、审计监督和社会监督等。狭义的政府预算监督是指财政机关在财政管理过程中，依照法定的权限和程序，对各级政府预算依法运行所实施的检查、监督等活动。

广义的和狭义的预算监督的主要区别在于：预算监督主体的范围不同，由此引出的监督内容和监督方式也不同。但是，两者所指的监督对象是一致的，均为收取与接受财

政资金的相关组织与个人，具体包括国家机关、事业单位、国有企业和其他组织及个人等。但两者的监督主体则不完全相同。狭义的预算监督主体比较集中明确，即财政机关，而广义的预算监督主体则不仅限于政府组织、国家机关，而且包括国家立法机关、司法机关、法定的有关国家监督机构、社会中介机构、社会公众等。

（二）政府预算监督的功能

在公共财政框架下，在民主法治不断进步的今天，政府预算问题已越来越引起社会的关注。政府预算监督的目的在于保证各预算部门和单位严格履行公共受托责任，认真贯彻党和国家的路线、方针和政策，依法严格执行政府预算，提高预算资金使用效益，保证政府预算任务的圆满完成。政府预算监督之所以受到世界各国的广泛重视，是由于预算监督本身对一国政治、经济和社会具有重要影响和作用。

1. 政府预算监督是保障公共财政职能实现的重要手段

在市场经济条件下，公共财政的基本职能就是弥补市场缺陷，实现收入分配、资源配置、经济稳定和发展。要实现上述职能，国家必须制定、颁布和实施各种法规和规章制度，并具体通过预算安排。预算监督的目的在于保证有关各方在编制、执行预算时，能够严格按照相关法律法规和规章制度的要求执行，以保证政府预算资金的筹集和分配。通过对政府预算的监督，能够检查各级政府、各部门、各单位收入来源的合法性及其变化状况，资金流向、流量是否合规、合理，使用效果如何，及时发现、总结、解决所出现的问题，使有限的预算资金能够符合最广大公众的利益，发挥出最大的经济效益和社会效益。

2. 政府预算监督是确保政府进行科学决策的重要前提

政府预算反映了一定时期内政府活动的范围，所涉及的关系很广，所反映的信息量也很大。在大量的信息中，如何保证所获信息的真实性和有效性，是政府进行科学决策所要解决的一个重大问题。而预算监督是一种对预算全过程的监督，包括对预算、预算执行、决算等的监督，它可以采取多形式、多渠道、多环节，通过调查、询问、质询、情况反映、财务报表等形式对预算收支进行监督，把国民经济和社会发展过程中存在的问题反映出来，把公众和基层单位的意见、建议和要求集中起来，使决策部门通过详细的审议、审慎的推敲，发现和剔除预算编制与执行中存在的不合法和不合理因素，从而保证对一定时期内的国家经济和社会发展的趋势做出科学的预测，并在此基础上进行决策，制定出各项符合人民对美好生活的追求、符合经济发展规律和现实需要的预算方针、政策和措施。

3. 政府预算监督是维护预算的法律效力及权威性的重要工具

政府预算一经人大审议通过，即成为具有法律效力的文件，任何人、任何部门和任何单位都无权擅自更改，但在实际工作中，往往有一些部门或单位为了本部门、本单位的私利，在预算执行过程中违反《预算法》或擅自变更预算，严重影响了《预算法》的权威性和严肃性。为了切实保证预算的法律性和维护《预算法》的权威性，使预算有约束力，就必须加强对政府预算的监督工作。一旦发现违反预算法律法规的，必须及时加以纠正并追究其法律责任。同时，通过政府预算监督可以获得财政立法的实践来源，即在预算监督的过程中，可以发现各种政策法规的不足之处，为进一步完善财政法规和加强财政立法工作奠定一定的现实基础，这对于严肃我国的财经纪律和加强财政法治建设具有积极的作用。

4. 政府预算监督是防范和遏制腐败的重要保证

财政具有政治性，财权总是和政治权力交织在一起，权力不受监督就为腐败的产生提供了天然的土壤。对于腐败行为，除了依靠党纪和行政监督机制进行防范以外，还要依靠更加广泛的、外部的、全社会的监督机制进行防范。而政府预算监督正是一种既有政府及部门内部监督，又有立法机关、审计机关和社会公众等监督的有效监督体系。有效的政府预算监督体系的建立，为防范和遏制腐败提供了重要保障。

专栏 8-1

新时代中国特色社会主义人大监督的新使命

党的十八大以来，党对人大预算监督工作提出了新的要求，党的十八大报告提出“支持人大及其常委会充分发挥国家权力机关作用”，“加强对政府全口径预算决算的审查和监督”。这是首次在党代会的报告中如此具体地要求各级人大及其常委会加强对政府财政预算的监督，严格对政府“钱袋子”的控制。党的十八届三中全会又进一步提出“加强人大预算决算审查监督、国有资产监督职能”。为贯彻落实这项改革任务，全国人大常委会及中共中央办公厅又将其进一步分解为四项改革措施并发布实施了相关文件：《关于改进审计查出突出问题整改情况向全国人大常委会报告机制的意见》《关于建立预算审查前听取人大代表和社会各界意见建议的机制的意见》《关于建立国务院向全国人大常委会报告国有资产管理情况制度的意见》《关于人大预算审查监督重点向支出预算和政策拓展的指导意见》。地方人大也积极跟进，可以看出，这是旨在做好做实人大审查监督权的一套制度组合拳，既覆盖了预算事前、事中、事后全过程，也突出了人大审查监督的重点和依法管好作为人民共同财富的国有资产的决心，具有十分重大的意义。

资料来源：李燕．从人大预算审查结果报告看预算之治与国家治理现代化．中国财政，2021（7）．

二、政府预算监督的类型与特点

（一）政府预算监督的类型

1. 按照政府预算监督体系构成划分

按照政府预算监督体系构成，政府预算监督可分为立法监督、司法监督、行政监督（含政府监督、财政监督、审计监督等）、社会监督等。在我国还包括党委监督。

（1）党委监督。党委监督是具有中国特色的预算监督，是完善预算决策机制和程序的重要形式，体现党对政府预算工作的战略定位、方向指引和预算过程的监督。具体表现为：一是有关预算的重要知识和文件由党中央提出，如党的十八大提出“加强对政府全口径预算决算的审查和监督”，党的十八届三中全会又进一步提出“加强人大预算决算审查监督、国有资产监督职能”，等等。二是在监督程序上，各级预算、决算草案提请本级人大或其常委会审查批准前，应当按程序报本级党委和政府审议；各部门预算草案应当报本部门党组（党委）审议。

（2）立法监督。立法机关对政府预算的监督主要是通过两种方式进行：一是通过立法实施监督。立法监督实际上渗透于整个政府预算监督之中。它分为两个层次，即宪法层次的监督和专门法（如我国的《预算法》等）层次的监督。对于立法机关而言，宪法层次的监督是其特有的并且是根本性的，因为宪法规定直接决定着监督机构的地位和权限。二是通过审查、批准政府预算以及对政府预算执行的监督对政府预算施加影响。

立法监督的特点是：它是由代议机构代表公众根据法律对政府进行的监督，从立法角度看，它在所有监督中权威性最强。立法监督是人民行使管理国家事务的权力的具体体现，是人民当家做主的内在要求，也是防止政府滥用权力的重要保障。因此，立法监督在预算监督体系中占主导地位，具有不可替代性。

我国新时代中国特色的人民代表大会制度，是坚持党的领导、人民当家做主、依法治国有机统一的根本政治制度安排，要善于将党的主张通过法定程序上升为法律，成为国家政权、社会组织和公众行为必须遵守的普遍准则。党的二十大报告指出：“支持和保证人大及其常委会依法行使立法权、监督权、决定权、任免权，健全人大对行政机关、监察机关、审判机关、检察机关监督制度，维护国家法治统一、尊严、权威。”

（3）司法监督。司法机关主要是指各级检察机关和各级法院。检察机关对政府预算监督的内容集中体现在：依法对国家机关工作人员和全体公民是否遵守国家财经法律、法规实行监督；对严重违反财经纪律的行为提起公诉；对其他预算监督机关的执法行为是否合法进行监督。人民法院对政府预算的监督主要通过人民法院刑事审判权和审判监督程序来实现。

司法监督的特点是预算监督权控制在司法系统，它能从法制的角度及时、有效地纠正政府预算相关部门及其工作人员的各种违法和不当的行为；能够增强对违法案件的处理力度。与其他监督不同的是，司法监督属于事后监督，即一旦预算主体在预算活动中发生了违法行为，即追究其法律责任，有利于保证预算监督的独立性和权威性。

（4）行政监督。行政监督包括政府监督、财政监督、审计监督等。

① 政府监督主要是指一级政府或上级政府对下级政府的预算进行监督的一种方式。

② 财政监督。财政部门的预算监督实际上是一种行政监督方式。财政部门对政府预算的监督在政府预算编制和执行过程中起重要作用，是整个政府预算监督体系的重要组成部分。财政部门在进行财政管理活动时，依照法律赋予的权限和程序，有权对各预算部门及单位预算是否合法守规、完整真实、节约有效等实施检查、稽核和监督等活动。

③ 审计监督。审计监督在现代国家治理中发挥着国家利益捍卫者、公共资金守护者的重要作用，是规范权力运行和反腐败的利器。审计机关通过审查和评价政府预算活动，确定政府预算是否符合法律要求、收支是否准确记录，是否进行了充分的内部控制等，最终达到维护国家财政经济秩序、促进廉政建设、保障国民经济健康发展的目的。

④ 审计监督具体是由审计机关的审计人员运用专门的方法对被审计对象（即政府预算部门及单位）的预算执行过程和结果进行的检查，其特点是独立性和专业性强，因此

审计机关通常独立于政府。目前在我国虽然审计机关还属于行政系列，但随着我国中央审计委员会的组建及运行，我国的审计将由政府审计上升为国家审计，其发展也将进入新时代。

专栏 8-2

组建中央审计委员会是推进审计体制改革的重大举措

2018 年，伴随党和国家机构改革，我国组建了中央审计委员会，作为党中央决策议事协调机构，以加强党中央对审计工作的领导，构建集中统一、全面覆盖、权威高效的审计监督体系，更好地发挥审计的监督作用。中央审计委员会的主要职责是：在审计领域坚持党的领导、加强党的建设方针政策，审议审计监督重大政策和改革方案，审议年度中央预算执行和其他财政支出情况审计报告，审议决策审计监督其他重大事项等。

中央审计委员会办公室设在审计署。这是推进国家治理体系和治理能力现代化的一场深刻变革，是推进审计管理体制改革的伟大创举，更是我国审计发展进入新时代的里程碑。

在当今世界各个国家中，除极个别国家之外，都设立了国家审计机关，这些国家的审计机关按体制可以分为立法型、司法型、行政型与独立型。我国的审计监督在很长一段时间内聚焦于行政监督层面，这一体制顺应了当时经济稳定和财政安全的需要，发挥了独特的“看门人”作用。但是长期以来，部分被审计单位存在“审计年年有，问题时时在”的顽疾。屡审屡犯不仅削弱了审计效果、浪费了审计资源，而且直接影响到审计的权威性和严肃性。因此，审计监督如果继续局限于聚焦行政监督，则与它在党和国家监督体系中的地位不相称。由此，审计工作在新时代需要与时俱进，由政府审计上升到国家审计。中央审计委员会的成立就是要切实提高党对审计工作“把方向、谋大局、定政策、促改革”的统筹能力，是促进我国审计体制改革的顶层设计：一方面能够加强全国审计工作统筹、优化审计资源配置；另一方面能够提高审计人员的政治、社会和经济地位，激励审计人员敢于坚持独立性、敢于“亮剑”、敢于当“尖兵”。中央审计委员会的成立还大大提高了审计监督的震慑力，确保做到应审尽审、凡审必严、严肃问责，服务于全面从严治党，从而形成了我国审计体制改革发展的新格局，拓宽了国家治理现代化的新途径。

资料来源：根据资料总结。

（5）社会监督。预算的社会监督包括的内容非常广泛，贯穿于政府预算的每个环节。社会监督包括：1）社会中介机构（如会计、审计、绩效、资产评估机构等的）监督。它对预算部门及单位的监督主要是源于前面监督主体的预算监督职能的部分让渡以及预算部门及单位内部监督社会化的要求。社会中介机构是我国经济监督工作中的一支重要力量，其开展的社会监督工作对维护市场经济秩序和促进政府职能转变具有重要作用。社会中介机构对预算部门及单位的监督是对财政部门监督和审计部门监督的有益补充。它在促进预算单位完善内部控制和提高管理水平等方面发挥了积极的作用。2）社会舆论监

督。社会舆论监督贯穿于预算监督的各个环节。社会公众通过发表自己的意愿和看法，对政府的预算进行监督。特别是通过广播、电视、报刊、网络等媒体的监督，对政府预算的合法实施具有十分重要的作用。在政府预算方面，舆论监督主要是监督各级国家机关及其公职人员是否严格遵纪守法。由于舆论监督的影响最广，见效最快，因而其在政府预算监督体系中发挥着不可替代的重要作用。

社会监督的特点是，尽管它并不必然引起某种法律程序或后果，但是它有助于及时充分地发现问题、反映情况，并且其主体具有广泛性，是民主政治发展的重要体现。这种监督贯穿于预算监督的各个环节，可以让社会公众表达自己的意见和看法，是现代预算制度中一种十分重要的监督形式。

专栏 8-3

党中央及我国《预算法》对监督体系和监督方式的要求与法律规定

一、党中央要求

中共中央总书记、国家主席、中央军委主席习近平在中国共产党第十九届中央纪律检查委员会第四次全体会议上发表重要讲话，强调要完善党和国家监督体系，统筹推进纪检监察体制改革，提出了党委监督、人大监督、行政监督、审计监督、社会监督等十种监督是构建党和国家监督体系的重要组成部分。习近平强调：要完善党和国家监督体系，统筹推进纪检监察体制改革。要继续健全制度、完善体系，使监督体系契合党的领导体制，融入国家治理体系，推动制度优势更好转化为治理效能。要把党委（党组）全面监督、纪委监委专责监督、党的工作部门职能监督、党的基层组织日常监督、党员民主监督等结合起来、融为一体。要以党内监督为主导，推动人大监督、民主监督、行政监督、司法监督、审计监督、财会监督、统计监督、群众监督、舆论监督有机贯通、相互协调。纪委监委要发挥好在党和国家监督体系中的作用，一体推动、落实纪检监察体制改革各项任务。① 这是党和国家对强化和坚持党和国家监督体系、强化对权力运行的制约和监督做出的重大制度安排，提出了以党内监督为主导的十大监督体系需有机贯通和相互协调，明确了党和国家监督体系的架构。财政是国家治理的基础和重要支柱，党和国家重大政策的落实、部门与机关的运行都离不开财政。因此，以预算收支为主线进行监督是党和国家监督体系中重要的组成部分。

二、《预算法》有关规定

第八十三条规定："全国人民代表大会及其常务委员会对中央和地方预算、决算进行监督。县级以上地方各级人民代表大会及其常务委员会对本级和下级预算、决算进行监督。乡、民族乡、镇人民代表大会对本级预算、决算进行监督。"

第八十四条规定："各级人民代表大会和县级以上各级人民代表大会常务委员会有权就预算、决算中的重大事项或者特定问题组织调查，有关的政府、部门、单位和个人应当如实反映情况和提供必要的材料。"

---

① 2020年1月13日，中共中央总书记、国家主席、中央军委主席习近平在中国共产党第十九届中央纪律检查委员会第四次全体会议上发表重要讲话。

第八十五条规定："各级人民代表大会和县级以上各级人民代表大会常务委员会举行会议时，人民代表大会代表或者常务委员会组成人员，依照法律规定程序就预算、决算中的有关问题提出询问或者质询，受询问或者受质询的有关的政府或者财政部门必须及时给予答复。"

第八十七条规定："各级政府监督下级政府的预算执行；下级政府应当定期向上一级政府报告预算执行情况。"

第八十八条规定："各级政府财政部门负责监督本级各部门及其所属各单位预算管理有关工作，并向本级政府和上一级政府财政部门报告预算执行情况。"

第八十九条第一款规定："县级以上政府审计部门依法对预算执行、决算实行审计监督。"

第九十条规定："政府各部门负责监督检查所属各单位的预算执行，及时向本级政府财政部门反映本部门预算执行情况，依法纠正违反预算的行为。"

第九十一条规定："公民、法人或者其他组织发现有违反本法的行为，可以依法向有关国家机关进行检举、控告。

接受检举、控告的国家机关应当依法进行处理，并为检举人、控告人保密。任何单位或者个人不得压制和打击报复检举人、控告人。"

---

2. 按照政府预算监督时间顺序划分

按照政府预算监督时间顺序，政府预算监督可分为事前监督、事中监督和事后监督。

（1）事前监督。这是指预算监督主体对监督客体中将要发生的经济事项，包括正在酝酿之中的经济事项和准备付诸实施的经济事项，以及与其相关的行为的合法性、合规性、合理性依法进行审核，进而保障经济事项步入预定轨道的一种预算监督管理活动。事前监督是全部预算监督工作的基础环节，对规范政府预算管理具有重要作用。其最大的好处在于可以在先期防范监督客体进行不符合国家法律、行政法规、规章制度或是没有经济效益的经济事项，能够较好地起到预防和降低财政风险的作用。同时事前监督也能够起到完善规章制度以及纠正管理工作行为缺陷的作用，及时提出有关改进的合理化建议、措施和方法，促进预算管理工作的科学化、民主化和高效化。

（2）事中监督。事中监督也被称为日常监督。这是指通过对预算监督客体中已经发生但尚未完结的经济事项及其运行过程，以及其中发生的各类行为的合法性、合规性依法进行审查，进而保证经济事项在预定的轨道上正常运行的预算监督管理活动。简言之，事中监督是对正处于运行中的预算活动进行的监督检查，是政府预算监督的重点环节，对强化预算监督具有重要的作用。政府预算活动的实践证明，在实际工作中，大量的问题往往产生于预算活动的运行过程中，因此需要预算监督主体投入大量的精力来对预算活动的过程加强控制。

（3）事后监督。事后监督是指对预算监督客体中已经完结的经济事项及其运行结果，以及与结果相关的各类行为的合法性、合规性进行审查，进而保障经济活动不脱离运行轨道的一种预算监督管理活动。它是整个政府预算监督过程中的重要补充环节，对于完善预算监督管理具有重要作用。事后监督是以查明监督客体所产生的预算活动结果的真实程度为主要工作内容的，其目标在于研究监督客体的预算管理状况，并且针对其中存在的问题，提出对提高预算管理工作质量有促进作用的完善性措施。

3. 按照政府预算监督对象的特殊性划分

按照政府预算监督对象的特殊性，政府预算监督可分为专项监督和个案调查。

（1）专项监督。专项监督指对于预算管理中出现的难点、热点和重大问题，有针对性地开展专项监督检查。专项监督是深化管理、制定政策、加强法制建设的重要手段，是对日常监督的有益和必要补充。

（2）个案调查。个案调查是指根据上级批示的群众举报案件，以及日常监督和专项监督中发现的线索，组织力量进行检查核证。个案调查结束后，要向上级和主管部门报告查处情况，并对查出的违法违纪问题进行严肃处理。

上述按不同监督主体分类的政府预算监督的层次体系及按时间顺序的政府预算监督流程控制，与政府预算管理的预算准备、预算编制、预算执行、预算评价各环节的关系见图 8-1。

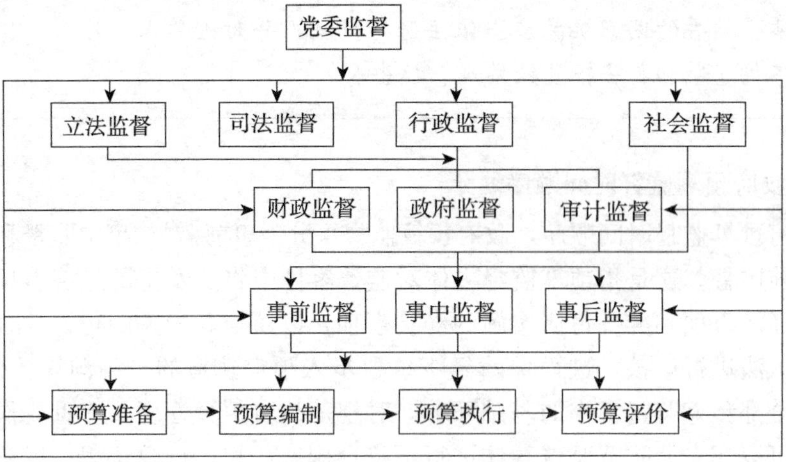

图 8-1 政府预算监督层次体系与流程环节控制

（二）政府预算监督的特点

关于对政府预算的监督，不仅在政府及部门内部有一整套内部监督制度，而且在政府及部门之外还存在较全面的外部监督体系，因此对政府预算进行的监督与其他行政监督相比，具有其自身的特点。

1. 预算监督依据的法律性

政府预算监督是依法进行的监督。政府预算反映了政府活动的范围和方向，体现了很强的政策性，同时必须以国家的财经法律、法规为依据进行。离开了国家的财经法律法规，对政府预算的监督也就失去了监督的依据和标准，预算监督也就会失去其应有的效力。因此，依法监督是政府预算监督必须坚持的基本点，只有做到依法监督，才能不断提高政府预算监督的客观性、公正性和有效性。

2. 预算监督体系的层次性

政府预算监督是多层次、多元的立体监督。由于政府预算活动的主体是政府机关及预算部门和单位，如果仅靠政府机构自身对预算活动进行内部监督，而缺乏有效的外部监督机制，则难以保证政府预算监督的客观性和公正性。因此，除政府层面的内部监督外，还必须有来自立法、司法以及社会等层面的外部监督。这些监督主体组成了一个由政府层面、立法层面、司法层面和社会层面，在我国还包括党委层面，共同组成的立体的对政府预算进行监督的网络。这些不同的预算监督主体从各自的职责出发，既有自身的监督重点，又相互协同地依法对政府预算进行监督。

这种多层次的、全方位的立体监督构成了有效的政府预算监督体系，能够切实保证预算监督的全面、客观、公正。

3. 预算监督对象的广泛性

一国的政府预算随着多级政府的构成一般由中央（联邦）预算和地方预算组成，地方预算又由下级预算汇总而成。可以看出，政府预算活动纷繁复杂，波及面广，对国家和地区的政治、经济和社会生活具有重大的影响。为保证政府预算的合理、合法和高效，必须对其活动内容进行全面、系统的监督，使政府的预算活动真正处于公众的有效监督之下，从而体现出公共财政体系下政府预算的公共性。正因为如此，对政府预算进行监督的对象具有广泛性的特点。

4. 预算监督过程的全面性

政府预算活动是一项大的系统工程。它既涉及预算政策的制定，也涉及预算编制与执行、预算调整与决算。这中间的每一个环节都关系到社会经济生活的正常运行，都需要对其进行有效的监督，以免出现不应有的失误。而政府预算监督是对预算主体的预算活动进行全过程监督。这种监督活动是通过预算业务活动实现的，这中间既包括对预算主体的决策行为即预算编制环节的监督，也包括对预算执行、预算调整、决算、绩效等各个环节的监督，这种监督贯穿于整个预算活动的始终，因而是一种全过程、全方位、多环节的监督。

5. 预算监督形式的多样性

政府预算政策性强，涉及不同的利益和分配格局，对预算进行监督，只靠单一的形式是无法满足监督需要和保证监督效果的，因此，必须采取多种监督形式，多渠道进行监督。各个监督主体可以根据各自的工作性质和工作特点采取不同的形式进行预算监督。例如，立法监督可以采取的监督形式有：审查和批准政府预算、预算调整及决算、对重大事项或特定问题组织调查、对政府预算提出询问或质询、听取预算执行情况的报告等。政府监督可以采取进行监督检查、进行专题调查、接受执行情况汇报等途径；审计监督要对政府预算进行定期或重点审计等。随着现代信息社会的发展，在互联网、大数据的支持下，预算联网监督将会成为预算监督的重要形式。

这既要求根据各预算监督主体不同的工作特点实施各种专业化的监督，又要求预算监督不同主体之间相互协调配合，只有这样，才能不断强化预算监督，提高预算监督的效果。

专栏 8-4

预算监督的形式：询问和质询

询问和质询是人大代表及常委会组成人员对预算或决算中不清楚、不理解、不满意的方面提出问题，要求有关机关做出说明和解释的一种活动。我国《预算法》第八十五条规定："各级人民代表大会和县级以上各级人民代表大会常务委员会举行会议时，人民代表大会代表或者常务委员会组成人员，依照法律规定程序就预算、决算中的有关问题提出询问或者质询，受询问或者受质询的有关的政府或者财政部门必须及时给予答复。"

(1) 询问。它是指各级人大代表或人大常委会组成人员在人代会或人大常委会会议上审议工作报告或议案时，向有关国家机关打听了解有关情况。

(2) 质询。它是指各级人大代表或人大常委会组成人员按照法律规定的程序，对本级国家行政机关提出质问。质询需要提出质询案并按照相关程序进行，对此，《中华人民共和国各级人民代表大会常务委员会监督法》第三十五条至第三十八条做出了规定：

1) 质询案的提出。全国人民代表大会常务委员会组成人员十人以上联名，省、自治区、直辖市、自治州、设区的市人民代表大会常务委员会组成人员五人以上联名，县级人民代表大会常务委员会组成人员三人以上联名，可以向常务委员会书面提出对本级人民政府及其部门和人民法院、人民检察院的质询案。质询案应当写明质询对象、质询的问题和内容。

2) 质询案的答复。质询案由委员长会议或者主任会议决定交由受质询的机关答复。委员长会议或者主任会议可以决定由受质询机关在常务委员会会议上或者有关专门委员会会议上口头答复，或者由受质询机关书面答复。在专门委员会会议上答复的，提质询案的常务委员会组成人员有权列席会议，发表意见。委员长会议或者主任会议认为必要时，可以将答复质询案的情况报告印发常务委员会会议；提质询案的常务委员会组成人员的过半数对受质询机关的答复不满意的，可以提出要求，经委员长会议或者主任会议决定，由受质询机关再做答复。质询案以口头答复的，由受质询机关的负责人到会答复。质询案以书面答复的，由受质询机关的负责人签署。

询问和质询是人大代表及常委会组成人员的个人行为，不是人大及其常委会的集体行为。人大代表及常委会组成人员享有询问和质询权的基础，是人大及其常委会对政府预算、决算拥有监督权。询问和质询的目的是获知政府预决算的工作情况和其他有关情况或者对预决算的工作提出批评，以督促改进工作中的缺点和错误，提高依法办事水平和工作效率。

第二节　我国政府预算监督的主要内容及完善

政府预算监督的内容随监督主体、监督对象的不同而有所不同，这里的预算监督主要是指政府预算外部监督，是指政府及其财政部门之外的有关机构对政府预算实施的监督，在我国主要包括党委监督、立法监督、司法监督、审计监督和社会监督等。法律规定的主要监督形式是在党的领导下的立法监督，在我国具体表现为各级人民代表大会对政府预算的监督，涵盖预算的全口径及贯穿预算全过程。本节主要介绍立法监督与审计监督的主要内容。

一、预算监督的主要内容

（一）立法监督的主要内容

为履行宪法和法律赋予人民代表大会及其常务委员会的预算审查监督职责，贯彻落实党中央关于加强人大预算决算审查监督职能的部署要求，推进全面依法治国，健全完善中国特色社会主义预算审查监督制度，规范预算行为，提高预算绩效，厉行节约，更好地发挥预算在推进国家治理体系和治理能力现代化、推动高质量发展、促进社会进步、改善人民生活和全面深化改革开放中的重要作用，进一步加强对政府预算全口径和全过程的审查监督成为各级人大对政府行为的一项最重要的监督。其监督的主要内容包括：

1. 加强全口径审查和全过程监管

（1）加强财政政策审查监督。

重点包括：财政政策贯彻落实国家方针政策和决策部署的情况；与经济社会发展目标和宏观调控总体要求相衔接的情况；加强中期财政规划管理工作，为国家重大战略任务提供保障的情况；财政政策制定过程中充分听取人大代表与社会各界意见和建议的情况；财政政策的合理性、可行性、可持续性等情况。

（2）加强一般公共预算审查监督。

一是审查监督一般公共预算支出总量和结构。重点包括：支出总量和结构贯彻落实国家方针政策和决策部署的情况；支出总量及其增减情况，财政赤字规模及其占年度预计国内生产总值的比重的情况；调整优化支出结构，严格控制一般性支出，提高财政资金配置效率和使用绩效的情况。

二是审查监督重点支出与重大投资项目。重点包括：重点支出预算和支出政策相衔接的情况；重点支出规模变化和结构优化的情况；重点支出决策论证、政策目标和绩效的情况；重大投资项目与国民经济和社会发展规划相衔接的情况；重大投资项目决策论证、投资安排和实施效果的情况。

三是审查监督部门预算。重点包括：部门各项收支全部纳入预算的情况；部门预算与支出政策、部门职责衔接匹配的情况；项目库建设情况；部门重点项目预算安排和绩效的情况；新增资产配置情况；结转资金使用情况；审计查出问题整改落实情况；等等。

四是审查监督中央对地方以及上级对下级的转移支付。重点包括：各类转移支付保障中央或地方财政承担的财政事权和支出责任的情况；促进地区间财力均衡及增强基层公共服务保障能力的情况；健全规范转移支付制度、优化转移支付结构的情况；专项转移支付定期评估和退出的情况；转移支付预算下达和使用的情况；转移支付绩效的情况。

五是审查监督一般公共预算收入。重点包括：预算收入安排与经济社会发展目标、国家宏观调控总体要求的适应情况；各项税收收入与对应税基相协调的情况；预算收入依法依规征收、真实完整的情况；预算收入结构优化、质量提高的情况；依法规范非税收入管理的情况。

（3）加强政府债务审查监督。

一是审查监督中央政府债务。重点包括：根据中央财政赤字规模和上年末国债余额限额，科学确定当年国债余额限额，合理控制国债余额与限额之间的差额；评估政府债务风险水平，推进实现稳增长和防风险的长期均衡。

二是审查监督地方政府债务。重点包括：地方政府债务纳入预算管理的情况；根据债务率、利息支出率等指标评估地方政府债务风险水平，审查地方政府新增一般债务限额和专项债务限额的合理性情况；地方政府专项债务偿还的情况；积极稳妥地化解地方政府债务风险的情况。

（4）加强政府性基金预算审查监督。

重点包括：基金项目设立、征收、使用和期限符合法律法规规定的情况；收支政策和预算安排的合理性、可行性、可持续性情况；政府性基金支出使用情况；政府性基金项目绩效和评估调整的情况。

（5）加强国有资本经营预算审查监督。

重点包括：预算范围完整、制度规范的情况；国有资本足额上缴收益和产权转让等收入的情况；支出使用方向和项目符合法律法规规定和政策的情况；国有资本经营预算调入一般公共预算的情况；政府投资基金管理的情况；发挥优化国有资本布局、与国资国企改革相衔接的情况。

（6）加强社会保险基金预算审查监督。

重点包括：各项基金收支安排、财政补助和预算平衡的情况；预算安排贯彻落实社会保障政策的情况；推进基本养老保险全国统筹的情况；基金绩效和运营投资的情况；中长期收支预测及可持续运行的情况。

（7）进一步推进预算决算公开，提高预算决算透明度。

即，以公开为常态、以不公开为例外，监督政府及其部门依法及时公开预算决算信息，主动回应社会普遍关注的问题，接受社会监督。

2. 加强预算编制的监督工作

一是坚持先有预算、后有支出、严格按预算支出的原则，细化预算和提前编制预算。要按《预算法》规定的时间将预算草案全部编制完毕。政府预算应当按照宪法和法律规定，贯彻落实国家方针政策和决策部署，做到政策明确、标准科学、安排合理，增强可读性和可审性。

二是一般公共预算草案，应当列示预算收支情况表、转移支付预算表、基本建设支出表、政府债务情况表等，说明收支预算安排及转移支付绩效目标情况。政府性基金预算草案应当按基金项目分别编列、分别说明。政府性基金支出编列到资金使用的具体项目，说明结转结余和绩效目标情况。国有资本经营预算草案收入编列到行业或企业，说明纳入预算的企业单位的上年总体经营财务状况；支出编列到使用方向和用途，说明项目安排的依据和绩效目标。社会保险基金预算草案应当按保险项目编制，反映基本养老保险全国统筹推进情况，说明社会保险基金可持续运行情况。

3. 加强和改善预算的初步审查工作

国务院及地方各级财政部门应当及时向各级人民代表大会财政经济委员会和各级人民代表大会常务委员会预算工作委员会等通报有关预算编制的情况。预算工作委员会应当结合听取人大代表和社会各界意见建议情况，与财政等部门密切沟通，研究提出关于年度预算的分析报告。在法律规定的各级人民代表大会会议举行的一定时间前（中央45日前、地方30日前），政府财政部门应当将预算草案初步方案提交财经委员会或有关专门委员会，由财政经济委员会或有关专门委员会对预算草案初步方案进行初步审查，并就有关重点问题开展专题审议，提出初步审查意见。

在财经委员会或有关专门委员会开展初步审查阶段，人民代表大会有关专门委员会围绕国家方针政策和决策部署，对相关领域部门预算初步方案、转移支付资金和政策开展专项审查，提出专项审查意见。专项审查意见中增加相关支出预算的建议，应当与减少其他支出预算的建议同时提出，以保持预算的平衡性、完整性和统一性。有关专门委员会的专项审查意见，送财经委员会、预算工作委员会研究处理，必要时作为初步审查意见的附件印发人民代表大会会议。

4. 加强预算执行情况的监督工作

在各级人民代表大会及其常务委员会的领导下，财政经济委员会和预算工作委员会应当做好有关工作。政府有关部门应当及时向财政经济委员会、预算工作委员会提交落实人民代表大会关于预算决议的情况。政府财政部门应当定期提供汇总及本级的预算执行报表，反映预算收支、政府债务等相关情况。国务院有关部门应当通过国家电子政务网等平台，定期提供部门预算执行、宏观经济、金融、审计、税务、海关、社会保障、国有资产等方面的政策制度和数据信息。

各级人民代表大会常务委员会通过听取和审议专项工作报告、执法检查、专题调研等监督方式，加强对重点收支政策贯彻实施、重点领域财政资金分配和使用、重大财税改革和政策调整、重大投资项目落实情况的监督。政府在每年年中向人民代表大会常务委员会报告当年预算执行情况。政府财政部门及相关主管部门每季度提供预算执行、有关政策实施和重点项目进展情况。

各级人民代表大会常务委员会利用现代信息技术开展预算联网监督，提高预算审查监督效能，实现预算审查监督的网络化、智能化。对预算联网监督发现的问题，适时向政府有关部门通报，有关部门应当核实处理并反馈处理情况。

5. 加强对预算调整方案的审查工作

一是预算调整。在预算执行中，农业、教育、科技、社会保障等重点领域支出的调减，新增发行特别国债，增加地方政府举借债务规模，必须经人民代表大会常务委员会审查和批准。预算执行中必须做出预算调整的，政府应当编制预算调整方案，一般于当年6月至10月期间提交人民代表大会常务委员会。

二是预算调剂。严格控制预算调剂，各部门、各单位的预算支出应当按照预算执行，因重大事项确需调剂的，严格按照规定程序办理。预算执行中出台重要的增加财政收入或者支出的政策措施，预算收支结构发生重要变化，或者中央预算调入全国社会保障基金等情况，政府财政部门应当及时向预算工作委员会通报。预算工作委员会及时将有关情况向财政经济委员会通报，必要时向人民代表大会常务委员会报告。

6. 加强决算的审查工作

决算草案应当按照人民代表大会批准的预算所列科目编制，按预算数、调整预算数以及决算数分别列出，对重要变化应当做出说明。一般公共预算支出应当按功能分类编列到项，按经济性质分类编列到款。政府性基金预算支出、国有资本经营预算支出、社会保险基金预算支出，应当按功能分类编列到项。按照国务院规定实行权责发生制的特定事项，在审查决算草案前向人民代表大会常务委员会报告。决算草案应当在各级人民代表大会常务委员会举行会议审查和批准的30日前，提交财经委员会或有关专门委员会，由财经委员会或有关专门委员会结合审计工作报告进行初步审查。

7. 加强预算绩效的审查监督工作

各部门、各单位应当实施全面预算绩效管理，强化事前绩效评估，严格绩效目标管理，完善预算绩效指标体系，提升绩效评价质量。加强绩效评价结果应用，促进绩效评价结果与完善政策、安排预算和改进管理相结合，推进预算绩效信息公开，将重要绩效评价结果与决算草案同步报送各级人民代表大会常务委员会审查。各级人民代表大会常务委员会加强对重点支出和重大项目绩效目标、绩效评价结果的审查监督。必要时，召开预算绩效听证会。

8. 加强对预算执行和决算的审计监督

审计机关应当按照真实、合法和效益的要求，对预算执行和其他财政收支情况以及决算草案进行审计监督，为各级人民代表大会常务委员会开展预算执行、决算审查监督提供支持服务。政府应当在每年年中向各级人民代表大会常务委员会提出对上一年度预算执行和其他财政收支的审计工作报告。审计工作报告应当重点报告上一年度预算执行和决算草案、重要政策实施、财政资金绩效的审计情况，全面客观反映审计查出的问题，揭示问题产生的原因，提出改进工作的建议。要依法纠正、处理审计查出的问题，加强审计结果应用，强化责任追究，完善审计查出问题整改工作机制，健全整改情况公开机制。必要时，人民代表大会常务委员会可以对审计工作报告做出决议。

9. 加强对审计查出突出问题整改情况的监督工作

各级人民代表大会常务委员会要对审计查出突出问题整改情况开展跟踪监督。综合运用听取和审议专项工作报告、专题询问等方式开展跟踪监督，加大监督力度，增强监督效果，推动建立健全整改长效机制，完善预算管理制度；健全人大预算审查监督与纪检监察监督、审计监督的贯通协调机制，加强信息共享，形成监督合力。

各级人民代表大会常务委员会在每年12月听取和审议政府关于审计查出问题整改情况的报告，根据需要可以听取审计查出突出问题相关责任部门（单位）的单项整改情况报告。有关责任部门（单位）负责人应当到会听取意见，回答询问。国务院提交的整改情况报告应当与审计工作报告揭示的问题和提出的建议相对应，重点反映审计查出突出问题的整改情况，并提供审计查出突出问题的单项整改结果和部门预算执行审计查出问题整改情况清单。必要时，人民代表大会常务委员会可以对审计查出问题整改情况报告做出决议。

（二）审计监督的主要内容

对于审计机关的设立各国做法不同，许多国家的审计机关独立于政府，有的属于议会、有的属于司法。目前我国的审计机关虽然属于政府序列，是政府的内审机构，但我国立法机关即人大对政府预算执行情况及决算草案的审查是基于审计机关的审计报告，特别是中央审计委员会的组建更是提高了审计监督的地位。按照《预算法实施条例》第九十二条的规定："各级政府审计部门应当依法对本级预算执行情况和决算草案，本级各部门、各单位和下级政府的预算执行情况和决算，进行审计监督。"

根据 2021 年 5 月 6 日国务院常务会议通过的《中华人民共和国审计法（修正草案）》。（以下简称《审计法（修正草案）》），审计机关对政府预算审计监督的主要内容有：

《审计法（修正草案）》第二条规定："国家实行审计监督制度。坚持中国共产党对审计工作的领导，构建集中统一、全面覆盖、权威高效的审计监督体系。"

第五条规定："国务院和县级以上地方人民政府应当每年向本级人民代表大会常务委员会提出审计机关对预算执行和其他财政收支的审计工作报告。审计工作报告应当重点报告对预算执行的审计情况。必要时，人民代表大会常务委员会可以对审计工作报告作出决议。国务院和县级以上地方人民政府应当将审计工作报告中指出的问题的整改情况和处理结果向本级人民代表大会常务委员会报告。"

《审计法（修正草案）》涉及政府财政预算的审计事项还包括：

（1）审计机关对本级各部门（含直属单位）和下级政府预算的执行情况和决算以及其他财政收支情况，进行审计监督。

（2）审计署对中央预算执行情况和其他财政收支情况进行审计监督，向国务院总理提出审计结果报告。地方各级审计机关对本级预算执行情况和其他财政收支情况进行审计监督，向本级人民政府和上一级审计机关提出审计结果报告。

（3）审计机关对国家的事业组织和使用财政资金的其他事业组织的财务收支，进行审计监督。

（4）审计机关对政府投资和以政府投资为主的建设项目的预算执行情况和决算，进行审计监督。

（5）审计机关有权对与国家财政收支有关的特定事项，向有关地方、部门、单位进行专项审计调查，并向本级人民政府和上一级审计机关报告审计调查结果。

除此之外，还包括对国家的事业组织和使用财政资金的其他事业组织的财务收支，对国有企业和国有金融机构的资产、负债、损益以及其他财务收支情况，对国有资本占控股地位或者主导地位的企业、金融机构，对政府投资和以政府投资为主的建设项目的预算执行情况和决算，对其他关系国家利益和公共利益的重大公共工程项目的资金管理使用和建设运营情况，对国有资源、国有资产，对政府部门管理的和其他单位受政府委托管理的社会保险基金、全国社会保障基金、社会捐赠资金以及其他公共资金的财务收支，对国际组织和外国政府援助、贷款项目的财务收支，对被审计单位贯彻落实国家重大经济社会政策措施的情况等进行监督。

二、政府预算监督体系的完善

相对于财政监督来说，我国政府预算的监督体系主要包括党委监督、人大（立法）监督、审计监督、司法监督和社会监督等，各类监督相辅相成。在监督体系中，应该以党的监督为引领，以人大的立法监督为核心，国家审计机关侧重于专项监督和事后监督，司法监督为预算监督提供有力的司法保障，社会监督作为重要的辅助，从而构建起全方位的、严密的监督体系。目前我国的监督体系可从以下方面加以完善。

（一）完善人大预算监督制度

我国宪法和相关法律赋予了人大预算立法权、监督权、决定权等，针对我国人大预算监督的不足，我国监督体系应该从以下几个方面加以完善：

1. 建立并充实预算工作机构

我国人大监督实践证明，由于缺少专门机构的协助，其监督往往不实不细。目前在人大行使预算监督权的主体包括各级人大及其常委会、财经委员会和预算工作委员会等。目前，人大预算工作委员会已经成为人大预算监督的专门机关，为加强人大预算监督发挥了重要的作用。面对日益繁重的政府预算监督工作，一些地方人大常委会通过发挥各专门委员会的监督作用，以及组织一批具有专业知识，长期从事财政、法律、审计工作等具有预算知识和工作经验的专业人员，作为预算监督顾问服务于地方人大审批和监督，发挥了很好的作用。

2. 设立预算咨询专家库

预算监督的专业性很强，要求人大在有限的时间内进行研究、调查、分析，这并非易事。因此，人大可以吸收一些精通财政、审计、财务的专业人士，建立为审议政府预算提供建议和意见的咨询专家库（这种方式也被称为借助外脑），提高人大预算工作机构和人大代表专业审查监督的能力，提高预算审查监督的民主性和科学性。预算咨询专家库的专家主要来自中介组织、大专院校、科研院所等。在实际工作中，往往根据人大和人大代表的审议需要，随机抽取专家，提高重点项目支出的科学性和合理性等方面的审查监督质量。

（二）加强预算的司法监督力度

1. 建立纳税人诉讼制度

纳税人诉讼即当出现有关政府部门侵害纳税人合法权益、违反相关预算法律法规的行为时，纳税人只要能够证明政府预算收支行为侵害了自己的利益，就可以以自己的名义对政府预算行为提起行政诉讼，通过司法途径来维护自己的合法权益，要求相关政府工作人员承担相应的法律责任。

2. 加强检察机关的检查监督

在政府预算的执行过程中，应该加强检察机关对有关部门中掌握预算权力的人员或预算工作人员是否有贪污受贿、浪费预算资金和截留、挪用专门预算资金现象的监督。对于有上述行为的人员，应当严格依照司法程序追究其必要的刑事责任。加强检察机关对有关人员的监督能够加强法律的威慑力和预算的约束力，促使行政部门人员积极主动地尽职尽责，远离职务犯罪，推进党风廉政建设和反腐工作。

（三）保证审计机关的独立性

审计的作用在于消除公众代理人与政府预算信息的不对称，提高预算监督的效能，但目前我国审计还存在独立性不强、难以发挥应有的作用等问题。可从以下几个方面加以完善：

1. 适时转为立法型审计

审计独立是进行公正、有效审计的前提，审计独立包括审计组织独立、审计组织成员独立和审计组织经费独立。目前我国的审计机关隶属于同级政府，其人事任免权、调动权以及财权等主要由同级政府掌握，其监督的范围往往只有同级政府管辖的各部门和企事业单位，既要监督政府又要受政府领导。考察世界各国的审计监督模式，立法型审计最能保证审计的独立性，如果在条件成熟时，将我国审计转为立法型审计，审计的独立性将大大提高，审计的效果也会明显改观。

2. 确保审计监督的职业化

审计是一项技术性非常强的工作，对审计人员的技能和素质要求也高于一般公职人员。审计人员除了应具备必需的法律知识、政治素质、管理经验以外，还必须有广博的行业或专业知识，特别是金融、预算、税收、财务、贸易等方面的知识，并且需要掌握会计审计、查账方法等。只有这样，才能使审计监督准确、客观、合法、公正和公平。

3. 进一步公开审计工作报告

审计监督的主要成果体现为审计工作报告。公开审计工作报告制度是世界各国对政府预算实施监督的普遍经验，它既包括向立法机关报告审计结果，也包括向社会公开审计结果。我国《预算法》也已将对政府预算的审计工作报告列为预算公开的范围。只有在公开、透明的环境下，预算监督才能有利于对责任的追究、有利于对审计查出问题的纠正。

（四）加强预算的社会监督

1. 保障人民的预算知情权

社会主义民主制度要保障人民的知情权、参与权、表达权和监督权。从法理上讲，政府的一切权力来源于人民，政府只有征得人民的同意才能课税和使用税款。因此，人民作为预算资金的提供者和使用者，自然有权全面了解预算资金的收取和使用情况。只有让人民知道政府准备做什么、做了什么以及做的效果，才能真正实现政府权力处于人民的有效监督之下。因此，公众享有预算知情权是政府有效行使预算权力的前提，这相应地要求我国提高政府预算透明度。

2. 保障人民的预算参与权

参与式预算是指公民个人和不同群体、不同利益的代表直接参与地方和社区预算决策的一种方式。参与式预算在我国的实践即让基层党委、政府或农村自治组织在就公共事务做出决策前，在政府和群众之间展开完全平等、自由、公开、坦诚、双向和深入的讨论，在形成基本共识后，再通过一定的程序做出决策。这种形式引入人民代表大会财政预算的审议过程中，就是将政府预算的决策权和监督权真正地交到人民手中。这种做法已经通过《预算法》予以保障。我国《预算法》第四十五条规定："县、自治县、不设区的市、市辖区、乡、民族乡、镇的人民代表大会举行会议审查预算草案前，应当采用多种形式，组织本级人民代表大会代表，听取选民和社会各界的意见。"

（五）加强绩效监督问责

1. 推进绩效信息公开

建立预算绩效信息报告制度，各部门、各单位将绩效目标、绩效评价结果等绩效信息定期向同期政府报告；推动建立绩效目标、绩效评价结果随同预决算报送同级人民代表大会及其常委会制度；不断加大绩效信息向社会公开力度，主动接受社会监督。

2. 加强绩效监督问责

审计机关对本级各部门和下级政府预算绩效情况进行审计监督，对绩效自评结果的真实性和准确性进行抽查。监察机关对预算绩效管理职责履行情况进行监察，对违纪违法行为追责问责。

（六）实施预算联网监督

适应信息社会发展要求，利用"信息＋"和大数据技术，开展预算联网监督是贯彻落实党中央关于加强人大预算审查监督重要部署的具体举措，是对人大预算审查监督工作的创新发展，是对建立和完善中国特色社会主义预算审查监督制度的有益探索。扎实推进预算联网监督工作，实现预算审查监督信息化和网络化，对于推动提高预算编制的科学性和民主性，增强预算执行的严肃性和规范性，提高财政预算管理水平，实施全面规范、公开透明的预算制度，对于提升人大预算审查监督内容的翔实性和时效性，增强预算审查监督的针对性和有效性，更好地依法履行预算审查监督职责，增进人大代表和人民群众对财政预算工作的满意度，对于更好地发挥人民代表大会制度的优势，推进国家治理体系和治理能力现代化，都具有重要意义。

开展人大预算联网监督工作，需要建设好预算联网监督系统。预算联网监督系统是依托国家电子政务网，在收集分析政府预算数据的基础上建立的，以依法加强对政府预算决算审查监督、推动预算公开透明为目的的信息管理系统。通过预算联网监督系统，人大开展预算监督工作的任务是按照党中央关于加强对政府全口径预算决算审查监督的要求和《预算法》等法律规定，开展对预算决算的全口径审查，实现对预算执行的全过程监督。预算联网监督信息的内容主要包括年度财政预算决算草案、部门预算决算草案、月度财政预算执行情况、相关的财政管理动态和文件等信息，还包括分部门、分预算单位，按功能分类的科目的预算下达、调整和执行的即时性信息等。

预算联网监督系统具有查询、预警、分析、服务等基本功能，设有查询分析、监测预警、审查监督、代表服务、政策法规等主要模块。例如，查询功能是指通过联网，实现对一般公共预算、政府性基金预算、国有资本经营预算、社会保险基金预算及其执行情况的查询；实现对部门预算、财政转移支付、政府投资项目、政府债务、土地出让收支等预算信息的查询；实现对党中央重大方针政策、相关预算法律法规、预算决算文件、财政支出政策、财政历史数据等的查阅。

第三节　预算风险控制与监督

预算的编制、执行、绩效等各个环节均存在一定的风险，必须通过制度的规范、对风险点的排查来防范可能的风险发生。

预算风险的分类如下：（1）按照风险来源的不同，分为内部风险和外部风险，其中，按照风险性质的不同，内部风险又可以进一步细分为制度流程风险和廉政风险。（2）按照风险等级的不同，分为一般风险和重大风险。

一、预算过程风险控制与监督

（一）预算编制风险控制与监督

1. 预算编制风险的概念

预算编制风险是指因相关规章制度和工作机制不完善、执行不到位和预算安排依据不充分等，导致预算不科学、不准确、不细化的可能性。

2. 主要风险点

（1）预算编制制度流程风险。这主要是指因缺乏预算编制制度流程规定，或制度流程设计不合理、不到位，导致预算编制不规范、不科学、不准确的可能性。

（2）预算编制廉政风险。这主要是指预算管理人员凭借手中的权力在预算编制中谋求私利等腐败行为发生的可能性。

（3）预算编制外部风险。这主要是指因外部客观环境发生重大变化或者外部信息不真实、不准确导致预算编制不规范、不科学、不准确的可能性。

（4）预算编制一般风险。这主要是指发生的风险事件对预算编制质量产生一定的负面影响，或者对部门声誉和形象造成一定的负面影响的可能性。

（5）预算编制重大风险。这主要是指发生的风险事件对预算编制质量产生重大负面影响，或者严重损害部门声誉和形象的可能性。

3. 预算编制风险防控的内容

根据《预算法》等预算管理法律法规和财政部内部控制基本制度等有关规定，财政部门预算编制风险防控贯穿于预算编制的各个事项、各个流程和各个节点，主要包括以下内容：

（1）五年规划纲要编制风险防控；

（2）财政规划编制风险防控；

（3）赤字预算编制风险防控；

（4）一般公共收入预算编制风险防控；

（5）一般公共预算转移支付预算编制风险防控；

（6）一般公共预算部门预算的预算编制风险防控；

（7）政府性基金预算编制风险防控；

（8）国有资本经营预算编制风险防控；

（9）中央政府债务预算编制风险防控；

（10）地方政府性债务预算编制风险防控。

（二）预算执行风险控制与监督

1. 预算执行风险的概念

预算执行风险是指因相关管理制度和政策措施不完善等，导致预算刚性不足、部分支出进度较慢、资金安全性和效益不高等的可能性。

2. 主要风险点

（1）预算执行制度流程风险。这主要是指缺乏预算执行制度流程规定，或制度流程设计不合理、不到位，导致预算执行刚性不足、进度较慢、效益不高、安全性不够的可能性。

（2）预算执行廉政风险。这主要是指预算管理人员凭借手中权力在预算执行中谋求私利等腐败行为发生的可能性。

（3）预算执行一般风险。这主要是指发生的风险事件对预算执行产生一定的负面影响，或者对部门声誉和形象造成一定的负面影响。

（4）预算执行重大风险。这主要是指发生的风险事件对预算执行产生重大负面影响，或者严重损害部门声誉和形象。

3. 预算执行风险防控的内容

根据《预算法》等预算管理法律法规和财政部内部控制基本制度等有关规定，预算执行风险防控贯穿于预算执行的整个业务流程，主要包括以下内容：

（1）税收收入执行风险防控；

（2）非税收入执行风险防控；

（3）债务发行风险防控；

（4）地方政府债务收入执行风险防控；

（5）部门预算批复下达风险防控；
（6）转移支付预算下达风险防控；
（7）预算调整风险防控；
（8）预算调剂风险防控；
（9）指标和用款计划管理风险防控；
（10）本级资金支付风险防控；
（11）对地方或下级转移支付资金拨付风险防控；
（12）政府采购管理防控；
（13）预算执行动态监控管理风险防控；
（14）国库现金管理风险防控；
（15）预算单位银行账户管理风险防控；
（16）财政专户开户核准管理风险防控；
（17）总预算会计核算管理风险防控；
（18）预算执行情况分析管理风险防控。

4. 决算与绩效风险防控和监督

主要包括以下内容：
（1）财政总决算编制风险防控；
（2）部门决算编制管理风险防控；
（3）绩效管理风险防控。

（三）建立防范预算风险的分权制衡机制

如何防范可能的预算风险及明确职责范围，需要按照预算编制、执行、监督相互制约、相互协调的要求，建立防范预算风险的制衡机制。主要包括：一是建立各有关单位内部分权制衡机制；二是建立各有关单位间分权制衡机制；三是建立各单位沟通协调机制；四是建立重大风险事项会商制度。

二、行政事业单位预算风险与监督

行政事业单位（下称预算单位）的风险控制目标主要包括：合理保证单位经济活动合法合规、资产安全和使用有效、财务信息真实完整，有效防范舞弊和预防腐败，提高公共服务的效率和效果。其中，与预算相关的内部风险控制与监督是核心内容。

（一）预算单位业务风险评估重点

预算单位进行经济活动业务层面的风险评估时，应当重点关注以下方面：

（1）预算管理情况。包括：在预算编制过程中单位内部各部门间沟通协调是否充分，预算编制是否与资产配置相结合、是否与具体工作相适应；是否按照批复的额度和开支范围执行预算，进度是否合理，是否存在无预算、超预算支出等问题；决算编报是否真实、完整、准确、及时。

（2）收支管理情况。包括：收入是否实现归口管理，是否按照规定及时向财会部门提供有关收入的凭据，是否按照规定保管和使用印章及票据等；发生支出事项时是否按照规定审核各类凭据的真实性、合法性，是否存在使用虚假票据套取资金的情形。

（3）政府采购管理情况。包括：是否按照预算和计划组织政府采购业务；是否按照规定组织政府采购活动和执行验收程序；是否按照规定保存政府采购业务相关档案。

（4）资产管理情况。包括：是否实现资产归口管理并明确使用责任；是否定期对资产进行清查盘点，对账实不符的情况及时进行处理；是否按照规定处置资产。

（5）建设项目管理情况。包括：是否按照概算投资；是否严格履行审核审批程序；是否建立有效的招投标控制机制；是否存在截留、挤占、挪用、套取建设项目资金的情形；是否按照规定保存建设项目相关档案并及时办理移交手续。

（6）合同管理情况。包括：是否实现合同归口管理；是否明确应签订合同的经济活动范围和条件；是否有效监控合同履行情况；是否建立合同纠纷协调机制。

（7）其他情况。

（二）预算单位预算业务风险控制要点

预算单位应当建立健全预算编制、审批、执行、决算与评价等预算内部管理制度；合理设置岗位，明确相关岗位的职责与权限，确保预算编制、审批、执行、评价等不相容岗位相互分离。

（1）预算单位的预算编制应当做到程序规范、方法科学、编制及时、内容完整、项目细化、数据准确。1）正确把握预算编制有关政策，确保预算编制相关人员及时、全面掌握相关规定。2）建立内部预算编制、预算执行、资产管理、基建管理、人事管理等部门或岗位的沟通协调机制，按照规定进行项目评审，确保预算编制部门及时取得和有效运用与预算编制相关的信息，根据工作计划细化预算编制，提高预算编制的科学性。

（2）预算单位根据内设部门的职责和分工，对按照法定程序批复的预算在单位内部进行指标分解、审批下达，规范内部预算追加调整程序，发挥预算对经济活动的管控作用。预算单位根据批复的预算安排各项收支，确保预算严格有效执行，建立预算执行分析机制；定期通报各部门预算执行情况，召开预算执行分析会议，研究解决预算执行中存在的问题，提出改进措施，提高预算执行的有效性。

（3）预算单位加强决算管理，确保决算真实、完整、准确、及时，加强决算分析工作，强化决算分析结果运用，建立健全单位预算与决算相互反映、相互促进的机制。

（4）预算单位应当加强预算绩效管理，建立“预算编制有目标、预算执行有监控、预算完成有评价、评价结果有反馈、反馈结果有应用”的全过程预算绩效管理机制。

（三）预算单位收支业务风险控制要点

（1）预算单位应当建立健全收入内部管理制度，合理设置岗位，明确相关岗位的职责与权限，确保收款、会计核算等不相容岗位相互分离；单位的各项收入应当由财会部门归口管理并进行会计核算，严禁设立账外账。

（2）业务部门应当在涉及收入的合同协议签订后及时将合同等有关材料提交财会部

门作为账务处理依据，确保各项收入应收尽收，及时入账。财会部门应当定期检查收入金额是否与合同约定相符；对应收未收项目应当查明情况，明确责任主体，落实催收责任。

（3）有政府非税收入收缴职能的单位，应当按照规定项目和标准征收政府非税收入，按照规定开具财政票据，做到收缴分离、票款一致，并及时、足额上缴国库或财政专户，不得以任何形式截留、挪用或者私分。

（4）预算单位应当建立健全票据管理制度。财政票据、发票等各类票据的申领、启用、核销、销毁均应履行规定手续。单位应当按照规定设置票据专管员，建立票据台账，做好票据的保管和序时登记工作。票据应当按照顺序号使用，不得拆本使用，做好废旧票据管理。负责保管票据的人员要配置单独的保险柜等保管设备，并做到人走柜锁。

（5）预算单位不得违反规定转让、出借、代开、买卖财政票据、发票等票据，不得擅自扩大票据适用范围。

（6）预算单位应当建立健全支出内部管理制度，确定单位经济活动的各项支出标准，明确支出报销流程，按照规定办理支出事项；单位应当合理设置岗位，明确相关岗位的职责与权限，确保支出申请和内部审批、付款审批和付款执行、业务经办和会计核算等不相容岗位相互分离。

（7）预算单位应当按照支出业务的类型，明确内部审批、审核、支付、核算和归档等支出各关键岗位的职责与权限。实行国库集中支付的，应当严格按照财政国库管理制度有关规定执行。

1）加强支出审批控制。明确支出的内部审批权限、程序、责任和相关控制措施。审批人应当在授权范围内审批，不得越权审批。

2）加强支出审核控制。全面审核各类单据；重点审核单据来源是否合法，内容是否真实、完整，使用是否准确，是否符合预算，审批手续是否齐全；支出凭证应当附反映支出明细内容的原始单据，并由经办人员签字或盖章，超出规定标准的支出事项应由经办人员说明原因并附审批依据，确保与经济业务事项相符。

3）加强支付控制。明确报销业务流程，按照规定办理资金支付手续；签发的支付凭证应当进行登记。使用公务卡结算的，应当按照公务卡使用和管理的有关规定办理业务。

4）加强支出核算和归档控制。由财会部门根据支出凭证及时、准确地登记账簿；与支出业务相关的合同等材料应当提交财会部门作为账务处理的依据。

（8）根据国家规定可以举借债务的单位应当建立健全债务内部管理制度，明确债务管理岗位的职责与权限，不得由一人办理债务业务的全过程；大额债务的举借和偿还属于重大经济事项，应当进行充分论证，并由单位领导班子集体研究决定；预算单位应当做好债务的会计核算和档案保管工作；加强债务的对账和检查控制，定期与债权人核对债务余额，进行债务清理，防范和控制财务风险。

（四）预算单位政府采购业务风险控制要点

预算单位应当建立健全政府采购预算与计划管理、政府采购活动管理、验收管理等政府采购内部管理制度；明确相关岗位的职责与权限，确保政府采购需求制定与内部审批、招标文件准备与复核、合同签订与验收、验收与保管等不相容岗位相互分离。

（1）预算单位应当加强对政府采购业务预算与计划的管理；建立预算编制、政府采购和资产管理等部门或岗位之间的沟通与协调机制；根据本单位实际需求和相关标准编制政府采购预算，按照已批复的预算安排政府采购计划。

（2）预算单位应当加强对政府采购活动的管理，对政府采购活动实施归口管理，在政府采购活动中建立政府采购、资产管理、财会、内部审计、纪检监察等部门或岗位相互协调、相互制约的机制。

（3）预算单位应当加强对政府采购申请的内部审核，按照规定选择政府采购方式、发布政府采购信息；对政府采购进口产品、变更政府采购方式等事项应当加强内部审核，严格履行审批手续。

（4）预算单位应当加强对政府采购项目验收的管理，根据规定的验收制度和政府采购文件，由指定部门或专人对所购物品的品种、规格、数量、质量和其他相关内容进行验收，并出具验收证明。

（5）预算单位应当加强对政府采购业务质疑投诉答复的管理，指定牵头部门负责、相关部门参加，按照国家有关规定做好政府采购业务质疑投诉答复工作。

（6）预算单位应当加强对政府采购业务的记录和控制；妥善保管政府采购预算与计划、各类批复文件、招标文件、投标文件、评标文件、合同文本、验收证明等政府采购业务相关资料；定期对政府采购业务信息进行分类统计，并在内部进行通报。

（7）预算单位应当加强对涉密政府采购项目安全保密的管理。对于涉密政府采购项目，单位应当与相关供应商或采购中介机构签订保密协议或者在合同中设定保密条款。

第四节　预算问责及其法律依据

一、预算问责的立法要义

在现代民主法治国家，必须将预算监督的有效性与预算问责紧密相连，才能实现科学立法、严格执法、公正司法、全民守法的有机统一。《预算法》旨在规范和约束政府的预算收支行为，因此，为加强《预算法》的法律严肃性和约束效应，明确相关政府部门及其人员在政府预算收支活动中的法律责任就成为预算管理的重要内容之一。

所谓法律责任，是指行为人由于做出违法、违约行为或者由于法律规定应承受的某种不利的法律后果。法律责任具有国家强制性。《预算法》中的法律责任主要是指行政责任，同时也包括刑事责任，它为相关责任主体在预算编制、执行、调整、决算、监督等环节的行为提供了法律规范和问责依据。

（一）明确责任追究主体

由于预算活动的过程决定了所涉及的违法、违规行为具有多环节性和多样性，从而使违法、违规行为涉及的预算相关主体及个人具有多元性，因此，在《预算法》的规定中，承担法律责任的主体也具有多元性。从预算管理违法事项的处理原则来看，主要是基于对行政法律责任的追究。《预算法》规定了依法追究责任的责任主体，具体包括：各级政府、各有关部门（涉及预算收支的主管部门和职能部门等）、各预算单位、负有直接责任的主管人员和其他直接责任人员。这里面既包括政府，也包括政府部门和单位，直至具体的工作人员，使承担责任的主体具体化，使问责能够落到实处，以提高预算主体的责任意识，减少违法违规行为的发生。只有这样，才能够真正发挥法律的执行效力。

（二）明确需问责的违法事项

现代法治社会，不仅要求权利、义务法定，而且要求对责任的承担也有法律依据，即有关承担法律责任的内容、方式等都应当由相应法律规定。有无行政违法事实则是判断是否追究行政法律责任的主要依据。

《预算法》就可能存在的违规违法行为，以清单形式清晰地列举了会被追究行政责任的违法事项，范围更大、责任更具体。这既有利于各责任主体明晰哪些违法事项会被追究法律责任，又有利于执法部门执法有据。同时，通过各章的法条以正例的形式规定了应该怎么做，又通过法律责任以反例的形式强调了如果违反相应的法律规定将要承担什么样的法律责任，从正反两方面为行政主体及其相关人员提供了行为规范和依据，在一定程度上限制了行政主体及其公务人员滥用行政权力的行为以及渎职行为，也进一步增强了法律的严肃性。

（三）明确责任追究的具体形式

《预算法》在责任追究的具体形式上，除了追究行政责任和给予行政处分外，还在第九十六条中明确指出，“违反本法规定，构成犯罪的，依法追究刑事责任”，进一步强化了《预算法》的法律约束力和法律效力。

按照违法的性质和危害程度的不同，法律责任一般可分为民事法律责任、行政法律责任、刑事法律责任以及违宪法律责任等。《预算法》主要涉及行政责任和刑事责任。

（1）行政责任。行政责任是行政法律责任的简称，指有关单位和个人违反行政法律、法规但尚未构成犯罪的行为依法应承担的法律后果，包括行政处分和行政处罚。

1）行政处分。行政处分是对国家工作人员及由国家机关委派到企事业单位任职的人员的行政违法行为给予的一种制裁性处理。行政处分的种类包括警告、记过、降级、降职、撤职、开除等。

2）行政处罚。行政处罚是指各级行政机关及其他依法可以实施行政处罚权的组织，对违反行政法律、法规、规章，尚不构成犯罪的公民、法人及其他组织实施的一种制裁行为。行政处罚是追究行政责任的主要方式，是行政责任中使用最广的一种责任形式，主要包括警告、罚款、没收违法所得、没收非法财物、责令停产停业、暂扣或者吊销许可证、暂扣或者吊销执照、行政拘留等。

（2）刑事责任。刑事责任是依据国家刑事法律规定，对犯罪分子依照刑事法律的规定追究的法律责任。刑事责任与行政责任的不同之处在于：一是追究的违法行为不同，追究行政责任的是一般违法行为，追究刑事责任的是犯罪行为；二是追究责任的机关不同，追究行政责任由国家特定的行政机关依照有关法律的规定进行，追究刑事责任只能由司法机关依照《刑法》的规定进行；三是承担法律责任的后果不同，追究刑事责任是最严厉的制裁，可以判处死刑，比追究行政责任严厉得多。

《预算法》通过明确违法责任人、相关责任事项和追责形式，规范和约束相关责任主体的预算行为，从而保障预算在编制、执行、调整、决算等一系列环节中能有法必依、执法必严、违法必究。行政责任的追究和惩戒规定不仅为相关责任人行使职权提供了规范标准，而且提升了法律的威慑力，从而使《预算法》真正成为集立法、守法、执法为一体的动态的法律体系。

二、预算问责的法律依据

（一）追究行政责任的情况的法律依据

追究行政责任的情况的法律依据体现在《预算法》第九十二条中，其基本内容包括：

（1）明确了追责的责任主体。追责的责任主体是各级政府及有关部门，具体追责对象为负有直接责任的主管人员和其他直接责任人员。

（2）明确了追责的违法事项。明确只要有以下任意一项违法行为发生，就要依法追究责任：

1）未依照《预算法》规定，编制、报送预算草案、预算调整方案、决算草案和部门预算、决算以及批复预算、决算的；

2）违反《预算法》规定，进行预算调整的；

3）未依照《预算法》规定对有关预算事项进行公开和说明的；

4）违反规定设立政府性基金项目和其他财政收入项目的；

5）违反法律、法规规定使用预算预备费、预算周转金、预算稳定调节基金、超收收入的；

6）违反《预算法》规定开设财政专户的。

（3）明确了追责的程序和形式，即责令改正，并追究行政责任，应既包括行政处分，也包括行政处罚。

（二）依法给予降级、撤职、开除的处分的情况的法律依据

依法给予降级、撤职、开除的处分的情况的法律依据体现在《预算法》第九十三条中，其基本内容包括：

（1）明确了追责的责任主体。追责的责任主体是各级政府及有关部门，还包括有关单位，具体追责对象为负有直接责任的主管人员和其他直接责任人员。

（2）明确了追责的违法事项。明确只要有以下任意一项违法行为发生就要依法追究责任：

1）未将所有政府收入和支出列入预算或者虚列收入和支出的；

2）违反法律、行政法规的规定，多征、提前征收或者减征、免征、缓征应征预算收

入的；

3）截留、占用、挪用或者拖欠应当上缴国库的预算收入的；

4）违反《预算法》规定，改变预算支出用途的；

5）擅自改变上级政府专项转移支付资金用途的；

6）违反《预算法》规定拨付预算支出资金，办理预算收入收纳、划分、留解、退付，或者违反《预算法》规定冻结、动用国库库款或者以其他方式支配已入国库库款的。

上述违反《预算法》规定冻结、动用国库库款或者以其他方式支配已入国库库款是指：第一，未经有关政府财政部门同意，冻结、动用国库库款；第二，预算收入征收部门和单位违反规定将所收税款和其他预算收入存入国库之外的其他账户；第三，未经有关政府财政部门或者财政部门授权的机构同意，办理资金拨付和退付；第四，将国库库款挪作他用；第五，延解、占压国库库款；第六，占压政府财政部门拨付的预算资金。

（3）明确了追责的程序和形式，即责令改正，并给予行政处分，具体包括降级、撤职和开除。

（三）给予撤职、开除的处分的情况的法律依据

给予撤职、开除处分的情况的法律依据体现在《预算法》第九十四条中，其基本内容包括：

（1）明确了追责的责任主体。责任主体是各级政府、各部门和各单位，具体追责对象为负有直接责任的主管人员和其他直接责任人员。

（2）明确了追责的违法事项。明确只要有以下任意一项违法行为发生就要依法追究责任：1）违反《预算法》规定举借债务或者为他人债务提供担保；2）挪用重点支出资金；3）在预算之外及超预算标准建设楼堂馆所。

（3）明确了追责的程序和形式，即责令改正，并给予行政处分，具体包括直接撤职和开除。

（四）依法给予处分的情况的法律依据

依法给予处分的情况的法律依据体现在《预算法》第九十五条中，其基本内容包括：

（1）明确了追责的责任主体。责任主体是各级政府有关部门、单位及其工作人员，包括负有直接责任的主管人员和其他直接责任人员。

（2）明确了追责的违法事项，明确只要有以下任意一项违法行为发生就要依法追究责任：

1）违反法律、法规的规定，改变预算收入上缴方式的；

2）以虚报、冒领等手段骗取预算资金的；

3）违反规定扩大开支范围、提高开支标准的；

4）其他违反财政管理规定的行为。

（3）明确了追责的程序和形式。1）责令改正，追回骗取、使用的资金，有违法所得的没收违法所得，对单位给予警告或者通报批评；2）对负有直接责任的主管人员和其他直接责任人员依法给予处分。

(五) 依法追究刑事责任的情况的法律依据

依法追究刑事责任的情况的法律依据体现在《预算法》第九十六条中，其基本内容包括：

(1) 明确了法律的协同性与互补性。具体来说，明确了对于上述第九十二条、第九十三条、第九十四条、第九十五条所列的违法行为，其他法律对其处理、处罚另有规定的，依照其他法律相关规定处理。该法条旨在强调《预算法》与其他法律的相容性与互补性。对于违反《预算法》规定，同时触犯其他法律的违法行为，除《预算法》外，其他相关法律的规定也同时适用。

(2) 明确了追究刑事责任。规定了如果违反《预算法》规定，构成犯罪的，将依法追究刑事责任。相较于对行政责任的追究，对刑事责任的追究在法律制裁上具有更强的惩罚性，其法律威慑力更大。

同时，对于人民代表大会常务委员会开展预算决算审查监督工作发现的问题，相关机关、部门、单位和地方应当及时研究处理，对违反《预算法》等法律规定的，要依法追究法律责任；需要给予行政处分的，人民代表大会常务委员会有关工作机构要及时通报监察机关。

案例与评析

一、案例与材料

《预算法》对违法行为列出了追究行政责任，降级、撤职、开除，撤职、开除，处分，追究刑事责任等法律责任，新增、细化了追责情形，列出了近 20 种具体的违法情形，逐一明确了追责和处罚办法。请结合下面湖北省黄石经济技术开发区有关违法举债的问题，剖析违反《预算法》的法律责任。

(一) 违法事实

2017 年 5 月，财政部向湖北省反映了黄石经济技术开发区违法举债问题。2015 年 8 月，经黄石经济技术开发区管理委员会（简称管委会）主任办公会研究，由湖北省黄石经济技术开发区财政局向湖北劲牌投资有限公司借款 1.1 亿元，年利率为 10.2%。2016 年，该笔借款使用地方政府置换债券资金进行了偿还。

(二) 问责处理

按照《预算法》和《行政机关公务员处分条例》等的有关规定，黄石市政府常务会议对相关责任人和单位进行了严肃处理。第一，时任开发区管委会主任孔某，动议并召集开发区主任办公会决策违法举债事项，并签批同意财政部门违法举债，负有直接责任。孔某因其严重违纪行为被开除公职，并被移送司法机关依法处理。第二，开发区财政局局长黄某、开发区财政局副局长王某，虽提出过异议但仍执行违反法律规定的决策，负有相应的直接责任，被给予行政警告处分。第三，时任开发区管委会副主任鲁某，对相关财经法规政策把关不严，负有领导责任，被给予诫勉谈话处理。第四，责成黄石经济技术开发区管委会向黄石市政府做出书面检查，深刻剖析原因，严防类似问题再次发生。

二、问题与分析

（一）根据《预算法》相关法条分析处罚孔某的法律依据

《预算法》第九十四条规定："各级政府、各部门、各单位违反本法规定举借债务或者为他人债务提供担保，或者挪用重点支出资金，或者在预算之外及超预算标准建设楼堂馆所的，责令改正，对负有直接责任的主管人员和其他直接责任人员给予撤职、开除的处分。"由于孔某对决策违法举债负有直接责任，因此给予开除处分。

（二）分析案例的警示作用

根据我国《预算法》第三十五条的规定，地方各级预算应该按照量入为出、收支平衡的原则编制，除《预算法》另有规定外，不列赤字。如果确有需要，经国务院批准的省、自治区、直辖市的预算中必需的建设投资的部分资金，可以在国务院确定的限额内，通过发行地方政府债券举借债务的方式筹措。除此之外，地方政府及其所属部门不得以任何方式举借债务。除法律另有规定外，地方政府及其所属部门不得为任何单位和个人的债务以任何方式提供担保。这就规定了地方政府发债只能依照法定程序以发行地方政府债券的形式进行，坚决防止各种形式的违法违规举债和担保行为；明确划分政府债务和企业债务的界限，贯彻政府不兜底的原则，加快推进融资平台公司市场化转型。因此，各级政府应守住依法理财、依法行政的底线，不断提高政府债务管理的科学化、精细化、规范化水平，有效防范区域性财政金融风险。

本章小结

1. 政府预算监督是指在预算的全过程中，对有关预算主体筹集和供应预算资金等业务活动依法进行的检查、督促和制约，是政府预算管理的重要组成部分。

2. 政府预算监督可以划分为立法监督、司法监督、行政监督（政府监督、财政监督、审计监督）、社会监督等，在我国还包括党委监督。

3. 政府预算监督具有预算监督依据的法律性、预算监督体系的层次性、预算监督对象的广泛性、预算监督过程的全面性、预算监督形式的多样性等特点。

4. 政府预算监督的内容随监督主体、监督对象的不同而有所不同。政府预算外部监督是指政府及其财政部门之外的有关机构对政府预算实施的监督，在我国主要包括党委监督、立法（人大）监督、司法监督、审计监督、社会监督。

5. 预算部门是财政部门内部的重要业务部门，预算的编制、执行、绩效等各个环节均存在风险，必须通过制度的规范、对风险点的排查来防范可能的风险发生。预算风险的分类如下：(1) 按照风险来源的不同，预算风险分为内部风险和外部风险。(2) 按照风险性质的不同，内部风险进一步细分为制度流程风险和廉政风险。(3) 按照风险等级的不同，预算风险分为一般风险和重大风险。

6. 预算风险与监督主要包括预算过程风险控制与监督（包括预算编制风险控制与监督、预算执行风险控制与监督以及决算与绩效风险控制与监督）以及行政事业单位预算风险与监督。

7. 在现代民主法治国家，必须将预算监督的有效性与预算问责紧密联系起来，才能实现科学立法、严格执法、公正司法、全民守法的有机统一。《预算法》旨在规范和约束政府的预算收支行为，为此，为加强《预算法》的法律严肃性和约束效应，明确相关政府部门及其人员在政府预算收支活动中的法律责任就成为预算管理的重要内容之一。

练习与思考题

认知题

1. 党委监督、立法监督、司法监督、行政监督、社会监督等的区别与联系
2. 政府预算监督的内涵
3. 预算监督的方法
4. 预算风险与监督的要点
5.《预算法》中有关法律责任的内容

思考与实践题

1. 思考如何构建全流程预算监督框架体系。
2. 思考如何从内部风险控制角度来完善预算监督体系。

主要参考文献

1. 阿伦·威尔达夫斯基，内奥米·凯顿．预算过程中的新政治：第4版．上海：上海财经大学出版社，2006.

2. 艾伦·希克．国会和钱：预算、支出、税收．北京：中国财政经济出版社，2012.

3. 艾伦·希克．联邦预算：政治、政策、过程．北京：中国财政经济出版社，2011.

4. 爱伦·鲁宾．公共预算中的政治：收入与支出，借贷与平衡．北京：中国人民大学出版社，2001.

5. 财政部关于进一步完善中央部门项目支出预算管理的通知，2017.

6. 财政部关于进一步做好中央本级支出标准体系建设工作的通知，2019.

7. 财政部关于进一步做实中央部门预算项目库的意见，2016.

8. 财政部关于推进部门所属单位预算公开工作的指导意见，2021.

9. 财政部关于完善政府预算体系有关问题的通知，2014.

10. 财政部关于印发《地方预决算公开操作规程》的通知，2016.

11. 财政部关于印发《地方政府一般债务预算管理办法》的通知，2016.

12. 财政部关于印发《地方政府专项债务预算管理办法》的通知，2016.

13. 财政部关于印发《项目支出绩效评价管理办法》的通知，2020.

14. 财政部关于印发《中央本级基本支出预算管理办法》的通知，2007.

15. 财政部关于印发《中央部门预算绩效目标管理办法》的通知，2015.

16. 财政部关于印发《中央部门预算绩效运行监控管理暂行办法》的通知，2019.

17. 财政部关于印发《中央财政预算执行动态监控管理办法》的通知，2020.

18. 财政部关于修订印发政府部门财务报告编制操作指南（试行）的通知，2019.

19. 财政部关于修订印发政府财务报告编制办法（试行）的通知，2019.

20. 财政部．2021年政府收支分类科目．北京：中国财政经济出版社，2020.

21. 财政部．预算管理一体化规范（试行），2020.

22. 财政部干教中心组，李燕，等．现代预算制度研究．北京：经济科学出版社，2017.

23. 财政部国库司．财政国库手册．北京：中国财政经济出版社，2020.

24. 财政部条法司．中华人民共和国预算法实施条例解读．北京：中国财经出版传媒集团，2021.

25. 财政部预算司．中央部门预算编制指南（2021）．北京：中国财政经济出版社，2020.

26. 财政部驻江苏专员办课题组．强化内部控制监督在综合财政监管中的作用．财政监督，2014（8）.

27. 陈光焱，边俊杰．中国预算制度的发展与改革．光华财税年刊，2007.

28. 陈光焱．中国预算制度的历史变迁与现今改革．地方财政研究，2008（5）：59-63.

29. 崔惠玉，武玲玲．中西方政府预算制度的变迁与思考．河北经贸大学学报，2013（4）：60-63.

30. 冯俏彬．美国预算过程的发展演变及其启示．财政研究，2007（6）：72-75.

31. 苟燕楠．绩效预算：模式与路径．北京：中国财政经济出版社，2011.

32. 郭剑鸣，周佳．规约政府：现代预算制度的本质及其成长的政治基础．学习与探索，2013（2）.

33. 国际货币基金组织．财政透明度．北京：人民出版社，2001.

34. 国务院关于改革和完善中央对地方转移支付制度的意见，2014.

35. 国务院关于加强地方政府性债务管理的意见，2014.

36. 国务院关于进一步深化预算管理制度改革的意见，2021.

37. 国务院关于批转财政部权责发生制政府综合财务报告制度改革方案的通知，2014.

38. 国务院关于深化预算管理制度改革的决定，2014.

39. 国务院关于实行中期财政规划管理的意见，2015.

40. 国务院关于推进中央与地方财政事权和支出责任划分改革的指导意见，2016.

41. 国务院关于进一步完善国有资本经营预算制度的意见，2024.

42. 贺邦靖．中国财政监督．北京：经济科学出版社，2008.

43. 黑龙江人大常委会预工委．黑龙江人大常委会预工委工作创新实录，2011.

44. 黄遵宪．日本国志：卷17，1895.

45. 经济合作与发展组织．比较预算．北京：人民出版社，2001.

46. 李霁友．论政府综合财务报告制度研究．北京：科学出版社，2016.

47. 李黎明，李燕．地方人大部门预算审查监督研究．北京：中国财政经济出版社，2016.

48. 李炜光．难以走向共和：中国近代预算制度的变迁与启示．中国财政史研讨会，2008.

49. 李燕，马金华．中西方现代预算制度成长的驱动因素分析及启示．中央财经大学学报，2016（10）：13-18.

50. 李燕．财政可持续发展与透明视角下的中期预算探究．中国行政管理，2012（9）：43-46.

51. 李燕．实施跨年度预算平衡机制相关问题的思考．中国财政，2015（2）：39-40.

52. 李燕．我国全口径预算报告体系构建研究．财政研究，2014（2）：47-50.

53. 李燕．新《预算法》释解与实务指导．北京：中国财政经济出版社，2015.

54. 李燕．政府预算．北京：经济科学出版社，2012.

55. 李燕．政府预算管理．2 版．北京：北京大学出版社，2016.

56. 李燕．政府预算理论与实务．3 版．北京：中国财政经济出版社，2018.

57. 刘汉屏．也谈中国预（决）算制度起源问题．江西财经大学学报，1986（2）：87－91.

58. 刘昆．绩效预算：国外经验与借鉴．北京：中国财政经济出版社，2007.

59. 刘溶沧，赵志耘．财政政策论纲．北京：经济科学出版社，1998.

60. 刘晓洲．政府购买服务、政府和社会资本合作（PPP）与政府采购关系探析．地方财政研究，2018（4）：4－9，52.

61. 楼继伟．深化财税体制改革．北京：人民出版社，2015.

62. 楼继伟．中国政府间财政关系再思考．北京：中国财政经济出版社，2013.

63. 马金华．1912—1949 预算制度的演进与挫败．新理财（政府理财），2010（3）：96－101.

64. 马骏，等．公共预算：比较研究．北京：中央编译出版社，2011.

65. 茆晓颖，孙文基．我国财政内部控制问题研究．财政研究，2010（2）：9－11.

66. 美国国会预算办公室官方网站（http://www. cbo. gov. us）.

67. 牛美丽．地方政府绩效预算改革．上海：格致出版社，2012.

68. 彭健．英国政府预算制度的演进及特征．东北财经大学学报，2008（2）：45－49.

69. 全国人大常委会法制工作委员会，李飞，郑淑娜．中华人民共和国各级人民代表大会常务委员会监督法．北京：中国民主法制出版社，2013.

70. 全国人大常委会法制工作委员会，预算工作委员会，财政部．中华人民共和国预算法释义．北京：中国财政经济出版社，2015.

71. 孙翊刚．中国财政史．北京：中国社会科学出版社，2003.

72. 王淑杰．政府预算的立法监督模式研究．北京：中国财政经济出版社，2008.

73. 王熙．美国预算制度变迁及其对中国的启示．中央财经大学学报，2010（2）：16－20.

74. 王秀芝．从预算管理流程看我国政府预算管理改革．财贸经济，2015（12）：22－34.

75. 王雍君，张拥军．政府施政与预算改革．北京：经济科学出版社，2006.

76. 王雍君．公共预算管理．北京：经济科学出版社，2002.

77. 习近平. 高举中国特色社会主义伟大旗帜 为全面建设社会主义现代化国家而团结奋斗——在中国共产党第二十次全国代表大会上的报告（2022 年 10 月 16 日). 人民日报，2022－10－26.

78. 亚洲开发银行．政府支出管理．北京：人民出版社，2001.

79. 英国议会两院网站（http://www. parliament. uk）.

80. 张德勇．分税制实施以来的政府预算管理制度改革评估．地方财政研究，2015

(2):41-46.

81. 赵早早，杨晖．构建公开透明的地方政府预算制度研究：以无锡、温岭和焦作参与式预算实践为例．北京行政学院学报，2014（4）:40-46.

82. 郑观应．盛世危言：卷四“度支篇”，1894.

83. 中共中央 国务院关于全面实施预算绩效管理的意见，2018.

84. 中华人民共和国宪法．北京：法律出版社，2004.

85. 中华人民共和国预算法．北京：中国法制出版社，2014.

86. Einzig, P. *The Control of the Purse: Progress and Decline of Parliament's Financial Control*. London: Secker & Warburg, 1959.

87. Ellis, K. and Mitchell, S. Outcome-focused Management in the United Kingdom. *OECD Journal on Budgeting*, 2002, 1 (4).

88. Mallet, B. *British Budgets 1887-88 to 1912-13*. London: Kessinger Publishing, 1913.

89. Schick, A. The Road to PPB: The Stages of Budget Reform. *Public Administration Review*, 1966, 26 (4).

图书在版编目（CIP）数据

政府预算理论与实务／李燕主编．--4版．--北京：中国人民大学出版社，2021.10
新编21世纪财税系列教材
ISBN 978-7-300-29882-5

Ⅰ.①政… Ⅱ.①李… Ⅲ.①国家预算-高等学校-教材 Ⅳ.①F810.3

中国版本图书馆CIP数据核字（2021）第183922号

“十二五”普通高等教育本科国家级规划教材
新编21世纪财税系列教材
政府预算理论与实务（第四版）
李　燕　主编
Zhengfu Yusuan Lilun yu Shiwu

出版发行	中国人民大学出版社		
社　　址	北京中关村大街31号	**邮政编码**	100080
电　　话	010－62511242（总编室）		010－62511770（质管部）
	010－82501766（邮购部）		010－62514148（门市部）
	010－62515195（发行公司）		010－62515275（盗版举报）
网　　址	http://www.crup.com.cn		
经　　销	新华书店		
印　　刷	固安县铭成印刷有限公司	**版　　次**	2004年7月第1版
开　　本	787 mm×1092 mm　1/16		2021年10月第4版
印　　张	21.5　插页1	**印　　次**	2024年5月第5次印刷
字　　数	487 000	**定　　价**	49.00元

教学支持说明

1. 教辅资源获取方式

为秉承中国人民大学出版社对教材类产品一贯的教学支持，我们将向采纳本书作为教材的教师免费提供丰富的教辅资源。您可直接到中国人民大学出版社官网的教师服务中心注册下载——http://www.crup.com.cn/Teacher。

如遇到注册、搜索等技术问题，可咨询网页右下角在线 QQ 客服，周一到周五工作时间有专人负责处理。

注册成为我社教师会员后，您可长期根据您所属的课程类别申请纸质样书、电子样书和教辅资源，自行完成免费下载。您也可登录我社官网的"教师服务中心"，我们经常举办赠送纸质样书、赠送电子样书、线上直播、资源下载、全国各专业培训及会议信息共享等网上教材进校园活动，期待您的积极参与！

2. 赠送"经管之家"论坛币

经管之家（http://www.jg.com.cn）于 2003 年成立，致力于推动经济学科的进步，传播优秀教育资源，做最好的经管教育。目前已经发展成国内最大的经济、管理、金融、统计类在线教育平台，也是国内最活跃和最具影响力的经济类网站。

为了更好地服务于教学一线的任课教师，凡使用中国人民大学出版社经济分社教材的教师，注册成为我社教师会员后，均可填写以下信息调查表，发送电子邮件或者邮寄或者传真给我们，我们将会向您赠送经管之家论坛币 200 个。

教师信息表
姓名：
学校：
论坛 ID：
教授课程：
使用教材：
论坛识别码：pinggu _ com _ 1501511 _ 8899768

3. 高校教师可加入下述学科教师 QQ 交流群，获取更多教学服务

经济类教师交流群：809471792

财政金融教师交流群：182073309

国际贸易教师交流群：162921240

税收教师交流群：119667851

4. 购书联系方式

网上书店咨询电话：010－82501766

邮购咨询电话：010－62515351

团购咨询电话：010－62513136

中国人民大学出版社经济分社

地址：北京市海淀区中关村大街甲 59 号文化大厦 1506 室　100872

电话：010－62513572　010－62515803

传真：010－62514775

E-mail：jjfs@crup.com.cn